TAX AND ACCOUNTING PRACTICE AND CASES IN FINANCE LEASE

融资租赁税务与会计实务及案例

杨津琪　廉欢　童志胜◎著

第二版

中国市场出版社
China Market Press
·北京·

推荐序 | TAX AND ACCOUNTING PRACTICE AND CASES in Finance Lease

杨老师邀请我为这本书作序，我深感荣幸。能在全面营改增的初期向读者呈现这样一本书，实属难能可贵。通览本书之后，我总结出本书的三个突出特点：

第一，系统性。本书不似一般的专业性书籍，直接从会计处理和税务处理入手进行编写，让很多刚入行的读者难以理解；而是从业务处理的流程过渡到会计核算的流程，再过渡到税务处理的流程，这样三位一体进行解读分析，系统性非常强，阅读时不至于晦涩难懂。能从这几个角度将整本书的系统构架起来，可见作者的用心良苦。

第二，专业性。在我国，融资租赁业务是金融领域里比较复杂的内容，长期以来没有人去系统地研究它，在会计、税务处理上很难找到相关资料。它属于一个窄口领域，理论上说，不太可能作为专题形成一本书。而作者能够在这个专业领域里进行深入的研究探索，将窄的东西写宽了，专业性不言而喻。

第三，实战性。这本书里没有长篇累牍的空泛理论，而是结合许多案例解析与数据分析，对业务处理、会计核算和税务处理进行了详尽的说明，理论与实践相结合，实战性相当强。

精读此书，会对融资租赁这一窄口领域拥有更加深刻的理解与认识，因此，不论是参加工作的人士还是即将步入职场的学生都不妨一读。

李记有

北京解税宝科技有限公司董事长

北京致通振业税务师事务所有限公司董事长

推荐序Ⅱ

当我看到这本《融资租赁税务与会计实务及案例》时，首先想起了它的作者之一——致通振业（天津）税务师事务所所长杨津琪。三年前在天津市一次税务师事务所座谈会上第一次与她相见，她的精彩发言引起了我的关注。随后我专程到他们所拜访，她向我介绍了他们所发展的经历和管理经验。给我留下最深刻印象的是，她用女性特有的善良温柔进行人性化的管理，用感情留住员工，同时特别重视对员工，尤其是青年人的业务培训，通过各种途径努力提高全体员工的涉税专业技能。由此，该所在竞争激烈的涉税专业服务领域不断发展壮大。截至 2015 年底，全国共有税务师事务所 5 511 家，其中 5A 税务师事务所仅有 14 家，致通振业（天津）税务师事务所就是其中之一。另外，今年 9 月杨津琪本人获得了“解税宝杯”全国最具影响力税务老师提名，并作为全国最具影响力税务老师提名代表在新闻发布会上发言，成为税务师行业十万大军中的一名杰出代表。

我国税务师事务所行业已经走过了 30 多年的历程，经历过各种困难和挑战。正是因为有无数像本书作者那样的人不忘初心，奋力拼搏，开拓创新，脚踏实地地为税务师行业的发展奉献自己的力量，才使得税务师行业不断发展，成为仅次于律师行业、注册会计师行业的第三大社会中介服务行业。

融资租赁是一个比较新兴和特殊的行业，它的发展受税收政策影响十分巨大，属于比较高端的专业。融资租赁在我国更是一个新生的行业，相关的财务和税收政策在理论和实践上还有很多空白，亟需专业人才进行研究探索。致通振业（天津）税务师事务所迎难而上，投入很大的人力和物力进行专题研究。经过数年不懈的努力，他们在实践中不断攻克融资租赁业务涉及的税收专业难题，得到了客户的好评和认可。真可谓硕果累累，成绩斐然。

2016 年 5 月 1 日营改增在全国全面推行，给融资租赁行业带来了新的挑战和发展契机，也给融资租赁行业的财务人员带来了新的考验。同时，目前税务师行业面临前所未有的巨大挑战，税务师事务所正处在转型升级的关键时刻。致通振业（天津）税务师事务所及时将他们多年来自实践工作的宝贵经验进行了系统的总结，并编辑成书，以让更多的同行和读者分享他们的成果，共同促进我国税务师行业的发展，为我国的经济建设和税收征管工作添砖加瓦。

宝剑锋从磨砺出，梅花香自苦寒来。《融资租赁税务与会计实务及案例》凝结了致通振业（天津）税务师事务所多年研究的心血，对融资租赁业务运营、相关财税政策和操作实务进行了全面梳理和深入探究。此书既有理论，又有案例；既有总体介绍，又有具体操作；既有会计业务，又有税务实操，使读者在知其然的同时，更知其所以然，对于企业日常工作、风险防范和经营决策均具有较高的实用价值和指导作用。无论是初出茅庐的新手，还是身经百战的骨干，阅读此书都会开卷有益，从中获益。

我相信他们不会停下探索的脚步，将会在融资租赁税务与会计操作实务领域总结更多的真知卓见，为大家奉献上更加丰盛的美食佳肴。

我们期待着！

佘家金

中国注册税务师协会《注册税务师》杂志社总编辑

国家税务总局扬州税务党校兼职教授

中央国家机关公务员面试考官

序

近年来，融资租赁作为一个新鲜而又热门的词汇频频见诸报端。无论是高大上的领导人出访，还是如火如荼的营改增试点，抑或是形形色色的论坛报告，处处都能看见融资租赁忙碌的身影。毋庸讳言，经过短短几年的高速发展，融资租赁已经成为我国经济发展中一支不可忽视的生力军，焕发着勃勃生机。随着法律法规政策监管的日渐完善和政策导向对行业发展的日益重视，未来融资租赁业将会面临前所未有的发展机遇。

现代融资租赁产生于第二次世界大战之后的美国，从传统金融业务发展而来，是集融资与融物于一体的金融业务。目前发达国家融资租赁的市场渗透率达到30%，成为仅次于银行信贷的第二大融资方式，体现了融资租赁在国民经济中的重要地位，在西方国家被誉为“朝阳产业”。起步于20世纪80年代初的中国融资租赁业，从无到有，从小到大，从繁荣到没落，又从没落走向繁荣，在复杂多变的环境中不断发展壮大，开花结果。市场规模从2007年的700亿元左右发展到今天的近3万亿元。7年间实现了40余倍的增长，可以说，这张成绩单是光彩夺目的。

随着中国经济的发展，融资租赁也出现了许多新形式、新问题。为促进融资租赁业的进一步发展壮大，一方面，我们需要通过呼吁立法明确其定位；另一方面，在法律明确其定位之后，还需要税收政策与融资租赁法规相配套，与新会计制度相协调。

税收作为与法律、会计和监管并列的影响融资租赁业发展的四大因素之一，始终受到行业从业人员的广泛关注。全面梳理普及行业相关税务政策，及时跟进各项政策的解读与执行，充分有效利用各项税收优惠政策，为企业谋取福利，对于行业发展有着极为重要的意义。自 2012 年开始推行的营改增试点，对于融资租赁行业而言可谓一波三折，却又势在必行。三年多来的试点表明，融资租赁行业的发展受税收政策影响十分巨大。从税负的加重到政策的调整，也反映出政府维护行业健康发展的信心和决心。

作为本土化最具影响力的专业税务服务提供商之一，致通振业（天津）税务师事务所多年来一直致力于融资租赁税务研究，具有丰富的从业经验和研究成果。近年来一直与各类融资租赁公司保持着良好的合作，在设计最优纳税方案，布控纳税风险防线，解决各类涉税难题方面，为融资租赁公司提供了优质的税务咨询服务。本书融合了致通振业专家团队多年的研究心血，对融资租赁业务运营、相关财税政策和操作实务进行了全面梳理和深入探究，对于企业日常工作、风险防范和经营决策均具有较高的实用价值，值得业内同仁参考。

童志胜

渤海金控投资股份有限公司副总裁兼财务总监

浦航租赁有限公司董事长

横琴国际融资租赁有限公司董事长

前 言

本书的创作构想发端于2014年事务所内部一次季度考核的专题。随着研究的深入，我们渐渐萌生了以此为主题写一本书的想法，于是第一时间带着电子稿找到了我们多年的客户和朋友——当时在渤海租赁任职的童总，跟他交流了我们的想法并邀请他与我们一同创作这本书。童总非常爽快地接受了我们的邀请，并在成书过程中给这本书注入了很多前沿的内容。

当时正值营改增前期，国家税务总局多次公开表示2015年将全面推开营改增，考虑到相关税收政策面临更新，我们决定待全面营改增后根据最新政策进行修订和完善后再推出这本书。经过漫长的等待，全面营改增终于在2016年姗姗而来。历时两年，我们的书也终于要和大家见面了。

融资租赁是一个新兴的特殊行业，对于中国来说，它是一种舶来品，至今仅有36年的历史。在这36年间，整个行业的发展一波三折，除了受到体制转变及市场经济的影响外，税收政策的变化调整也是影响其行业发展的重要因素。从最初的差额缴纳营业税到2013年部分行业营改增，再到2016年5月1日的全面营改增，每一次税收政策的变化都给融资租赁行业带来了新的挑战和发展契机，同时也给该行业的财务人员带来了新的考验。

在会计处理上，营改增完全颠覆了融资租赁公司原有的会计处理方式，收取的每笔租金都需做价税分离，会计准则中规定的各科目金额是含税还是不含税都需要重新做细致的考量，每一个细微的差错都会影响最终的会计利润。除此之外，如何使会计处理与税务处理很好地衔接在一起，更是一大难点。

正是基于这样的背景，我们选择融资租赁行业进行研究，并以此为主题撰写了这本《融资租赁税务与会计实务及案例》。

本书由以下三部分构成：

◆ 融资租赁理论基础，主要包括融资租赁的历史发展、设立与审批、经营方式、定价原则、融资渠道、合同签订等融资租赁基础知识，其中，对合同签订这一问题，我们融入了税务的视角，在一些条款上针对营改增做了一些特殊的设计。

◆ 融资租赁税务与会计实务及案例，结合实务案例，分析了融资租赁行业的税收政策变化以及会计核算的要点。

◆ 融资租赁相关政策法规，主要为行业相关的税收政策文件，方便读者查阅。

与其他财税书籍相比，本书的优势突出表现在以下三个方面：

5A级税务师事务所与融资租赁公司强强联手，打造最实用融资租赁财税处理范本

目前市场上不乏融资租赁法律、行业发展等方面的书籍，但关于融资租赁财税实操方面的书籍几乎是空白。特别是营改增以后，各融资租赁公司在会计处理上都没有一个非常明确的范本可依。本书作者是具有14年融资租赁实践管理经验的从业者以及具有丰富财税咨询经验的5A级税务师事务所专家，大家根据营改增后财税政策的调整，将多年的经验及领悟倾注到书中，填补了专业领域空白，并给融资租赁公司的财务人员提供了一个很好的参考工具。

全面解析融资租赁业务实例，扫清政策应用盲点，解决财税操作难点

近几年虽然关于融资租赁的财税政策在逐步完善，但随着营改增的全面推开，实务中仍存在很多政策盲点、难点和争议，如投融资顾问费、咨询费如何界定，差额征税开具发票在什么情况下需通过差额征税模块，注册资本金未达1.7亿元对融资租赁公司的影响，即征即退政策如何享受，融资租赁业务印花税如何界定，不动产融资租赁如何缴纳土地增值税，企业所得税涉及哪些融资租赁行业专有的调整项目，同一政策对不同类型融资租赁公司的区别对待，等等。

书中列举了很多实务案例，并从税收政策的应用、账务的处理以及纳税申报表的填报等方面加以详细分析。真正为读者扫清财税政策应用盲点，解决财税操作难点。

有效衔接融资租赁业务各个环节的税务与会计处理，剖析实务操作要点

在内容设置上，关注融资租赁公司开展融资租赁业务每个环节的财税处理细节：在税务实操方面，从开票方式谈到争议事项界定，从税额计算谈到纳税申报表的填列；在会计实操方面，从融资租赁公司建账时会计科目的设置谈到租赁双方的会计核算，对摘要的编写、凭证中所需的附件、每一环节核算的要点都有非常清晰的说明。将融资租赁业务各个环节的税务与会计处理有效衔接，为读者逐一剖析实务操作要点。特别要指出的是，这本书对于与融资租赁公司有业务往来的承租方企业也有一定的使用价值，特别是在会计处理、纳税申报及企业所得税的纳税调整方面，书中详细阐述了承租方的操作方式。

可以说，作为融资租赁财税专业书籍，它特别贴近实际，故无论是对初入职场的财务新手，还是对长期从事融资租赁行业的财务人员来说，都有学习和参考价值。

最后需要说明的是，本书相关税收政策更新至 2018 年 3 月，我们定稿前虽做过认真严谨的检查及修改，但书中仍难免会有一些错漏和理解上的偏差，我们愿意虚心接受读者的批评与建议，这将是我们的荣幸。

廉　欢

致通振业（天津）税务师事务所

PART I 融资租赁理论基础

01 融资租赁概述 3

PART I
融资租赁理论基础

CHAPTER 01

融资租赁概述

融资租赁的概念

我国不同部门对融资租赁都有各自的定义。《中华人民共和国合同法》（以下简称《合同法》）中对融资租赁合同的定义是："融资租赁合同是出租人根据承租人对出卖人、租赁物的选择，向出卖人购买租赁物，提供给承租人使用，承租人支付租金的合同。"会计准则中对融资租赁的定义是："融资租赁是指实质上转移了与资产所有权有关的全部风险和报酬的租赁。所有权最终可能转移，也可能不转移。"监管部门对融资租赁的定义是："融资租赁性业务，是指出租人根据承租人对出卖人、租赁物的选择，向出卖人购买租赁物件，提供给承租人使用，向承租人收取租金的交易，它以出租人保留租赁物的所有权和收取租金为条件，使承租人在租赁合同期内对租赁物取得占有、使用和受益的权利。"这些定义所指的既有狭义的直租业务，也有广义的融资租赁业务。

本书采用的是融资租赁在广义上的定义：融资租赁是指租赁公司以融资为目的对承租人自主选定或自有的租赁物件进行购买，然后将该租赁物件中长期地出租给承租人使用，承租人按期支付租金。租赁到期时承租人可续租、退回或留购租赁物件。融资租赁实质上是以“融物”的方式满足承租人“融资”的需求，相当于出租人提供融资便利，承租人分期付款购买租赁物。

从会计角度来说，符合下列一项或数项标准的租赁，应当认定为融资租赁：

◆ 在租赁期届满时，租赁资产的所有权转移给承租人。

◆ 承租人有购买租赁资产的选择权，所约定的购买价款预计将远低于行使选择权时租赁资产的公允价值，因而在租赁开始日就可以合理确定承租人将会行使这种选择权。

◆ 虽然资产的所有权不转移，但租赁期占租赁资产使用寿命的大部分。

◆ 承租人在租赁开始日的最低租赁付款额现值，几乎相当于租赁开始日租赁资产公允价值；出租人在租赁开始日的最低租赁收款额现值，几乎相当于租赁开始日租赁资产公允价值。

◆ 租赁资产性质特殊，如果不做较大改造，只有承租人才能使用。

融资租赁的起源与发展

融资租赁的发展历程

现代融资租赁业起源于美国。二战后，世界科技发展突飞猛进，传统工业部门的大批设备逐渐落后，高新技术产业技术不断革新并迅速在市场上占领了主导地位，企业迫于市场竞争的压力，不得不扩大投资以加快设备的升级，研制出更优性能的产品。此时，银行贷款已无法满足其大量的资金需求，企业必须开拓其他的融资渠道。与此同时，美国的工业化生产出现过剩，产品的市场拓展成为设备厂商最迫切的需求，于是他们开始以分期付款、寄售、赊销等方式来销售自己的设备，其实质是在为客户提供金融服务。在传统销售模式下，所有权和使用权同时发生转移，资金回收存在较大的风险，于是有人开始借用传统租赁的做法，将所售物件的所有权保留在销售方，买方只享有使用权，直到出租人融通的资金全部以租金的方式收回后，才将所有权以象征性的价格转移给购买人，这种模式就被称为“融资租赁”，它在满足设备厂商促销的同时也为高新技术企业提供了新的融资渠道，将双方的需求很好地契合起来。1952 年，第一家融资租赁公司——美国租赁公司（后更名为美国国际租赁公司）在美国成立，揭开了现代融资租赁发展的序幕。

20 世纪 60 年代，融资租赁由美国普及到欧洲和日本，70 年代出现在东南亚地区，80 年代初被引进中国。作为与银行、证券、保险、基金、信托并列的六大金融业务之一，融资租赁已成为全球债权融资资本市场上仅次于银行信贷的第二大融资方式。目前，以美国为首的发达国家引领着世界融资租赁业的潮流，在发达国家，融资租赁在设备投资市场的平均渗透率在 15%～30%。

进入 21 世纪以来，融资租赁在全球基本保持了快速增长的态势。2007 年以前，世界融资租赁的交易总量逐年大幅上升，2007 年 9 月以后，全球金融危机蔓延至实体经济领域，对融资租赁业务产生了一定的影响，许多地区的业务规模都有不同程度的下降，直到 2010 年，各地融资租赁业才开始逐步恢复，并将在未来持续增长。

融资租赁发展的六个阶段

著名租赁专家阿曼伯总结了租赁业的发展规律，将租赁的发展划分为六个不同的阶段，其中后五个阶段属于融资租赁，而中国目前是前五个阶段并存的状态。

第一阶段：传统租赁阶段

传统租赁（rental）是指出租人将租赁物交付给承租人使用，承租人支付租金的交易活动。这一阶段的特征是，租赁物由出租人根据对市场需求的判断自行选购，承租人支付租金作为使用租赁物的对价，租赁期限的设定有长有短，租赁物可用来进行多次出租，在实务中通常表现为出租、租用及租借等形式。

第二阶段：简单的融资租赁阶段

在这一阶段，融资租赁（financial lease）第一次以区别于传统租赁的方式出现，承租人借助租赁的形式实施购买行为，租赁期满时，租赁物所有权自动转移或赋予承租人对租赁物的名义购买选择权，是一种全部清偿型的交易，承租人的目的不只是获得设备的使用价值，还要拥有该设备的所有权；出租人的主要目的是促销，他们并不希望在租赁期满时再收回设备。这一阶段的融资租赁类似于银行信贷融资，其特征表现在以下几个方面：

第一，签订的相关融资租赁合同具有不可解约性。即承租人不能在租赁期内提前终止合同，其原因在于，租赁物对于出租人来说并无使用价值，只是赚取租金的一种手段，如果承租人中途解约，出租人将蒙受巨大的损失。

第二，租赁物所有权发生转移。出租人承担全额付款购买租赁物件的责任，租赁期满，他将收回全部购买本金并将获得相应的收益，承租人承担全额支付租金的责任，租赁期满，他将以象征性的价格或根据协议约定无偿地从出租人取得租赁物的所有权，租赁物的所有权由出租人转移至承租人。

第三，每期租金等额支付。一般情况下，融资租赁合同约定的租金支付方式是将租赁期等额划分，并在每期等额支付租金。

第四，不含任何服务地提供租赁物件。即出租人仅提供租赁物件，并不提供其他附加服务。

阿曼波认为，这一阶段要经历5～7年的时间，从世界范围看，非洲国家目前正处于这一阶段。

第三阶段：创新的融资租赁阶段

随着融资租赁市场的不断扩张，融资租赁行业竞争日益激烈，这促使融资租赁进入第三个发展阶段，即创新的融资租赁（creative finance lease）阶段。在这一阶段，融资租赁方式呈现多样性，除直租外还有转租、回租、联合租赁、杠杆租赁等方式。除此之外，承租人在租赁期满后有更多的选择，如续租选择权、按固定价格和按公平市场价格的购买选择权等，处于此发展阶段的国家的租赁产业将获得巨大的发展，市场占有率和渗透率都有很大的提升，同时国家也开始对融资租赁加以规范，颁布有关会计和税收方面的规定。目前，印度和南美等处于该发展阶段。

这一阶段最主要的特征是创新，实务操作更具灵活性，在租金的支付上，承租人可以根据自身现金流状况选择均等付租或各种不均等付租方式；创新的融资租赁形式开始出现；大型的专业设备制造商在这一阶段开始创立自己的租赁公司，作为促销其产品的重要手段。世界上著名的IBM全球金融、卡特比勒租赁都是大型的厂商系租赁公司。

第四阶段：经营性租赁阶段

这里所说的经营性租赁（operating lease）并不等同于会计定义上的经营租赁。

经营租赁是将自有物件出租给他人，是区别于以融资为目的的融资租赁的一种经营活动；经营性租赁则是带有融资特性的，它是伴随着租赁市场竞争加剧而出现的。这一阶段的特征是租赁期满后，承租人可以返还租赁设备，出租人开始承担余值（其现值超过公允价值的10%）风险。得益于其独有的特性，经营性租赁可以给承租人带来一些特殊的经济功能，如表外融资，降低租期内的租金，免去报废资产的处理，避免技术过时风险和获得出租人的全方位服务等。

第五阶段：各种新产品阶段

在各种新产品（new products）阶段，市场竞争进一步加剧，出租人为保证其竞争力，开始寻求更低成本的资金来源、提高资产的流动性，各种融资租赁形式与金融创新有机结合，融资租赁的诸多新产品就此出现，如：租赁投资基金、租赁资产证券化、风险租赁、项目租赁、租赁保理等。经营性租赁交易也在这一阶段变得非常复杂，涉及复杂的提前终止选择权、租赁物最终选择条款、设备升级及技术更新等内容。澳大利亚和西欧各国目前处于这一发展阶段。

第六阶段：成熟期

融资租赁进入成熟期（maturity）后，已经产生鲜明的业态独立性，市场渗透率也趋于平稳，激烈的市场竞争使行业利润水平降低，兼并、收购、合并与联合经常发生。此时的行业进入门槛较高，业内通过兼并等形式形成大的租赁联合体，它们重新寻求市场定位，整体实力薄弱的企业则会被市场淘汰，行业垄断逐渐产生。融资租赁发展到这一阶段时，产品差异性很小，融资租赁企业主要通过提高服务质量、加强内部管理和降低成本来保持盈利。目前，美国、德国、日本等发达国家正处于成熟阶段，它们已经开始开拓国际市场，国际融资租赁市场也在蓬勃发展。

我国融资租赁行业的发展历程

起 步

融资租赁行业对于中国来说是一种舶来品。1981年4月，借鉴国外经验，中国国际信托投资公司作为发起人，与北京机电设备公司、日本东方租赁公司、日本奥力可思公司等合资创建了我国第一家专业的中外合资租赁公司——中国东方租赁有限公司，开创了我国现代融资租赁业发展的先河。随后的几年里，境外投资人蜂拥而至，至1987年底，我国累计引进外资17.9亿美元，其中不乏世界级的银行和商社。

问题暴露

由于体制的转换，在经历了诞生初期的快速发展后，融资租赁出现了全行业性的租金拖欠问题，当时的24家外商投资租赁公司的拖欠租金总额达3亿美元，在世界范围都造成了十分恶劣的影响，期间出租人起诉承租人的欠租违约还因法律上融资租赁的性质确定问题而遭到败诉，导致许多租赁公司的业务几乎陷入停滞状态，甚至破产清算，直至1998年，租金拖欠这一问题才基本得到解决。

恢复活力

2000年，经国务院批准，租赁业被列入“国家重点鼓励发展的产业”，“入世”谈判时美欧对我国开放融资租赁市场的要价，更是带来了我国融资租赁业的起死回生。特别是2003年“非典”时期，大部分航空公司因停运或客流量大幅减少发生了巨额亏损，要自己做飞机融资租赁，降低风险的呼声得到回应，经营飞机的大型融资租赁公司应运而生。2004年，内资融资租赁公司开始试点，外商独资融资租赁公司全面对外开放；到2007年，我国“入世”5年保护期结束，面对保护期结束后需对外资银行开放融资租赁市场的压力，中国银行业监督管理委员会（以下简称银监会）颁布了新的《金融租赁公司管理办法》，我国租赁业重获新生。[1]

法制建设

1999年6月，为了解决租赁行业的发展问题，中国人民银行召集国内外租赁行业的专家、学者在河北承德研讨融资租赁的困境及发展出路。在接下来不到两年的时间里，融资租赁业的四大支柱——法律、行业监管、会计准则及税法框架逐步建

---

［1］ 参见 http://www.tianinfo.com/news/news4923.html.

立起来，随后逐步得到健全。

目前与融资租赁相关的法律有1999年9月1日施行的《合同法》，其中第十三章为“租赁合同”，第十四章为“融资租赁合同”。2004年3月24日启动了融资租赁法的立法程序，2006年11月出台了《融资租赁法》草案第三次征求意见稿，截至目前，尚未正式颁布融资租赁法。相信随着融资租赁行业的发展和规模的不断壮大，未来将实现《融资租赁法》的颁布。

行业监管方面，2000年6月30日银监会发布了《金融租赁公司管理办法》，2007年3月1日正式施行；2014年3月13日通过了新的《金融租赁公司管理办法》并同时废止了之前发布的文件；2001年9月1日施行了《外商投资租赁业管理办法》，2005年2月17日对其进行了修改；2013年6月3日，商务部流通发展司发布了《融资租赁企业监督管理办法（征求意见稿）》，向社会公开征求意见。

会计准则方面，《企业会计准则——租赁》于2001年1月1日施行，2006年2月15日进行了修改。

目前与融资租赁相关的税法分散在各个相关税种的税法之中。

发展壮大

2008年后，国内融资租赁业进入了以几何级数增长的时期。世界租赁年报称中国是“世界上潜在的最大租赁市场”。报告显示，截至2016年6月底，全国融资租赁企业（不含单一项目公司、分公司、子公司和收购海外的公司）总数约为5 708家，比上年底的4 508家增加1 200家；整个行业注册资金达19 721亿元人民币，全国融资租赁合同余额约46 800亿元人民币，整体规模与上年年底相比增长了28%。[1]

近几年财政扶持政策力度越来越大，尤其以上海自贸区以及天津东疆港等诸多财政税务优惠为代表，推动了融资租赁业的跨越式发展，其中东部地区融资租赁企业的发展尤其迅猛。2016年上半年，在全国经济增长下行的压力下，整个金融业几乎只有融资租赁业逆势上扬，继续呈快速发展态势。

目前，我国正处于经济转型时期，在大力推进供给侧结构性改革，而融资租赁行业的发展正是经济转型升级中的重要布局，因为融资租赁与其他资产类公司的一个本质区别就是，它与实体经济紧密结合，在推动产业创新升级、拓宽中小微企业融资渠道、

[1] 资料来源：《2016上半年中国融资租赁业发展报告》。

带动新兴产业发展和促进经济结构调整等方面都发挥着重要作用。2015 年 8 月，国务院办公厅发布《关于加快融资租赁业发展的指导意见》，更是在理顺行业管理体制、完善税收政策、建设法治化发展环境等方面给出了发展融资租赁行业的指导意见。

总体来看，我国融资租赁业虽发展迅速，但其市场渗透率与发达国家相比仍很低，远未形成品牌效应和核心竞争力，未来市场发展充满了机遇和挑战。

融资租赁与其他融资、融物方式的对比

融资租赁与银行贷款的对比分析

融资租赁与银行贷款的对比分析见表 1-1。

表 1-1　融资租赁与银行贷款对比分析

项　目	融资租赁	银行贷款
租赁物入账	进入承租人资产负债表	进入借款人资产负债表
融资比例	设备全额融资	设备价值的一定比例
折旧或摊销期	以租赁期或设备剩余使用寿命为折旧期	根据会计准则的相关规定确定折旧期
折旧或摊销方法	同自有应折旧资产相一致的折旧方法	根据会计准则的规定选用相应的折旧方法
资产负债率	会提高资产负债率	会提高资产负债率
利润和税收	以财务费用和折旧费用进入利润表	以财务费用和折旧费用进入利润表
现金流	灵活安排租金支付	等额本息或等额本金
审核	以自身资质及设备价值决定放贷	受国家宏观调控及央行信贷政策影响
期限	2～3 年	1 年期为主
付款方式	灵活分期付款	定期付款，期末还款
担保	以生产设备为标的物	不动产抵押或第三方担保
利息开票	直租利息部分可开 17%增值税专用发票	利息部分无法开具增值税专用发票

融资租赁与传统租赁的对比分析

融资租赁与传统租赁的对比分析见表 1-2。

表 1-2 融资租赁与传统租赁对比分析

项　目	融资租赁	经营租赁
当事人	出租人、承租人、供应商	出租人、承租人
租金计算依据	占用融资成本的时间	租赁物使用时间
风险和责任	物权和债权分离	物权和债权分离
租赁的目的	承租人获得租赁物	承租人短期使用租赁物
租赁物件的选择	承租人（客户）自由选择	出租人购买，承租人选择使用
库存	无	有
租赁合同期限	中长期（1 年以上）	多是短期使用
标的物管理责任	承租人（客户）	出租人
保险	承租人按约定购买	出租人购买
保险受益人	出租人	出租人
中途解约	不可以	可以
合同期满的处理	承租人（客户）留购	归还出租人
留购价格	一般是象征意义的价格	市场公允价格
签订的合同	融资租赁合同、买卖合同等	租赁合同
租赁标的物	融资租赁的标的物是特定设备	租赁的标的物一般是通用设备
租赁期满的处理	承租人一般对设备有留购、续租和退租三种选择	租赁物件的使用有一定的限制条件
投资收回	出租人可在一次租期内完全收回投资并盈利	出租人无法只通过一个承租人租用设备，并在一个租赁合同期内就收回全部或部分投资

融资租赁公司的经营范围

为了对融资租赁公司进行监管，我国发布了各类型融资租赁公司的管理办法，这些管理办法均对各类融资租赁企业的经营范围给出了明确的规定（见表 1-3）。

表 1-3 融资租赁公司经营范围

企业类型	经营范围
金融租赁公司	● 融资租赁业务； ● 转让和受让融资租赁资产； ● 固定收益类证券投资业务； ● 接受承租人的租赁保证金； ● 吸收非银行股东 3 个月（含）以上定期存款； ● 同业拆借； ● 向金融机构借款； ● 境外借款； ● 租赁物变卖及处理业务； ● 经济咨询

续表

企业类型	经营范围
外资融资租赁公司	● 融资租赁业务； ● 租赁业务； ● 向国内外购买租赁财产； ● 租赁财产的残值处理及维修； ● 租赁交易咨询和担保； ● 经审批部门批准的其他业务
内资融资租赁公司	● 融资租赁业务； ● 租赁业务； ● 向国内外购买租赁财产； ● 租赁财产的残值处理及维修； ● 租赁交易咨询； ● 接受承租人的租赁保证金； ● 向商业银行、商业保理公司转让应收租赁款； ● 符合法律规定的其他业务

融资租赁公司的组织构架

各融资租赁公司由于公司规模、业务范围不同，其组织构架也有所不同，但总体来说，融资租赁公司一般由如图 1-1 所示的部门组成。

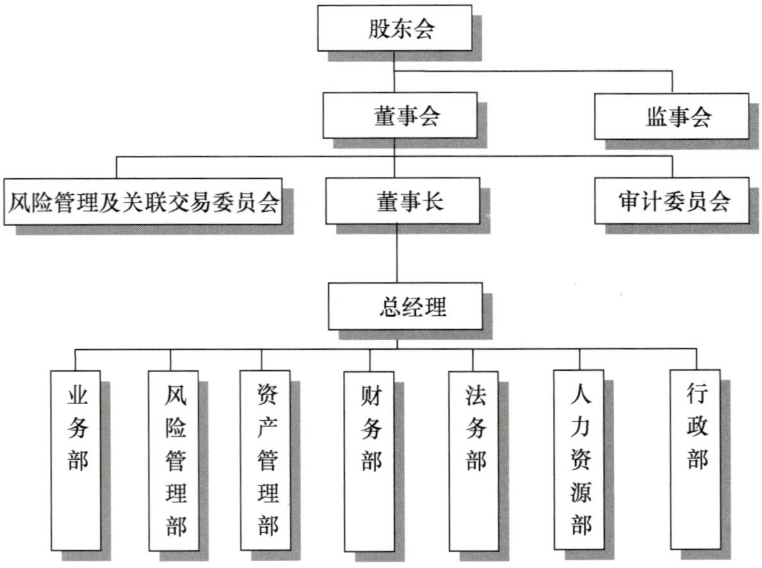

图 1-1　融资租赁公司组织构架图

融资租赁从业人员学习重点归纳

2013年9月18日，商务部印发了《融资租赁企业监督管理办法》(商流通发〔2013〕337号，以下简称《办法》)。《办法》分总则、经营规则、监督管理、附则，共4章36条，自2013年10月1日起施行。其中明确规定，融资租赁企业应配备具有金融、贸易、法律、会计等方面专业知识、技能和从业经验并具有良好从业记录的人员，拥有不少于三年融资租赁、租赁业务或金融机构运营管理经验的总经理、副总经理、风险控制主管等高管人员。

此外，融资租赁由“融资”、“融物”合成一体，在发展过程中遇到了一系列新的税收、法律问题，如重复征税问题等，任何一个国家都应给予这一行业特殊的税收政策支持，否则融资租赁企业的生存空间将很小。几轮营改增后，由于融资租赁企业的上游行业金融业税改不彻底，融资租赁业务的税收政策也几经修改，十分复杂。

由此可见，融资租赁行业的从业者需要具备相关的专业素质，学习与其相关的金融知识，掌握各项收益的计算；学习相关法律知识，熟悉政府各项监管制度；了解盈利模式、业务流程、风险管控及各种经营方式的会计核算；尤其应学习的是如何将各项税务政策、税收优惠贯穿于业务的谈判及会计核算中。

CHAPTER 02

融资租赁公司的设立与监管

金融租赁公司的设立

银监会2013年颁布了《金融租赁公司管理办法》，这一管理办法已经于2014年3月13日开始施行，其中对金融租赁公司进行了明确的界定，即经银监会批准，以经营融资租赁业务为主的非银行金融机构。金融租赁公司名称中应当标明“金融租赁”字样，未经银监会批准，任何单位不得在其名称中使用“金融租赁”字样。适用于融资租赁交易的租赁物为固定资产，银监会另有规定的除外。

申报条件

- 有符合《中华人民共和国公司法》（以下简称《公司法》）和银监会规定的公司章程；
- 有符合规定条件的发起人；
- 注册资本为一次性实缴货币资本，最低限额为1亿元人民币或等值的可自由兑换货币；

- 有符合任职资格条件的董事、高级管理人员，并且从业人员中具有金融或融资租赁工作经历 3 年以上的人员应当不低于总人数的 50%；
- 建立了有效的公司治理、内部控制和风险管理体系；
- 建立了与业务经营和监管要求相适应的信息科技架构，具有支撑业务经营的必要、安全且合规的信息系统，具备保障业务持续运营的技术与措施；
- 有与业务经营相适应的营业场所、安全防范措施和其他设施；
- 银监会规定的其他审慎性条件。

发起人条件

（1）金融租赁公司的发起人包括在中国境内外注册的具有独立法人资格的商业银行，在中国境内注册的、主营业务为制造适合融资租赁交易产品的大型企业以及在中国境外注册的融资租赁公司以及银监会认可的其他发起人。金融租赁公司发起人条件如表 2-1 所示。

表 2-1 金融租赁公司发起人条件

公司 条件	商业银行	境外融资租赁公司	大型制造企业
资产状况	最近 1 年年末资产不低于 800 亿元人民币或等值的可自由兑换货币	最近 1 年年末资产不低于 100 亿元人民币或等值的可自由兑换货币	最近 1 年年末净资产率不低于 30%
财务状况	最近 2 年连续盈利		
营业收入	无要求	无要求	主营业务销售收入占全部营业收入的 80% 以上；最近 1 年的营业收入不低于 50 亿元人民币或等值的可自由兑换货币
入股资金	入股资金为自有资金，不得以委托资金、债务资金等非自有资金入股		
违法情况	最近 2 年内未发生重大案件或重大违法违规行为		
承诺	承诺 5 年内不转让所持有的金融租赁公司股权、不将所持有的金融租赁公司股权进行质押或设立信托，并在拟设公司章程中载明		

续表

公司 条件	商业银行	境外融资租赁公司	大型制造企业
其他	满足所在国家或地区监管当局的审慎监管要求；具有良好的公司治理结构、内部控制机制和健全的风险管理制度；发展战略明确、盈利模式清晰	具有良好的公司治理结构、内部控制机制和健全的风险管理体系；所在国家或地区经济状况良好	具有良好的公司治理结构、内部控制机制和健全的风险管理制度；发展战略明确，盈利模式清晰；信用记录良好

值得注意的是，金融租赁公司至少应当有一名以上发起人，且其出资比例不低于拟设金融租赁公司全部股本的30%，境外商业银行作为发起人的，要保证其所在国家或地区金融监管当局已经与银监会建立良好的监督管理合作机制。

（2）银监会认可的其他发起人是指除上述发起人以外的其他境内法人机构和境外金融机构。银监会认可的其他发起人需满足的条件如表2-2所示。

表2-2　银监会认可的其他发起人需满足的条件

机构 条件	其他境内法人机构		其他境外金融机构
	非金融机构	金融机构	
资产状况	最近1年年末净资产不得低于总资产的30%	遵从相关法律规定	最近1年年末总资产原则上不低于10亿美元或等值的可自由兑换货币
财务状况	最近2年连续盈利		
入股资金	入股资金为自有资金，不得以委托资金、债务资金等非自有资金入股		
违法情况	最近2年内无重大违法违规经营记录		
承诺	承诺5年内不转让所持有的金融租赁公司股权、不将所持有的金融租赁公司股权进行质押或设立信托，并在拟设公司章程中载明		
其他	满足所在国家或地区监管当局的审慎监管要求；有良好的公司治理结构或有效的组织管理方式；信用记录良好		①满足所在国家或地区监管当局的审慎监管要求；②具有良好的公司治理结构、内部控制机制和健全的风险管理体系；③所在国家或地区金融监管当局已经与银监会建立良好的监督管理合作机制；④具有有效的反洗钱措施；⑤所在国家或地区经济状况良好

（3）有以下情形之一的企业不得作为金融租赁公司的发起人：

- ◆ 公司治理结构与机制存在明显缺陷；
- ◆ 关联企业众多、股权关系复杂且不透明，关联交易频繁且异常；
- ◆ 核心主业不突出且其经营范围涉及行业过多；
- ◆ 现金流量波动受经济景气影响较大；
- ◆ 资产负债率、财务杠杆率高于行业平均水平；
- ◆ 其他对金融租赁公司产生重大不利影响的情况。

其他注意要点

- ◆ 金融租赁公司发起人应当在金融租赁公司章程中约定，在金融租赁公司出现支付困难时，给予流动性支持；当经营损失侵蚀资本时，及时补足资本金。
- ◆ 金融租赁公司根据业务发展的需要，经银监会批准，可以设立分公司、子公司。设立分公司、子公司的具体条件由银监会另行制定。
- ◆ 金融租赁公司董事和高级管理人员实行任职资格核准制度。

新的《金融租赁公司管理办法》不再将金融租赁公司的设立程序割裂为筹建和开业两个阶段，而是由主管部门直接审核金融租赁公司的设立条件是否完全具备，一旦通过，颁发牌照，就允许依法营业。

内资融资租赁公司的设立

2013年6月3日，商务部流通发展司发布了《融资租赁企业监督管理办法（征求意见稿）》，向社会公开征求意见。该办法适用于商务部有关规定确立的从事融资租赁业务的内资企业和外商投资企业。此次征求意见稿主要着重于融资租赁公司的经营规则和监督管理，对重要的审批和退出环节均未提及，因此对于内资融资租赁公司的设立审批条件并未发生改变。

内资融资租赁企业是指由中国境内企业或自然人依法设立的以经营融资租赁业务为主的工商企业，租赁物为可自由流通的非消耗物，法律禁止流通或者限制流通的物品不应作为融资租赁交易的标的物。从审批权限来看，内资试点融资租赁公司由商务部和国家税务总局联合审批，具体是由各省级商务委受理后转报商务部和国家税务总局审批。

申报条件

根据《商务部 国家税务总局关于从事融资租赁业务有关问题的通知》（商建发〔2004〕560号），从事融资租赁业务试点企业（以下简称融资租赁试点企业）应当同时具备下列条件：

- 2001年8月31日（含）前设立的内资租赁企业最低注册资本金应达到4 000万元，2001年9月1日至2003年12月31日期间设立的内资租赁企业最低注册资本金应达到17 000万元；
- 具有健全的内部管理制度和风险控制制度；
- 拥有相应的金融、贸易、法律、会计等方面的专业人员，高级管理人员应具有不少于三年的租赁业从业经验；
- 近两年经营业绩良好，没有违法违规记录；
- 具有与所从事融资租赁产品相关联的行业背景；
- 法律法规规定的其他条件。

申报材料

省级商务主管部门推荐融资租赁试点企业除应上报推荐函以外，还应提交下列材料：

- 企业从事融资租赁业务的申请及可行性研究报告；
- 营业执照副本（复印件）；
- 公司章程，企业内部管理制度及风险控制制度文件；
- 具有资格的会计师事务所出具的近三年财务会计报告；
- 近两年没有违法违规记录证明；
- 高级管理人员的名单及资历证明。

外资融资租赁公司的设立

2005年2月3日，商务部发布了《外商投资租赁业管理办法》，适用该办法的经济活动为外国公司、企业和其他经济组织（简称外国投资者）在中华人民共和国境内以中外合资、中外合作以及外商独资的形式设立从事租赁业务、融资租赁业务的外商投资企业所开展经营活动。租赁财产包括：（1）生产设备、通信设备、医疗设备、科研设备、检验检测设备、工程机械设备、办公设备等各类动产；（2）飞机、汽车、船舶等各类交通工具；（3）以上两项所述动产和交通工具附带的软件、技术等无形资产，但附带的无形资产价值不得超过租赁财产价值的二分之一。

审批权限

2009 年 2 月 7 日，商务部发布了《商务部关于省级商务主管部门和国家级经济技术开发区负责审核管理部分服务业外商投资企业审批事项的通知》（商资函〔2009〕2 号，以下简称《2 号通知》）。《2 号通知》规定，《外商投资产业指导目录》总投资 1 亿美元以下鼓励类、允许类及总投资 5000 万美元以下限制类的外商投资国际货物运输代理（经营范围涉及"国际快递业务"）、融资租赁、营业性演出经纪、保险经纪、独资船务公司的设立及变更事项由省级商务主管部门和国家级经济技术开发区依法负责审核、管理。

2010 年 6 月 10 日，商务部发布《商务部关于下放外商投资审批权限有关问题的通知》（商资发〔2010〕209 号，以下简称《209 号通知》），对外商投资企业的审批权限进行了下放。根据《209 号通知》，《外商投资产业指导目录》鼓励类、允许类总投资 3 亿美元和限制类总投资 5 000 万美元（以下简称限额）以下的外商投资企业的设立及其变更事项，由省、自治区、直辖市、计划单列市、新疆生产建设兵团、副省级城市（包括哈尔滨、长春、沈阳、济南、南京、杭州、广州、武汉、成都、西安）商务主管部门及国家级经济技术开发区（以下简称地方审批机关）负责审批和管理。其中，外商投资股份有限公司的限额按注册资本计，改制为外商投资股份有限公司的限额按评估后的净资产值计，外国投资者并购境内企业的限额按并购交易额计。单次增资额在限额以下的增资事项由地方审批机关负责审批和管理。限额以上鼓励类且不需要国家综合平衡的外商投资企业的设立及其变更事项，由地方审批机关负责审批和管理。

目前最新的《外商投资产业指导目录》（2011 年修订版）中，融资租赁行业被列入鼓励类。因此，根据《209 号通知》，目前外商投资融资租赁公司的设立及其变更事项由地方审批机关负责审批和管理。

申报程序

外资融资租赁公司申报程序见图 2-1。

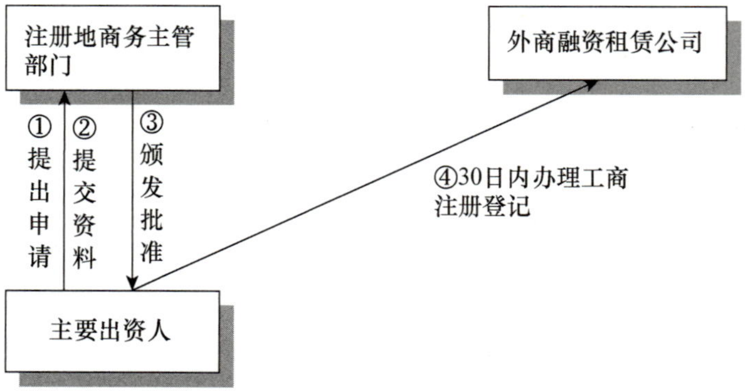

图 2-1　外资融资租赁公司申报程序

申报条件

外资融资租赁公司申报条件见表 2-3。

表 2-3　外资融资租赁公司申报条件

公司组织模式	有限责任公司	股份有限公司
设立审批部门	商务部及各省、自治区、直辖市、计划单列市及新疆生产建设兵团商务局（厅、委）、国家级经济技术开发区	
投资者资产要求	外国投资者的总资产不低于 500 万美元	
注册资本	不低于 1 000 万美元	
外国投资者出资比例	外国投资者的出资比例一般不低于 25%	
注册资本缴纳	合营合同中规定分期缴付出资的，外方投资者第一期出资不得低于认缴出资额的 15%，且应在营业执照签发之日起三个月内缴清	
经营范围	融资租赁业务；租赁业务；向国内外购买租赁财产；租赁财产的残值处理及维修；租赁交易咨询和担保；经审批部门批准的其他业务	
经营期限	一般不超过 30 年	无要求
专业人员及高管人员	具有相应的专业资质和不少于 3 年的从业经验	

申报材料

设立外商投资租赁公司和外商投资融资租赁公司应向审批部门报送下列材料：

- 申请书；
- 投资各方签署的可行性研究报告；
- 合同、章程（外资企业只报送章程）；
- 投资各方的银行资信证明、注册登记证明（复印件）、法定代表人身份证明（复印件）；
- 投资各方经会计师事务所审计的最近一年的审计报告；
- 董事会成员名单及投资各方董事委派书；
- 高级管理人员的资历证明；
- 工商行政管理部门出具的企业名称预先核准通知书；
- 场地使用证明或租赁协议、房租产权证明（复印件）；
- 非法定代表人签署文件的，应当出具法定代表人委托授权书；
- 法律文件送达授权书；
- 区县商务部门请示文件（如：天津为东疆港出具）。

申请成立股份有限公司的，还应提交有关规定要求提交的其他材料。

审核要点

2013年7月11日，商务部流通业发展司发布的《商务部办公厅关于加强和改善外商投资融资租赁公司审批与管理工作的通知》附件2《外商投资融资租赁公司准入审批指引》中提出了对外资融资租赁公司的审核要点，主要有以下几个方面：

- 合营合同/章程无须规定“投资总额”，批复文件及批准证书中也无“投资总额”项。注册资本不低于1 000万美元。
- 申请设立融资租赁公司的投资者须为公司、企业或其他经济组织（即不得为自然人）。外方投资者或其境外母公司应资信良好，在境外已合法注册并从事实质性经营活动。
- 投资各方应向审批机关提供投资各方经会计师事务所审计的最近一年的审计报告，审计报告显示资不抵债的不符合申请资格。

◆ 存续未满一年的投资者暂不具备申报条件。符合条件的外方投资者境外母公司以其全资拥有的境外子公司（SPV）名义投资设立融资租赁公司，可不要求存续满一年。

◆ 融资租赁企业的经营范围严格按照《外商投资租赁业管理办法》中规定的业务范围，可以经营与租赁交易相关的担保业务，但不得为主营业务，且企业名称中不得有“担保”字样。

◆ 同一投资者及其母公司在境内设立两家以上融资租赁公司，须提供已设立融资租赁公司的审计报告、验资报告（须按期到位）、业务情况说明。新设公司的业务领域应与已设公司有明显区别。

◆ 外商投资比例不得低于25%；合营合同中规定分期缴付出资的，外方投资者第一期出资不得低于认缴出资额的15%，且应在营业执照签发之日起三个月内缴清。在实缴投资额未达到认缴的全部出资额前，外方投资者不得取得企业决策权，不得将其在企业中的权益、资产以合并报表的方式纳入该投资者的财务报表。

融资租赁项目公司的设立

根据《中国银监会关于金融租赁公司在境内保税地区设立项目公司开展融资租赁业务有关问题的通知》（银监发〔2010〕2号），项目公司是指金融租赁公司依照相关法律法规在境内保税地区为从事融资租赁业务而专门设立的租赁项目子公司。金融租赁公司在境内保税地区设立项目公司开展融资租赁业务首先应经银监会批准取得业务资格。其可开展的业务范围包括融资租赁以及与融资租赁相关的进出口业务、接受承租人的租赁保证金、受让和转让应收租赁款、向金融机构借款、境外外汇借款、租赁物品残值变卖及处理、经济咨询等业务，以及经银监会批准的其他业务；其可以购买的设备类型包括飞机（含备用发动机）、船舶、海洋工程结构物以及经银监会认可的其他设备资产。

申报条件

◆ 资本充足率不低于8%；

- 提足各项损失准备金后的净资产不低于10亿元人民币；
- 具备健全的公司治理、内控制度和风险管理机制，且执行良好；
- 具备开办业务所需要的有相关经验的专业人员、会计核算系统和信息管理系统；
- 制定了开办业务所需的业务操作流程、风险管理、内控制度和会计核算制度，并经董事会批准；
- 最近三年内无重大违法违规经营记录；
- 银监会规定的其他审慎性条件。

申报材料

金融租赁公司申请在境内保税地区设立项目公司开展融资租赁业务资格，应向银监会报送以下材料（一式三份）：

- 申请书；
- 可行性分析报告；
- 设立项目公司开展融资租赁的业务管理制度，必须包括对业务操作流程、风险管理、内部控制、会计核算、信息披露等内容的相关规定；
- 经办业务的有关人员名单、拟承担工作职责及简历；
- 金融租赁公司最近两年的年度审计报告；
- 董事会同意在境内保税地区设立项目公司开展融资租赁业务的决议；
- 公司对提交材料真实性及依法合规开展业务的承诺书；
- 银监会要求提交的其他文件和资料。

申报注意要点

- 金融租赁公司申请在境内保税地区设立项目公司开展融资租赁业务资格的审批程序按照《非银行金融机构行政许可事项实施办法》中申请开办新业务的有关规定执行。
- 取得业务资格的金融租赁公司在境内保税地区设立项目公司时，应在项目公司签订租赁合同后15个工作日内向银监会或其派出机构报告，包括项目可行性分析报告、项目公司章程、负责该项目的人员情况、律师事务所对项目公司项下融资租赁项目或相关合同文本出具的法律意见书以及银监会或其派出机构要求提交的其他文件和材料。

- 每个项目公司对应一笔租赁合同；每个项目公司实行单独管理，单独核算。项目公司存续期间的各项收入和成本、开支应遵循租赁项目相关的合同约定。
- 金融租赁公司设立的所有项目公司的资本金之和不能超过其公司净资产（合并报表口径）的50%。

融资租赁公司的监管

我国各类融资租赁公司都有专门的监管部门负责监管，其中金融租赁公司由银监会监管，内资试点租赁公司由商务部及国家税务总局监管，外商投资租赁公司由省级商务部监管。银监会比照金融机构对金融租赁公司采取了较为严格的金融监管模式，商务部则对其下的融资租赁公司采取了较为宽松的监管模式。这样的监管模式导致同属于融资租赁行业的公司处于不同的制度环境，相对于银监会而言，商务部对内外资融资租赁公司的管理较弱。除国家监管外，我国的金融租赁公司、外商投资租赁公司和内资试点租赁公司都分别成立了具备行业自律职能的行业协会，但这些行业自律组织各自为政，缺少行业内部交流，未能建立起统一的行业自律规范体系。

商务部对内外资融资租赁公司的监管制度几经调整，总体的方向是加强对行业的监管与指导，使整个行业的发展建立在稳固的基础上，最新的《融资租赁企业监督管理办法》也着重强调了融资租赁公司的风险控制能力和资产管理能力。“十二五”期间，商务部将全面统筹管理租赁行业，以融资租赁为重点，采取有力的措施，会同有关部门促进融资租赁的快速健康发展，抓紧研究行业规划、发展指南，制定指导意见等纲领性文件，积极推动完善行业的法律法规，研究制定融资租赁行业的管理办法和条例，解决目前制约融资租赁行业发展的一些政策和法律法规问题。此外，商务部还将研究扩大融资租赁的范围，积极引导更多的社会制造企业、专业的销售和物流企业、大型建筑施工企业、产业基金等介入融资租赁业，鼓励融资租赁企业基于地域、行业、人才管理、技术等比较优势，逐步形成面对不同客户、不同行业的细分市场定位。目前，金融租赁公司及内外资融资租赁公司应遵守的监管规定如下。

金融租赁公司的监管

对金融租赁公司的监管规定见表2-4。

表 2-4 对金融租赁公司的监管规定

<table>
<tr><th colspan="2">公司类型</th><th colspan="2">金融租赁公司</th></tr>
<tr><td colspan="2">法律依据</td><td colspan="2">《金融租赁公司管理办法》</td></tr>
<tr><td rowspan="2">业务范围</td><td>主营业务</td><td colspan="2">融资租赁业务</td></tr>
<tr><td>其他业务</td><td colspan="2">转让和受让融资租赁资产、固定收益类证券投资业务、接受承租人的租赁保证金、吸收非银行股东 3 个月（含）以上定期存款、同业拆借、向金融机构借款、境外借款、租赁物变卖及处理业务；经济咨询</td></tr>
<tr><td rowspan="4">管理制度</td><td>会计制度</td><td colspan="2">执行国家统一的会计准则和制度，真实记录并全面反映财务状况和经营成果等信息</td></tr>
<tr><td>内部审计</td><td colspan="2">● 建立健全内部审计制度，审查评价并改善经营活动、风险状况、内部控制和公司治理效果，促进合法经营和稳健发展。
● 按规定报送会计报表及银监会及其派出机构要求的其他报表，并对所报报表、资料的真实性、准确性和完整性负责</td></tr>
<tr><td>外部审计</td><td colspan="2">建立定期外部审计制度，并在每个会计年度结束后的 4 个月内，将经法定代表人签名确认的年度审计报告报送银监会或其派出机构</td></tr>
<tr><td>资产资金管理</td><td colspan="2">● 按照监管规定建立资产质量分类制度。
● 按照相关规定构建资本管理体系，合理评估资本充足状况，建立审慎、规范的资本补充、约束机制。
● 建立准备金制度，在准确分类的基础上及时足额计提资产减值损失准备，增强风险抵御能力。未提足准备的，不得进行利润分配</td></tr>
<tr><td rowspan="7">监管指标</td><td>单一客户融资集中度</td><td>对单一承租人的全部融资租赁业务余额不得超过资本净额的 30%</td><td rowspan="3">特定行业可以适当调整</td></tr>
<tr><td>单一集团客户融资集中度</td><td>对单一集团的全部融资租赁业务余额不得超过资本净额的 50%</td></tr>
<tr><td>单一客户关联度</td><td>对一个关联方的全部融资租赁业务余额不得超过资本净额的 30%</td></tr>
<tr><td>全部关联度</td><td>对全部关联方的全部融资租赁业务余额不得超过资本净额的 50%</td><td rowspan="4">银监会可根据监管需要调整</td></tr>
<tr><td>单一股东关联度</td><td>对单一股东及其全部关联方的融资余额不得超过该股东在金融租赁公司的出资额，且应同时满足《金融租赁公司管理办法》对单一客户关联度的规定</td></tr>
<tr><td>同业拆借比例</td><td>同业拆入资金余额不得超过资本净额的 100%</td></tr>
<tr><td>资本充足率</td><td>资本净额与风险加权资产的比例不得低于银监会的最低监管要求</td></tr>
</table>

内外资融资租赁公司的监管

对内外资融资租赁公司的监管规定见表 2-5。

表 2-5　对内外资融资租赁公司的监管规定

<table>
<tr><th colspan="2">公司类型</th><th>内外资融资租赁公司</th></tr>
<tr><td colspan="2">法律依据</td><td>《融资租赁企业监督管理办法》</td></tr>
<tr><td rowspan="4">业务范围</td><td>业务形式</td><td>直接租赁、转租赁、售后回租、杠杆租赁、委托租赁、联合租赁等形式</td></tr>
<tr><td>主营业务</td><td>融资租赁等租赁业务</td></tr>
<tr><td>其他业务</td><td>与租赁业务相关的租赁财产购买、租赁财产残值处理与维修、租赁交易咨询和担保、向第三方机构转让应收账款、接受租赁保证金及经审批部门批准的其他业务</td></tr>
<tr><td>禁止业务</td><td>吸收存款、发放贷款、受托发放贷款等金融业务、未经相关部门批准的同业拆借业务、借融资租赁的名义开展非法集资活动</td></tr>
<tr><td rowspan="3">管理制度</td><td>会计制度</td><td>建立健全财务会计制度，真实记录和反映企业的财务状况、经营成果和现金流量
（注：融资租赁企业对委托租赁、转租赁的资产应当分别管理，单独建账。）</td></tr>
<tr><td>风险控制体系</td><td>● 建立完善的内部风险控制体系，形成良好的风险资产分类管理制度、承租人信用评估制度、事后追偿和处置制度以及风险预警机制等。
● 对融资租赁项目进行认真调查，充分考虑和评估承租人持续支付租金的能力，采取多种方式降低违约风险，并加强对融资租赁项目的检查及后期管理</td></tr>
<tr><td>关联交易管理制度</td><td>● 融资租赁企业在对承租人为关联企业的交易进行表决或决策时，与该关联交易有关联关系的人员应当回避。
● 融资租赁企业在向关联生产企业采购设备时，有关设备的结算价格不得明显低于该生产企业向任何第三方销售的价格或同等批量设备的价格</td></tr>
<tr><td colspan="2">标的物管理</td><td>● 按照国家法律规定租赁物的权属应当登记的，融资租赁企业须依法办理相关登记手续。若租赁物不属于需要登记的财产类别，鼓励融资租赁企业在商务主管部门指定的系统进行登记，明示租赁物所有权。
● 售后回租的标的物应为能发挥经济功能，并能产生持续经济效益的财产。
● 融资租赁企业不应接受承租人无处分权的、已经设立抵押的、已经被司法机关查封扣押的或所有权存在其他瑕疵的财产作为售后回租业务的标的物。
● 融资租赁企业在签订售后回租协议前，应当审查租赁物发票、采购合同、登记权证、付款凭证、产权转移凭证等证明材料，以确认标的物权属关系。
● 融资租赁企业应充分考虑并客观评估售后回租资产的价值，对标的物的买入价格应有合理的、不违反会计准则的定价依据作为参考，不得低值高买</td></tr>
<tr><td colspan="2">监管指标</td><td>风险资产不得超过净资产总额的 10 倍</td></tr>
</table>

CHAPTER

03 融资租赁的经营方式

目前，融资租赁行业已发展出多种多样的经营模式，主要包括直接融资租赁、售后回租、杠杆租赁、转租赁、联合租赁、委托租赁等。

直接融资租赁

直接融资租赁是最早出现的融资租赁模式，也是目前实务中运用最为广泛、最简单的模式，出租人利用自有资金或通过银行贷款、招股等方式在金融市场上筹措资金，根据承租企业的选择向设备制造商购买设备，然后将其出租给承租企业使用，租赁期满，设备归承租企业所有。这种方式下有出租人、承租人和供货人三方参与，至少涉及融资租赁合同和购买合同两个合同，并且不可中途解约，这是因为设备是根据承租人的需求特殊订购的，如果中途解约，出租人很难将此设备转租给其他人，将承担很大的风险。

如图 3-1 所示，直接融资租赁的流程是融资租赁公司购买由承租人指定的生产厂家的设备，在一定租赁期限内向承租人收取租金并将设备提供给承租人使用，租赁期满以后，出租人象征性地支付少量购买价款取得租赁物的所有权。对于出租人来说，这种方式下无设备库存，资金流动较快，投资效益较高；对于承租人来说，这种方式可满足其固定资产、大型设备购置，企业技术改造和设备升级的需求。

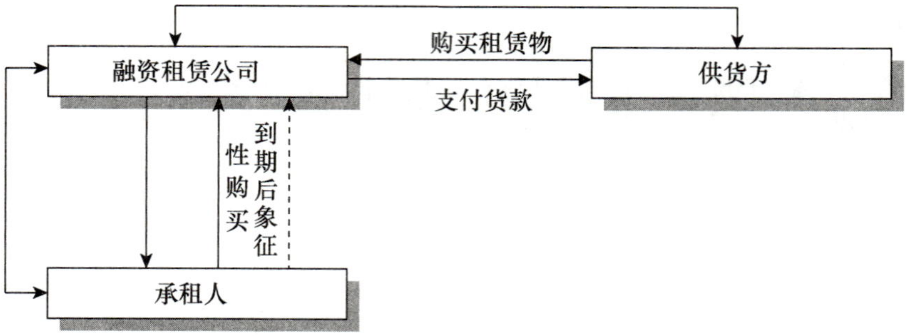

图 3-1 直接融资租赁流程

售后回租

售后回租模式始于买卖合同，设备所有人将其设备以公允价值出售给出租人，取得销售价款。然后以承租人的身份从出租人那里租回该设备，在约定的租赁期限内分期向出租人支付租金，租赁期满后付清设备残值，重新获取设备的所有权。这一方式可以帮助企业解决流动资金不足的问题，适用于具有新投资项目但自有资金不足的企业及持有快速升值资产的企业。

售后回租业务主要有以下几个特点：第一，业务具有双重性。售后回租业务集销售和融资于一体，交易双方在业务上具有双重身份。在资产的买卖合同中，资产的出售方同时也是融资租赁合同的承租人，其一方面通过销售向租赁公司转移资产所有权，获取出售该资产所应得的价款，另一方面租入资产用于生产经营，从而实现资产价值和交换价值；资产的购买方同时也是融资租赁合同的出租人，其一方面付出相应价款以获取资产的所有权，另一方面在约定的租赁期内，通过出租资产转让资产的使用权并取得租金收入，从而实现资产使用价值的再循环。第二，实物转移与价值转移相分离。在售后回租交易过程中，租赁物并不发生实物转移，只是在不同环节发生使用权和所有权的转换，因此资产始终在出售方（即承租人），出售方（即承租人）可以持续不间断地使用该项资产，而购买方（即出租人）在整个过程中只是获得了资产的所有权，取得了与资产所有权有关的风险和报酬，并未实际获得实物，因此形成了资产所有权和使用权的分离。第三，资产形态灵活转换。在售后回租模式下，出售方（即承租人）在出售资产的同时将资产回租，并不发生实际的实物交付环节，也没有改变出售方（即承租人）对资产的使用和占有，其实质是在不影响出售方正常生产经营的情况下，将流动性较差的固定资产等转换成流动资金，以提高资产的流动性和使用效率，这样不仅可以解决企业缺乏流动资金的问题，还更加有效地利用了现有资产，从而加速资金再循环，产生资本扩张效应。售后回租业务流程如图 3-2 所示。

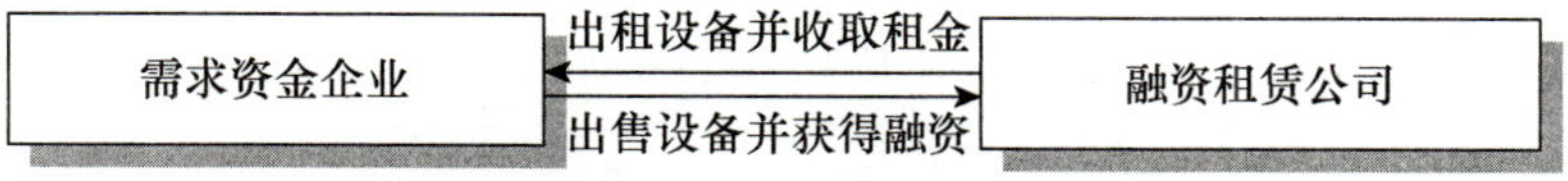

图 3-2 售后回租业务流程

杠杆租赁

杠杆租赁是一种高级形式的融资租赁，它适用于金额较大、使用寿命较长的资本密集型设备的长期租赁，如飞机、轮船、通信设备和大型成套设备等，由于设备金额较大，出租人没有能力全额支付购买价款，于是出租人（租赁公司）拿出部分资金，剩余部分通过取得银行贷款或吸收社会闲散资金来筹集，两部分资金加在一起用来购买承租人所需的资产，并交由承租人使用，承租人取得租赁资产的使用权，并定期支付租金，通过这种方式的杠杆作用，融资租赁公司实现了以少量资金撬动巨额收益。通常出租人自己拿出 20%～40%的资金，这部分资金一般由融资租赁公司专门为该项目成立的资金管理公司提供，出租人享有物件的所有权，剩余的 60%～80%的资金通过银行等金融机构提供无追索权的贷款，但同时也需要出租人以租赁设备作为抵押、以转让租赁合同和收取租金的权利作为担保。

通常，杠杆租赁至少涉及设备供应方、出租方、承租方和贷款方四方当事人，涉及买卖合同、租赁合同、借款合同和担保合同四个合同，一般都会获得减税及信贷优惠。该租赁模式的流程如图 3-3 所示。

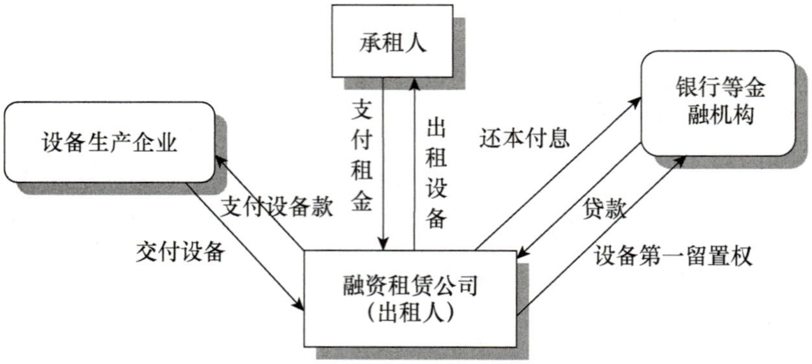

图 3-3　杠杆租赁业务流程

转租赁

中国人民银行 2000 年发布的《金融租赁公司管理办法》将转租赁定义为“以同一物件为标的物的多次融资租赁业务。在转租赁业务中，上一租赁合同的承租人同时又是下一合同中的出租人，称为转租人。”转租人从其他出租人处租入租赁物件再转租给第三人，转租人以收取租金差为目的，租赁物品的所有权归第一出租人。

在转租式融资租赁中，转租人需签订两个合同：一个是作为承租人与租赁公司签订的租赁合同，另一个是作为出租人与第二承租人签订的租赁合同。一般情况下，这两个合同的租赁物和租赁期限是相同的，租赁期满后租赁物的归属约定也是一致的，如遇特殊情况，要求第二个合同的租赁结束时间不得晚于第一个合同。第一出租人可以是境内租赁公司也可以是境外租赁公司，第二出租人为境内的租赁公司，对于第二承租人来说，租赁物要经历两次租赁过程才会到其手中，所以其所承受的租金往往会比较高，所以，转租赁这种方式一般适用于企业迫切需要国外先进的设备和技术，而境外出租人只有通过境内出租人才能使租赁物进入国内租赁市场的情况。转租赁业务流程如图 3-4 所示。

图 3-4　转租赁业务流程

联合租赁

联合租赁是从直租中衍生出来的一种特殊融资租赁形式。对于巨额融资租赁项目，出租人A出于对自身的融资能力、资本结构及租赁风险等方面的考虑，与其他具有租赁资格的机构共同作为联合出租人，以融资租赁的形式将设备租赁给承租企业。在该过程中，出租人A负责审查租赁项目，但对于通过的项目只做部分融资，其余部分则由与其建立合作关系的出租人B承担，双方达成合作意愿后签订《联合租赁协议书》共同作为出租人，这样就构成了联合租赁。出租人A的合作伙伴一般为租赁公司、财务公司或其他具有租赁资格的机构。

联合租赁中，承租人只跟出租人A打交道。出租人A负责审查项目、准备合同、联系其他出租人等事务；其他出租人按《联合租赁协议书》的约定付给出租人A一定的费用。各出租人按各自出资比例分配租金收入，如果出现风险，同样也按出资比例共同承担，通过联合租赁，出租人A和出租人B共担风险、共享利益。2014年11月农银金融租赁有限公司与汇众（天津）融资租赁有限公司在天津签署了《战略合作协议》，双方将在海洋工程装备领域建立长期战略合作关系，这就是典型的联合租赁模式。联合租赁业务流程如图3-5所示。

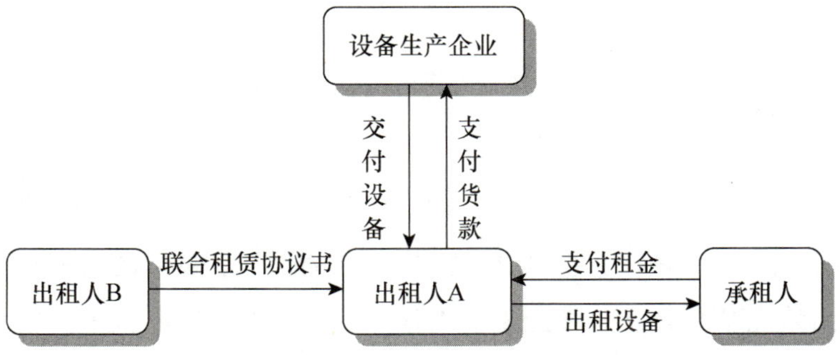

图3-5 联合租赁业务流程

委托租赁

委托租赁是指具有融资租赁业务资格的租赁公司作为出租人，接受委托人的资金或租赁标的物，根据委托人的书面委托，向委托人指定的承租人办理的融资租赁业务。这一经济活动的实现是建立在委托人对受托人的信任基础上的，它可分为资金委托租赁和设备委托租赁两种方式。其业务流程如图 3-6 所示，具体是资金或租赁标的物拥有者与租赁公司签订《委托租赁资金协议》，委托租赁公司与指定的承租人签订《融资租赁合同》，承租人按合同约定支付租金，租赁公司只从中收取手续费，剩余部分交给委托人，租赁期内租赁物所有权归委托人所有，租赁公司不承担项目风险，租赁期结束后，租赁物所有权可以转移给承租人，也可以不转移给承租人。因为租赁公司不承担风险，所以租赁项目如果没有建立良好的风险防范处理体系，将无法得到委托人的信任。目前委托租赁多应用于风险较低的大型租赁项目，这种模式不仅可以使无融资租赁经营权限的企业实现融资租赁，也可以使融资租赁公司实现与投资机构、优势企业合作进行租赁投资。

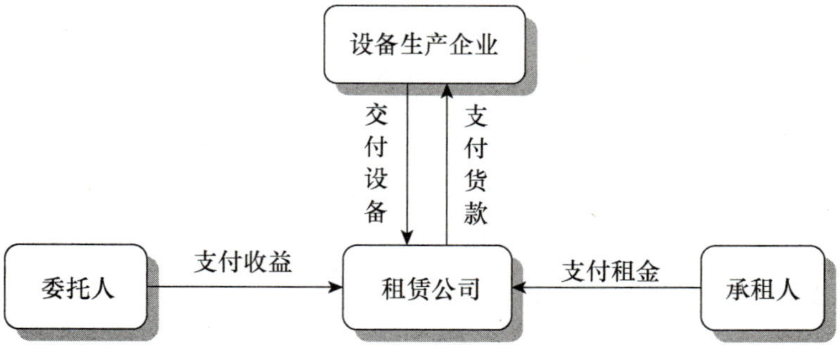

图 3-6　委托租赁业务流程

项目融资租赁

项目融资租赁是一种在直租基础上发展出来的创新、灵活的融资租赁业务，租赁标的物从设备等固定资产延伸到整个工程项目，承租人以项目未来的收益和项目自身的资产价值为保证，与出租人签订《项目融资租赁合同》。出租人对承租人项目以外的财产和收益无追索权，租金的收取视项目的现金流量和收益而定，因此，相较于直租业务，项目融资租赁的出租人要承担更大的风险。

供应商利用自己控股的租赁公司采取这种方式来推销产品，扩大市场份额。项目融资租赁可以按项目收益的百分比收取租金，并非固定租金，而是或有租金。在租赁期内，双方共同承担风险、共同分享收益，租赁期满，项目所有权转移给承租人。

销售式租赁

销售式租赁方式的出现主要是为了满足生产商或流通部门的促销需求，在这一融资租赁模式下，租赁公司归属于设备供应商或被设备供应商控股，二者实际上是一家，但属于两个独立的法人。依托于供应商，租赁公司可以为客户提供设备的维修及保养等多方面服务，作为一个融资、贸易和信用的中介机构，租赁公司自主承担租金回收的风险，承租人最终拥有租赁设备所有权，形式上与分期付款类似。在这种销售式租赁中，通过综合的或专门的租赁公司采取融资租赁方式，配合制造商促销产品，可减少制造商应收账款和三角债的发生，有利于分散银行风险，促进商品流通。目前工业发达国家很多大型厂商、跨国公司都有附属的租赁公司，而在中国这一模式才刚刚起步，相信未来发展潜力巨大。

抽成融资租赁

抽成融资租赁又称收益百分比融资租赁。这种模式的特点是承租人的租金并不固定，而是通过评估承租人的盈利能力，由承租人先支付一部分租金，剩余的租金按照承租人营业收入的一定比例抽成。具体的抽成比例比较灵活，由承租人和出租人根据实际生产状况协商确定。这种租赁方式适用于对回笼期较长但现金流稳定且具有一定垄断性的项目。

风险融资租赁

风险融资租赁是融资租赁与风险投资相结合的产物，它把风险投资套上传统融资租赁的外壳，将融资租赁的优势与风险投资的风险收益性有机地结合起来。与传统融资租赁相比，这种模式可将租赁债权转换成股权，对承租人的生产经营决策产生影响，并获得股东权益收益。出租人以租赁债权和投资方式将设备出租给承租人，以获得租金和股东权益收益作为投资回报，在这种交易中，出租人的主要回报仍是租金，一般为全部投资的50%，其次是设备的残值回报，一般不会超过25%，这两项收益相对比较安全可靠。其余部分按双方约定，在一定时间内以设定的价格兑现承租人的认股权证来获得普通股权。实际上是以承租人的部分股东权益作为出租人的租金的新型融资租赁形式。这种租赁方式为高科技、高风险产业开辟了一种吸引投资的新渠道，促进了这类产业的发展。

结构式参与融资租赁

结构式参与融资租赁融合了上述新型融资租赁方法的创新点，由注资、还租和回报三个阶段构成。注资阶段的资金注入方法与传统融资租赁并无差异；还租阶段将项目现金流量按一定比例在出租人和承租人之间分配，例如70％分配给出租人，用于还租，30％由承租人留用；回报阶段是指在租赁成本全部冲减完以后，出租人在一定年限内享有资金回报，回报率按现金流量的比例提取。回报阶段结束，租赁物件的所有权归承租人，整个融资租赁过程结束。

这种租赁方式适用于初期信用等级不够，不足以采用其他途径（包括简单融资租赁）融入资金的企业及其项目，但项目的中远期效益肯定看好，足以偿还所融入资金的本金和利息，例如效益较好的基础设施项目。这样的项目要取得成功，就需要出租人做大量的前期工作，并在项目的执行过程中提供全面的服务。

捆绑式融资租赁

捆绑式融资租赁又称三三融资租赁。是指承租人的首付金不低于租赁标的价款的30％，厂商在交付设备时并不收取全部价款，而是只收取30％左右的货款，余款在不低于租赁期限一半的时间内分批支付，而租赁公司的融资额度有差不多30％即可。这样，厂商、出租人、承租人各承担一部分风险，利益“捆绑”在一起，以改变以往那种所有风险由出租人一力承担的局面。

综合性租赁

综合性租赁是租赁与其他贸易方式相结合的租赁方式，按照结合方式的不同，大体可分为以下几种：第一种是租赁与补偿贸易相结合，这一方式是指出租人把设备租赁给承租人，承租人用租赁设备所生产的产品来偿付租金；第二种是租赁与加工装配贸易相结合，这一方式是指出租人将设备租赁给承租人并提供原材料和零部件，承租人进行加工装配，将成品交付租赁公司或指定第三人，以加工装配产品的工本费作为租金；第三种是租赁与包销相结合，这一方式是出租人提供设备和原材料，承租人将生产的产品交给出租人包销，将包销所得的一部分用于支付租金。这种模式的优点是可以减少承租人的支出，扩大租赁双方的贸易往来，促进贸易与融资租赁的共同发展。

主租赁

主租赁又称活期租赁，是一种活期的（open-ended）租赁方式，承租人在整个租赁期内不仅可以租用目前所需设备，还可根据今后需要，以同样的租赁条件和规定（租金除外）租用新的设备，而无须签订新的租赁合同，在整个租期内，出租人有责任向承租人提供先进的设备，其数量可根据实际需求有所不同，租赁期限基本与设备使用年限差不多。这种形式类似于银行放贷的授信额度，可以避免重复性地办理手续，提高业务效率，方便租赁双方，适用于使用数量较多的机器设备，如卡车、计算机及其配件等。

通过对比上述传统融资租赁模式和新型融资租赁模式，我们可以发现，创新的融资租赁模式无一例外都是在做传统融资租赁出于各种原因不愿意做的事，承担着传统租赁不肯承担的责任和风险，对出租人而言，他们正由原来的债权式租赁向债权与投资相结合的操作模式转变；对承租人而言，融资租赁则正从“保持距离型融资”方式向“控制导向型融资”方式转变。这些新的方式更加有服务意识，积极为承租人做好租后服务，力求实现双赢的局面。它们的出现得益于法律和信用环境的完善、税收政策的调整和整个行业的蓬勃发展。除上述列举的模式外还有其他的方式在不断涌现，未来也将会有更多创新的融资租赁模式出现在人们的视野中。

CHAPTER

04 融资租赁的定价原理

融资租赁定价的基本原则

任何产品的价格都要在考虑自身主要目标的基础上，遵循一定的原则确定，这些基本原则可以总结为以下几点。

成本是价格下限原则

成本是任何产品定价都应考虑的基础因素，是企业核算经济利益的盈亏临界点。任何产品定价都应至少能补偿产品成本，对于融资租赁来说，租金收入是其实现利润的主要手段，合理的租金定价必须保证租金收入大于等于设备的购置成本（包括设备购置成本及费用）与融资租赁公司目标利润之和。因此，融资租赁公司在确定租金价格时，须保证以相关成本为下限，并在补偿成本的基础上有一定的利润空间，这是维持融资租赁公司正常经营的基本前提。在融资租赁的定价实践中，成本往往是各组成部分中最不可缺少的一部分，成本是价格下限原则也是定价的最基本原则。

利润最大化原则

对于融资租赁公司来说，租金定价补偿相关成本、费用仅能保证公司不发生亏损，而实现利润最大化才是融资租赁公司经营所追求的首要目标。因此，融资租赁公司在定价时，应在遵守成本是价格下限的原则基础上，尽可能实现利润最大化。这里所说的利润最大化仅是个原则，在实际操作中可根据企业自身规模、市场定位等实际情况灵活运用，比如有些企业追求最大化的利润额，有的企业则更注重短期利润最大化，这些都取决于自己的目的，尤其是企业决策者的喜好及企业所处的市场环境。

提高市场占有率原则

近几年，中国融资租赁行业规模的极速扩张带来了日益激烈的市场竞争，融资租赁公司的生存和发展壮大都需要一定的市场份额作为支撑，任何行业的市场领导者都拥有很高的市场占有率，这是衡量融资租赁公司综合实力的重要指标。而租金恰恰会对企业的市场占有率产生影响，在其他各方面条件无明显差别的情况下，租金定价高于同行业的竞争者，客户必然会选择价格较低的公司，除非该公司所提供的产品或服务无法被竞争对手复制，客户承认其价值并愿意为之付出较高的价格。所以，融资租赁公司在定价时，除纵向考虑价格的各组成部分外，还要横向考虑市场竞争者的定价，衡量自身在众多竞争者中所处的位置，不能为实现利润最大化而盲目定高价。

控制租金回收风险原则

融资租赁作为一种带有金融性质的业务，类似于银行贷款，融资租赁公司要承担客户的信用风险以及市场利率的风险，租赁的利率很大一部分被认为是投资风险的回报。如果租金的回收出现了问题，融资租赁公司将付出巨大的追讨成本和操作成本，即便如此，也未必得到满意的追讨结果。这往往会使融资租赁公司遭受重大的损失。所以，融资租赁公司在经营管理过程中应将风险控制在最小限度内。在实际操作中，严格做好对各环节的审批，运用合理的定价方法以确保租金的回收。一般来说，风险越大，就越需要有较高的回报作为补偿，但过高的租赁利率又会增加客户的负担，有时反而会加大客户违约的可能性，使之无法按约定归还租金。

这一原则较前三个原则而言，考虑的因素要复杂得多，理论上说，融资租赁公司应首先对承租人进行全面的尽职调查，在把握客户信用、还租能力及市场动态的基础上制定出与某笔交易的风险相匹配的租金价格。

租金价格的构成要素

要掌握并运用好租金定价原理，首先要了解各计算公式中各构成要素的含义、它们之间的关系及其对租金计算结果的整体影响，然后将这些构成要素有机结合起来。租金价格的构成要素主要有以下几项。

本　金

本金（principal value）是指承租人需要占用出租人以租赁物件为标的的资金，是计算租金的基数，包括租赁物购置离厂（岸）价、运输费、进口关税、各种保险费用、银行费用和担保费等，有时还包括对融资租赁设备的安装调试费。在租赁合同签约前，如果除设备购置价款以外的费用由出租人承担，则可将其中不确定的费用估算出来计入本金，待承租人验收确认租赁物后，根据实际签订的合同，将估算本金调整为实际本金并据此计算实际租金，而租赁物的价格一般根据当时的市场价格确定。本金的增加会导致每期租金和租金总收入的增加。

利　率

利率（interest rate）是承租人占用出租人资金的使用费率，是测算或商定的利率。在资本市场上，利率的种类有很多，在同一时期，因条件和来源不同有很大差别。

按时间长短可分为短期利率和长期利率。以一年期为分界线，一年内的利率为短期利率，国内融资使用的短期利率是中国人民银行公布的贷款基准利率（SHBOR）加上一个利差，国际融资使用的短期利率一般为伦敦银行同业拆借利率（LI-

BOR）加上一个利差。伦敦同业拆借利率（LIBOR）是大规模的国际银行愿意向同类银行借贷时的利率，它是在伦敦银行内部交易市场上的商业银行对存于非美国银行的美元进行交易时所涉及的利率。短期利率一般用于融资租赁宽限期内的利息计算。与此相反，期限在一年以上的为长期利率。

按利率是否可以变动可分为固定利率和浮动利率。固定利率是指租赁双方在签订融资租赁合同时就定好固定的利率值，执行合同时，每期租金计算都以这一固定利率为基础而不发生变动；浮动利率是指利率在整个租赁期内随期数变动，每期只能确定当期的合同执行利率，下一期的利率需要在本期结束后重新确认，计算时无法像固定利率那样实现一次性完成，但租赁双方会在签订租赁合同时约定浮动利率的计算方法，因为这关系到双方的利益，浮动利率将利率风险转嫁到了承租人身上，并可根据承租人还租能力灵活确定本金的偿还和还租期数，但会增加后续管理的难度。利率的高低与每期租金成正比，是承租人在业务谈判中最关心的内容，也是其做最终决策要考虑的重要因素，他们希望通过争取较低的利率而降低其融资成本。

融资租赁企业的利率政策通常由信用管理部门负责制定，该部门还要根据银行信息、市场变动情况、宏观经济形势、公司经营情况等因素适时地调整利率。对于出租人来说，利率种类的选择，出于不同考虑会有不同做法，如出于风险考虑，一般选用与融资利率相同的利率种类。对于承租人来说，通常在利率水平较高且预计未来利率呈下降趋势时更愿意选择浮动利率，而在利率水平较低且预计未来利率呈上升趋势时更愿意选择固定利率。出租人在制定利率政策时，除考虑融资成本外，还会考虑承租人的还租信用，最终的利率报价一般高于市场利率。

还租期数

还租期数（number of terms）是指租赁期间租金结算或还款的次数。一般有每月支付一次、每季度支付一次、每半年支付一次及每年支付一次等几种情况，每期的租赁利率为按年支付的年利率除以还租期数，这一利率为名义利率，并非承租人实际负担的利率，实际利率要高于名义利率。有些国家会对还租期数有相关的规定，如规定政府参与的租赁项目每个季度偿还一次租金。承租人在资金压力较大时通常希望通过延长租期，增加还租期数来降低每期租金，但这样会导致实际利率大幅增加，租金总额也会随之增加。在租赁期一定的情况下，还租期数越多，每期租金越少，但租金总额会越多。出租人通常希望缩短还租期以降低资金回收的风险，但这样会增加承租人的还租负担，反而会使资金回收变得困难。因此，最终还租期数的设定要综合考虑租赁双方的情况，由双方协商确定，同时，它也受租赁物使用寿命、法定折旧年限以及项目可行性报告财务分析中投资回收期的限制。

资产余值

资产余值（future value）是指融资租赁合同中预计租赁期结束时，预留的剩余融资成本的未来价值。经营性融资租赁在租赁期结束时会对租赁物进行留购、退租或续租时的处理，租赁余值为其提供了价值依据，计算租金时需要将这部分余值按租赁的利率和最后一期期数折算成现值从本金中扣除。

资产余值是根据物件折旧年限与租期的差额占折旧年限的比例乘以本金计算出来的，而不是租赁物本身的公允价值或财务上折旧后的残值，是租赁双方事先按照法律依据，在租赁开始日预先约定的一种融资余值，它与会计核算中的残值的定义有本质上的区别。租赁期结束时，如果资产余值低于租赁物的公允价值，承租人可以优先按资产余值购买，否则承租人可以放弃这个权利。在简单融资租赁中，租赁期大于等于法定折旧年限，租赁期结束时没有资产余值，不存在留购、退租或续租的问题；而在经营性融资租赁中，资产余值是承租人留购的作价依据，续租的本金。资产余值越大，每期租金越少，但租金总额会因租赁余值的利息、期数的因素而增加。

当租赁结束时，承租人对余值的处理有选择权，有时为了保护出租人的利益，防止租赁物在租赁期内被过度耗用或发生损坏，会对这部分余值提供担保，也就是担保余值，担保方可能是承租人、与承租人有关的第三方以及与出租人和承租人均无关系、但在财务上有能力提供担保的第三方；有时，担保人对资产余值并非提供全额担保，没被担保的部分就是未担保余值。这些就是《企业会计准则第 21 号——租赁》中所说的担保余值和未担保余值。

先付与后付

除了以上各租金构成要素对租金会产生影响外，租金的支付方式也会对租金产生影响。支付方式有起租即付（先付）和到期付款（后付）之分。先付是指在每期期初付款，即起租时首次支付租金，以后各期期初按期还租。后付是指每期期末付款，即起租后第一期期末开始还租，以后各期期末按期还租。先付方式因占用本金的时间较后付方式短一期，在其他租赁条件不变情况下，每期租金和租金总额比后付方式要少。

融资租赁的基本定价方法

基于融资租赁定价的四个定价原则，我国融资租赁公司现行的定价方法主要有成本导向法和市场导向法两种。

成本导向法

融资租赁成本导向定价法的主要原理就是使租金价格能够弥补融资租赁公司提供租赁服务的成本，并获得一定的利润，从出租人的角度来说，每期从承租人处收取的租金由以下几个部分构成：（1）租赁物的成本；（2）融资产生的利息费用；（3）融资租赁的服务手续费；（4）出租人收取的必要利润。租金的计算和支付方式是由出租人和承租人双方协议商定的，其成立的条件是得到双方的满意和认可。即：

$$\text{融资租赁租金}=\text{租赁物成本}+\text{利息费用}+\text{租赁服务手续费}+\text{预期利润}$$

$$\text{租赁利率}=\text{融资利率}+\text{利差}$$

其中，租赁物成本包括设备的购置成本、运输费、进口关税、各种保险费用、担保费用及调试安装费等；利息费用是指出租人为购买租赁标的物向银行贷款而支付的利息，该利息按银行贷款利率并按一定比例上浮的复利计算；租赁服务手续费是指出租人在融资租赁过程中所产生的营业费用，包括业务人员工资、办公费、差旅费等，它通常金额较小并在租赁期初一次性支付，不计算利息。预期利润是指出租人将租赁物租赁给承租人使用预期可获得的利润。租赁利率为融资利率与利差的合计数，融资利率为出租人从银行取得资金所支付利息的利率。利差为出租人向承租人收取租金的利率与向银行支付利息的利率的差额。

如果是委托租赁业务，或是无追索的融资租赁债权直接保理融资，由于融资租赁公司不承担风险，融资租赁公司除了按委托方或与资金提供方商定的融资利率收取融资租赁本息外，不会增加利差，一般只按购置成本或租赁总额的大小收取一定比率的租赁服务手续费，通常为0.5%～3%。

在融资租赁交易中，具体的租金偿付方式灵活多样，租金的计算需要综合考虑出租人和承租人的具体情况，确保出租人收取租金大于等于出租人项目初始成本、贷款利息费用、服务费、风险控制成本与期望收益之和，小于承租人项目运营期间营业净现金流量总额。最常见的租金偿还模式有等额年金法和等额本金法两种。

（1）等额年金法是指每期租金额相同的租金偿还模式。通常前期租金中租赁利息的比例较大，本金比例较小，还款期限过半后逐渐转为本金比例大、利息比例小，这种租金支付方法所支付的利息要高于等额本金法。计算公式为：

$$R=\frac{P(i+r)}{1+(i+r)k-\frac{1}{(1+i+r)^{n-k}}}$$

式中，R——每期支付租金；

P——标的物总金额（本金）；

r——贷款利率；

i——租赁利率；

n——租赁期。

其中，$k=1$ 时，是先付租金方式；$k=0$ 时，是后付租金方式。如果是先付租金，第一期支付租金时的现金流出为每期支付的租金＋租赁手续费；若为后付租金，则在租赁期初支付租赁手续费。租金 R 中，每期利息为剩余本金×（$r+i$），每期本金为 $R-$每期利息。

（2）等额本金法是指每期租金额不同的租金偿还模式。每期应归还本金为标的物的总金额除以总的租赁期数（即等额本金），而每期的利息和所获利润则按照前一期的剩余本金作为基数乘以一定利率计算。每期支付的租金是这两部分相加的结果。这种支付方法第一期租金最高，之后逐月减少，所支付的总利息要比等额年金方式少，但前期的还租压力较大，适合当前有足够能力支付租金的承租人。其计算公式如下：

$$先付租金：R=\frac{P}{n}+\frac{P(r+i)(n-k)}{n}$$

$$后付租金：R=\frac{P}{n}+\frac{P(r+i)(n-k+1)}{n}$$

式中，k——当前期数。其他符号含义同前。

如果是先付租金，第一期支付租金时的现金流出为每期支付的租金＋租赁手续费；若为后付租金，则在租赁期初支付租赁手续费。租金 R 中，每期利息为 $\frac{P(r+i)(n-k)}{n}$，每期本金为 $\frac{P}{n}$。

下面举例说明这两种付款方法的计算。

案例 4-1

等额年金及等额本金两种定价模式下每期租金的确定

某融资租赁公司 2014 年 1 月以直租方式出租 100 套生产设备，设备总价款共计 5 000 万元，租赁期限为 3 年，起租后次月对应日支付第一期租金，以后每过 3 个月的对应日支付一次租金，共计 12 期。手续费为融资金额的 2.5%，放款前一次性支付租赁手续费人民币 1 250 000 元。放款前一次性支付租赁保证金人民币 2 500 000 元，保证金不计利息。租赁保证金用于冲抵最后一期租金的相应金额。公证费按每套 0.15 万元收取，贷款利率为 6%，租赁利率为 2.5%，在承租公司付清租金等款项后，上述 100 套设备由公司按名义价格 10 000 元人民币购回所有权。（假设每季度天数相等。）

（1）在后付等额年金的方式下，每期租金 R 为：

$$R=\frac{50\ 000\ 000\times(6\%+2.5\%)/4}{1-\dfrac{1}{\left(1+\dfrac{6\%+2.5\%}{4}\right)^{12}}}=4\ 764\ 350.26(\text{元})$$

首次付款总额的计算过程如下：

$$\begin{matrix}\text{租赁}\\\text{保证金}\end{matrix}+\begin{matrix}\text{服务}\\\text{手续费}\end{matrix}+\text{公证费}=2\ 500\ 000+1\ 250\ 000+150\ 000=3\ 900\ 000(\text{元})$$

租赁期结束后承租人以 10 000 元留购设备。

假设从第 1 期开始偿还本金，该融资租赁公司的收入测算表见表 4-1。

表 4-1 收入测算表（1） 单位：元

期数	支付时间	剩余租赁本金	租金收入	本期收回本金	本期收回利息
0	2014/1/1	50 000 000.00			
1	2014/3/31	46 298 149.74	47 643 50.26	3 701 850.26	1 062 500.00
2	2014/6/30	42 517 635.16	4 764 350.26	3 780 514.58	983 835.68
3	2014/9/30	38 656 784.65	4 764 350.26	3 860 850.51	903 499.75

续表

期数	支付时间	剩余租赁本金	租金收入	本期收回本金	本期收回利息
4	2014/12/31	34 713 891.06	4 764 350.26	3 942 893.59	821 456.67
5	2015/3/31	30 687 210.99	4 764 350.26	4 026 680.07	737 670.19
6	2015/6/30	26 574 963.96	4 764 350.26	4 112 247.03	652 103.23
7	2015/9/30	22 375 331.69	4 764 350.26	4 199 632.28	564 717.98
8	2015/12/31	18 086 457.22	4 764 350.26	4 288 874.46	475 475.80
9	2016/3/31	13 706 444.18	4 764 350.26	4 380 013.04	384 337.22
10	2016/6/30	9 233 355.86	4 764 350.26	4 473 088.32	291 261.94
11	2016/9/30	4 665 214.41	4 764 350.26	4 568 141.45	196 208.81
12	2016/12/31	—	4 764 350.26	4 665 214.45	99 135.81
	租赁物选择权		10 000		
合计			57 182 203.12	50 000 000.04	7 172 203.08

根据已有数据填列融资租赁方案确认表（见表4-2）。

表4-2 融资租赁方案确认表（1）

<table>
<tr><td>承租人名称</td><td colspan="7">××有限公司</td></tr>
<tr><td rowspan="2">租赁物清单</td><td colspan="3">设备名称</td><td colspan="2">型号</td><td>数量</td><td>单价</td></tr>
<tr><td colspan="3">××设备</td><td colspan="2"></td><td>100套</td><td>50万元</td></tr>
<tr><td>设备总价款</td><td colspan="5">5 000 万元</td><td>租赁期限（年）</td><td>3</td></tr>
<tr><td rowspan="2">设备留购价</td><td colspan="5" rowspan="2">10 000 元</td><td rowspan="2">租金支付方式</td><td>☑期末等额年金</td></tr>
<tr><td>☐期末等额本金</td></tr>
<tr><td>租赁利率</td><td colspan="2">2.5%</td><td colspan="2">贷款利率</td><td>6%</td><td>每期应付租金</td><td>4 764 350.26 元</td></tr>
<tr><td>1. 租赁保证金</td><td colspan="5">设备总价款×5%</td><td colspan="2">250 万元</td></tr>
<tr><td>2. 融资金额</td><td colspan="5">设备总价款</td><td colspan="2">5 000 万元</td></tr>
<tr><td>3. 手续费</td><td colspan="5">融资金额×2.5%</td><td colspan="2">125 万元</td></tr>
<tr><td rowspan="5">4. 保险费</td><td rowspan="4">保险名称</td><td colspan="4">A.</td><td colspan="2">无</td></tr>
<tr><td colspan="4">B.</td><td colspan="2">无</td></tr>
<tr><td colspan="4">C.</td><td colspan="2">无</td></tr>
<tr><td colspan="4">D.</td><td colspan="2">无</td></tr>
<tr><td></td><td colspan="4">第一年保险合计</td><td colspan="2">无</td></tr>
<tr><td>5. 保险总计</td><td colspan="5">第一年保险合计*租赁期限</td><td colspan="2">无</td></tr>
<tr><td>6. 公证费</td><td colspan="5">按0.15万元/每台收取</td><td colspan="2">15 万元</td></tr>
<tr><td colspan="6">首次付款总额小计=1+3+5+6</td><td colspan="2">390 万元</td></tr>
<tr><td colspan="8">本表所列首次付款金额为预算数据，实际应以《融资租赁合同》为准，若贵公司已按此表所列向我公司支付款项，我公司将按《融资租赁合同》的数据多退少补。</td></tr>
</table>

业务代表：（签章）　　融资代表：（签章）　　承租人：（签章）

(2) 在后付等额本金的方式下，每期租金 R 为：

$$第一期：R=\frac{50\,000\,000}{12}+\frac{50\,000\,000\times\left(\frac{6\%+2.5\%}{4}\right)\times(12-1+1)}{12}=5\,229\,166.67\text{（元）}$$

$$其中：本金=\frac{50\,000\,000}{12}=4\,166\,666.67\text{（元）}$$

利息＝5 229 166.67－4 166 666.67＝1 062 500（元）

$$第二期：R=\frac{50\,000\,000}{12}+\frac{50\,000\,000\times\left(\frac{6\%+2.5\%}{4}\right)\times(12-2+1)}{12}=5\,140\,625.00\text{（元）}$$

$$其中：本金=\frac{50\,000\,000}{12}=4\,166\,666.67\text{（元）}$$

利息＝5 140 625.00－4 166 666.67＝973 958.33（元）

……

依此类推。

首次付款总额的计算过程如下：

租赁保证金＋服务手续费＋公证费＝2 500 000＋1 250 000＋150 000＝3 900 000（元）

租赁期结束后承租人以 10 000 元留购设备。该融资租赁公司的收入测算表见表 4-3。

表 4-3 收入测算表（2） 单位：元

期数	支付时间	剩余租赁本金	租金收入	本期收回本金	本期收回利息
0	2014/1/1	50 000 000.00			
1	2014/3/31	45 833 333.33	5 229 166.67	4 166 666.67	1 062 500.00
2	2014/6/30	41 666 666.67	5 140 625.00	4 166 666.67	973 958.33
3	2014/9/30	37 500 000.00	5 052 083.33	4 166 666.67	885 416.67
4	2014/12/31	33 333 333.33	4 963 541.67	4 166 666.67	796 875.00
5	2015/3/31	29 166 666.67	4 875 000.00	4 166 666.67	708 333.33
6	2015/6/30	25 000 000.00	4 786 458.33	4 166 666.67	619 791.67
7	2015/9/30	20 833 333.33	4 697 916.67	4 166 666.67	531 250.00
8	2015/12/31	16 666 666.67	4 609 375.00	4 166 666.67	442 708.33
9	2016/3/31	12 500 000.00	4 520 833.33	4 166 666.67	354 166.67
10	2016/6/30	8 333 333.33	4 432 291.67	4 166 666.67	265 625.00
11	2016/9/30	4 166 666.67	4 343 750.00	4 166 666.67	177 083.33
12	2016/12/31	0.00	4 255 208.33	4 166 666.67	88 541.67
	租赁物选择权		10 000.00	50 000 000.00	6 906 250.00

根据已有数据填列下面的融资租赁方案确认表（见表 4-4）。

表 4-4　融资租赁方案确认表（2）

承租人名称	××有限公司			
租赁物清单	设备名称	型号	数量	单价
	××设备		100 套	50 万元
设备总价款	5 000 万元		租赁期限（年）	3
设备留购价	10 000 元		租金支付方式	□期末等额年金 ☑期末等额本金
租赁利率	2.5%	贷款利率 6%	每期应付租金	不等额
1. 租赁保证金	设备总价款×5%		250 万元	
2. 融资金额	设备总价款		5 000 万元	
3. 手续费	融资金额×2.5%		125 万元	
4. 保险费	保险名称	A.	无	
		B.	无	
		C.	无	
		D.	无	
		第一年保险费合计	无	
5. 保险总计	第一年保险合计×租赁期限		无	
6. 公证费	按 0.15 万元/每台收取		15 万元	
首次付款总额小计（1+3+5+6）			390 万元	
本表所列首次付款金额为预算数据，实际应以《融资租赁合同》为准，若贵公司已按此表所列向我公司支付款项，我公司将按《融资租赁合同》的数据多退少补。				

业务代表（签章）　　融资代表（签章）　　承租人（签章）

需要说明的是，对于非全额偿付的融资租赁业务，租赁期满后租赁物会有余值，并且租赁期满按合同规定以该余值支付价款，方可取得租赁物的所有权。因此，进行租金定价时应先对这一余值进行风险定价，然后以扣除这部分余值的购置成本为基础计算本金，再以本金为基数，在融资利率上附加一定比率的风险费率，根据合同规定的租金偿还及支付方式计算出每期租金。此时，融资租赁收入＝租金收入＋余值处置收入＋租赁服务手续费。

成本法体现了融资租赁企业追求盈利的经营目标，主要考虑融资租赁公司自身的成本和费用，融资租赁公司所承担的资金成本、费用越高，租赁利率就越高。采用这种定价方法有利于融资租赁公司补偿成本。

市场导向法

市场导向法是指融资租赁公司在提供租赁服务时，主要参照竞争者对同类产品或服务提供的价格、产品特性、服务水平等因素来确定租金价格，因为租赁服务的定价是一种市场化的行为，除受出租人成本费用、服务质量的影响外，还会受同质商品、市场供求关系及出租率的影响，这种定价方法不仅可以保证弥补全部或绝大部分总成本支出，还可使融资租赁公司的产品定价具有一定的市场竞争力。

在测算成本有困难或竞争者不确定时，市场导向法是一个较为有效的定价解决办法。其公式为：租金收入＝市场租金/出租率。这种方法的缺点是方法较为粗糙，相关数据不够完善，存在各种偏差并且数据来源途径比较窄，得到同类租赁产品的租金数据很困难。

租金计算方法多种多样，专业的融资租赁公司会根据租赁物的使用特点采取不同的租金定价方法，但在实践中，等额年金法是应用最广泛的租金定价方法，因为这种方法计算起来相对容易、便于管理。但当每期租金与项目评估中的期望值有较大差距，可能增加租金回收风险时，则应采用其他与项目还款能力和应收租金相适应的租金计算方法，使租金回收更安全可靠。总之，不论使用哪种方法计算租金，都应列出收入测算表，将每期租金的本息结构和未收回本金测算出来，使租赁双方清楚租金金额及结构，各自进行规范的财务处理。

CHAPTER 05

融资租赁公司的融资渠道

融资租赁行业是一个需要大量流动资金的行业，单纯依靠自有资金很难保证业务的发展壮大，因此需要从外部融入资金。目前通过银行贷款仍是融资租赁公司最主要的融资渠道，但在货币收紧的货币政策下，这一融资渠道受到了限制，并且成本也在走高，因此融资租赁公司需要探索各种融资渠道，综合利用各种渠道为其经营提供支撑。

商务部发布的《关于“十二五”期间促进融资租赁业发展的指导意见》指出，“十二五”期间需创新融资租赁企业经营模式，拓宽融资租赁企业的融资渠道，优化融资租赁业发展布局。支持融资租赁企业运用保理、上市、发行债券、信托、基金等方式拓宽融资渠道，降低融资成本。鼓励企业通过资产证券化等方式盘活租赁资产，创新融资模式。鼓励融资租赁企业加强与银行、信托等金融机构合作。支持设立融资租赁产业基金，引导民间资本加大投入。

权益融资

追加资本金

追加资本金是企业拓展资金来源最为直接的一种方式，也是目前除银行贷款外融资租赁企业选择最多的融资方式。近几年，很多业务发展较快、规模较大、资产质量较好的融资租赁企业选择采用这一方式融资。如：渤海租赁将资本金从 13 亿元增至 62 亿元，民生租赁从 34 亿元增至 51 亿元，兴银租赁从 20 亿元增至 35 亿元，中联重科国际租赁公司从 8 000 万美元增至 28 000 万美元。这些企业在机遇与挑战共存的情况下，通过及时追加资本金的方式，保持了继续快速发展的良好势头。

发行股票

发行股票是指符合条件的发行人以筹资或实施股利分配为目的，按照法定的程序，向投资者或原股东发行股份或无偿提供股份的行为。融资租赁公司以股份有限公司的身份在国内外上市发行股票，从证券市场筹集资金，已逐渐成为其增强实力、提高直接融资能力的战略举措。2011 年 5 月，天津渤海租赁提出的 A 股上市申请获得批准，10 月正式以“渤海租赁”的名称上市，成为业内第一家 A 股上市公司。随后的几年里，陆续有 20 多家融资租赁公司成功上市。

1. 发行条件

上市发行股票需要满足很多硬性的要求。首先，从发行主体来看，只有股份有限公司才具备上市发行股票的基本条件，有限责任公司需经过股份制改造才有资格申请上市发行股票。其次，需满足以下准入条件：公司股本总额不少于人民币3 000 万元；公开发行的股份占公司股份总数的 25%以上；股本总额超过 4 亿元的，向社会公开发行的比例在 10%以上；公司在最近三年内无重大违法行为，财务会计报告无虚假记载；开业时间在三年以上，最近三年连续盈利。除此之外，在公司经营管理制度、财务指标、会计处理以及募集资金的用途等方面都有严格的相关规定。可见，实现股权融资的门槛很高，需要做大量的前期准备工作，制定相关计划，整个过程会经历很长的时间。

2. 发行方式

公司公开发行股票时，可以采用自销和承销两种销售方式。自销是指公司自己直接将股票销售给投资者。这种方式的优点是可由发行公司直接控制发行过程，实现发行意图，并可以节省发行费用。缺点是筹资时间往往过长，要由公司自己承担全部责任和发行风险，一般需要具备较高的知名度、较好的信誉和较强的实力，否则难以发行成功。承销是指发行股票的公司与依法设立的证券经营机构签订承销协议，将股票销售业务委托给证券经营机构代理承销。根据《公司法》的规定，我国的股票都需要以这种方式发行，承销又包括包销或代销两种模式。

包销是指根据承销协议商定的价格，证券商一次性购进上市公司新发行的全部或部分股票，并以高于购价的价格出售给社会上的认购者赚取差价。参与包销的可能是一家证券公司，也可能是几家证券公司联合包销。由于作为承销商的金融机构一般资金实力较为雄厚，可预先支付股票购进价款，因此包销方式下发行股票的公司可以及时筹足资本，并且无须承担发行风险。但是股票以较低的价格售给承销商会损失发行公司的部分溢价收入，不能最大限度地募集资本金。

代销是指发行公司付给证券经营机构一定的佣金，由其代替发行公司销售股票。在这种方式下，承销商只扮演帮助发行公司推销股票的角色，实质上相关风险还是由发行者承担，证券经营机构仅收取一定的代理费用，与包销相比，代销方式能够获得更多的资金，但是这需要很长的筹资时间，不能使上市公司及时得到所需资金。

3. 对发行股票融资的评价

融资租赁公司通过发行股票融资可以募集到大量的资金，并且资金可用于公司发展运营的方方面面，股票融资没有期限限制，所筹资金具有永久性，无须承担到期偿还的责任，只需在盈利情况下向投资人支付股利，减轻了融资租赁公司的资金压力。但也正因为如此，投资人要承担比购买债券更大的风险，他们所要求的风险溢价也更高，因此，发行股票融资的成本要高于银行贷款、发行债券这样的负债融资。此外，通过上市发行股票可以提高公司声望和国际信誉，增强顾客和供货商与公司长期合作的信心，但同时新股东的引入也会分散公司的控制权。

负债融资

同业拆借

进入银行间同业拆借市场，是金融租赁公司解决资金紧缺问题的一个重要途径。在国银租赁经中国人民银行上海总部批准获得国内银行间同业拆借市场准入资格后，民生租赁、招银租赁和江苏租赁等金融租赁公司相继获得进入全国同业拆借系统的批复，截至2017年，已有22家金融租赁公司获得了同业拆借资格。同业拆借与非金融租赁公司相比，其融资成本更低。

银行贷款

目前，除金融租赁公司可通过同业拆借来融资外，普通的内外资融资租赁公司仍然主要依赖银行贷款为其提供资金支持，这一融资渠道的融资比例高达80%。其优点是方便灵活，虽然融资成本要高于金融租赁公司的同业拆借，但与其他融资工具相比，其融资成本比较低，依托于银行的雄厚实力，其资金来源比较稳定。但是银行贷款也存在一定的局限性。首先，银行贷款的条件较为苛刻。银行为了降低放贷风险，往往会对企业的资质、信用等级、负债率等各方面指标提出很高的要求，有时还会要求企业提供担保或抵押，这样其实际的资金成本会提高。其次，贷款额度有一定限制。银行会根据企业的实际情况决定放款的限额，往往无法完全满足企业的资金需求。再次，银行贷款手续较为复杂，要经历向银行提出贷款申请、银行受理审查、签订借款合同、发放贷款、贷后检查及贷款归还等几个程序，有时会因时效问题导致企业错过好的投资项目。对于融资租赁企业来说，贷款融资最大的缺点就是贷款期限有限制，往往无法与租赁期限相匹配，会给融资租赁公司的资金周转带来一定的压力。

银行贷款有长期贷款和短期贷款两种。长期贷款主要用于企业长期的投资计划，短期贷款则主要用来满足企业日常经营的资金需要。贷款的偿还方式有定期支付利息、到期一次偿还本金、分期还本付息等。任何企业在选择贷款对象时都应考虑适合自己的借款种类、借款成本、借款条件，同时还要平衡长短期贷款，选择最适宜的组合比例。

目前，内资融资租赁公司的资金大部分来源于国内的商业银行贷款，很容易受国内货币政策的影响。部分融资租赁公司也会从国际银行机构融资，这样做的优势在于境外资金的融资成本要明显低于境内资金的融资成本。我国融资租赁公司在境外融资，境外债权人适用的是境外的法律法规，可以帮助我国融资租赁公司有效地绕开境内紧缩的信贷调控政策。另外，我国融资租赁公司可能从人民币升值中获得收益。当人民币升值时，我国融资租赁公司仅需用更少的人民币即可偿还完贷款本息，这又间接地降低了我国融资租赁公司的融资成本。由此可见，我国融资租赁公司如果能够打通境外融资的通道，不仅可以改善融资结构，还可有效降低资金的使用成本，提高盈利水平，但境外融资需要承担较大的汇率风险。

发行债券

企业还可以通过发行公司债券实现负债融资。债券（bond）是一种金融契约，是政府、金融机构、工商企业等直接向社会借债筹措资金时，向投资者发行，同时承诺按一定利率支付利息并按约定条件偿还本金的债权债务凭证。债券的本质是债的证明书，具有法律效力。债券购买者或投资者与发行者之间是一种债权债务关系，债券发行人即债务人，投资者（债券购买者）即债权人。发行债券的具体操作过程是：有融资需求的企业根据融资需求量确定债券的数量和面值，委托券商为其在二级市场代理发行，并向券商支付手续费，从投资者处获得出售债券的债务现金流，用于企业经营发展需要，并根据债务契约按时支付利息，偿还本金。

1. 发行条件

企业发行债券有一定的条件限制。第一，从发行主体上看，《公司法》规定，只有股份有限公司、国有独资公司和国有有限公司可以发行公司债券，且股份有限公司的净资产额不低于人民币 3 000 万元，有限责任公司的净资产额不低于人民币 6 000 万元；第二，从融资额度来说，《企业债券管理条例》和《公司法》规定，发行债券的公司，累计债券总额不得超过净资产的 40%，发行后资产负债率不得高于 70%；第三，从发行的门槛来说，发行公司债券的公司需要满足连续三年盈利、三年平均可分配利润足以支付公司债券一年的利息的条件，并将所筹资金用于符合要求的产业，债券的利率不能超过国家限定的水平，除此之外，并没有对其他财务指标的要求，也没有发行频率的限制。另外，发行债券还需要由债券评估机构评定等级，目前国际上通用的债券评级标准是 3 等 9 级：AAA 级为最高级，AA 级为高级，A 级为上中级，BBB 级为中级，BB 级为中下级，B 级为投机级，CCC 级为完全投机级，CC 级为最大投机级，C 级为最低级。债券评级是对债务人违约风险的度量，一般评级越高的债券，其利率越低，而评级较低的债券，由于其风险较大，因此需要提高利率来弥补其风险。从整体来看，发行公司债券的条件较为宽松，还是比较容易满足的。

2. 企业债券的分类

根据不同的划分标准，企业债券可以分为不同的种类。

- 按偿还期限，可分为短期债券、中期债券和长期债券。短期债券是指偿还期在 1 年以内的债券，通常有 3 个月、6 个月、9 个月以及 12 个月几种期限；中期债券的偿还期一般在 1～5 年；偿还期 5 年以上的为长期债券。
- 按是否记名，可分为记名债券和无记名债券。记名债券是指在公司债券上记载持券人的姓名，持券人需凭印章或其他有效身份证明领取利息，转让时需在上面签字并去发行企业登记的债券，反之就是不记名债券。
- 按担保性质，可分为担保债券和信用债券。担保债券是指以抵押、质押和保证的方式发行的债券，其中，抵押债券是指以不动产作为担保发行的债券；质押债券又称抵押信托债券，是指以公司其他有价证券作为担保发行的债券；保证债券是指由第三者担保偿还本息的债券。
- 按能否提前赎回，可分为可提前赎回债券和不可提前赎回债券。如果债券发行企业可按事先约定的赎回价格在债券到期前收回债券，就是可赎回债券，反之就是不可赎回债券。
- 按付息方式，可分为固定利率债券、浮动利率债券和累进利率债券。固定利率债券的利率不随市场利率的变化而变化，在整个偿还期内保持固定；浮动利率与实时的市场利率挂钩，通常是根据市场基准利率加上一个利差确定；累进利率债券的利率是逐年累进的。
- 按是否可以转换为公司股票，可分为可转换债券和不可转换债券。可转换债券是指在特定时间内可以按特定的条件转换成普通股的债券，它具有债务与权益双重属性，属于一种混合性筹资方式。由于可转换债券赋予债券持有人将来成为公司股东的权利，因此其利率通常低于不可转换债券。不可转换债券是指不能转换为普通股的债券，又称普通债券。由于它没有赋予债券持有人将来成为公司股东的权利，所以其利率一般高于可转换债券。

◆ 按募集方式，可分为公募债券和私募债券。公募债券是指向社会公开发行，任何投资者均可购买的债券，它可以在证券市场上转让；私募债券是指向少数特定的投资者募集的债券。2014 年 6 月，宜信惠琮国际融资租赁有限公司发行了总额为 3 000 万元的私募债，这是国内融资租赁公司发行的首支私募债。私募债券的发行审批手续便捷，但其发行和转让均有一定的局限性，一般不能在证券市场上交易。

3. 对发行企业债券的评价

发行债券具有筹资范围广、金额大的优点，它可以筹集到期限较长的资金，为企业项目开展提供更有力的资金支持，但发行债券也存在一定的风险，如果发生购买不足的情况，会造成公司融资失败，还要白白支付券商手续费、服务费。另外，债券有固定的到期日和固定的利息支出，如果收益不足或企业资金周转出现困难，很容易陷入财务困境。对于融资租赁公司而言，发行债券的优势在于可以自主地确定其年限，使债务年限与未来的资金需求年限相匹配，从而减少偿还债务的压力。另外，与银行贷款不同，债券融资属于直接融资，资金直接来源于投资者，而不需要二次经手，并且券商所收的承销费用也较低，所以债券融资的成本比较低。

由此可见，发行公司债券是融资租赁公司获得低成本资金的好方法。从 2010 年开始，工银金融租赁有限公司（以下简称工银租赁）、交银金融租赁有限责任公司（以下简称交银租赁）等融资租赁公司相继开始通过企业债券进行融资。2011 年，卡特彼勒融资服务公司宣布在香港首次发行 10 亿元人民币中期票据，更是开创了外资融资租赁公司利用香港人民币市场进行融资的先河。债券融资方式正渐渐被融资租赁企业所接受。

租赁资产证券化

租赁资产证券化属于资产证券化的一种，是指融资租赁公司将其一系列性质类似、租期相近并可产生大规模稳定现金流的租赁债权资产（即应收融资租赁款），经资质评级、信用评级和信用升级等一系列的结构性重组后出售（或信托）给特殊目的载体（SPV），将其转化成能够在金融市场上自由流通和出售的，以租金收益权利为支撑发行的证券，并以此来实现融资的过程。它是融资租赁公司所特有的一种融资方式，是盘活租赁资产的有效工具。租赁资产证券化的具体实施过程如下：

◆ 融资租赁公司作为发起人，在对自身融资需求有充分了解情况下，对所持有的各类租赁资产进行清理、估算，并将其重新整合成更具吸引力的资产池或资产组合。在这一资产重组的过程中，资产的风险和收益要素随之进行了分离和重组。

◆ (2) 在完成上一环节之后，发起人再通过各种方式将基础资产转移给特殊目的载体（SPV），SPV 根据该基础资产在未来所产生的现金流（即租金），将其设计成可在市场上销售的不同类型的租赁资产支持证券。SPV 是专门为资产证券化设立的一个特殊机构，它是证券化运作的关键。其设立的原因在于：一是，为了保证发起人任何财务、法律或税务上的问题都不会影响基础资产，以基础资产未来现金流为支撑的证券本息偿付不受其他资产影响，实现发起人与被证券化资产间的风险隔离；二是，SPV 作为基础资产的受让方几乎不会发生破产，从而实现了融资租赁公司与证券化资产之间的"破产隔离"，保障了证券持有人的利益。

◆ 随后，专业的信用评级机构会对租赁资产支持证券进行初步的评估，初评结果往往达不到证券投资者的预期要求，为吸引投资者，还需通过信用增级手段来重新分配现金流和重新配置风险，以进一步提高证券的信用等级、降低证券化结构风险、保护投资者收益。信用增级可分为外部信用增级和内部信用增级两种。外部信用增级是指由外部第三方（如政府机构、金融机构、保险公司等）提供的信用增级工具，包括专业保险公司提供的保险、企业担保、信用证和现金抵押账户；内部信用增级是指融资租赁公司依靠基础资产自身为防范信用损失提供保证，包括优先/次级结构、超额抵押、储备金、直接追索权等。

◆ 信用评级一般要经历初评和发行评级两个阶段。在信用增级完成后，信用评级机构会对信用增级后的租赁资产支持证券进行再次评级，根据增信后的基础资产质量、交易结构等分析确定其信用等级，一般信用评级越高的证券，投资面临的风险越小，融资的成本也就越低。通常，此时的评级会在 AA 级以上，这样就能以较好的信用条件进行发售了。

◆ 信用评级结束后，SPV选定证券承销商通过公募或私募的方式发行证券，承销商将证券发行收入交付SPV，SPV按照约定价格向发起人融资租赁公司支付基础资产的转让价款，从而使融资租赁公司实现融资目的。

◆ SPV聘请专业的服务商对基础资产所产生的现金流进行收取和记录，并将其存入收款专用账户。除此之外，服务商还需按约定积累基金，在还本付息之前，对收取的资金进行管理以确保到期向投资者支付证券本息，服务商可以是发起人，也可以由独立于发起人的第三方担当，发起人作为服务商的优势在于其对基础资产的质量等情况最为了解，并且与债务人保有一定的联系，而第三方担当此工作也必须建立在充分了解资产池的基础之上。在每个本息偿付日，服务商会委托受托管理人按时、足额地向投资者偿还本息并向各类中介机构支付服务费，在本息与费用全部偿付完毕以后，如果资产池仍有剩余现金流，则按照协议返还发起人或在发起人与SPV之间进行分配。至此，租赁资产证券化的整个交易流程结束。其流程如图5-1所示。

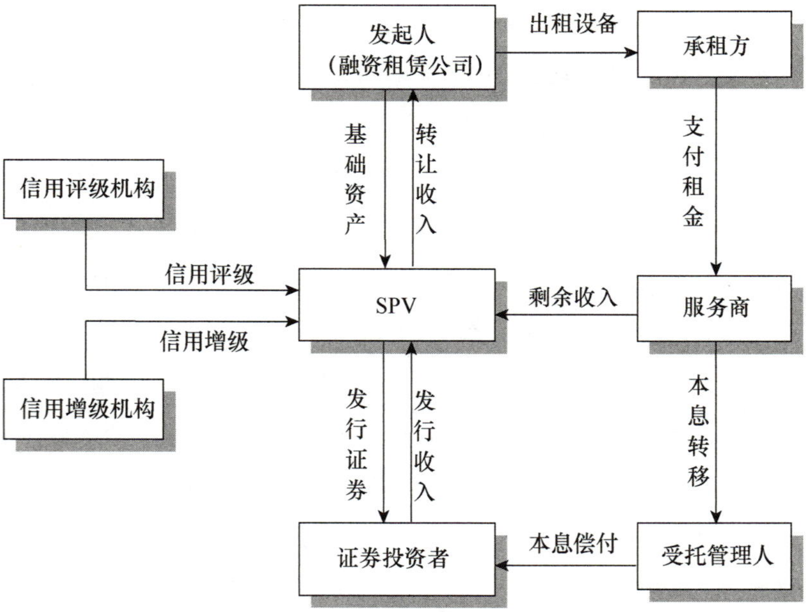

图5-1 租赁资产证券化流程

租赁资产证券化的优势

租赁资产证券化是在融资租赁业发展过程中衍生出来的新型融资方式，它改变了传统融资租赁交易的资金流转方式，不必等租金收回即可使租赁资产转化为流动资金。对于流动资金不足的融资租赁公司来说，租赁资产证券化是一种很好的选择，因为与其他传统融资方式相比，它有以下几个方面的优势：

- 拓宽融资租赁公司的融资渠道。传统的股权融资及债权融资都需要以融资租赁公司的整体信用为支持，对于有部分优质资产但整体信用不足的企业来说，融资难免受到限制，没有足够的资金支持其发展也必将受到影响，而资产证券化给这些企业提供了一种新的融资渠道，帮助其融入所需资金。
- 降低筹资风险。与发行公司债券相比，资产证券化的特点在于其将部分资产组合而非整个公司作为债券本息的偿付基础，对于融资租赁公司来说，这种融资方式比发行债券所承担的本息偿付风险要低，且成功融资的概率更大，而对于证券投资人来说，由于该资产组合会以未来所产生的稳定现金流作为偿还本息的保障，因此这种证券更容易接受。
- 提高融资效率。融资租赁公司通过租赁资产证券化可将证券化的资产投放到金融市场上，面向众多投资者，不仅扩大了融资对象，而且可以比银行贷款更为直接地从金融市场融资，更加高效地融入所需的资金。
- 提高资金流动性。几乎所有的融资租赁公司都会面临这样一种融资困境，即资产与负债在期限上无法匹配。在运营过程中，其往往依靠短期的资金融通来支撑长期的租赁业务，即呈现出“短期负债支持长期资产”这种不平衡的资产负债结构，经常会遇到负债到期但尚未收回足够的租金来偿还的情况，导致融资租赁公司的流动性不足。通过租赁资产证券化，融资租赁公司以资金的收取权为支撑发行证券，从投资者手中获得资金，将长期资产提前变现，加快了资产的周转速度，改善了融资租赁公司的资本结构，提高了资金的流动性。
- 降低融资成本。证券化资产在经过一系列风险隔离和信用增级处理后，使证券的信用级别有了很大的提升，安全性也更有保证，无须向投资者支付较高的风险补偿，从而降低了融资租赁公司的融资成本。此外，尽管采用资产证券化方式融资时，会涉及多项费用，如承销费用、托管费用、服务费用等各种中介费，但各项费用之和相对于融资总额来说仅是很小一部分。有数据表明，资产证券化的中介机构收取的总费用率要比其他融资方式至少低 50 个基点。由此可见，租赁资产证券化的总体融资成本要低于其他传统融资方式。

目前，由于我国相关法律不够完善等原因，我国的租赁资产证券化发展仍很落后。2006 年 4 月末，远东国际租赁有限公司（以下简称远东租赁）发行了总规模为 4.86 亿元的租赁资产证券化产品，这是国内首家采取这一融资方式的融资租赁公司。在之后的 9 年时间里，采用这一融资方式的融资租赁企业寥寥无几，金融租赁业实现租赁资产证券化更是一波三折。直到 2015 年 1 月，工银租赁才实现了金融租赁业的首例租赁资产证券化融资。可见，这一融资渠道尚未被广泛采用，我国融资租赁业还有很长的路要走。

其他新型融资渠道

保理融资

保理融资（factoring）也称应收账款融资，简单来说就是融资租赁公司将应收账款索取权转让给银行以提前获得应收账款资金，由银行负责应收账款账户管理、应收账款催收、承担应收账款坏账风险。其操作流程见图 5-2。

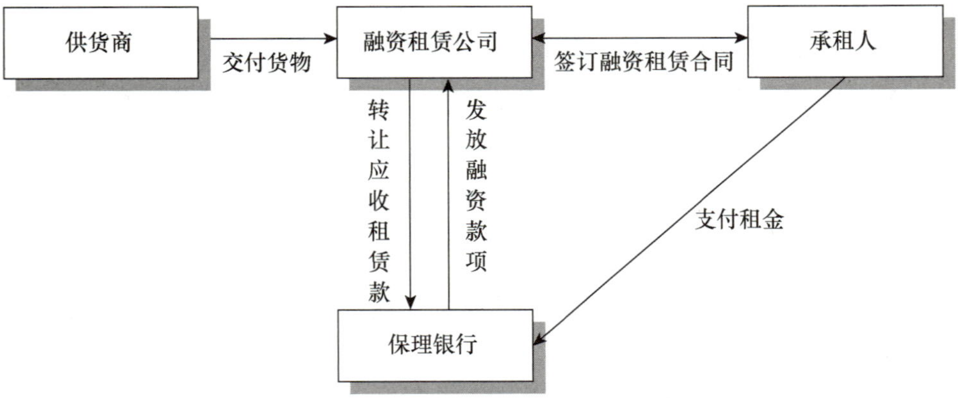

图 5-2 保理融资流程

保理融资的具体操作流程如下：

◆ 融资租赁公司分别与承租人和供货商签订融资租赁合同及购货合同，将所购货物出租给承租人；

◆ 融资租赁公司向银行申请转让应收融资租赁款，银行授信审批部门对融资租赁公司及承租人进行尽职调查，并为融资租赁公司核定授信额度；
◆ 若为公开型保理融资，银行和融资租赁公司需通知承租人对应收租赁款转让事宜进行确认；
◆ 银行根据合同约定的金额、比例（最高可达80%）向融资租赁公司发放保理融资款；
◆ 承租人按期支付租金至银行指定账户。银行负责账款催收、应收租赁款账户管理等后续服务；
◆ 如果是附追索权的保理融资，若承租人到期未还租金，融资租赁公司还须根据约定回购银行未收回的融资款。

1. 保理融资的分类

◆ 根据是否通知承租人应收融资租赁款的转让，可分为公开型保理融资和隐蔽型保理融资。如果融资租赁公司在转让应收租赁款时书面通知承租人就是公开型保理融资，反之就是隐蔽型保理融资。《合同法》规定债权转让需通知债务人才能生效，所以国内保理均为公开型保理。
◆ 根据保理银行是否完全买断应收租赁款，可分为有追索权保理融资、无追索权保理融资及回购式保理融资。在有追索权保理业务中，债务人无论出于什么原因到期未支付租金，保理银行都有权向融资租赁公司追索，要求其回购银行未收回的融资款项；若情况恰恰相反，保理银行买断了应收租赁款，则为无追索权保理融资；回购式保理融资是指在融资租赁公司与银行签订保理融资合同时，约定一定期限后（该期限一般短于应收租赁款债权的剩余期限）从银行无条件回购已转让的应收租赁款，在这种保理融资方式下，租金由融资租赁公司收取，保理银行仅向融资租赁公司收取回购款项，赚取回购利息。应收融资租赁款的质押贷款在本质上就是回购式保理融资的一种形式。
◆ 根据融资租赁公司融资租赁的操作方式，可分为普通保理融资、结构性保理融资和售后回租性保理融资。普通保理融资即融资租赁公司分别签订了购销合同和融资租赁合同并履行了合同义务后，将应收租赁款转让给保理银行，获得保理融资及相关服务；结构性保理融资是指融资租赁公司分别签订购销合同和融资租赁合同，随即与银行签订保理融资合同，获得融资款后再履行向供应商付款的义务，其后以收到的租金偿还保理银行融资本息；售后回租性保理融资是指融资租赁公司形成售后回租租赁关系后将应收租赁款转让给保理银行，融入资金。

2. 保理融资的优势

保理融资这种模式是由国外引入中国的，在中国仅有二十几年的发展时间，但发展速度很快，其主要原因是保理融资存在以下几个方面的优势。

- ◆ 解决急需资金问题。首先，通过保理提前一次性获取应收租金，使融资租赁公司的资金状况不受承租人还租金额的限制，并且在保理融资方式下，银行更关注承租人的资信状况和还租能力，对融资租赁公司的财务状况要求并不严格，只要应收租赁款有稳定的现金流作为保障，银行都会愿意向融资租赁公司提供融资。在这一点上，保理融资与租赁资产证券化一样，克服了整体不良信用状况的局限性，使融资变得更容易，解决了融资租赁公司的资金难题。
- ◆ 实现表外融资。对无追索权的保理融资，融资并不记入财务报表，属于表外融资，与银行贷款相比，它可以优化融资租赁公司的资本结构，降低风险资产总额，提高资本充足率。此外，在无追索条件下，融资租赁公司可全身而退，无须承担承租人无法按时足额还租的风险。
- ◆ 扩大业务规模。借助提前变现的应收租赁款，融资租赁公司可以购入更多的租赁物，开展更多的融资租赁业务，也可将自有资金投入到企业运营发展的其他方面，实现业务规模的扩大。
- ◆ 协助对应收租赁款进行管理。通过保理融资，商业银行为融资租赁公司提供的应收账款账户管理、应收账款催收等附加金融服务，可协助融资租赁公司加强对应收租赁款的管理，降低承租人违约的可能性。同时，也可以减少融资租赁公司对应收租赁款的后续管理工作量，使其集中人力、物力开展更多的融资租赁业务。

信托融资

信托，是指委托人基于对受托人的信赖，将其财产处置权委托给受托人，由受托人按照委托人的意愿以自己的名义，为受托人的利益或其他特定目的对财产进行管理或处置。融资租赁公司信托融资是指融资租赁公司利用信托公司募集资金的功能优势获得业务资金的融资方式。

信托公司是连接融资租赁公司和投资者的中介，由于融资租赁公司并非专门从事投资行业的公司，并且资本市场上的直接投资者对融资租赁公司的信用情况不了解，他们一般不会直接将资金投给融资租赁公司，而是投给所信赖的专业信托公司，这样信托公司就很容易融得大量的资金，可以再将所融资金融给有资金需求的融资租赁公司。通常，融资租赁信托融资有两种操作方式。一种是信托公司将所筹的资金以信托贷款的方式转让给融资租赁公司，另一种是用信托所筹资金购入融资租赁公司的应收租赁款，是信托与保理的一种有机结合。在此期间，信托公司会对融资租赁公司的资质进行评估，选择资质较好、能够提供稳定现金流的融资租赁公司项目进行投资。其具体操作流程是：首先，投资者购买信托公司发行的信托产品，将资金交由信托公司保管；其次，信托公司以募集到的资金向融资租赁公司发放信托贷款，或受让融资租赁公司的应收租赁款，融资租赁公司获得所需资金。详见图 5-3。

图 5-3　信托融资流程

对于融资租赁公司和信托公司来说，信托融资是一种互惠共赢的商业合作方式。一方面，这种方式拓宽了我国融资租赁公司的融资渠道，降低了其对银行的依赖程度，借助信托公司自有的优势向社会公众及机构投资者募集资金，满足了融资租赁公司的资金需求，使其获得长期稳定的资金；另一方面，融资租赁公司对融资租赁业务有自己的专业判断，一般会选择有稳定现金流作为保障的承租人，信托公司与融资租赁企业长期合作，可以省去寻找投资机会的精力和财力，节省其经营成本。除此之外，在向信托计划卖断应收租赁款的方式下，信托融资方式具备与保理融资相同的优势，融资租赁公司可以提前收回租赁本息用于扩大企业业务规模，并可实现表外融资，优化资本结构。

目前，已经有很多融资租赁公司与信托公司合作成功的案例，如宝信融资租赁投资集合资金信托计划、中联新航工程机械融资租赁集合资金信托计划、青岛海鲨游艇信托租赁集合资金信托计划等。

租赁基金

基金是指将投资者的资金集中起来，由基金托管人委托职业经理人管理，专门从事投资活动，是一种共享利益、共担风险的集合投资方式。租赁基金就是一种将基金投资人的投资专门投向融资租赁交易的投资基金，这种基金形式的出现是融资租赁市场竞争加剧的结果。一方面，竞争迫使融资租赁公司寻求更多可靠的融资方式；另一方面，租赁行业利息回报率较资金借贷市场高，在内外因共同作用下，租赁基金应运而生。使用租赁基金融资时，因为资金来源一般是大众投资者，所以资金来源较为广泛和稳定。

天津燕山航空租赁产业基金是国内首家航空租赁产业基金，其在 2011 年 10 月获得了国家发展改革委股权投资基金备案。

CHAPTER 06

融资租赁公司的派系与盈利模式

在介绍融资租赁公司的盈利模式前，我们有必要先来了解一下目前融资租赁公司的三个派系。目前，在世界范围内，融资租赁公司根据各自的特点基本可分为三个派系，即银行系融资租赁公司、厂商（制造商）系融资租赁公司和独立第三方融资租赁公司。

融资租赁公司的派系

（1）银行系融资租赁公司的主要股东为银行，依托于股东银行的资金支持，其在资金上有得天独厚的优势，相较于其他派系的融资租赁公司而言，其自身资金较为充足，资金成本也很低。此外，控股银行拥有强大的客户资源，融资租赁公司省去了很多招揽业务和控制风险的工作，降低了营销成本。

通常，银行系融资租赁公司会将客户定位于银行内部高端客户，业务专注于对资本金要求较高的大型设备租赁，如飞机、船舶等，若没有银行作为依托，其对资金的要求将无法满足。我国银行系融资租赁公司以国银金融租赁股份有限公司（以下简称国银租赁）、工银租赁等为代表，相较于其他两个派系的融资租赁公司而言，目前银行系融资租赁公司的数量最少，但业务规模最大。

（2）厂商（制造商）系融资租赁公司的主要股东为设备制造厂商，以直租交易为主，这类融资租赁公司最大的优势在于它们拥有对租赁物进行维护、增值和处置的专业能力，并且拥有较为发达的市场营销网络和广泛的客户群体。

通常，厂商系融资租赁公司的客户绝大部分为设备制造商的自有客户，租赁物也同样来自设备制造商。目前厂商系融资租赁公司的运作模式在发达国家已经相当成熟，并在全行业占据着重要的地位。例如，著名的卡特彼勒金融服务公司的交货额达到了卡特彼勒集团销售收入的80%。国内的这类融资租赁公司则大多通过融资租赁的方式达到促销设备的目的，这样做只是换一种方式销售货物，并没有充分发挥厂商系融资租赁公司的后期资产管理优势，也没有体现其延伸产业链条的真正价值。目前，厂商系融资租赁公司的数量正在日益增多。

（3）独立第三方融资租赁公司的股东既非银行也非厂商，是目前国内最为常见的一类融资租赁公司，这类融资租赁公司的股东多种多样，有大型外贸、物流、综合型企业集团，也有专业的投资机构。它们最大的优势在于具有很好的独立性，既不依赖银行也不依赖厂商，能够为客户提供包括直租、回租等在内的、量身定制的金融及财务解决方案，满足客户多元化、差异化的服务需求。这类租赁公司的业务实质是为企业提供定制式、高契合度的融资服务，设备只是达到这一目标的载体，它们的资金主要来源于股东和银行。根据股东的特点，这类租赁公司或有长期的资金来源，或有广泛的客户群体，它们通常定位于中小企业，租赁物覆盖范围广泛（厂房、高速公路、地铁、船舶），是金融资本和产业资本在市场上相互渗透与结合的产物。目前我国的独立第三方融资租赁公司主要以渤海租赁股份有限公司（以下简称渤海租赁）以及远东租赁为代表。

对比国内这三类融资租赁公司，金融租赁公司虽然数量较少，资金实力却十分雄厚。近两年，独立第三方融资租赁公司的发展势头迅猛，截至2016年6月底，排在前十位的融资租赁公司中独立第三方融资租赁公司占到了70%。

融资租赁公司的盈利模式

我国融资租赁业的收益率基本可划分为三个档次：较低的一般在8%～9%，主要是为银行系金融租赁公司，它们主要做诸如飞机、船舶等大型设备的融资租赁，往往是单笔规模在亿元以上的优质大单，得益于与生俱来的优势及合作的优质客户，其风险相对也较低，自然租金利息也相对低一些，但利息低并不代表盈利能力差，由于其体量规模一般较大，所以也可取得客观的收益；中档的为 10%～13%；较高的为 15%～17%（一般是小企业、小设备）。厂商（制造商）系融资租赁公司设立的主要目的是促进销售，一般要求的利率也不会太高，独立第三方融资租赁公司的项目利率则主要根据承租人的资质而定，对于一些资质较差的小客户，收益率甚至可以达到 20%左右。

以中档收益水平 10%～13%来看，融资租赁公司在银行的融资成本一般为6%～7%，租赁公司的毛收益率在 4%～6%，担保费率一般在 2.5%～3%，仅为租赁收益的一半。

租金收益

对于融资租赁公司来说，传统的融资租赁业务主要通过收取租金盈利，即以利差收入和租息收入为其主要的收益来源，这也是融资租赁最传统、最原始的盈利模式。租息收入是指租金中租赁利息的金额，利差收入是指融资租赁公司对承租人提供融资的租息收入与自身融资利息支出的差额，视风险的高低，利差收益一般在 1%～5%之间。目前，由于负债成本的逐渐走高，融资租赁公司利差收入的边际效应正在递减，主要依靠利差收入盈利的融资租赁行业也必将受到一定的冲击和影响，融资租赁企业必须不断革新，开发出更多的盈利模式来保持自己的竞争力。

余值收益

余值收益是指融资租赁公司对回收的租赁物进行处置所获得的收益。提高租赁物的余值处置收益，不仅是融资租赁风险控制的重要措施，更是融资租赁公司（特别是厂商系的专业融资租赁公司）重要的盈利手段。

由于厂商系融资租赁公司所特有的优势，租赁物的余值处置成了其新的利润来源点。首先，厂商所属的专业融资租赁公司对设备具有维修、再制造的专业能力。其次，它们有稳定广泛的客户群及发达的营销网络，一方面可以对租赁物进行维修等处理，使设备处于良好的使用状态以备再销售和再租赁，另一方面可以很快地将租赁物定位到有需求的客户，并且租赁物在经过维修、再制造后再进行销售、租赁，与直接处置相比，可以给融资租赁公司带来更好的收益。这也正是我们前面所介绍的厂商系融资租赁公司的核心竞争力所在。

余值收益是设备回收后进行再租赁、再销售的实际收益扣除按融资租赁合同约定应收但未收到的租金、维修等相关费用之后的金额，余值收益一般在5%～25%，一些大型的通用设备（如飞机、轮船等）的收益会更高一些。

服务收益

融资租赁公司在收取租金的同时，还会收取各种名目的附加费用，这些费用通常也是融资租赁公司重要的收益来源。

1. 租赁手续费

租赁服务手续费是所有融资租赁公司都有的一项合同管理服务收费。从融资租赁的原理出发，承租人由于自身信用不足或其他原因无法从银行等金融机构获得资金，退而选择以融物的方式实现融资，相当于委托融资租赁公司为其融资购买设备等，因此需要支付出租人"租赁服务手续费（即租赁服务费）"。根据合同金额的大小、项目初期投入的多少、项目风险的高低、难易程度以及不同公司管理运作模式的差异，手续费收取的标准也不相同，一般在0.5%～3%之间。

2. 财务咨询、顾问费

融资租赁公司在为客户提供融资租赁服务前，会对客户的还租能力和信用等方面进行审核。对于涉及大型项目或设备的融资租赁交易，融资租赁公司还会为客户提供全面的融资解决方案。为此，融资租赁公司通常会按融资金额的一定比例收取财务咨询、顾问费或项目成功费。视项目金额大小，收取比例及收取方法会有不同，一般在0.25%～5%之间。

也有一些融资租赁公司以财务咨询、顾问费为名收取一些费用，实为变相的利息收入。收取财务咨询、顾问费可以成为专业投资机构设立的独立第三方融资租赁公司在开展租赁资产证券化等服务中重要的盈利手段之一，也可以成为银行系融资租赁公司的重要中间业务。

3. 贸易佣金

贸易佣金是指贸易中卖方或买方支付给中间商代理买卖或介绍交易的服务酬金。在融资租赁业务中，融资租赁公司作为中间商，在购买和投资设备的同时，也在很大程度上促进了供应商设备的流通，扩大了生产厂家和供应商的市场份额，使其可以快速、直接地收回销售资金。基于这些因素，融资租赁公司通常会向供应商收取贸易佣金或规模采购的折扣，这也是得到供应商认可和接受的。收取贸易佣金，使融资租赁公司又多了一项收入来源。

收取贸易环节的各种类型的佣金往往是厂商系融资租赁公司，或者与厂商签订融资租赁外包服务的大型机构等财务投资人设立的独立第三方融资租赁公司的主要盈利模式。

4. 服务组合收费

前面我们已经说过，厂商系融资租赁公司有其独有的优势，在签订融资租赁合同时，这类融资租赁公司会在合同中体现一些附加服务的条款，如为承租人提供配件及一定的耗材、提供考察、专业培训等打包服务。对于这些附加服务，有的融资租赁公司会约定单独收费，有的则会约定免费提供，这种免费提供的实质是以免费的名义，把该部分服务包含在了设备价格之内。这些附加的服务就是通常所说的组合服务，对此进行收费也是厂商系融资租赁公司的重要盈利模式之一。

运营收益

1. 资金筹措和运作

- 利用财务杠杆。前面我们介绍了融资租赁公司的融资渠道，可见融资租赁公司的营运资金可以来源于多种渠道，当使用自有资金运作时，一般可以获取一个高于同期贷款利率的收益；当某一项目自有资金不足时，融资租赁公司需要部分向银行借款，此时就会产生一个财务杠杆的效应，自有资金部分同样可以获取略高于同期贷款的租息收益，借款部分则可以获取一个息差收益。也就是说在资金不足的情况下，融资租赁公司可以用少量自有资金撬动更多的收益。

◆ 资金统筹运用。融资租赁的租金费率一般都相当于或高于同期贷款利率，但融资租赁公司作为一个资金运作的平台，在资金筹措的实际操作中，完全可以根据公司在不同时段购买合同的对外支付情况，以及融资租赁合同执行过程中的租金回流与对外偿还到期借款现金流的匹配状况来决定新的融资数额和期限，安全合理地获取资金运用和资金筹措之间的差额收益。

2. 规模效应

规模经营是融资租赁公司提高股东投资回报的重要举措。例如，一个有1 000万美元注册资金的融资租赁公司，经过三年的运作，获得银行9 000万美元的贷款额度，形成了稳定的一亿美元的租赁资产规模。平均融资成本为6%，平均租赁费率为8%，净收益为2%。则每年自有资金可以获取8%的收益80万美元，借款9 000万美元每年可以获取2%的利差收益180万美元，合计为260万美元。股东回报每年为26%。

节税收益

在成熟的市场经济国家，非全额偿付的融资租赁业务（会计上的经营租赁业务）往往占到全部融资租赁的很大比例，特别是有厂商背景的专业融资租赁公司可以达到60%～80%。这种租赁形式由出租人提取折旧，承租人所支付的租金可以在税前列支，租赁双方都受益，这也正是经营租赁业务拥有巨大活力的原因所在，节税或延迟纳税也是融资租赁公司的收益来源之一。

1. 自身节税

我国不同地区注册的融资租赁公司有不同的税收优惠、政府补贴，还有全国范围内的增值税即征即退政策。此外，在融资租赁公司有一定的税前利润的前提下，作为承租人以经营租赁的方式承租自身所需的办公用房、车辆、办公设备等，所支付的租金可以在税前列支，获取节税收益。

2. 换位折旧

当融资租赁公司作为出租方为客户提供经营租赁服务时，出租人可以对租赁物提取或加速提取折旧并在税前扣除，也可以获得延迟纳税的好处。

风险收益

1. 或有租金

或有租金是指金额不固定、以时间长短以外的其他因素（如销售百分比、使用量、物价指数等）为依据计算的租金。或有租金在实际发生时直接计入当期损益，并可以直接在税前列支。对出租人来说，或有租金是金额不确定的风险收益，融资租赁公司更多地承担了承租人的租赁物使用效果的风险，参与使用效果的收益分配。融资租赁公司风险加大，可能获取的收益也会更多。

2. 可转换租赁债

开展可转换租赁债业务是专业投资机构采取的一种控制投资风险获取投资收益的新的投资方式。

融资租赁公司对一些高风险的投资项目，可在签订合同时约定：在某种条件下，出租人可以将未实现的融资租赁债权按约定的价格实现债转股。在这种情况下，对所需设备先采用融资租赁方式，后在特定情况下将租赁债权转股权，获取项目成功后股权分红或股权转让的增值收益。

我国与发达国家目前的差距分析

中外相关政策比较

1. 税收政策

美国在税法上将租赁区分为“有条件销售”（融资租赁）和“真实租赁”（经营租赁）两种。税务部门对不同的租赁交易做出是销售还是租赁的判断，进而明确不同租赁业务的税收适用主体和适用税种。出租人租赁业务如果被界定为销售，将对其销售收入征收普通所得税。如果被界定为真实租赁，适用资本利得税，资本利得税比普通所得税率偏低。此外，美国对于“真实租赁”的出租人还有加速折旧及投资税收抵免等税收优惠政策，出租人在获得了税收优惠后，也获得了降低租金的空间，将优惠分享给承租人，承租人支付的租金可作为费用在税前扣除，这样，承租人的租赁成本比贷款购买的成本要低，很好地促进了租赁业的发展。

美国 1954 年的《税法》、1962 年的《固定资产管理法》、1971—1981 年实施的《加速折旧法案》以及 1981 年美国政府为应对全球性的经济危机颁布的《经济复兴税法》对租赁均实行加速折旧政策，其中 1981 年的新税法对租赁业产生了很大的影响，使得折旧年限大大缩短。该税法对租赁设备适用的年限做出了如下规定：

◆ 3 年折旧资产：汽车、轻便卡车、科研设备；

◆ 5 年折旧资产：大部分资产属于此范围；

◆ 10 年折旧资产：铁路车辆、厂房等；

◆ 15 年折旧资产：使用年限长的公共设施及不动产等。

目前美国会计准则规定，租赁公司计提折旧可以在直线法、双倍余额法以及 150％折旧法中自主选择，呆坏账准备金的比例自定，允许承租人将租金计入成本，从而减少了应纳税款。

1962 年，肯尼迪政府为刺激美国经济复苏、鼓励投资，实行了投资税收抵免制度，规定在设备投资的当年，投资者可按设备法定耐用年限从企业应纳税额中直接扣除投资额一定百分比的税收，此政策虽非为租赁而专设，却促进了租赁发展。

除美国外，日本对特定设备（卫星通信、冷冻、冷藏）的承租人发给补助金，并对金融租赁公司实施财政补贴。韩国对租赁设备亦采取加速折旧政策。上述政策直接或间接地减少了承租人尤其是中小企业承租人的租赁成本。

我国目前并没有针对租赁业的专门、独立的税收法规，也没有实行过大规模的投资税收减免优惠政策，对租赁业的征税规定分散在现行的各相关税法文件中。在投资促进政策上，虽然出了一些鼓励企业对设备投资的通知，但没有明确指出是否适用于融资租赁业，更没有明确规定在融资租赁业务中如何实施。

2. 保险政策

保险政策主要是对融资租赁公司开展业务过程中可能遭遇的某些特定风险（如政治风险、违约风险等）实行政策性的保险，以保障融资租赁公司的安全经营。如美国的“进出口银行”（官方机构）为租赁公司提供出口担保和政治风险、商业风险保险；美国的官方信贷机构“海外私人投资公司”为跨国租赁公司提供全方位的政治风险保险。日本有“租赁信用保险方案”，规定“小商业信用保险公司”（政府的一个专门机构）和“租赁公司”签订合约，合约承诺在承租人违约时，支付未付租金的50％给租赁公司；规定中小企业租赁不需找担保人，目前有39种机械设备运用该方案，规定租赁公司租给风险投资公司的设备，保险赔付率可达到70％。韩国则由商业银行和短期融资公司按照资产的一定比例无偿交纳一定的资金，建立忠信基金。该基金的职能类似国家办的特别保险公司，租赁公司在开展租赁业务时可以要求承租人取得忠信基金的担保，万一承租人无力还租时由忠信基金负责。上述保险政策都在一定程度上为融资租赁公司降低了经营风险。

而我国缺乏相关的保险政策扶持，没有专门的政策对融资租赁公司的安全经营给予保障。

3. 金融扶持政策

美国允许金融租赁公司利用商业银行、保险公司、团体投资以及发行股票、发行公司债券、签发短期商业票据、发行特种基金等多种渠道筹资，其融资租赁公司发行的短期资产担保型证券的发行量占全美国同类证券总发行量的1％。日本允许银行向融资租赁公司提供优惠贷款，金融租赁公司一般可通过国家开发银行的政策性优惠贷款取得40％的营运资金。韩国有《融资租赁促进法》，允许租赁公司直接发行租赁债券来获取融资，并简化手续，放宽条件，其租赁公司所需资金的70％来源于债券发行收入，银行贷款也是租赁公司重要的资金来源。此外，韩国在发债比例上也给予融资租赁公司特别的倾斜，韩国租赁公司发债的上限达净资产的10倍，而一般企业的发债比例仅为2倍。上述优惠政策，都促使融资租赁业拓宽了资金来源渠道。

经过近几年的发展，我国融资租赁公司的筹资渠道也在朝着多元化的方向发展，但与发达国家相比，发展较为滞后，并且新型的筹资渠道，如租赁资产证券化、租赁基金等成功的案例极少。我国的债券筹资方式从2010年开始才起步，除此之外，我国并无其他针对融资租赁行业的特殊政策性优惠贷款政策，相关政策的不完善阻碍了我国融资渠道多元化发展的进程。

美国融资租赁公司的盈利模式

下面我们借助几个对美国融资租赁公司的盈利模式的分析案例来介绍本部分内容。

案例 6-1

美国各派系融资租赁公司的盈利模式

银行系租赁公司——ABC 租赁公司

下面以隐去真名的美国 ABC 租赁公司为例分析美国银行系租赁公司的盈利模式。ABC 租赁公司是美国最大的银行系租赁公司，为全球超过 7 万客户提供设备融资服务，2007 年资产达到 347 亿美元，收入达到 14 亿美元。ABC 租赁公司的收入主要来源于三个方面：利息收入、交易收入和余值收入。

1. 利息收入

利息收入仍然是 ABC 租赁公司最大的收入来源。虽然美国的银行业不存在利率管制，竞争比较充分，但作为美国的一家大银行，ABC 租赁公司的母银行仍然可以通过结算业务和存款业务获得大量低成本的稳定资金来源。根据该行 2010 年年报，无息存款约为 2 913 亿美元，占全部负债总额的 14%还多，在有息负债中，普通存款账户、Now 账户和货币市场存款账户合计规模约为 5 017 亿美元，付息率仅为 0.29%。与其他独立的租赁公司不同，ABC 租赁公司完全依赖母银行提供资金，即使在次贷危机导致金融市场紧缩、流动性匮乏的时期，该银行也保持着规模庞大的资产负债表，获得了大量的净利息收入。从实质上说，ABC 租赁公司是其母银行一个重要的资金运用平台，为母银行大量的低成本资金寻找相对安全的高收益出口。

ABC 租赁公司的生息资产主要来自三个方面：直接营销、间接营销（主要与厂商合作）以及购买其他机构的资产。在直接营销方面，ABC 租赁公司采取的是双条线并行的模式，即：一方面，与母银行全面整合，借助母银行的营销网络，开展营销和项目引荐工作；另一方面，建立自己的客户渠道部门（如商业租赁部门）和产品渠道部门（如公务机融资、商用航空集团、能源业务部门等）。在间接营销方面，ABC 租赁公司主要通过其全球厂商金融服务部门（GVF）完成。GVF 通过与大型设备制造商建立长期的合作，由制造商及其分销网络开展租赁营销，而由ABC租赁公司直接放款或者打包购买来获得相应的租赁资产。此外，ABC租赁公司还有一个活跃的资产交易和收购团队，负责在租赁的二级市场筛选、分析和收购其他租赁公司需要出售的租赁资产。

2. 交易收入

交易收入是指租赁公司通过组织银团、出售及重组现有资产获得的手续费和价差收入。虽然持有租赁资产可以获得长期稳定的净利息收入，但持有租赁资产会面临较大的信用风险，需要消耗相应的风险资本，而且无法在当期形成较大金额的收入。因此，ABC租赁公司采取的是"Origination and Distribution"的策略，即在业务营销开始阶段就通过银团或者出售的方式处置形成的租赁资产，获得手续费或者价差收入。在持有资产的过程中，ABC租赁公司的资产管理团队会监控资产组合的质量和市场情况，如果出现信用状况恶化、集中度过高等情况，或者财务预算部门需要额外的交易性收入，资产交易部门将会在租赁二级市场卖出相关资产。

随着资产证券化的繁荣，租赁资产的重组和证券化也是获得交易性收入的一个重要组成部分。ABC租赁公司根据市场偏好，按信用风险高低、期限长短等不同的标准将一个或一组租赁资产切分成不同属性的资产支持证券，并分别卖出或者部分持有。由于证券化创造了更高的流动性，因此资产的重组和证券化普遍可以降低租赁公司要求收益率（流动性与收益率成反比），进而降低其融资成本，使得ABC租赁公司可以在短期内获得可观的价差收入。

由于ABC租赁公司背靠具有稳定低成本融资渠道的商业银行，因此，在市场流动性收紧的环境中，ABC租赁公司反而能获得更多的业务机会。从2008—2011年的净利差来看，银行系租赁公司的净利差普遍达到历史最好水平，这也使得银行系租赁公司在未来市场流动性问题得到缓和之后能够获得更多的交易收入。

3. 余值收入

余值收入是指租赁公司在租赁业务中因为设备回收再出售或者再次租赁获得的价差收入。对于经营租赁，ABC租赁公司往往使用较高的折旧率，在账面保持较低的设备净值。客户提前终止合同，选择购买设备时，或者ABC租赁公司按照市场价格转卖或再次租赁设备时，往往能够获得高于账面价值的价格，从而产生余值收入。与厂商系租赁公司相比，银行系租赁公司在设备估值、设备管理能力和影响力方面仍然存在一定差距。因此，ABC租赁公司将承担余值风险的设备限定于少数市场透明度较高的大型通用设备，如飞机、铁路设备等。

厂商（制造商）系租赁公司的盈利模式——卡特彼勒金融等

随着设备融资理念认可度的提高，租赁公司融资解决方案的价值日益显现。一些大的制造商建立了自己的附属融资机构，提供贷款或租赁服务。美国发达的直接融资市场降低了优秀厂商系租赁公司的融资成本，也间接地增强了厂商系租赁公司相对于银行系租赁公司的竞争力。时至今日，虽然融资租赁的金融属性越来越强，银行系租赁公司的市场份额越来越大，但厂商租赁公司仍然可以凭借其独特的设备管理、客户把握以及风险承受能力，占据近30%的市场份额。

与银行不同，制造商开展租赁交易，其动机更侧重于促进自身产品的销售，只有部分财务状况良好的厂商才可以利用其高于一般下游客户的信用资质获得额外的利差收入。此外，借助制造商本身对设备的天然熟悉，以及其营销和售后网络与客户的紧密联系，租赁物的回收和再销售不仅仅是厂商租赁公司控制信贷损失的手段，更是重要的收入和利润来源。

1. 卡特彼勒金融的盈利模式

卡特彼勒是世界最大的工程机械制造企业。卡特彼勒金融的主要业务是为卡特彼勒的客户和经销商提供零售和批发金融包括租赁支持，其2011年末资产规模达到301亿美元，利润达到3.9亿美元，是全美最大的厂商系租赁公司。

- 促进设备销售。促进设备销售是卡特彼勒金融租赁业务的最大贡献，但也是隐形贡献，并不体现在其盈利之中。卡特彼勒金融的经营目标首先是促进本企业设备的销售，它的租赁门店具备提供短期工程解决方案、培训潜在客户和培育长期客户的多重功能。虽然卡特彼勒金融租赁业务无法从扩大销售中获得更多的账面收益，但其对企业整体销售和业绩的提升和贡献，要远远超过账面反映的利润数字。这一能力是厂商系租赁公司所特有的，也有很高的进入门槛，银行系租赁公司难以望其项背。
- 利差收入。利差收入仍然是卡特彼勒金融最大的收入来源。这种盈利模式依赖于两个关键性因素：一是制造商和下游客户之间存在较大的融资资质差异；二是存在运行良好的、具有一定深度的直接融资市场。卡特彼勒金融的穆迪长期信用评级为A2，良好的信用状况以及稳定的资产组合使其能够不依赖于银行信贷，直接通过发行商业票据和中期票据获得所需的大量低成本资金。2011年的年报显示，卡特彼勒金融的短期债务约39亿美元，其中商业票据28亿美元，资金成本为1.0%；即期票据5.5亿美元，资金成本为0.9%；长期债务216亿美元，其中中期票据200.6亿美元，资金成本为3.9%。这些融资的成本均属于市场最低的范畴。与此同时，在工程机械的用户中，存在大量中小企业、个人经营者，以及资信状况低于卡特彼勒的承包商，他们因为规模小或者盈利不足等原因，不仅难以从资本市场或者货币市场直接融资，也难以获得银行的贷款。这类客户能够接受远高于卡特彼勒融资成本的利率，为其获得稳定的利差水平奠定了客户基础。

◆ 余值收入。厂商系租赁公司的另一项主要收入来自设备的余值。作为设备的制造者，厂商对所回收二手设备的价值有着更准确的了解，也有现成的生产能力、技术手段和零配件用于翻新设备。此外，厂商为销售及售后维护建立的网络同样可以用来进行二手设备的销售或者再次租赁。总之，厂商系租赁公司在设备回收和处置方面有着其他租赁公司所无法比拟的优势。厂商系租赁公司在处理余值方面的优势，同样体现在其信用风险损失控制方面。卡特彼勒租赁公司2011年的数据显示，其租赁的逾期率为3.54%，而实际损失率仅有0.7%，违约债项的回收率高达80%左右，远远高于一般银行从获得同类抵押品中的坏账回收率（约为50%～60%）。

2. IBM全球金融（IBM Global Finance，IBMGF）的盈利模式

与卡特彼勒租赁盈利模式相同的是，IBM全球金融（以下简称IBMGF）同样存在三种收益模式：促销、利差和余值。但与卡特彼勒租赁有所不同的是，IBMGF更注重余值管理和余值收入。资料显示，IBMGF 2010年和2011年收入的47.4%和48.1%来自设备的销售，而这些设备绝大多数为租赁期末返还的旧设备。

IBMGF的业务模式源于如下业务逻辑：（1）IBMGF经营的租赁物主要是IT设备，其贬值主要不是物理损耗，而是来自技术性贬值以及当前用户性能升级的需求。（2）IT设备及其系统的使用具有一定的阶梯性。一流公司和业务量大的公司使用最新的设备和系统；次一等的公司对IT系统性能的要求往往较低。这为IBMGF高价营销二手设备提供了更大的市场。（3）IT系统的升级换代具有复杂性和延续性，IT设备的余值评价更专业而且更不透明。

IBM作为专业的IT设备制造和相关软件系统开发以及整体系统方案提供商，具备的专业优势更加明显，他们通常将新设备的营销和旧设备的回收有机地结合在同一个解决方案中。

独立第三方租赁公司的盈利模式

按美国租赁协会研究人员的观点，独立第三方的设备租赁及融资公司一般具有以下特点：独立融资；超过50%的业务保持在财务报表上；不被一家银行或设备制造商或产业公司所控制；通常难以得到母公司或政府的担保；不受银行监管当局监管。

在成熟的市场经济环境中，独立第三方租赁公司具有天生的不足：融资成本高。银行具有天然的低成本资金，实力强的制造商也可以为其租赁子公司提供较低成本的资金。随着市场的竞争越来越趋于价格竞争，独立第三方租赁公司的生存空间也越来越小。在20世纪90年代，从年度新增业务规模及融资余额（指投资者每日融资买进与归还借款间的差额的累积）两项指标来看，独立类租赁公司都占行业整体的25%左右，但1999—2009年间，美国银行及制造商所属租赁公司的新增业务规模占行业的百分比从46%增加到81%的同时，独立第三方租赁公司占行业的百分比则从24%下降到4%。Alta咨询公司做过一项调查，它与25位独立第三方租赁公司的高管做过交流，向他们提供了9项收入来源，要求他们根据自己的经验和观察就其重要性进行排序。调查结果显示：余值收入和利差收入是独立第三方租赁公司收入的主要来源。

资料来源：孔永新，《美国融资租赁公司盈利模式分析及对中国的启示》。

我国融资租赁存在的不足

从融资渠道来看，目前通过银行融资仍是融资租赁企业最主要的融资渠道，其次是股东增加注册资本金，除银行贷款和股东增资外，信托、基金、资产证券化、发行股票和发债也逐步为企业采用，但仍是个例而不具普遍性，新型融资渠道仍未得到充分利用。总体来看，融资租赁企业融资渠道仍较为单一，融资渠道的多样化刚刚起步，另外，金融、税收、保险等相关扶持政策与发达国家相比明显不足。

同时，目前我国融资租赁的业务模式非常单一，除了直租、回租业务外，转租赁、联合租赁、委托租赁、项目融资租赁、销售式租赁、结构式参与融资租赁等新型业务模式仍需进一步探讨及完善，与其配套的税收政策也不明朗。与发达国家相比，我国无论是在理论研究上还是在实践探索上均显不足，使得融资租赁的金融服务功能未能充分展现。而在盈利模式方面，我国各类融资租赁公司的盈利模式相较发达国家在灵活性上还有一定的差距，另外，配套政策的缺失使得一些盈利模式难以充分实施。

总体来看，我国融资租赁行业正处于一个高速发展的时期，在这一时期很多不足是无法避免的，需要国家在各方面给予政策支持，并在未来的一段时间内完善现有政策的不足。可以说，我国融资租赁行业要想在各方面达到发达国家的水平，还有很长的路要走。

CHAPTER 07

融资租赁的尽职调查与合同签订

融资租赁的尽职调查

尽职调查是指在租赁项目立项前，融资租赁公司对承租人企业的历史数据和文档、管理人员的背景、市场风险、管理风险、技术风险和资金风险等做全面深入的审核和分析，识别租赁业务的潜在风险，对风险的程度做出评判，对难以化解的风险做出提示并提出防范风险的建议，以便将风险控制在企业可承受范围内，它是评估企业还租能力必不可少的重要环节。

尽职调查的内容

完整的尽职调查应该包括法律、财务以及企业的经营状况，但考虑到融资租赁的交易成本，对承租人的尽职调查内容的繁简应根据融资租赁交易的具体情况而定。如果交易额相对较小、租期相对较短，可以参照商业银行的贷前调查内容展开调查；对于交易数额大、租赁期限较长的项目，对承租人进行全面、审慎、独立和有针对性的尽职调查很有必要。

此外，尽职调查还应考虑承租人的具体情况及租赁物的特点，如上市公司的相关信息一般比较透明、公开，需要调查的内容比较简单；电信设备运营商因其行业垄断特点，通常不需要做仔细的尽职调查；对于飞机租赁，由于其本身的特点也不需要做太烦琐的调查。尽职调查因涉及承租人的商业秘密，应考虑承租人的接受程度及出租人的实际需要和可行性，确定尽职调查的内容。

融资租赁尽职调查清单参见表 7-1，供出租人根据项目的具体情况选择适用。如果交易的项目对出租人来说达到重要、复杂的程度，出租人应该委托专业的社会中介机构、阅历资深的从业人员进行调查，并出具调查报告。

表 7-1 融资租赁尽职调查清单

序号	资料类别与名称	备注
一	承租企业资料	
（一）	基本情况	
1*	企业情况简介	包括历史沿革、隶属情况、机构设置、人员情况、经营情况、企业规模等
2*	经年检的营业执照（复印件）	
3*	组织机构代码证书（复印件）	
4*	经年检的税务登记证（复印件）	
5*	公司章程、出资协议、验资报告	
6	企业法定代表人、主要经营管理人员简历、信誉状况及身份证复印件	包括法人代表证明书及授权书、法人代表签字样本
7	股东持股情况，关联企业控股、参股关系图	
8	公司组织机构结构图	
9	公司人员结构情况（员工总数及结构）	职称结构（高级、中级、初级），学历结构（研究生、本科、大专）及年龄结构
（二）	信用情况	
10	主要信贷关系	包括开户情况（开户日期、开户银行、账户类别）、信用等级、综合授信、信用记录等
11	贷款卡（复印件）及最新查询记录	
12	主要资产抵押/质押情况	说明抵押/质押资产名称、评估价值、抵押/质押权利人、抵押/质押原因
（三）	经营情况	
13*	公司经营及销售情况	主营业务变迁，主营产品结构、技术水平、市场竞争力等经营情况及近年销售情况介绍
14	本年工作总结和下一年工作计划	包括企业发展经营计划及重大投资计划

续表

序号	资料类别与名称	备注
（四）	财务状况	
15*	近三年度审计报告、最近一期财务报表及会计报表附注	
16	长期投资明细表	包括被投资企业名称、注册资本、股权占比；主要子公司经营情况
17	银行借款明细表	包括贷款银行、金额、用途、期限、利率、担保方式、还款计划、贷款形态（指是否被列为不良贷款）等
二	项目及租赁资产资料	
（一）	项目情况	
1*	项目基本情况介绍	
2*	项目可行性报告及国家相关部门的批准文件（复印件）	
3	环评报告批复（复印件）	
4	用地报告批复（复印件）	
5	项目竣工验收报告	
6	项目所在区域市场分析	
7	项目中长期盈利预测	
8	项目其他相关批复	
（二）	租赁资产情况	
9*	本项目拟租赁标的资产详细清单	
10*	本项目拟租赁标的资产的意向用户购货协议（厂商租赁销售）	
11*	拟租赁标的资产的权属证明（售后回租）	证明拟租赁资产所有权归属承租企业、无担保抵质押情况及其他所有权受限情况
12*	拟租赁资产初始购买合同及原始发票（售后回租）	
13	承租人售后风险监控操作规范（厂商租赁销售）	承租人将拟租赁资产售出后对终端用户进行管理和监控
14	租赁资产财产保险单正本（售后回租、厂商租赁销售）	签订租赁合同后承租企业需将租赁资产保险受益人变更为租赁公司
（三）	授权情况	
15*	承租企业董事会决议及授权	批准采用租赁方式融资并授权管理层
16*	担保企业对本项目租赁标的资产提供担保责任的意向函	
17*	国资局或上级主管部门批复承租人有权开展售后回租业务（售后回租）	
三	担保企业资料	
（一）	基本情况	
1	企业情况简介	包括历史沿革、隶属情况、机构设置、人员情况、经营情况、企业规模等

续表

序号	资料类别与名称	备注
2	经年检的营业执照（复印件）	
3	组织机构代码证书（复印件）	
4	经年检的税务登记证（复印件）	
5	公司章程、出资协议、验资报告	
6	企业法定代表人、主要经营管理人员简历、信誉状况及身份证复印件	包括法人代表证明书及授权书、法人代表签字样本
7	股东持股情况，关联企业控股、参股关系图	
（二）	信用情况	
8	主要信贷关系	包括开户情况（开户日期、开户银行、账户类别）、信用等级、综合授信、信用记录等
9	贷款卡（复印件）及最新查询记录	
10	主要资产抵押/质押情况	说明抵押/质押资产名称、评估价值、抵押/质押权利人、抵押/质押原因
（三）	经营情况	
11	公司经营及销售情况	主营业务变迁，主营产品结构、技术水平、市场竞争力等经营情况及近年销售情况介绍
12	本年工作总结和下一年工作计划	包括企业发展经营计划及重大投资计划
（四）	财务状况	
13	近三年度审计报告、最近一期财务报表及会计报表附注	
14	银行借款明细表	包括贷款银行、金额、用途、期限、利率、担保方式、还款计划、贷款形态（指是否被列为不良贷款）等
（五）	授权情况	
15	担保企业董事会决议及授权	同意对本项目租赁标的资产提供担保责任并授权管理层
四	租赁资产出售方相关资料（如有）	新设备直接租赁、厂商租赁销售

尽职调查的方法

1. 现场调查

现场调查可以对调查对象有比较直观的了解，并可以得到据以调查的相关线索。因此，现场调查是尽职调查最常用的方法，它包括现场会谈和实地考察。

现场会谈时，应当约见尽可能多的、不同层次的成员，包括市场销售部门、行政部门、财务部门、生产部门的主管。会谈主要了解企业经营战略和发展思路、企业文化、团队精神、企业的内部管理及控制等情况，通过会谈获取对企业高管的感性认识。

实地考察应侧重调查企业的生产设备运转情况，生产组织情况，实际生产能力，产品结构情况，订单、应收账款和存货周转情况，固定资产维护情况，周围环境状况，用水、用电、排污情况，员工的工作态度及纪律等。

2. 搜寻调查

主要通过各种媒介物搜寻有价值的资料，这些媒介物包括报纸、杂志、新闻媒体、论坛、峰会、书籍、行业研究报告、互联网资料、官方记录等。搜寻调查应注意信息渠道的权威性、可靠性和全面性。

3. 官方调取

通过行业协会、政府职能部门获取或调取企业的相关资料。如工商管理部门、税务部门、金融管理部门、外汇管理部门、环保管理部门、卫生管理部门、质量监督管理部门、供电部门、供水部门、土地及城建管理部门、行业主管部门等。

4. 通知调查

通知被调查人，要求其提供相关资料和申报信用记录，然后对该资料和记录进行抽样验证、分析。

5. 秘密调查

是指在被调查人不知道的情况下进行的调查方式。主要通过接触客户的关联企业、竞争对手、商业伙伴或个人获取有价值的信息。

6. 委托调查

可以委托社会中介机构进行部分或全部信息的调查。对于比较重要或法律关系复杂的融资租赁交易，可以利用律师执业技能、专业知识以及法律赋予的调查取证的特权，进行律师尽职调查，形成全面、专业、规范的律师尽职调查报告，供信用评估时参考。对于客户的财务调查可以委托注册会计师进行，对于租赁物也可以委托资产评估师进行资产评估，形成专业的评估报告。

融资租赁合同要素

融资租赁合同是出租人根据承租人对出卖人、租赁物的选择，向出卖人购买租赁物，提供给承租人使用，承租人支付租金的合同。融资租赁合同的内容包括租赁物名称、数量、规格、技术性能、检验方法、租赁期限、租金构成及其支付期限和方式、币种、租赁期间届满租赁物的归属等条款。融资租赁合同的签订是融资租赁业务开展的法律保障，在全面营改增的背景下，融资租赁合同的签订会对融资租赁双方的税负产生不同的影响，所以，在签订融资租赁合同时，需在以下主要条款中做好事先约定。

1. 租赁物的名称、品质、规格、数量和金额

租赁物是融资租赁合同的最基本要素，在签订融资租赁合同时，应在合同中明确规定租赁财产的名称。对于直租合同，还要明确该租赁资产的国别、指定供应商、规格型号、质量标准和数量；对于售后回租合同，则还要约定从承租人购买该租赁财产的总金额（2016 年 4 月 30 日前签订的合同需约定承租人向出租人开具的合法有效差额扣除凭证）。租赁资产的名称要写得具体、清楚、详细，精确到品牌商标、规格、型号、批次，避免简写租赁物名称，以确保当租赁物不符、遗失等情况出现时，有解决纠纷的依据。此外，还要约定好租赁资产的数量和质量，数量要精确，对于购入的租赁资产和租赁期满返还或留购的租赁资产应达到的质量要有具体的标准。标的物质量不合格而在合同中无相关约定，易出现纠纷。另外，对于某些具有特殊性的租赁物，要根据其特征做特殊的约定，如对于易变旧或者易磨损的设备，要在合同中约定其磨损的标准。

2. 租赁财产的交货、验收、交货地点及时间

融资租赁合同要做好交货及验收的事先约定，应在合同中写清交货地点、时

间，对于分期交货的，还要写清每期交货的具体日期及交货数量，涉及两种以上租赁物的，还要约定好每期交货的具体租赁物名称。除此之外，还要约定好在租赁开始前需对租赁物验收合格，并写清验收的时间、方法、标准以及验收不合格的处理方法。

3. 租金的币种、金额、利率、支付日期和方式

租金的支付方式、日期及金额、利率是融资租赁合同最核心的条款，其具体规定决定了租赁双方的收入和成本以及税负的高低。出租人所收取的租金一般由购买租赁物的成本、租赁利息构成，有手续费、保险费、运费等费用的，要明确这些费用是否包括在租金中，所约定的租金需明确其是否包含增值税金以及开具增值税发票的时间及发票类型，以免双方理解不一致产生纠纷。此外，租金一般应以人民币计算和支付，如果购买租赁物使用的是外币，可按双方当事人约定的币种支付，租金币种的选择可以与购买合同中的币种相同也可以不同，但要注意汇率风险的防范。

利率也是影响租金总额的重要因素之一。融资租赁合同中租金的利率可以分为固定利率和浮动利率两种。固定利率是在全部租赁期间租赁费率固定不变。浮动利率就是每隔一定时期租赁费率根据市场利率或贷款利率的变化做相应的调整。租金的支付方式包括每年支付租金的次数，每次支付的金额及时间（期初或期末）等。租金的支付方式会直接影响增值税的税负，合同约定的支付时间会直接影响企业所得税及增值税的纳税义务发生时间及税额的计算，在做约定以前需做好相关税负的测算，选择最优的租金支付方式。

4. 租赁的起止日期

租赁的起止日期决定了租赁双方权利义务关系的起始和终止时间。起租日是租赁开始日期，在实践中，出租人和承租人一般可根据下列日期约定起租日：第一，出租人支付购买租赁物价款之日；第二，租赁物运抵货港之日；第三，承租人交付验收证或接收证之日；第四，双方当事人约定的其他日期。当出租人与承租人各自行使了自己的全部权利、履行了自己的全部义务之时，租赁关系即告终止。

5. 融资租赁合同的担保事项

为保证承租人依合同约定支付租金，履行合同，出租人一般应要求承租人提供相应的担保，包括第三人保证、自有资产的抵押或质押等。对于担保条款，一定要写清保证种类和方式，是一般担保还是连带责任担保，是以现金作为担保还是以资产作为担保，是以承租人作为担保人还是以第三人作为担保人等。

承租人支付的保证金的数额一般不能超过购买租赁物成本的20%，当以第三人作为担保人时，若承租人不能履行向出租人交纳租金的义务，则由担保人代为履行。出租人应针对担保合同审查担保人主体资格、担保合同的内容及效力，并依照有关规定办理各项登记，以使对合同的担保确实有效。最后，还需约定，若未出现违约情形，租赁期满担保现金或资产将返还给承租人。

6. 税收的承担问题

融资租赁合同会涉及各税种税金的缴纳，需对税金的承担事先做好约定，若出租人想由对方承担税金，通常会采取两种做法：一是提高租金或手续费以涵盖税金；二是在合同中明确约定税金由对方承担。

7. 租赁物的保险问题

为防止租赁物在运输、使用等过程中出现各种问题而使租赁双方遭受损失，租赁期间，可能会为租赁物提供保险，保险费用需由承租人承担。租赁双方应在合同中对有关保险事宜的具体办理进行约定，保险赔偿金应由承租人享有。

8. 租赁物的维修、保养

租赁资产在使用过程中会遇到各种故障和损耗，所以需要在融资租赁合同中约定好租赁物的维修及保养由哪一方负责。一般情况下，融资租赁合同约定由承租人负责维修和保养，而经营租赁合同约定由出租人负责维修和保养。

9．融资租赁合同期满时租赁财产的处理

租赁期满，承租人对租赁资产的处理方式有三种：返还租赁物、续租和留购。合同中应事先约定好租赁期满租赁财产的处理方式，若约定返还租赁物，应写明返还的具体日期和返还时的验收标准及相关手续。若约定续租，要确定续租确定日及续租手续、程序。若留购，要确定留购价格（注明是否含税）、支付币种、方式、时间、交接手续。也可在合同中约定承租人可选择三种处理方法中的任意一种。

10．双方的责任及义务

租赁合同中，出租人的义务主要表现在：按合同规定的租赁物的数量、质量、时间、地点提供给承租人使用。

承租人的义务主要是：按合同约定按时交纳租金；保管、保养、维修租赁物，不得随意转租、拆租等。

双方的责任和义务要建立在双方谈判达成一致的基础上，在合同中要明确双方当事人未履行应尽义务时所应承担的法律责任及所应支付的赔偿金额。

11．租赁合同的变更、解除和转让

- ◆ 在租赁合同中规定出租人变更出租物所有权时，必须事先征得承租人同意提前终止合同，如果承租人不同意或者不征求承租人意见，则原承租合同继续对新的所有权者有效，直至合同期满为止。
- ◆ 对于租赁合同的解除，必须约定其解除的条件。合同中应约定，若承租人未经出租人同意擅自将租赁物转租，利用租赁物参与或进行非法活动，逾期不交纳租金的，出租人有权根据需要解除合同。
- ◆ 对承租人将合同转让的情况，要明确规定其征求出租人意见的义务，并且对转租后第二承租人的行为负责。

12．争议的解决方式

解决争议的方式有协商、诉讼和仲裁。建议拟定合同时，按可能发生的各种情况的严重程度约定争议的解决方式及相应的地域管辖机构。

13. 注意融资租赁合同内容及形式的合法性

只有租赁双方当事人就合同条款达成一致并签字、盖章后，融资租赁合同才具有法律效力，根据最高人民法院《关于审理融资租赁合同纠纷案件若干问题的规定》："融资租赁合同所涉及的项目应当报经有关部门批准而未经批准的，出租人不具有从事融资租赁经营范围的，承租人与供货人恶意串通，骗取出租人资金的，以融资租赁合同形式规避国家有关法律、法规的，应认定融资租赁合同不生效。"

此外，《外商投资租赁业管理办法》列举了租赁资产范围，均为动产（含该动产所附带的无形资产），没有涉及不动产，对于外商投资融资租赁是否能开展不动产融资租赁业务存在争议。有观点认为，该管理办法并不是法律，不应作为决定合同是否具有法律效力的依据；也有观点认为，外商投资企业成立应遵循该办法规定的经营范围，不动产租赁超出了规定经营范围，不符合要求。2013 年，在浙江百盛融资租赁有限公司与华门房地产集团有限公司、华门控股有限公司等保证合同纠纷案中，争议的焦点在于外商投资融资租赁公司是否能以不动产作为租赁物开展融资租赁交易，最终法院判决结果对此给予了支持。

在判定合同的效力时，应当以全国人大及其常委会制定的法律和国务院制定的行政法规为依据，而不是以地方性法规、部委行政规章为依据。《外商投资租赁业管理办法》在效力级别上属于部门规章。而目前我国现行有效的法律、行政法规并无禁止以不动产作为租赁物的规定。因此，在目前的法律框架下，以不动产作为租赁物开展融资租赁交易，并不必然导致融资租赁合同无效。[1]2016 年 5 月 1 日全面营改增后，更是明确可将不动产直租及回租业务纳入营改增范围，也就是在税法上承认了以不动产作为租赁物开展的融资租赁业务。

下面我们分别提供营改增后直租与回租业务的融资租赁合同模板，供读者参考。

融资租赁合同模板

直租与回租业务融资租赁合同模板如下。

---

[1]　《中国融资租赁行业 2015 年度报告》。

融资租赁合同

（直租）

合同编号：　　　字　　　年　　　号

出 租 人：

承 租 人：

签约地点：

签约日期：　　　年　月　日

融资租赁(直租)合同

出租方（以下简称“甲方”）：____________________

注册地址：

电　话：　　　　　　　　　　　　　　　传　真：

公司负责人：

承租方（以下简称“乙方”）：____________________

注册地址：

电　话：　　　　　　　　　　　　　　　传　真：

法定代表人：

填写说明

1. 本合同适用于我司开展的直接租赁业务。

2. 合同中所有带有［］的条款，均须根据其下面列明的内容填写相应的选项编号。

3. 合同中所有带有［］的空白项，需根据项目的实际情况进行填写，填写完毕后将［］删除。文字使用必须规范，不得任意简写、缩写。不需填写处，应以斜杠线填充。不得自行涂改、删减、注释合同内容。

4. 合同有关当事人的名称须与当事人营业执照上的企业法人名称及法人公章相符；个人姓名须与其本人身份证相符；代理人签字时要注明“(代理)”。

5. 合同中第五条、第六条、第十五条等条款需要根据交易的具体情形选择适用，如交易中不采用担保形式，则第十五条就不适用，如交易中不需承租人缴纳租赁保证金和租赁手续费，则第五条和第六条就不适用。

根据《中华人民共和国合同法》及其他有关法律、法规的规定，双方经过协商，一致同意按以下条款订立融资租赁合同（以下简称“本合同”或“租赁合同”）。

第一条　交易的性质目的及租赁物

1.1　甲乙双方依本合同进行融资租赁交易，即：出租人根据承租人的要求及承租人对出卖人和租赁物的完全自主选定，向出卖人购买租赁物，出租给承租人使用；承租人以获得租赁物的所有权为目的，按本合同条款向出租人租用租赁物并向出租人支付租金。

1.2　本合同项下租赁物具体是指本合同附件一《租赁物清单》中所列的设备/不动产（以下简称“租赁物件”）。该租赁物件是由甲方出资根据乙方的指定意愿从乙方指定的出卖人处购买，并专用于出租给乙方使用，租赁物件的名称、型号规格、技术性能、质量、数量等条件应与附件一的要求一致。

第二条　起租日和租赁期限

2.1　本合同的租赁期限为［］年，起租日为甲方向出卖人支付首笔租赁物件转让价款的当日（起租日由资金从甲方账户汇出的时间确定，不受银行在途等因素影响）。

2.2　租赁起止日见双方在附件三《实际租金支付表》中的约定。

第三条　租赁成本

租赁成本是指甲方向出卖人购买租赁物件所支付的全部货款、税金及其相关费用，以上金额除税金外均含增值税。本合同项下租赁物件的租赁成本为人民币［］整（小写：￥［］元）。

第四条　租金

4.1　租金是指依据本合同的约定乙方应向甲方支付的租金，它由购买租赁物的租赁成本（“本金”）与基于租赁成本（“本金”）、租赁利率所计算的本金的利息（“租赁利息”）构成，其中租赁利率是计算租金所适用的利率。租金、租赁利率、应由乙方实际负担的增值税金额、支付日期及次数、每期支付金额等均在《租金支付概算表》（见附件二）及《实际租金支付表》中载明，实际支付时，《租金支付概算表》与《实际租金支付表》规定不一致的，以《实际租金支付表》为准。

双方确认，《租金支付概算表》中的租金概算是假设［］年［］月［］日（甲方预计租赁物件交付之日）为起租日，以估计的租赁物购买价款及估算的相关费用为租赁成本计算的；租赁物件购买价款实际支付后，甲方应以实际租赁物件交付日为起租日，按实际产生的租赁成本另行制作《实际租金支付表》并交乙方签署。《实际租金支付表》不构成对本合同的修改，是本合同不可分割的部分，乙方不签署《实际租金支付表》不影响该表的效力。

乙方须保证按《实际租金支付表》中规定的租金、币种、支付次数及日期将租金支付至甲方指定的银行账户中。账户信息如下，若账户信息变更，甲方应书面通知乙方：

账户名：

开户行：

账号：

4.2　乙方应于本合同约定的每期租金到期日之前在相应账户备足当期应付租金，并确保租金到期日前租金足额到达甲方指定账户，如遇法定节假日，则乙方应提前至节假日前的最后一个工作日内完成租金支付事宜。租赁利息均计算至每笔租金约定的租金到期日，以每年360天计算，按日计息，计算公式为：租赁利息＝未还租赁本金×实际天数×租赁利率/360。

4.3　租赁利率（不含增值税）按下列第［］种方式确定：

①中国人民银行公布的［］年期基准贷款利率，即［］%/年；

②中国人民银行公布的［］年期基准贷款利率下浮［］%，即［］%/年；

③中国人民银行公布的［］年期基准贷款利率上浮［］%，即［］%/年；

④协商确定的［］%/年。

双方确认，本合同所采取的租金形式为以下第［］种方式：

①固定租金，即在租赁期限内租金不作调整；

②浮动租金，即本合同有效期内，如遇中国人民银行同期基准贷款利率调整时（上浮/下浮），已偿还本金部分利率不再调整，甲方有权自主（且无须征得乙方同意）对基准利率调整后本合同项下未到期租金的租赁利率作相应调整，调整幅度与基准利率的调整幅度相同。因租赁利率发生调整而使得本合同《实际租金支付表》所确定的租金金额发生的变化，甲方应在变更租金事由发生之日起10个工作日之内以《租金变更通知书》（见附件五）通知乙方，乙方在此同意无条件按照《租金变更通知书》的规定向甲方支付租金。《租金变更通知书》与《租金支付概算表》、《实际租金支付表》规定不一致的，以《租金变更通知书》为准。《租金变更通知书》也是本合同不可分割的一部分。

4.4 乙方要求提前归还租赁本金的，按下述第［ ］条约定执行：

①须严格按照《实际租金支付表》的约定执行，不得提前归还租赁本金。乙方未经甲方同意提前还款的，甲方有权拒绝收取提前还款资金，并追究乙方的违约责任。

②乙方可以提前归还租赁本金，在提前30天向甲方提出书面申请并取得甲方书面同意后，双方按重新约定的方式执行租赁本金的归还，并重新制定并签署《实际租金支付表》。对因此给甲方带来的租金损失，乙方应按以下约定进行补偿：补偿金额＝提前还款金额×［ ］%×提前还款天数，该补偿金在提前还款时与应付利息及本金一并支付。

4.5 乙方位按期、足额支付到期租金的，视为违约行为，应承担本合同第［ ］条的约定的违约责任，从保证金中依次扣减违约金及租金。

4.6 除因不可抗力事件造成本合同不能履行的以外，承租人不得因任何原因（包括但不限于租赁物灭失或毁损等）停止履行向出租人支付租金的义务。

4.7 甲方应在收到乙方所支付的租金后30日内，向乙方开具增值税专用发票。乙方增值税发票开具信息如下：

单位名称：

地址：

电话：

税号：

开户行：

账号：

第五条 租赁手续费

5.1 乙方于本合同签订后的5个工作日内向甲方指定的账户一次性支付人民币［ ］（小写：［ ］元）（即租赁成本的［ ］%，其中增值税为［ ］），作为本租赁项目手续费，由甲方向乙方开具增值税专用发票。

5.2 甲方指定的账户信息如本合同4.3所述。

第六条 租赁保证金

6.1 乙方于本合同签订后的5个工作日内向甲方指定的账户支付人民币［ ］（小写：￥［ ］元）（即租赁本金的［ ］%）作为履行本合同的保证金，由甲方向乙方开具等额保证金收据。

6.2 本合同项下的保证金均不计利息。乙方违反本合同任何条款时，甲方有权直接从租赁保证金中扣除乙方根据本合同应付的租金、违约金、损害赔偿金及其他应付费用。乙方应根据甲方的补足租赁保证金的通知及时补足租赁保证金，若乙方未按要求补足租赁保证金，甲方有权使用乙方其后每次交付的租金优先补足保证金。

6.3 在甲方完全履行本合同项下所有义务后的10个工作日内，出租人须向承租人返还租赁保证金（不计利息）。如出租人延迟返还租赁保证金，应按延迟支付款项的日万分之五向承租人支付违约金。出租人亦可将租赁保证金冲抵最后一期应付租金，如冲抵后仍不足以支付最后一期应付租金，则不足部分应由承租人补足；如冲抵后尚有余额，则出租人应将余额返还承租人。

6.4 甲方指定的账户信息如本合同4.3所述。

第七条 租赁物的购买

7.1 乙方根据自己的需要自行选定租赁物的出卖人和租赁物（包括但不限于型号规格、数量、质量、技术性能和售后服务、交货时间等全部技术条件和商业条件），乙方对自己的选择及决定承担全部责任。若出卖人不能履行、不能完全履行、迟延履行或履行不符合本合同规定条件的，包括但不限于买方交付设备迟延、所交设备的品质规格、技术性能和数量等条件不符合购买合同的规定等情况，甲方有权将对出卖人的索赔权转让给乙方，索赔权转让后，乙方直接向出卖人索赔，索赔的费用和结果，均由乙方承担和享有。因乙方的过错造成索赔逾期的，甲方不承担责任。

甲方根据乙方的选定与要求与出卖人订立租赁物买卖合同，承租人在买卖合同上签字即代表其接受买卖合同的全部条款。

7.2　乙方须向甲方提供甲方认为必要的各种批准和许可证明、单据和凭证等。

7.3　因甲方购买本合同项下的租赁物所发生的税费等均由乙方承担并支付，但在买卖合同中约定由出卖人承担前述费用的除外。

第八条　租赁物的交付使用与设置场所

8.1　租赁物件由出卖人根据买卖合同所约定的时间、地点和方式直接向乙方或承租人指定的代理人交付。乙方不得以任何理由拒绝接收租赁物。

8.2　乙方应在收到租赁物件后的5个工作日内向甲方提交由乙方法定代表人或授权代表签字并加盖乙方公章的《租赁物接收确认单》（见附件六）及《租赁物清单》，如租赁物件接收后5个工作日内乙方未签署《租赁物接收确认单》及《租赁物清单》送交给甲方的，则视为乙方已经接收租赁物。

8.3　如出卖人迟延交付租赁物，乙方应按照买卖合同的规定直接向出卖人主张权利，甲方不承担任何责任。

8.4　租赁物的设置场所为［ ］。在本合同有效期间，未经出租人书面同意，承租人不得变更租赁物的设置场所。

第九条　租赁物瑕疵的处理

9.1　由于租赁物及出卖人有乙方决定，表明乙方对租赁物件已有充分的了解，在乙方签署《租赁物接收确认单》后，甲方不承担任何瑕疵的担保责任，质量保证期内出现任何质量瑕疵，由乙方自行与出卖人协商解决。

9.2　即使出现本条9.1的情况，亦不影响乙方在本合同项下对甲方所承担的义务和责任。

第十条　租赁物的所有权和使用权

10.1　在租赁期间，租赁物件的所有权（此所有权及于租赁物件的从物、从权利、孳息以及针对租赁物所专有的程序、软件、授权许可、技术资料等）归属于甲方，乙方在租赁期间享有对租赁物的占有和使用权。未经出租人书面同意，乙方不得在租赁期内将租赁物销售、转让、转租、抵押、质押、投资入股、抵偿、设立诉讼担保，或以其他任何方式侵害出租人对租赁物的所有权，甲方也不得将租赁物件出售、出租、赠予其他人。未经甲方书面同意，不得将租赁物价迁离设置场所。

10.2　甲方可根据需要将租赁物件抵押给第三方，甲方应提前5个工作日通知乙方，乙方有义务协助甲方办理抵押等相关手续。甲方的抵押行为不得影响乙方对租赁物的占有和使用，并应在按本合同约定将租赁物件所有权转移给承租人时解除该等抵押。

10.3　乙方在租赁期限内对租赁物件有充分和排他的占有权以及与之不可分割的使用权，而不受乙方法人地位或股权结构任何改变的影响。

第十一条　租赁物件的保管、维修、保养义务

11.1　乙方负有对租赁物件保管、维修、保养的责任，以确保租赁物件正常的状态和功能。由此产生的全部费用由乙方承担。如乙方需要改动租赁物的外形、结构的，应当书面通知出租人并征求其书面同意，且不得影响原使用功能，因改造所增加的之与租赁物不可分割或如果分割会导致租赁物功能减损的部件及/或软件，所有权亦自动无偿归甲方所有。

甲方在遵守有关法律，且在不影响承租人正常使用租赁物的情况下，有权随时检查租赁物件的使用和保养情况，乙方应提供检查所需便利条件。

11.2　乙方需要更换租赁物件的零部件时，应尽量使用原制造厂家生产的同规格、同型号零部件。若采用代用件，乙方应征得甲方书面同意，使用符合租赁物技术条件及性能的代用件，且应保证代用件的使用不会对租赁物的价值造成减损，并承担所需一切费用。

11.3　承租人应妥善使用、保管租赁物，采取定期维修和不定期检查等措施，其标准不得低于国家或同行业的有关规定或习惯，并承担所需一切费用。除合理的损耗及甲方同意对设备改造外，乙方应当使租赁物件处于交付时的状态。

11.4 乙方在占有、使用租赁物期间，如租赁物件造成第三人的人身伤害或者财产损害，一切责任均由乙方承担，甲方不承担任何责任。若甲方因此遭受任何损失，则乙方应于接到甲方通知后5个工作日内予以全部赔偿。此损失包括损失本身及有关合理的直接费用，包括但不限于利息、滞纳金、诉讼费、保全费、审计费、评估费、鉴定费、政府规费、律师费等。

第十二条 租赁期满后租赁物的处理

租赁期满且乙方履行完毕本合同项下的全部义务后，双方按下列第［］种方式处理租赁物：

12.1 乙方以名义价款购买租赁物：租赁期满后的［］个工作日内，乙方应向甲方支付人民币［］（小写：¥［］元，其中含增值税［］元）的名义价款购买租赁物。在收到乙方支付的名义价款后，甲方将租赁物的所有权转让给乙方或乙方指定的第三方，并出具名义价款发票和《租赁物所有权转让函》（见附件七）；

12.2 续租：乙方可继续租赁该租赁物，续租事宜由双方另行商定并签署书面协议；

12.3 返还租赁物：乙方于本合同到期后［］日内将租赁物返还甲方人，并保证租赁物完好无损（正常磨损的情况除外）。

第十三条 租赁物的毁损及灭失

13.1 租赁物件在交付给乙方后的毁损、灭失风险，由乙方承担，而无论其是否实际占有租赁物件。无论何种原因造成租赁物件的毁损、灭失，乙方不得延迟或拒绝支付租金及本合同项下所有应付款项。

13.2 如租赁物件发生毁损或灭失，乙方应立即通知甲方。甲方出租人可通知乙方采取下列处理方式，并由乙方负担所需一切费用：

①如租赁物可以修复，乙方应将租赁物修复至完全正常使用状态。

②更换经甲方认可的与租赁物件同等状态、性能和价值的物件。更换后该租赁物件自动归甲方所有，乙方对甲方的所有权不得持有异议，同时有义务保证甲方对该更换后的设备所享有的权利不受任何其他第三人的影响，并且乙方在本合同项下所承担的义务也不受任何影响。

③如甲方根据合理的判断认为租赁物件已灭失或毁损到无法修复的程度时，甲方可选择终止本合同项下的租赁并由乙方赔偿甲方的全部损失或由乙方自费更换与原租赁物价值、性能等相同的设备。前述损失包括但不限于全部剩余租金、逾期利息、损失赔偿金、协议留购价款（如选择适用12.1所述方式）及其他各项应由承租人承担的费用。乙方支付以上赔偿款后，乙方在本合同项下的一切义务履行完毕。

13.3 如租赁物件发生的毁损或灭失属于保险责任范围，还应按本合同第十四条相关约定处理。

第十四条 保险

14.1 自起租日起，乙方应办理租赁物的一切保险（包括但不限于海上运输险、内陆运输险、工程安装险、财产险等），并使之在本合同履行完毕前持续有效，保险费用由乙方承担。由于乙方不办理保险而给甲方造成的全部损失（包括但不限于未支付的租金等）均由乙方承担。投保后，保险合同等相关文件原件应当由［ ］保管，乙方须在15天内将一份保险单副本提交给甲方。发生理赔时，保险理赔款优先用于偿还甲方的租金、所有迟付租金和违约金等款项。

14.2 如租赁期限内发生保险事故，乙方应当立即（24小时内）通知甲方，并由双方指派人员共同办理保险理赔事宜。

14.3 如租赁期限内发生保险事故，则保险赔偿金的处置方式为［ ］：

①用于支付因保险事故造成的租赁物损坏的维修及更换费用，剩余款项（如有）归乙方所有；

②用于支付因保险事故造成的租赁物损坏的维修及更换费用，剩余款项（如有）归甲方所有；

③归甲方所有；

④抵偿对甲方全部损失的赔偿款。

14.4 如果发生保险公司赔付范围之外的损害，导致租赁物件灭失或毁损到无法修复，承租人须按本合同第十三条的约定赔付甲方。

第十五条 担保

乙方委托［］为本合同乙方的担保人，担保人向甲方出具不可撤销的《担保承诺函》，见本合同附件四。乙方负责将本合同复印件转交担保人。

第十六条 声明与保证

16.1 甲方在此声明和保证：

16.1.1 甲方是依法成立且在租赁期内合法存续的企业法人，具有从事融资租赁业务的资质；

16.1.2 甲方签订本合同已得到相应权力机构的批准或同意；

16.1.3 本租赁业务项目未超出公司章程、营业执照许可的范围，符合国家相关政策和行业规定；

16.1.4 甲方进行承包经营、合并、分立、联营、重组、歇业、解散等影响本合同的事项，应事先书面通知乙方。

16.2 乙方在此声明和保证：

16.2.1 乙方是依法成立且在租赁期内合法存续的企业法人，有权签订并履行本合同；

16.2.2 乙方签订本合同已得到公司有权机构及主管部门的批准，符合公司章程和相关规定；

16.2.3 乙方实行承包经营、合并、分立、联营、重组、歇业、解散等影响本合同的事宜，应事先书面通知甲方，乙方应避免上述事项对甲方造成不利影响；

16.2.4 乙方保证在本合同签订前向甲方提供真实、准确的财务报表，完整披露其对外提供的担保及负债。乙方承诺在本合同签订后，对外提供担保或产生其他负债超过［］元的，应当在提供担保或产生负债前十个工作日书面通知甲方。如涉及重大违约、重大诉讼、资产被查封、扣押的，乙方应在该等事件发生之日起三个工作日内书面通知甲方，并应采取相应措施避免该等事件对甲方的权益造成不良影响。

第十七条 财务资料

17.1 甲方需了解乙方的经营情况时，须提前［］个工作日通知乙方。承租人同意按照甲方要求定期或随时向甲方提供其资产负债表、利润及利润分配表、现金流量表或甲方合理要求的其他资料。

17.2 对于乙方提供的任何公司资料，未经乙方的同意，甲方不得披露给任何第三方。

第十八条 违约事项和补救措施

本合同生效后，甲、乙双方均应履行本合同所约定的义务。任何一方不履行或不完全履行本合同所约定义务的，应当依法承担违约责任。

18.1 如甲方未按照本合同及相关合同约定条款支付相关款项，致使本合同无法履行，由此造成的乙方的损失，甲方应承担相应的赔偿责任。

18.2 如乙方未能按本合同约定向甲方支付租金及所有其他应付款项，则自逾期之日起，每逾期一日，承租人应当就逾期金额按万分之五的比例向出租人支付违约金。

18.3 如乙方逾期支付租金及其他应付款项总额达租金总额的［］%，或者连续［］期或累计［］期未按时或全额履行支付义务的，且经甲方催告后30日内仍未付清租金及其他应付款项，或乙方有擅自将租赁物件设置担保、转让、抵债、转租或投资入股等侵害甲方所有权的行为及其他严重违反合同的行为，均视作乙方在本合同项下的严重违约，甲方有权采取以下任一种措施或同时采取以下多种措施：

(1) 要求乙方立即停止侵害，恢复租赁物交付时的原状，并有权要求乙方按本合同项下未付租金总额的20%向甲方支付违约金；

(2) 行使加速到期权，宣布本合同立即到期，要求乙方立即付清所有到期未付及未到期的租金及其他应付款项；

(3) 要求乙方人赔偿全部损失；

(4) 将租赁物件出售并将出售所得用以抵偿乙方应付的款项，不足部分再向乙方追索。若租赁物件出售所得超过承租人应付的租金、违约金、赔偿金、其他应付款项及名义价款等款项总额，则甲方应将超出部分的款项退还给乙方。

甲方采取前款措施，并不免除乙方在本合同项下的其他义务。

18.4 乙方如同时出现18.2及18.3所列情形的，甲方应择其重适用不能同时适用。

18.5 如乙方违反诚实信用原则，所作的声明和保证是不真实或不准确的，或乙方不履行本合同项下的附随义务（如通知、保密、协助等）的，甲方有权要求乙方限期履行、采取补救措施、并要求乙方赔偿损失。此损失包括损失本身及有关合理的费用，包括但不限于利息、滞纳金、诉讼费、保全费、审计费、评估费、鉴定费、政府规费、律师费等。

18.6 合同任何一方违反本合同的任何约定致使他方发生的一切费用（包括诉讼费、律师费等）均由违约方负担。

第十九条 重大变故的处理

19.1 如乙方发生或可能发生：

①关闭、停产、停业、合并、分立、重组、上市、经营恶化、涉及重大法律纠纷、任何其他方对乙方提起诉讼、仲裁或者以其他方式提出权利主张、投资失误、违规经营、破产、转让其重要资产或不履行与其他任何债权人之间的债务等；

②乙方生产计划、销售计划等出现重大调整，足以影响正常生产，可能影响乙方履行本合同之能力；

③政府政策调整足以影响乙方生产，可能影响乙方履行本合同之能力的情况时，乙方应事先及时通知甲方，甲方有权要求乙方采取必要措施并使甲方满意，否则甲方可采取第第十八条款约定的措施。

19.2 如担保人发生第19.1款所述情形，乙方应及时通知甲方，并在7日内另行提供甲方认可的担保物或担保人，否则甲方有权采取第十八条约定的措施。在担保人分立、合并的情况下，经甲方同意后可以由变更后的机构承担保证责任。

19.3 在本合同有效期内，甲方或承租人的名称、法定地址、法定代表人等发生变化，不影响本合同的执行。发生变化的一方须立即书面通知对方。

19.4 双方同意，租赁期限内，因法律规定的除战争以外的不可抗力事件而导致本合同不能按时履行的，可以延期履行，但最长不超过不可抗力事件发生之后60日。因不可抗力事件造成本合同不能履行的，承租人应承担不可抗力事件的后果，按照本合同的约定赔偿甲方的损失。

19.5 租赁期限内，如乙方破产，则租赁物不属于乙方破产财产。

第二十条 合同权利义务的转让、质押及抵押

20.1 乙方在此确认，甲方有权将本合同项下的应收租金债权及其他各项债权转让给第三方或在其上设置质押等担保权利，无须征得乙方的同意。乙方在收到甲方有关租金债权及其他各项债权转让的书面通知后，应向取得租金债权及其他各项债权的第三方直接履行本合同项下的各项义务。其他各项债权指本合同赋予出租人的除应收租金债权之外的其他所有债权，包括但不限于违约金、赔偿金、名义价款、租赁手续费等。

20.2 未经甲方书面同意，乙方不等人转让本合同项下的权利和义务给第三方或在其上设置质押等担保权利。

第二十一条 合同的成立、生效、变更、解除和终止

21.1 本合同须同时具备以下条件，方能正式生效：本合同由双方法定代表人或授权代表签字并加盖公司公章，由授权代表签署的须提供法定代表人出具的授权委托书原件。本合同在如下情形下终止：①双方均履行完毕其在本合同项下之全部义务，本合同即终止；②甲方行使解除权时合同终止。合同终止不影响合同中解决争议的条款的效力。

21.2 本合同生效后，除甲方依据本合同的相关约定行使解约权外，甲乙任何一方无权擅自单方面提前变更或解除合同。如确需变更或解除合同，应经甲乙双方协商一致并达成书面协定。

21.3 本合同一式贰份，甲乙双方各执壹份，具有同等法律效力。

第二十二条 争议解决

22.1 凡因本合同引起的或与本合同有关的任何争议，由双方通过友好协商解决。协商不成，任何一方可以向甲方住所地有管辖权的人民法院提起诉讼。

22.2　因诉讼发生的相关费用（包括但不限于案件受理费、差旅费、合理的律师费等）均由败诉方承担。

22.3　在合同存在部分争议的情况下，解决争议期间，双方仍应继续执行与争议无关的合同条款。

第二十三条　地址和通知

23.1　甲方的地址及联系人是：

联系地址：

联系人：

23.2　乙方的地址及联系人是：

注册地址：

联系人：

23.3　双方之间一切通知以下述方式送达前述地址，即视为有效送达：

1）传真；

2）特快专递；

3）当面交送。

23.4　任何一方地址变更，应在变更后7日内通知对方。否则，由此引起的一切责任和后果由怠于通知的一方承担。

第二十四条　附件

下列附件为本合同不可分割的一部分，与本合同具有同等法律效力：

一、租赁物清单

二、租金支付概算表

三、实际租金支付表

四、担保承诺函

五、租金变更通知书

六、租赁物接收确认单

七、租赁物所有权转让函

* *

（以下无正文，签字页附后）

（本页无正文，仅为［ ］年［ ］号《融资租赁合同》的签字页）

出租人：

（公章）

法定代表人（或授权代表）签字：

承租人：

（公章）

法定代表人（或授权代表）签字：

签字日期： 年 月 日

附件一

租赁物清单

序号	租赁物件名称	规格型号	数量	原值（万元）	净值（万元）	出厂/使用时间	经济使用年限	生产厂商	设置场所
1									
2									
	合计								

乙方确认对上述《租赁物清单》中载明的信息真实有效，并承担上述信息失实而造成的一切法律风险。

出租人（盖章）：
法定代表人或授权代表：
日期：

承租人（盖章）：
法定代表人或授权代表：
日期：

附件二

租金支付概算表

<table>
<tr><td colspan="7">合同编号：　　　　　　　　　单位：元</td></tr>
<tr><td colspan="2">租赁物名称</td><td colspan="5">见附件一《租赁物清单》</td></tr>
<tr><td colspan="2">承租人</td><td colspan="5"></td></tr>
<tr><td colspan="2">租赁规模
（含税）</td><td></td><td colspan="2">租赁年利率</td><td colspan="2"></td></tr>
<tr><td colspan="2">租赁期限</td><td></td><td colspan="2">租金支付方式</td><td colspan="2"></td></tr>
<tr><td colspan="2">增值税</td><td colspan="5">增值税由乙方随租金一并支付给甲方，甲方开具增值税发票，如合同执行过程中遇到政策调整，甲乙双方同意按新规定负担增值税及开具发票。</td></tr>
<tr><td colspan="2">保证金</td><td></td><td colspan="2">留购价款（含税）</td><td colspan="2"></td></tr>
<tr><td colspan="2">起租日</td><td></td><td colspan="2">手续费（含税）</td><td colspan="2"></td></tr>
<tr><td rowspan="2">期数</td><td rowspan="2">租金
到期日</td><td rowspan="2">本金余额
（不含税）</td><td colspan="2">当期不含税租金</td><td rowspan="2">增值税额</td><td rowspan="2">实际还款额</td></tr>
<tr><td>本金</td><td>利息</td></tr>
<tr><td>第一期</td><td></td><td></td><td></td><td></td><td></td><td></td></tr>
<tr><td>第二期</td><td></td><td></td><td></td><td></td><td></td><td></td></tr>
<tr><td></td><td></td><td></td><td></td><td></td><td></td><td></td></tr>
<tr><td></td><td></td><td></td><td></td><td></td><td></td><td></td></tr>
<tr><td></td><td>合计</td><td></td><td></td><td></td><td></td><td></td></tr>
</table>

注：本《租金支付概算表》以［ ］年［ ］月［ ］日为起租日计算得出，仅供参考，实际起租日以租赁物件实际交付日为准，届时将制作实际租金支付表并通知到乙方。

出租人（盖章）：　　　　　　　　　　承租人（盖章）：

法定代表人或授权代表：　　　　　　　法定代表人或授权代表：

日期：　　　　　　　　　　　　　　　日期：

附件三

实际租金支付表

<table>
<tr><td colspan="7">合同编号：　　　　　　　　单位：元</td></tr>
<tr><td colspan="2">租赁物名称</td><td colspan="5">见附件一《租赁物清单》</td></tr>
<tr><td colspan="2">承租人</td><td colspan="5"></td></tr>
<tr><td colspan="2">租赁规模（含税）</td><td></td><td colspan="2">租赁年利率</td><td colspan="2"></td></tr>
<tr><td colspan="2">租赁期限</td><td></td><td colspan="2">租金支付方式</td><td colspan="2"></td></tr>
<tr><td colspan="2">增值税</td><td colspan="5">增值税由乙方随租金一并支付给甲方，甲方开具增值税发票，如合同执行过程中遇到政策调整，甲乙双方同意按新规定负担增值税及开具发票。</td></tr>
<tr><td colspan="2">保证金</td><td></td><td colspan="2">留购价款（含税）</td><td colspan="2"></td></tr>
<tr><td colspan="2">预计起租日</td><td></td><td colspan="2">手续费（含税）</td><td colspan="2"></td></tr>
<tr><td rowspan="2">期数</td><td rowspan="2">租金到期日</td><td rowspan="2">本金余额（不含税）</td><td colspan="2">当期不含税租金</td><td rowspan="2">增值税额</td><td rowspan="2">实际还款额</td></tr>
<tr><td>本金</td><td>利息</td></tr>
<tr><td>第一期</td><td></td><td></td><td></td><td></td><td></td><td></td></tr>
<tr><td>第二期</td><td></td><td></td><td></td><td></td><td></td><td></td></tr>
<tr><td></td><td></td><td></td><td></td><td></td><td></td><td></td></tr>
<tr><td></td><td></td><td></td><td></td><td></td><td></td><td></td></tr>
<tr><td></td><td>合计</td><td></td><td></td><td></td><td></td><td></td></tr>
</table>

出租人（盖章）：　　　　　　　　承租人（盖章）：

法定代表人或授权代表：　　　　　法定代表人或授权代表：

日期：　　　　　　　　　　　　　日期：

附件四

担保承诺函

担保人：

注册地址：

法定代表人：

受益人：

注册地址：

法定代表人：

经 [ ] 请求，担保人现向受益人开立无条件的不可撤销的担保函，为 [ ] 和受益人于 [ ] 年 [ ] 月 [ ] 日签署的《融资租赁合同》（下称“主合同”）项下的全部付款义务提供无条件的、不可撤销的连带责任的保证。担保人保证责任如下：

一、担保人的担保范围为 [ ] 在主合同下的全部付款义务，以及实现债权的费用（包括但不限于诉讼费用、律师费用、公证费用、执行费用等），以及因 [ ] 违约而给受益人造成的损失和其他所有应付费用。

二、担保人在此无条件地不可撤销地保证：担保人为 [ ] 的上述义务承担连带保证责任。如 [ ] 因任何原因未履行主合同下的上述义务，则本担保人即应承担[ ]的全部付款责任。担保人保证在接到本担保函受益人书面索款通知后七个工作日内，依据本担保函确定的担保范围，向受益人立即足额地支付担保款项。

三、保证期间：担保人的保证期间为主债权的清偿期届满之日起两年。如主债权分期清偿，则保证期间为本担保函生效之日期至最后一期债务履行期届满之日后两年。

四、担保人的担保责任不因主合同和/或本担保函任何一方的主体地位或财产情况的变化、任何一方与其他机构签订的任何协议或文件或本担保函所担保的主合同的变化而免除。

五、担保人如发生机构变化，包括但不限于变更其名称、股东、分立、合并等，其在本担保函项下的全部义务自动由变化后的机构承担。

六、在本担保函担保责任期内，担保人的保证责任为无条件的不可撤销的担保，并不因下列任何一种情况而影响其内容或效力：

（一）主合同的履行期限延长或者其他条款的变更；

（二）受益人破产、分散、不履行或不能履行主合同项下的付款义务；

（三）受益人持有任何对［］履行付款义务的抵押、质押、其他保证或受益人实现、丧失、放弃、解除该抵押、质押或保证。

七、担保人在此向受益人保证和承诺：

（一）担保人遵守并且保证履行全部义务；

（二）担保人放弃不履行全部义务行为的要求和抗辩；

（三）担保人依中华人民共和国法律合法存在，享有充分的权利、授权并依法拥有其资产，具有履行本担保函项下保证义务的全部能力；

（四）担保人完全了解主合同的内容，签署和履行本担保函系基于担保人的真实意思表示；

（五）担保人开立本担保函不违反任何法律、法规及担保人的章程或作为一方当事人订立的其他合同；

（六）担保人就提供本担保函项下的担保，已获得有关法律、法规和公司章程所规定的一切批准或授权；

（七）担保人目前没有任何违约行为，也没有在任何法庭、政府或行政管理机关或仲裁机构中被起诉或将被起诉，或被卷入任何可能影响其履行担保义务的事件。

八、本担保函生效后，受益人有权对担保人的资金和财产状况进行监督，并可要求其提供相关的财务资料。

九、非经受益人书面同意，担保人不得将其担保义务转让给他人。

十、本担保函自主合同生效后且由担保人和受益人双方签字盖章后生效，至主合同项下相关款项全部付清后终止。

担保人（盖章）：	受益人（盖章）：
法定代表人或授权代表：	法定代表人或授权代表：
日期：	日期：

附件五

租金变更通知书

由于中国人民银行公布的人民币基准利率（下称“基准利率”）于 [ ] 年[ ]月 [ ] 日进行了调整，[ ] 年期贷款基准利率从原有的 [ ]%调整到[ ]%，根据 [ ] 年[ ]号《融资租赁合同》第 4.3 条的约定，现将租金支付表进行相应的调整，自 [ ] 年 [ ] 月起，将租赁利率从 [ ]%调整为[ ]%，租金应按新的利率进行计算，承租人自 [ ] 年 [ ] 月 [ ] 日起按本次调整后的租金支付表支付租金。

双方应于签署本通知书后签署调整后的《实际租金支付表》。

出租人（盖章）：　　　　　　承租人（盖章）：

法定代表人或授权代表：　　　　法定代表人或授权代表：

日期：　　　　　　　　　　　日期：

附件六

租赁物接收确认单

致：（出租人）

根据［］年［］月［］日签署的编号为［］的《融资租赁合同》及其项下的附属协议，我公司确认并陈述如下：

我公司已于［］年［］月［］日收到《租赁物清单》中所列明的全部租赁物件，并确认所有租赁物件符合《租赁物清单》中的各方面规格要求。

我公司同意接受全部租赁物件，并承诺按照上述融资租赁合同的规定自行对租赁物件进行验收和检查，贵公司对此不承担任何责任。

特此确认！

承租人（盖章）：

法定代表人或授权代表：

日期：

附件七

租赁物所有权转让函

致：（承租人）

根据［］年［］月［］日签署的编号为［］的《融资租赁合同》及其项下的附属协议，我公司确认并陈述如下：

截至［］年［］月［］日，我公司已收到贵公司支付的编号为［］的《融资租赁合同》项下的全部租金及应付款项，并收到贵公司支付的协议留购价款人民币［］元整（小写：¥［］元）。

自即日起，编号为［］的《融资租赁合同》项下的全部租赁物件的所有权转移至贵公司，特此说明。

出租人（盖章）：

法定代表人或授权代表：

日期：

融资租赁合同

（回租）

合同编号：　　　字　　　年　　　号

出 租 人：

承 租 人：

签约地点：

签约日期：　　　年　　月　　日

融资租赁(回租)合同

出租方（以下简称“甲方”）：____________________

注册地址：

电　话：　　　　　　　　　　　　　　传　真：

公司负责人：

承租方（以下简称“乙方”）：____________________

注册地址：

电　话：　　　　　　　　　　　　　　传　真：

法定代表人：

填写说明

1. 本合同适用于我司开展的融资性售后回租业务。

2. 合同中所有带有［］项的条款，均须根据其下面列明的内容填写相应的选项编号。

3. 合同中所有带有［］的空白项，需根据项目的实际情况进行填写，填写完毕后将［］删除。文字使用必须规范，不得任意简写、缩写。不需填写处，应以斜杠线填充。不得自行涂改、删减、注释合同内容。

4. 合同有关当事人的名称须与当事人营业执照上的企业法人名称及法人公章相符；个人姓名须与其本人身份证相符；代理人签字时要注明“（代理)”。

5. 合同中第五条、第六条、第十四条等条款需要根据交易的具体情形选择适用，如交易中不采用担保形式，则第十四条就不适用，如交易中不需承租人缴纳租赁保证金和租赁手续费，则第五条和第六条就不适用。

根据《中华人民共和国合同法》及其他有关法律、法规的规定，双方经过协商，一致同意按以下条款订立融资性售后回租合同（以下简称“本合同”或“售后回租合同”）。

第一条　交易的性质目的及租赁物

1.1　甲乙双方依本合同进行融资性售后回租交易，即：承租人将自制或外购的资产出售给出租人，然后再从出租人处租回使用。承租人以融资为目的，按本合同条款向出租人租用租赁物并向出租人支付租金。

1.2　本合同项下租赁物具体是指本合同附件一《租赁物清单》中所列的设备/不动产（以下简称“租赁物件”）。该租赁物件是由乙方自行生产或外购，并用于与甲方开展融资性售后回租业务。

第二条　起租日和租赁期限

2.1　本合同的租赁期限为［］年，起租日为甲方向乙方支付首笔租赁物件转让价款的当日（起租日由资金从甲方账户汇出的时间确定，不受银行在途等因素影响）。

2.2　租赁起止日见双方在附件三《实际租金支付表》中的约定。

第三条　租赁成本

3.1　租赁成本是指甲方向乙方购买租赁物件所支付的全部货款，本合同项下租赁物件的租赁成本为人民币［］整（小写：￥［］元）。

甲方依据第［］种方式支付该全部价款：

①本合同租赁物件价款须在［］年［］月［］日前一次全部支付完毕。

②本合同租赁物价价款依乙方申请分次支付，首次支付不得晚于［］年［］月［］日，剩余价款的支付须在首笔价款支付日后［］个月内完成。

支付实际及金额如有变化，双方另行书面约定。

3.2　甲方须保证按3.1中规定的金额、币种、支付日期将租赁物价款支付至乙方指定的银行账户中。账户信息如下，若账户信息变更，乙方应书面通知甲方：

账户名：

开户行：

账号：

第四条 租金

4.1 租金是指依据本合同的约定乙方应向甲方支付的租金，它由购买租赁物的租赁成本（“本金”）与基于租赁成本（“本金”）、租赁利率所计算的本金的利息（“租赁利息”）构成，其中租赁利率是计算租金所适用的利率。租金、租赁利率、应由乙方实际负担的增值税金额、支付日期及次数、每期支付金额等均在《租金支付概算表》及《实际租金支付表》中载明，实际支付时，《租金支付概算表》与《实际租金支付表》规定不一致的，以《实际租金支付表》为准。

双方确认，《租金支付概算表》中的租金概算是假设［ ］年［ ］月［ ］日（甲方预计支付租赁物件购买价款之日）为起租日，以约定的租赁物购买价款及估算的相关费用为租赁成本计算的；租赁物件购买价款实际支付后，甲方应以实际付款日为起租日，按实际产生的租赁成本另行制作《实际租金支付表》并交乙方签署。《实际租金支付表》不构成对本合同的修改，是本合同不可分割的部分，乙方不签署《实际租金支付表》不影响该表的效力。

乙方须保证按《实际租金支付表》中规定的租金、币种、支付次数及日期将租金支付至甲方指定的银行账户中。账户信息如下，若账户信息变更，甲方应书面通知乙方：

账户名：

开户行：

账号：

4.2 乙方应于本合同约定的每期租金到期日之前在相应账户备足当期应付租金，并确保租金到期日前租金足额到达甲方指定账户，如遇法定节假日，则乙方应提前至节假日前的最后一个工作日内完成租金支付事宜。租赁利息均计算至每笔租金约定的租金到期日，以每年360天计算，按日计息，计算公式为：租赁利息＝未还租赁本金×实际天数×租赁利率/360。

4.3　租赁利率（不含增值税）按下列第［］种方式确定：

①中国人民银行公布的［］年期基准贷款利率，即［］%/年；

②中国人民银行公布的［］年期基准贷款利率下浮［］%，即［］%/年；

③中国人民银行公布的［］年期基准贷款利率上浮［］%，即［］%/年；

④协商确定的［］%/年。

双方确认，本合同所采取的租金形式为以下第［］种方式：

①固定租金，即在租赁期限内租金不作调整；

②浮动租金，即本合同有效期内，如遇中国人民银行同期基准贷款利率调整时（上浮/下浮），已提款部分利率不再调整，基准利率调整后提款的，执行调整后基准利率。因租赁利率发生调整而使得本合同《实际租金支付表》所确定的租金金额发生的变化，甲方应在变更租金事由发生之日起10个工作日之内以《租金变更通知书》（见附件五）通知乙方，乙方在此同意无条件按照《租金变更通知书》的规定向甲方支付租金。《租金变更通知书》与《租金支付概算表》（见附件二）、《实际租金支付表》规定不一致的，以《租金变更通知书》为准。《租金变更通知书》也是本合同不可分割的一部分。

4.4　乙方要求提前归还租赁本金的，按下述第［］条约定执行：

①须严格按照《实际租金支付表》的约定执行，不得提前归还租赁本金。乙方未经甲方同意提前还款的，甲方有权拒绝收取提前还款资金，并追究乙方的违约责任。

②乙方可以提前归还租赁本金，在提前30天向甲方提出书面申请并取得甲方书面同意后，双方按重新约定的方式执行租赁本金的归还，并重新制定并签署《实际租金支付表》。对因此给甲方带来的租金损失，乙方应按以下约定进行补偿：补偿金额＝提前还款金额×［］%×提前还款天数，该补偿金在提前还款时与应付利息及本金一并支付。

4.5　乙方位按期、足额支付到期租金的，视为违约行为，应承担本合同第［］条的约定的违约责任，从保证金中依次扣减违约金及租金。

4.6　除因不可抗力事件造成本合同不能履行的以外，承租人不得因任何原因（包括但不限于租赁物灭失或毁损等）停止履行向出租人支付租金的义务。

4.7 甲方应在收到乙方所支付的租金后30日内，向乙方开具增值税发票（若为2016年4月30日前签订合同应开具专用发票）。乙方增值税发票开具信息如下：

单位名称：

地址：

电话：

税号：

开户行：

账号：

第五条 租赁手续费

5.1 乙方于本合同签订后的5个工作日内向甲方指定的账户一次性支付人民币［ ］（小写：［ ］元）（即租赁成本的［ ］%，其中增值税为［ ］），作为本租赁项目手续费，由甲方向乙方开具增值税发票。

5.2 甲方指定的账户信息如本合同4.3所述。

第六条 租赁保证金

6.1 乙方于本合同签订后的5个工作日内向甲方指定的账户支付人民币［ ］（小写：¥［ ］元）（即租赁本金的［ ］%）作为履行本合同的保证金，由甲方向乙方开具等额保证金收据。

6.2 本合同项下的保证金均不计利息。乙方违反本合同任何条款时，甲方有权直接从租赁保证金中扣除乙方根据本合同应付的租金、违约金、损害赔偿金及其他应付费用。乙方应根据甲方的补足租赁保证金的通知及时补足租赁保证金，若乙方未按要求补足租赁保证金，甲方有权使用乙方其后每次交付的租金优先补足保证金。

6.3 在甲方完全履行本合同项下所有义务后的10个工作日内，出租人须向承租人返还租赁保证金（不计利息）。如出租人延迟返还租赁保证金，应按延迟支付款项的日万分之五向承租人支付违约金。出租人亦可将租赁保证金冲抵最后一期应付租金，如冲抵后仍不足以支付最后一期应付租金，则不足部分应由承租人补足；如冲抵后尚有余额，则出租人应将余额返还承租人。

6.4　甲方指定的账户信息如本合同4.3所述。

第七条　租赁物的购买

7.1　乙方以回租使用、融资为目的，以售后回租方式向甲方出售租赁物件，并保证对其所出售设备享有完全的所有权，甲方根据乙方上述目的出资购买乙方出售给甲方的租赁物件。由于该项目采取售后回租的方式，所以甲方对租赁物件的质量、规格等不承担任何责任。

7.2　乙方须向甲方提供加盖乙方公章的《租赁物清单》及与租赁物清单所对应的租赁物件的发票复印件（需加盖公章）等其他甲方认为必要的各种批准和许可证明、单据和凭证。

7.3　乙方出售给甲方的租赁物件，在甲方向乙方支付首笔转让价款的汇款日即被视为在完整状态下由乙方向甲方交付完毕，租赁物件的所有权即转至甲方。乙方在收到首笔租赁款后15日内，应向甲方开具出售环节的增值税0税率普通发票。

7.4　乙方应根据双方约定的用途使用甲方支付的购买款项，因甲方购买本合同项下的租赁物所发生的税费等均由乙方承担并支付。

第八条　租赁物瑕疵的处理

8.1　由于租赁物最初由乙方购买，表明乙方对租赁物件已有充分的了解，甲方不承担任何瑕疵的担保责任，质量保证期内出现任何质量瑕疵，由乙方自行与出卖人协商解决。

8.2　即使出现本条8.1的情况，亦不影响乙方在本合同项下对甲方所承担的义务和责任。

第九条　租赁物的所有权和使用权

9.1　在租赁期间，租赁物件的所有权（此所有权及于租赁物件的从物、从权利、孳息以及针对租赁物所专有的程序、软件、授权许可、技术资料等）归属于甲方，乙方在租赁期间享有对租赁物的占有和使用权。未经出租人书面同意，乙方不得在租赁期内将租赁物销售、转让、转租、抵押、质押、投资入股、抵偿、设立诉讼担保，或以其他任何方式侵害出租人对租赁物的所有权，甲方也不得将租赁物件出售、出租、赠予其他人。未经甲方书面同意，不得将租赁物价迁离设置场所。

9.2 甲方可根据需要将租赁物件抵押给第三方，甲方应提前5个工作日通知乙方，乙方有义务协助甲方办理抵押等相关手续。甲方的抵押行为不得影响乙方对租赁物的占有和使用，并应在按本合同约定将租赁物件所有权转移给承租人时解除该等抵押。

9.3 乙方在租赁期限内对租赁物件有充分和排他的占有权以及与之不可分割的使用权，而不受乙方法人地位或股权结构任何改变的影响。

第十条 租赁物件的保管、维修、保养义务

10.1 乙方负有对租赁物件保管、维修、保养的责任，以确保租赁物件正常的状态和功能。由此产生的全部费用由乙方承担。如乙方需要改动租赁物的外形、结构的，应当书面通知出租人并征求其书面同意，且不得影响原使用功能，因改造所增加的之与租赁物不可分割或如果分割会导致租赁物功能减损的部件及/或软件，所有权亦自动无偿归甲方所有。

甲方在遵守有关法律，且在不影响承租人正常使用租赁物的情况下，有权随时检查租赁物件的使用和保养情况，乙方应提供检查所需便利条件。

10.2 乙方需要更换租赁物件的零部件时，应尽量使用原制造厂家生产的同规格、同型号零部件。若采用代用件，乙方应征得甲方书面同意，使用符合租赁物技术条件及性能的代用件，且应保证代用件的使用不会对租赁物的价值造成减损，并承担所需一切费用。

10.3 承租人应妥善使用、保管租赁物，采取定期维修和不定期检查等措施，其标准不得低于国家或同行业的有关规定或习惯，并承担所需一切费用。除合理的损耗及甲方同意对设备改造外，乙方应当使租赁物件处于所有权转移给甲方时的状态。

10.4 乙方在占有、使用租赁物期间，如租赁物件造成第三人的人身伤害或者财产损害，一切责任均由乙方承担，甲方不承担任何责任。若甲方因此遭受任何损失，则乙方应于接到甲方通知后5个工作日内予以全部赔偿。此损失包括损失本身及有关合理的直接费用，包括但不限于利息、滞纳金、诉讼费、保全费、审计费、评估费、鉴定费、政府规费、律师费等。

第十一条　租赁期满后租赁物的处理

租赁期满且乙方履行完毕本合同项下的全部义务后，双方按下列第［］种方式处理租赁物：

11.1　乙方以名义价款购买租赁物：租赁期满后的［］个工作日内，乙方应向甲方支付人民币［］（小写：￥［］元，其中含增值税［］元）的名义价款购买租赁物。在收到乙方支付的名义价款后，甲方将租赁物的所有权转让给乙方或乙方指定的第三方，并出具名义价款发票和租赁物所有权转让函；

11.2　续租：乙方可继续租赁该租赁物，续租事宜由双方另行商定并签署书面协议；

11.3　返还租赁物：乙方于本合同到期后［］日内将租赁物返还甲方人，并保证租赁物完好无损（正常磨损的情况除外）。

第十二条　租赁物的毁损及灭失

12.1　租赁物件在交付给乙方后的毁损、灭失风险，由乙方承担，而无论其是否实际占有租赁物件。无论何种原因造成租赁物件的毁损、灭失，乙方不得延迟或拒绝支付租金及本合同项下所有应付款项。

12.2　如租赁物件发生毁损或灭失，乙方应立即通知甲方。甲方出租人可通知乙方采取下列处理方式，并由乙方负担所需一切费用：

①如租赁物可以修复，乙方应将租赁物修复至完全正常使用状态。

②更换经甲方认可的与租赁物件同等状态、性能和价值的物件。更换后该租赁物件自动归甲方所有，乙方对甲方的所有权不得持有异议，同时有义务保证甲方对该更换后的设备所享有的权利不受任何其他第三人的影响，并且乙方在本合同项下所承担的义务也不受任何影响。

③如甲方根据合理的判断认为租赁物件已灭失或毁损到无法修复的程

度时，甲方可选择终止本合同项下的租赁并由乙方赔偿甲方的全部损失或由乙方自费更换与原租赁物价值、性能等相同的设备。前述损失包括但不限于全部剩余租金、逾期利息、损失赔偿金、协议留购价款（如选择适用11.1所述方式）及其他各项应由承租人承担的费用。乙方支付以上赔偿款后，乙方在本合同项下的一切义务履行完毕。

12.3 如租赁物件发生的毁损或灭失属于保险责任范围，还应按本合同第十四条相关约定处理。

第十三条 保险

13.1 自起租日起，乙方应办理租赁物的一切保险（包括但不限于海上运输险、内陆运输险、工程安装险、财产险等），并使之在本合同履行完毕前持续有效，保险费用由乙方承担。由于乙方不办理保险而给甲方造成的全部损失（包括但不限于未支付的租金等）均由乙方承担。投保后，保险合同等相关文件原件应当由［］保管，乙方须在15天内将一份保险单副本提交给甲方。发生理赔时，保险理赔款优先用于偿还甲方的租金、所有迟付租金和违约金等款项。

13.2 如租赁期限内发生保险事故，乙方应当立即（24小时内）通知甲方，并由双方指派人员共同办理保险理赔事宜。

13.3 如租赁期限内发生保险事故，则保险赔偿金的处置方式为［］：

①用于支付因保险事故造成的租赁物损坏的维修及更换费用，剩余款项（如有）归乙方所有；

②用于支付因保险事故造成的租赁物损坏的维修及更换费用，剩余款项（如有）归甲方所有；

③归甲方所有；

④抵偿对甲方全部损失的赔偿款。

13.4 如果发生保险公司赔付范围之外的损害，导致租赁物件灭失或毁损到无法修复，承租人须按本合同第十三条的约定赔付甲方。

第十四条 担保

乙方委托［］为本合同乙方的担保人，担保人向甲方出具不可撤销的

《担保承诺函》，见本合同附件四。乙方负责将本合同复印件转交担保人。

第十五条 声明与保证

15.1 甲方在此声明和保证：

15.1.1 甲方是依法成立且在租赁期内合法存续的企业法人，具有从事融资租赁业务的资质；

15.1.2 甲方签订本合同已得到相应权力机构的批准或同意；

15.1.3 本租赁业务项目未超出公司章程、营业执照许可的范围，符合国家相关政策和行业规定；

15.1.4 甲方进行承包经营、合并、分立、联营、重组、歇业、解散等影响本合同的事项，应事先书面通知乙方。

15.2 乙方在此声明和保证：

15.2.1 乙方是依法成立且在租赁期内合法存续的企业法人，有权签订并履行本合同；

15.2.2 乙方签订本合同已得到公司有权机构及主管部门的批准，符合公司章程和相关规定；

15.2.3 乙方实行承包经营、合并、分立、联营、重组、歇业、解散等影响本合同的事宜，应事先书面通知甲方，乙方应避免上述事项对甲方造成不利影响；

15.2.4 乙方保证在本合同签订前向甲方提供真实、准确的财务报表，完整披露其对外提供的担保及负债。乙方承诺在本合同签订后，对外提供担保或产生其他负债超过　　元的，应当在提供担保或产生负债前十个工作日书面通知甲方。如涉及重大违约、重大诉讼、资产被查封、扣押的，乙方应在该等事件发生之日起三个工作日内书面通知甲方，并应采取相应措施避免该等事件对甲方的权益造成不良影响。

第十六条 财务资料

16.1 甲方需了解乙方的经营情况时，须提前［］个工作日通知乙方。承租人同意按照甲方要求定期或随时向甲方提供其资产负债表、利润及利润分配表、现金流量表或甲方合理要求的其他资料。

16.2 对于乙方提供的任何公司资料，未经乙方的同意，甲方不得披露给任何第三方。

第十七条 违约事项和补救措施

本合同生效后，甲、乙双方均应履行本合同所约定的义务。任何一方不履行或不完全履行本合同所约定义务的，应当依法承担违约责任。

17.1 如甲方未按照本合同及相关合同约定条款支付相关款项，致使本合同无法履行，由此造成的乙方的损失，甲方应承担相应的赔偿责任。

17.2 如乙方未能按本合同约定向甲方支付租金及所有其他应付款项，则自逾期之日起，每逾期一日，承租人应当就逾期金额按万分之五的比例向出租人支付违约金。

17.3 如乙方逾期支付租金及其他应付款项总额达租金总额的［ ］%，或者连续［ ］期或累计［ ］期未按时或全额履行支付义务的，且经甲方催告后30日内仍未付清租金及其他应付款项，或乙方有擅自将租赁物件设置担保、转让、抵债、转租或投资入股等侵害甲方所有权的行为及其他严重违反合同的行为，均视作乙方在本合同项下的严重违约，甲方有权采取以下任一种措施或同时采取以下多种措施：

（1）要求乙方立即停止侵害，恢复租赁物交付时的原状，并有权要求乙方按本合同项下未付租金总额的20%向甲方支付违约金；

（2）行使加速到期权，宣布本合同立即到期，要求乙方立即付清所有到期未付及未到期的租金及其他应付款项；

（3）要求乙方人赔偿全部损失；

（4）将租赁物件出售并将出售所得用以抵偿乙方应付的款项，不足部分再向乙方追索。若租赁物件出售所得超过承租人应付的租金、违约金、赔偿金、其他应付款项及名义价款等款项总额，则甲方应将超出部分的款项退还给乙方。

甲方采取前款措施，并不免除乙方在本合同项下的其他义务。

17.4 乙方如同时出现17.2及17.3所列情形的，甲方应择其重适用不能同时适用。

17.5 如乙方违反诚实信用原则，所作的声明和保证是不真实或不准确的，或乙方不履行本合同项下的附随义务（如通知、保密、协助等）的，甲方有权要求乙方限期履行、采取补救措施、并要求乙方赔偿损失。此损失包括损失本身及有关合理的费用，包括但不限于利息、滞纳金、诉讼费、保全费、审计费、评估费、鉴定费、政府规费、律师费等。

17.6 合同任何一方违反本合同的任何约定致使他方发生的一切费用（包括诉讼费、律师费等）均由违约方负担。

第十八条 重大变故的处理

18.1 如乙方发生或可能发生：

①关闭、停产、停业、合并、分立、重组、上市、经营恶化、涉及重大法律纠纷、任何其他方对乙方提起诉讼、仲裁或者以其他方式提出权利主张、投资失误、违规经营、破产、转让其重要资产或不履行与其他任何债权人之间的债务等；

②乙方生产计划、销售计划等出现重大调整，足以影响正常生产，可能影响乙方履行本合同之能力；

③政府政策调整足以影响乙方生产，可能影响乙方履行本合同之能力的情况时，乙方应事先及时通知甲方，甲方有权要求乙方采取必要措施并使甲方满意，否则甲方可采取第第十八条款约定的措施。

18.2 如担保人发生第 18.1 款所述情形，乙方应及时通知甲方，并在 7 日内另行提供甲方认可的担保物或担保人，否则甲方有权采取第十八条约定的措施。在担保人分立、合并的情况下，经甲方同意后可以由变更后的机构承担保证责任。

18.3 在本合同有效期内，甲方或承租人的名称、法定地址、法定代表人等发生变化，不影响本合同的执行。发生变化的一方须立即书面通知对方。

18.4 双方同意，租赁期限内，因法律规定的除战争以外的不可抗力事件而导致本合同不能按时履行的，可以延期履行，但最长不超过不可抗力事件发生之后 60 日。因不可抗力事件造成本合同不能履行的，承租人应承担不可抗力事件的后果，按照本合同的约定赔偿甲方的损失。

18.5 租赁期限内，如乙方破产，则租赁物不属于乙方破产财产。

第十九条 合同权利义务的转让、质押及抵押

19.1 乙方在此确认，甲方有权将本合同项下的应收租金债权及其他各项债权转让给第三方或在其上设置质押等担保权利，无须征得乙方的同意。乙方在收到甲方有关租金债权及其他各项债权转让的书面通知后，应向取得租金债权及其他各项债权的第三方直接履行本合同项下的各项义务。其他各项债权指本合同赋予出租人的除应收租金债权之外的其他所有债权，包括但不限于违约金、赔偿金、名义价款、租赁手续费等。

19.2 未经甲方书面同意，乙方不等人转让本合同项下的权利和义务给第三方或在其上设置质押等担保权利。

第二十条 合同的成立、生效、变更、解除和终止

20.1 本合同须同时具备以下条件，方能正式生效：本合同由双方法定代表人或授权代表签字并加盖公司公章，由授权代表签署的须提供法定代表人出具的授权委托书原件。本合同在如下情形下终止：①双方均履行完毕其在本合同项下之全部义务，本合同即终止；②甲方行使解除权时合同终止。合同终止不影响合同中解决争议的条款的效力。

20.2 本合同生效后，除甲方依据本合同的相关约定行使解约权外，甲乙任何一方无权擅自单方面提前变更或解除合同。如确需变更或解除合同，应经甲乙双方协商一致并达成书面协定。

20.3 本合同一式贰份，甲乙双方各执壹份，具有同等法律效力。

第二十一条 争议解决

21.1 凡因本合同引起的或与本合同有关的任何争议，由双方通过友好协商解决。协商不成，任何一方可以向甲方住所地有管辖权的人民法院提起诉讼。

21.2 因诉讼发生的相关费用（包括但不限于案件受理费、差旅费、合理的律师费等）均由败诉方承担。

21.3 在合同存在部分争议的情况下，解决争议期间，双方仍应继续执行与争议无关的合同条款。

第二十二条　地址和通知

22.1　甲方的地址及联系人是：

联系地址：

联系人：

22.2　乙方的地址及联系人是：

注册地址：

联系人：

22.3　双方之间一切通知以下述方式送达前述地址，即视为有效送达：

①传真；

②特快专递；

③当面交送。

22.4　任何一方地址变更，应在变更后7日内通知对方。否则，由此引起的一切责任和后果由怠于通知的一方承担。

第二十三条　附件

下列附件为本合同不可分割的一部分，与本合同具有同等法律效力：

一、租赁物清单

二、租金支付概算表

三、实际租金支付表

四、担保承诺函

五、租金变更通知书

六、租赁物所有权转让函

＊＊＊＊＊＊＊＊＊＊＊＊＊＊＊＊＊＊＊＊＊＊＊＊＊＊＊＊＊＊

（以下无正文，签字页附后）

（本页无正文，仅为［ ］年［ ］号《融资租赁合同》的签字页）

出租人：

（公章）

法定代表人（或授权代表）签字：

承租人：

（公章）

法定代表人（或授权代表）签字：

签字日期：　年　月　日

附件一

租赁物清单

序号	租赁物件名称	规格型号	数量	原值（万元）	净值（万元）	出厂/使用时间	经济使用年限	生产厂商	设置场所
1									
2									
	合计								

乙方确认对上述《租赁物清单》中载明的信息真实有效，并承担上述信息失实而造成的一切法律风险。

出租人（盖章）：
法定代表人或授权代表：
日期：

承租人（盖章）：
法定代表人或授权代表：
日期：

附件二

租金支付概算表

<table>
<tr><td colspan="7">合同编号：　　　　　　　　单位：元</td></tr>
<tr><td colspan="2">租赁物名称</td><td colspan="5">见附件一《租赁物清单》</td></tr>
<tr><td colspan="2">承租人</td><td colspan="5"></td></tr>
<tr><td colspan="2">租赁规模</td><td></td><td colspan="2">租赁年利率</td><td colspan="2"></td></tr>
<tr><td colspan="2">租赁期限</td><td></td><td colspan="2">租金支付方式</td><td colspan="2"></td></tr>
<tr><td colspan="2">增值税</td><td colspan="5">增值税由乙方随租金一并支付给甲方，甲方开具增值税发票，如合同执行过程中遇到政策调整，甲乙双方同意按新规定负担增值税及开具发票。</td></tr>
<tr><td colspan="2">保证金</td><td></td><td colspan="2">留购价款（含税）</td><td colspan="2"></td></tr>
<tr><td colspan="2">预计起租日</td><td></td><td colspan="2">手续费（含税）</td><td colspan="2"></td></tr>
<tr><td colspan="2">提款方式及
利息计算</td><td colspan="5"></td></tr>
<tr><td rowspan="2">期数</td><td rowspan="2">租金到期日</td><td rowspan="2">本金余额</td><td colspan="2">当期不含税租金</td><td rowspan="2">增值税额</td><td rowspan="2">实际还款额</td></tr>
<tr><td>本金</td><td>利息</td></tr>
<tr><td>第一期</td><td></td><td></td><td></td><td></td><td></td><td></td></tr>
<tr><td>第二期</td><td></td><td></td><td></td><td></td><td></td><td></td></tr>
<tr><td></td><td></td><td></td><td></td><td></td><td></td><td></td></tr>
<tr><td></td><td>合计</td><td></td><td></td><td></td><td></td><td></td></tr>
</table>

注：本《租金支付概算表》以［ ］年［ ］月［ ］日为起租日计算得出，仅供参考，实际起租日以甲方实际放款日为准，届时将制作实际租金支付表并通知到乙方。

出租人（盖章）：

法定代表人或授权代表：

日期：

承租人（盖章）：

法定代表人或授权代表：

日期：

附件三

实际租金支付表

<table>
<tr><td colspan="7">合同编号：　　　　　　　　　单位：元</td></tr>
<tr><td colspan="2">租赁物名称</td><td colspan="5">见附件一《租赁物清单》</td></tr>
<tr><td colspan="2">承租人</td><td colspan="5"></td></tr>
<tr><td colspan="2">租赁规模</td><td></td><td colspan="2">租赁年利率</td><td colspan="2"></td></tr>
<tr><td colspan="2">租赁期限</td><td></td><td colspan="2">租金支付方式</td><td colspan="2"></td></tr>
<tr><td colspan="2">增值税</td><td colspan="5">增值税由乙方随租金一并支付给甲方，甲方开具增值税发票，如合同执行过程中遇到政策调整，甲乙双方同意按新规定负担增值税及开具发票。</td></tr>
<tr><td colspan="2">保证金</td><td></td><td colspan="2">留购价款（含税）</td><td colspan="2"></td></tr>
<tr><td colspan="2">起租日</td><td></td><td colspan="2">手续费（含税）</td><td colspan="2"></td></tr>
<tr><td colspan="2">提款方式及利息计算</td><td colspan="5"></td></tr>
<tr><td rowspan="2">期数</td><td rowspan="2">租金到期日</td><td rowspan="2">本金余额</td><td colspan="2">当期不含税租金</td><td rowspan="2">增值税额</td><td rowspan="2">实际还款额</td></tr>
<tr><td>本金</td><td>利息</td></tr>
<tr><td>第一期</td><td></td><td></td><td></td><td></td><td></td><td></td></tr>
<tr><td>第二期</td><td></td><td></td><td></td><td></td><td></td><td></td></tr>
<tr><td></td><td></td><td></td><td></td><td></td><td></td><td></td></tr>
<tr><td></td><td>合计</td><td></td><td></td><td></td><td></td><td></td></tr>
</table>

出租人（盖章）：　　　　　　　　　　承租人（盖章）：

法定代表人或授权代表：　　　　　　　法定代表人或授权代表：

日期：　　　　　　　　　　　　　　　日期：

附件四

担保承诺函

担保人：

注册地址：

法定代表人：

受益人：

注册地址：

法定代表人：

经［］请求，担保人现向受益人开立无条件的不可撤销的担保函，为［］和受益人于［］年［］月［］日签署的《融资租赁合同》（下称“主合同”）项下的全部付款义务提供无条件的、不可撤销的连带责任的保证。担保人保证责任如下：

一、担保人的担保范围为［］在主合同下的全部付款义务，以及实现债权的费用（包括但不限于诉讼费用、律师费用、公证费用、执行费用等），以及因［］违约而给受益人造成的损失和其他所有应付费用。

二、担保人在此无条件地不可撤销地保证：担保人为［］的上述义务承担连带保证责任。如［］因任何原因未履行主合同下的上述义务，则本担保人即应承担［］的全部付款责任。担保人保证在接到本担保函受益人书面索款通知后七个工作日内，依据本担保函确定的担保范围，向受益人立即足额地支付担保款项。

三、保证期间：担保人的保证期间为主债权的清偿期届满之日起两年。如主债权分期清偿，则保证期间为本担保函生效之日期至最后一期债务履行期届满之日后两年。

四、担保人的担保责任不因主合同和/或本担保函任何一方的主体地位或财产情况的变化、任何一方与其他机构签订的任何协议或文件或本担保函所担保的主合同的变化而免除。

五、担保人如发生机构变化，包括但不限于变更其名称、股东、分立、合并等，其在本担保函项下的全部义务自动由变化后的机构承担。

六、在本担保函担保责任期内，担保人的保证责任为无条件的不可撤销的担保，并不因下列任何一种情况而影响其内容或效力：

（一）主合同的履行期限延长或者其他条款的变更；

（二）受益人破产、分散、不履行或不能履行主合同项下的付款义务；

（三）受益人持有任何对［］履行付款义务的抵押、质押、其他保证或受益人实现、丧失、放弃、解除该抵押、质押或保证。

七、担保人在此向受益人保证和承诺：

（一）担保人遵守并且保证履行全部义务；

（二）担保人放弃不履行全部义务行为的要求和抗辩；

（三）担保人依中华人民共和国法律合法存在，享有充分的权利、授权并依法拥有其资产，具有履行本担保函项下保证义务的全部能力；

（四）担保人完全了解主合同的内容，签署和履行本担保函系基于担保人的真实意思表示；

（五）担保人开立本担保函不违反任何法律、法规及担保人的章程或作为一方当事人订立的其他合同；

（六）担保人就提供本担保函项下的担保，已获得有关法律、法规和公司章程所规定的一切批准或授权；

（七）担保人目前没有任何违约行为，也没有在任何法庭、政府或行政管理机关或仲裁机构中被起诉或将被起诉，或被卷入任何可能影响其履行担保义务的事件。

八、本担保函生效后，受益人有权对担保人的资金和财产状况进行监督，并可要求其提供相关的财务资料。

九、非经受益人书面同意，担保人不得将其担保义务转让给他人。

十、本担保函自主合同生效后且由担保人和受益人双方签字盖章后生效，至主合同项下相关款项全部付清后终止。

担保人（盖章）：　　　　　　受益人（盖章）：

法定代表人或授权代表：　　　　法定代表人或授权代表：

日期：　　　　　　　　　　　日期：

附件五

租金变更通知书

由于中国人民银行公布的人民币基准利率（下称“基准利率”）于 [ ] 年[ ]月 [ ] 日进行了调整，[ ] 年期贷款基准利率从原有的 [ ]%调整到 [ ]%，根据 [ ] 年 [ ] 号《融资租赁合同》第 4.3 条的约定，现将租金支付表进行相应的调整，自 [ ] 年 [ ] 月起，将租赁利率从 [ ]%调整为 [ ]%，租金应按新的利率进行计算，承租人自 [ ] 年 [ ] 月 [ ] 日起按本次调整后的租金支付表支付租金。

双方应于签署本通知书后签署调整后的《实际租金支付表》。

出租人（盖章）：	承租人（盖章）：
法定代表人或授权代表：	法定代表人或授权代表：
日期：	日期：

附件六

租赁物所有权转让函

致：(承租人)

根据［］年［］月［］日签署的编号为［］的《融资租赁（回租）合同》及其项下的附属协议，我公司确认并陈述如下：

截至［］年［］月［］日，我公司已收到贵公司支付的编号为［］的《融资租赁（回租）合同》项下的全部租金及应付款项，并收到贵公司支付的协议留购价款人民币［］元整（小写：¥［］元）。

自即日起，编号为［］的《融资租赁（回租）合同》项下的全部租赁物件的所有权转移至贵公司，特此说明。

出租人（盖章）：

法定代表人或授权代表：

日期：

TAX AND ACCOUNTING PRACTICE AND CASES
in Finance Lease

PART II
融资租赁税务与会计实务及案例

CHAPTER 08

融资租赁税收政策的变迁

2003 年以前的税收政策

国家税务总局发布的《营业税税目注释（试行稿）》（国税发〔1993〕149 号）将融资租赁业纳入金融保险业，规定其应按 5％的税率缴纳营业税。

1997 年 1 月 1 日起，金融保险业的营业税税率统一调整为 8％，其中按原 5％税率征收的部分，归地方财政收入，按提高 3％税率征收的部分，归中央财政收入。2001—2003 年，税率又逐步恢复到 5％。

在此期间，融资租赁的营业税一直以差额征税方式征收，根据《财政部 国家税务总局关于转发〈国务院关于调整金融保险业税收政策有关问题的通知〉的通知》（财税字〔1997〕45 号），纳税人经营融资租赁业务，是以其向承租者收取的全部价款和价外费用（包括残值）减去出租方承担的出租货物的实际成本后的余额为营业额。其中实际成本包括由出租方承担的货物购入价、关税、增值税、消费税、运杂费、安装费、保险费等费用，可以看出，其中并不包括贷款利息支出。

《国家税务总局关于融资租赁业务如何征收营业税问题的批复》（国税函〔1998〕

553号）中也明确指出，在确定融资租赁业务营业税的营业额时，不得扣除外汇借款利息支出。

《财政部 国家税务总局关于融资租赁业营业税计税营业额问题的通知》（财税字〔1999〕183号）规定，1999年7月1日起，允许纳税人扣除为购买出租货物发生的“境外外汇借款利息支出”。国家税务总局发布的《金融保险业营业税申报管理办法》（国税发〔2002〕9号）中明确了每期营业额的计算方法，是以各期全部营业额通过直线法折算出本期的营业额。

具体计算公式为：本期营业额＝（应收取的全部价款和价外费用－实际成本）×（本期天数/总天数），其中，实际成本＝货物购入原价＋关税＋增值税＋消费税＋运杂费＋安装费＋保险费＋支付给境外的外汇借款利息支出。

这一时期允许扣除的借款利息仅限于外汇借款利息，其初衷是为了配合利用外资引进设备。《国家税务总局关于外资金融机构若干营业税政策问题的通知》（国税发〔2000〕135号）还特意明确了允许扣除的必须是境外外汇借款利息，境内借款，无论是外汇还是人民币借款，利息都不能扣除。但是，随着融资租赁从银行专营扩大到非银行的融资租赁公司，不允许扣除国内借款利息，不仅造成了纳税的不公平，还导致国家重复征税，即同一笔人民币借款利息，银行全额缴纳了一次营业税，对融资租赁公司的该笔借款利息又征了一次税。

2003—2009年的税收政策

2003年中国加入WTO谈判，当时中国的营业税税负很高，由此，《财政部 国家税务总局关于营业税若干政策问题的通知》（财税〔2003〕16号）将允许扣除的借款利息由“外汇借款利息”修改为“贷款的利息（包括外汇借款和人民币借款利息）”。这一规定使各类融资租赁公司为开展融资租赁业务所发生的贷款利息的扣除得到了公平的对待，消除了重复征税，促进了融资租赁业的发展。

在融资租赁业缴纳营业税的时期，直租业务与售后回租业务的营业税缴纳并无差别，都是按利差征税，这体现了融资租赁业务以融物的形式达到融资目的的本质特征。出租方与承租方之间的关系实际上是资金借贷关系，相当于出租方提前垫付资金购买承租方所需租赁物，承租方分期偿还出租方垫付的资金，出租方赚取的是垫付资金的利息，这与银行信贷业务并无本质差别，所以应就借贷利息部分征收营业税。

2009 年 1 月 1 日前，我国实行的是生产型增值税，购进固定资产的增值税进项税额不得抵扣，所以企业直接购入固定资产和以融资租赁方式租入固定资产在流转税上并无本质差别。从企业所得税来看，国家税务总局发布的《企业所得税税前扣除办法》（国税发〔2000〕84 号）规定，纳税人以融资租赁方式从出租方取得固定资产，可按法规提取折旧费用在税前扣除。在这种情况下，承租方选择融资租赁或者银行贷款购买设备在所得税上也没有本质区别，同时，以融资租赁方式购买设备等给企业提供了更多的资金融通方式。

例如，B 融资租赁公司按 A 企业需求购买了一套生产设备，含税价格为 2 340 万元，运杂费、安装费等费用为 10 万元，假设银行贷款利息为 100 万元，B 公司收取的全部价款和价外费用为 2 450 万元，A 企业以银行贷款及融资租赁方式购入该生产设备均不能抵扣进项税，但均可根据税法规定以固定资产原值 2 450 万元计提折旧，流转税和所得税均相同，B 融资租赁公司缴纳的营业税为：(2 450－2 340－10)×5%＝5（万元）。

2009—2012 年的税收政策

2009 年是增值税改革的一个重要年份。当年 1 月 1 日施行的《中华人民共和国增值税暂行条例》将我国一直以来的生产型增值税改为消费型增值税，即企业购买固定资产所支付的进项税额允许抵扣销项税额，增值税的这次转型对融资租赁行业产生了致命的冲击。

由于企业以融资租赁方式购入设备不可抵扣进项税而以银行贷款方式购入设备可以抵扣进项税，两种方式购买设备在税负上产生了很大的差别，承租方融资租赁的成本明显提高，融资租赁行业的竞争力也随之下降。仍以上述 A 企业为例。若在 2009 年以后，A 企业通过银行贷款自行购买价值 2 340 万元的生产设备，在不考虑运杂费和安装费的情况下，可抵扣 340 万元的进项税额；若继续选择融资租赁方式购买，由于融资租赁业务缴纳的是营业税，自然无法向 A 企业开具增值税专用发票，也就无法抵扣 340 万元的进项税，但该 340 万元可计入该生产设备的成本，以分期计提折旧的方式在所得税前扣除。综合两方面因素，虽然选择融资租赁方式购买，340 万元的进项税额计入成本在所得税前扣除，但与通过银行贷款直接购买设备相比，税务成本有所增加：340－340×25％＝225（万元）。

在这种大背景下，融资租赁公司也纷纷寻求出路，售后回租型融资租赁由于其独有的优势渐渐普及起来。由于售后回租设备由承租方购买，所以很好地规避了直租方式无法抵扣进项税的弊端，但也有一个问题，即承租方出售资产的环节如何缴税，若仍需缴纳增值税则可抵扣的优势全无。因此，国家税务总局出台了《关于融资性售后回租业务中承租方出售资产行为有关税收问题的公告》（国家税务总局公告2010年第13号，以下简称13号公告），规定融资性售后回租业务中承租方出售资产的行为，不属于增值税和营业税征收范围，不征收增值税和营业税，破解了售后回租中融资租赁企业和承租方之间买卖关系的流转税难题。

2012—2013年的税收政策

上海营改增试点

2011年11月16日《财政部 国家税务总局关于在上海市开展交通运输业和部分现代服务业营业税改征增值税试点的通知》（财税〔2011〕111号）发布，同时印发了《交通运输业和部分现代服务业营业税改征增值税试点实施办法》《交通运输业和部分现代服务业营业税改征增值税试点有关事项的规定》和《交通运输业和部分现代服务业营业税改征增值税试点过渡政策的规定》，明确从2012年1月1日起，上海市交通运输业和部分现代服务业开始营改增试点。

2012年7月31日，财政部和国家税务总局再次发布文件，明确从8月1日起将试点范围由上海市分批扩大至北京等8个省（直辖市）。本次试点第一次将有形动产租赁纳入营改增，其税率被定为17％，并且允许试点业务延续营改增前的差额征税政策，以取得的全部价款和价外费用，扣除支付给非试点纳税人价款后的余额为销售额，同时对其实际税负超过3％的部分实行即征即退；对试点纳税人在该地区试点实施之日前签订的尚未执行完毕的租赁合同，在合同到期日之前继续按照营业税政策规定缴纳营业税。

本轮营改增试点后，大部分现代服务业因名义税率提高很小而抵扣额较多，整体税负都有所下降，只有有形动产租赁服务税率由5％陡升至17％，税负明显增加。并且对于实际税负超过3％即征即退这一规定如何计算实际税负也未予以明确，分子为实际缴纳增值税额没有争议，但分母如何确定众说纷纭：有的按租息，有的按息差（租息减去财务利息支出），有的是本金加上租息。为此，《财政部 国家税务总局关于交通运输业和部分现代服务业营业税改征增值税试点应税服务范围等若干税收政策的补充通知》（财税〔2012〕86号）统一了口径，将分母规定为“全部价款和价外费用”，在这样的计算方式下，由于分母基数较大，绝大多数融资租赁公司的税负都达不到3%，因此实际上都就无法享受该项优惠政策。

全国营改增试点

随着《财政部 国家税务总局关于在全国开展交通运输业和部分现代服务业营业税改征增值税试点税收政策的通知》（财税〔2013〕37号）的发布，2013年8月1日起营改增开始在全国范围内开展，对于纳税人提供有形动产融资租赁服务，以取得的全部价款和价外费用（包括残值）扣除由出租方承担的有形动产的贷款利息（包括外汇借款和人民币借款利息）、关税、进口环节消费税、安装费、保险费的余额为销售额，并未区分直租业务和售后回租业务。直租业务并未受太大影响，因其购入租赁物可抵扣进项税；但售后回租业务受到了很大的影响，因为承租方销售租赁物行为并不缴纳增值税，所以融资租赁公司也就无进项税可抵扣，相当于对本金部分也要缴纳增值税。

因此，此次营改增试点后，继增值税转型直租业务受到冲击，售后回租业务也陷入了困境，而罪魁祸首正是增值税转型时期曾经破解了售后回租中融资租赁企业和承租方之间买卖关系的流转税难题的13号公告。由于该文件规定融资性售后回租业务中承租方出售资产的行为不属于增值税和营业税征收范围，不征收增值税和营业税，融资租赁公司自然无法收到承租方开具的增值税专用发票，在不能抵扣本金部分进项税的情况下却要以包含本金的全部价款和价外费用开具增值税发票，导致了抵扣链条的断裂，造成了对同一笔收入的重复征税，融资租赁公司开展售后回租业务的实际税负接近17%。为此，各地都采用了一些变通的做法，仅就租息部分开具发票，本金部分开具收据。但8月初，国家税务总局专门给上海市国税局下发通知，要求不管新老合同，对售后回租业务的本金和租息均须全额征收增值税，禁止回租业务本金部分免征税。

为解决融资租赁业营改增税负明显增加的问题，在《营业税改征增值税试点实施办法》（财税〔2013〕106号）发布前，财政部就融资租赁营改增政策在业内征求意见，征求意见稿就售后回租业务提供了两套方案，方案一是废除 13 号公告，出租方应以包括本金部分的销售额缴纳增值税，承租方销售资产的行为，也按规定征收增值税，打通抵扣链条。对于此方案，业内的评价是可行但有一定的局限性，且对于废除 13 号公告业内也产生了很大的异议，认为最好不要废止该文件。方案二则是 13 号公告依旧有效，从事融资租赁业务的试点纳税人提供融资性售后回租服务收取的租赁有形动产价款本金暂不征收增值税，仅对利息差额征收增值税。最终，在 2013 年 12 月 12 日正式公布的财税〔2013〕106 号文件中采纳了第二套方案。

CHAPTER 09

现行融资租赁相关税种分析

增值税

增值税是以商品（含应税劳务和应税服务）在流转过程中产生的增值额作为征税对象而征收的一种流转税。营改增以前，融资租赁按5％的税率缴纳营业税，2013年营改增试点后，融资租赁业中的有形动产租赁开始征收增值税，但对于试点纳税人在本地区试点实施之日前签订的尚未执行完毕的租赁合同，在合同到期日之前继续按照营业税政策规定缴纳营业税。

2016年5月1日，营改增在全行业铺开，营业税彻底成了历史。不动产的融资租赁被纳入了营改增的范围，但融资租赁因为合同周期较长，在2016年全面营改增后遇到了一个特殊情况——此次营改增后仍有未执行完毕的老合同，此时营业税已经彻底消失，自然不能再延续财税〔2013〕106号文件的规定在合同到期日之前继续按照营业税政策规定缴纳营业税。对于这一情况，最新文件给出的过渡政策是：一般纳税人在纳入营改增试点之日（即2013年8月1日）前签订的尚未执行完毕的有形动产租赁合同，可以选择适用简易计税方法计税。此次营改增后，融资租赁的税目分类也有不小的变化，我们将在后面详细介绍。

一般政策

税法区分直租业务和售后回租业务对融资租赁做出了相应的定义，其中直租业务被划分到租赁服务中的融资租赁服务税目，售后回租则被划分到金融服务中的贷款服务税目。

对于直租业务，税法的定义是：融资租赁服务，是指具有融资性质和所有权转移特点的租赁活动。即出租人根据承租人所要求的规格、型号、性能等条件购入有形动产或者不动产租赁给承租人，合同期内租赁物所有权属于出租人，承租人只拥有使用权，合同期满付清租金后，承租人有权按照残值购入租赁物，以拥有其所有权。不论出租人是否将租赁物销售给承租人，均属于融资租赁。按照标的物的不同，融资租赁服务可分为有形动产融资租赁服务和不动产融资租赁服务。

对于售后回租，税法的定义是：融资性售后回租，是指承租人以融资为目的，将资产出售给从事融资性售后回租业务的企业后，从事融资性售后回租业务的企业将该资产出租给承租人的业务活动。

目前发展较为成熟的两种业务形式就是直租业务和售后回租业务，而对于转租赁等业务形式，税法并没有明确的相关政策规定，只能根据各自的业务特点套用直租业务的规定。

1. 适用主体

增值税的适用主体包括：（1）经中国人民银行、银监会或者商务部批准从事融资租赁业务的试点纳税人；（2）商务部授权的省级商务主管部门和国家经济技术开发区批准的，且注册资本在2016年7月31日前达到1.7亿元的，从事融资租赁业务的试点纳税人。

这里有一个1.7亿元注册资本的最低门槛要求。之所以定为1.7亿元，是由于2001年9月1日以后设立的内资租赁企业的最低注册资本金应达到1.7亿元，但事实上这样的条件限制是欠考虑的，因为目前仍存在很多注册资本金没有达到1.7亿元，且为商务部授权的省级商务主管部门和国家经济技术开发区批准的融资租赁公司。对于这部分融资租赁公司如何征税存在很大的争议，据笔者所知，很多地方对这部分融资租赁公司的税收政策都是区别于其他融资租赁公司的，对于像差额征税、即征即退这样的政策，它们都无法享受，这无疑增加了这类融资租赁企业的税收负担，也很不公平。目前营改增时间较短且涉及行业众多，难免有些规定得不够完善的地方，需要随未来新政策的出台来改进和完善。

2. 适用税率

财税〔2013〕106号文件第十二条规定：提供有形动产租赁服务，税率为17%。至此，营改增的范围仅限于有形动产的融资租赁，并不包括房屋等不动产的融资租赁，也并未对直租和售后回租实行差别征税。

2016年，《财政部 国家税务总局关于全面推开营业税改征增值税试点的通知》（财税〔2016〕36号，以下简称36号文）将不动产融资租赁纳入营改增范围，并区分直租和售后回租划分了不同的税率档次，其中有形动产直租税率仍为17%，不动产直租税率为11%，售后回租业务按金融服务适用6%的税率。

此外，还有针对特殊情况可选择的过渡性税率及简易征收率，适用范围是：

- ◆ 试点纳税人2016年4月30日前签订的有形动产融资性售后回租合同，在合同到期前提供的有形动产融资性售后回租服务，可继续按照有形动产融资租赁服务缴纳增值税，即仍可按36号文之前的有形动产租赁税目选择适用17%（一般纳税人）的税率缴纳增值税。
- ◆ 一般纳税人2016年4月30日前签订的不动产融资租赁合同，或以2016年4月30日前取得的不动产提供的融资租赁服务，可以选择适用简易计税方法，按照5%的征收率计算缴纳增值税。
- ◆ 在纳入营改增试点之日前签订的尚未执行完毕的有形动产租赁合同，可以选择适用简易计税方法计税，增值税征收率为3%。

融资租赁业务适用税率表见表9-1。

表9-1 融资租赁业务适用税率表

<table>
<tr><th>一般纳税人
合同签订情况</th><th>税目</th><th>分类</th><th>税率/征收率</th></tr>
<tr><td rowspan="4">2016年5月1日后
签订的融资租赁合同</td><td rowspan="2">租赁服务——融资租赁服务</td><td>有形动产融资租赁服务</td><td>17%</td></tr>
<tr><td>不动产融资租赁服务</td><td>11%</td></tr>
<tr><td rowspan="2">金融服务——贷款服务</td><td>有形动产售后回租业务</td><td>6%</td></tr>
<tr><td>不动产售后回租业务</td><td>6%</td></tr>
</table>

续表

一般纳税人合同签订情况	税目	分类	税率/征收率
2016年4月30日前签订的有形动产融资性售后回租合同（可选择）	租赁服务——融资租赁服务	有形动产融资租赁服务	17%
2016年4月30日前签订的不动产融资租赁合同，或以2016年4月30日前取得的不动产提供的融资租赁服务（可选择）	租赁服务——融资租赁服务	不动产融资租赁服务	5%（征收率）
	金融服务——贷款服务	不动产售后回租业务	5%（征收率）（存在争议）
在纳入营改增试点之日（2013年8月1日）前签订的尚未执行完毕的有形动产租赁合同（可选择）	租赁服务——融资租赁服务	有形动产融资租赁服务	3%（征收率）
	金融服务——贷款服务	有形动产售后回租业务	3%（征收率）

在36号文执行以前，对于签订有形动产融资租赁合同的同时收取的手续费、咨询顾问费，大多数企业按6%的税率缴纳增值税，但严格来说手续费应作为价外费用一同适用17%的税率，而咨询顾问费按6%税率缴纳增值税不存在太多争议。河北省国税局明确表示，从事融资租赁的纳税人向承租人收取财务顾问等经济咨询收入，按鉴证咨询服务收取增值税，纳税人应准确划分租赁收入和经济咨询收入的销售额，不能准确划分的，从高适用税率（17%）计算缴纳增值税。

36号文出台后，手续费仍应作为价外费用按适用税率缴纳增值税，对于咨询顾问费如何定性未明确说明。首先它一定不是混合销售，因为混合销售的前提是既涉及货物又涉及服务，融资租赁仅涉及服务，此外，对于与贷款直接相关的投融资顾问费、手续费、咨询费等费用不允许抵扣进项税的规定增加了其被定性为价外费用的猜想，我们倾向于只要其业务实质是咨询的性质，仍可按咨询服务税目按6%税率缴纳增值税。

对于承租人延期付款的罚息，融资租赁企业的通常做法是直接冲减管理费用，这是不符合税法规定的，正确的做法应该是作为价外费用计入收入，按适用税率缴纳增值税。

3. 销售额的确定

（1）业务处理。

①融资性售后回租服务。

A. 对于2016年4月30日前签订的有形动产融资性售后回租合同，在合同到期前提供的有形动产融资性售后回租服务，可选择继续按照有形动产融资租赁服务缴纳增值税，即可选择以下两种方法来确定销售额：

一是以向承租人收取的全部价款和价外费用，扣除向承租人收取的价款本金，以及对外支付的借款利息（包括外汇借款和人民币借款利息）、发行债券利息后的余额为销售额。

二是以向承租人收取的全部价款和价外费用，扣除支付的借款利息（包括外汇借款和人民币借款利息）、发行债券利息后的余额为销售额。

对比两种方法，融资租赁公司显然会倾向于选择对自身更有利的在销售额中扣除向承租人收取的有形动产价款本金的方法。

B. 2016 年 5 月 1 日以后签订的融资性售后回租合同（包括有形动产及不动产），以取得的全部价款和价外费用（不含本金），扣除对外支付的借款利息（包括外汇借款和人民币借款利息）、发行债券利息后的余额为销售额。此处的唯一变化就是将本金价款直接作为全部价款和价外费用的一部分从中扣除，也就是更加强调了收入与成本的匹配。

②融资租赁服务（不含售后回租）。以收取的全部价款和价外费用，扣除支付的借款利息（包括外汇借款和人民币借款利息）、发行债券利息和车辆购置税后的余额为销售额。这里之所以没有扣除收取对方的本金，是因为融资租赁公司在购入租赁物时即产生了进项税，可从销项税额中抵扣，如果这里扣除这部分本金则会造成重复抵扣，少交税金。需要注意的是，当租赁物为不动产时，承租方进项税额的抵扣不适用不动产分别按 60%和 40%的比例分两年抵扣进项税的规定，可一次性抵扣。

此外，我们可以看出，对比财税〔2013〕106 号文件，差额扣除项里少了保险费和安装费两项，因为全面营改增后该两项费用也可取得相应的进项税发票，通过抵扣链条实现扣除。需要注意的是，上述销售额的确定均未区分简易计税项目和一般计税项目，也未区分一般纳税人与小规模纳税人，计税方法的选择以合同为单位，每个符合条件的独立合同都可以自由选择一般计税方法或简易计税方法，并且一经选定 36 个月内不能改变。

③特殊问题说明。价外费用包括价外向承租人收取的手续费、补贴、基金、集资费、返还利润、奖励费、违约金、滞纳金、延期付款利息、赔偿金、代收款项、代垫款项、包装费、包装物租金、储存费、优质费、运输装卸费以及其他各种性质的价外费用。在差额征税的情况下，以所收取的全部价款和价外费用减去借款利息等各扣除项目后的余额为价税合计的金额，计算税额时需先进行价税分离。

此外，对于将融资租赁与保理相结合，把融资租赁合同项下未到期应收租金的债权以保理的方式转让给银行等金融机构的，并不改变出租人与承租人之间的融资租赁关系，国家税务总局公告 2015 年第 90 号规定，出租方纳税人须按现行的规定缴纳增值税，并向承租人开具发票，即承租人每期支付租金时，出租人需照常向承租人开具增值税发票，而不是由保理公司开具。融资租赁资产证券化模式与此较为相似，所以在进行增值税处理时也可参照此办法进行处理。

案例 9-1

直租业务计税基础的确定

A 融资租赁公司应 B 公司要求购买了一台机器设备，于 2016 年 6 月 1 日与 B 公司签订了直租合同，第一期收取租金 200 万元，支付借款利息 5 万元，则该笔业务产生的销项税金为：(200－5)÷(1＋17％)×17％＝28.33（万元）。

由于融资租赁业务租金是分期收回的，而购买的本金却是一次发生的，因此对于直租业务，初期必然会出现进项远远大于销项的情况，出现大量留抵；而对于售后回租业务，本金部分不能抵扣进项税，要迂回地通过差额征税（2016 年 4 月 30 日前签订的有形动产融资性售后回租合同）或直接不计入全部价款及价外费用（2016 年 5 月 1 日后签订的融资性售后回租合同）的方式来实现这一目的。

在原营业税税制下，根据收入与成本的配比原则，设备的本金是分期计入扣除额的，营改增试点的初期（2013 年 8 月 1 日至 2016 年 1 月 21 日），对这方面的具体做法并没有明确的规定，有的企业一次性抵扣，有的企业沿用原营业税的方法分期抵扣。当时北京市国税局明确表示：如果出租人全额取得有形动产价款本金发票，不能一次性全差额扣除，当期允许差额扣除的本金，是指出租人向承租人当期收取的有形动产价款本金部分。上海也出台了相关的地方性文件，并没有严格限制必须采取哪种方式差额扣除本金，即两种方法均可被接受。

在此期间，对于没有明确要求的地方，具体采取何种扣除抵扣方法需结合企业自身实际情况分析两种抵扣方法各自的优势和局限性来做判断：如果采取分开扣除的方法，优点是每期增值税额较为均衡，相比一次性抵扣更有利于享受即征即退的优惠政策，但是操作中会导致税务机关监管难度加大，风险较大；如果采取一次性抵扣的方法，优点是前期无须缴纳增值税，但也会因此导致后期增值税压力激增，对后期现金流要求增高，此外在规定的期限前享受即征即退的难度也会增加，但实际操作会比较简单，税务机关也比较好监管。

2015 年 12 月 22 日，《国家税务总局关于营业税改征增值税试点期间有关增值税问题的公告》（国家税务总局公告 2015 年第 90 号）明确了这一问题：纳税人提供有形动产融资性售后回租服务，计算当期销售额时可以扣除的有形动产价款本金，为书面合同约定的当期应当收取的本金。无书面合同或者书面合同没有约定的，为当期实际收取的本金。这一规定明确了售后回租业务要分期扣除本金而不可一次性扣除，从 2016 年 2 月 1 日开始执行。

2016 年 5 月 1 日全面营改增后，再一次强调了本金与收入的匹配问题：

A. 对于 2016 年 4 月 30 日前签订的有形动产融资性售后回租合同，选择继续按照有形动产融资租赁服务缴纳增值税的，其可以扣除的价款本金，为书面合同约定的当期应当收取的本金。无书面合同或者书面合同没有约定的，为当期实际收取的本金。

B. 对于 2016 年 5 月 1 日后新签订的融资性售后回租合同，更是把全部价款和价外费用指定为利息部分。

（2）发票管理的基础差额征税。

①差额征税的基本规定。早在融资租赁行业缴纳营业税时期就有差额征税的做法。当时规定，从事融资租赁业务，以其向承租人收取的全部价款和价外费用（包括残值）减除出租人承担的出租货物的实际成本后的余额为营业额。具体计算公式为：营业额＝租金－（购入价＋关税＋增值税＋消费税＋运杂费＋安装费＋保险费＋贷款利息），这里的贷款利息包括了外汇借款和人民币借款利息。营改增后继续沿用了这样一种做法来缴纳增值税，对于直租业务，扣除项为借款利息（包括外汇借款和人民币借款利息）、发行债券利息和车辆购置税；对于回租业务，扣除项为有形动产价款本金、借款利息（包括外汇借款和人民币借款利息）和发行债券利息。

所列举的扣除项中未将所有融资成本都涵盖进去并且末尾处没有“等”字，这就意味着很多没有列举的融资成本（如保理支出、资产证券化支出等）都不能扣除，比如上一轮营改增后，山东省就明确规定保理融资的费用不能扣除。这是非常不合理的，同样是融资的成本，为什么只有借款和发行债券的利息可以扣除呢？这一情况要得到改善需后续文件作为支持，不然不仅会限制融资租赁公司融资渠道的多样化发展，还会增加企业的税收负担。

②差额征税凭证。试点纳税人在从全部价款和价外费用中扣除利息、本金等价款时，应当取得符合法律、行政法规和国家税务总局规定的有效凭证，否则不得扣除。这里所说的有效凭证是指：

A. 支付给境内单位或者个人的款项，以发票为合法有效凭证。

B. 支付给境外单位或者个人的款项，以该单位或者个人的签收单据为合法有效凭证，税务机关对签收单据有疑义的，可以要求其提供境外公证机构的确认证明。

C. 缴纳的税款，以完税凭证为合法有效凭证。

D. 扣除的政府性基金、行政事业性收费或者向政府支付的土地价款，以省级以上（含省级）财政部门监（印）制的财政票据为合法有效凭证。（此条适用于房地产企业）。

E. 国家税务总局规定的其他凭证。这里并没有具体列明其他凭证包括哪些，在金融业营改增之前，向银行借款发生的利息支出，都是以银行开具的银行利息结算单据作为有效扣除凭证的。

（3）发票管理的具体规定。

①承租人向出租人开具发票。2016 年 4 月 30 日前，有形动产融资性售后回租本金的扣除需要以承租人开具的发票为合法有效凭证。但融资性售后回租业务中承租人出售资产的行为，不属于增值税和营业税征税范围，不征收增值税和营业税。这里矛盾就出现了：一方面售后回租业务中承租人出售有形动产的行为不征收流转税；另一方面出租人要差额征税需要承租人开具发票。

这种情况下承租人自然不能开具增值税专用发票，所以增值税一般纳税人和小规模纳税人接受融资性售后回租服务，都只能开具普通发票，但实际工作中承租人是不愿意开具普通发票的，因为普通发票也要缴纳增值税，对承租人来说也是不合理的。基于这样一种情况，很多省份在当时都有一个自己的执行口径，上海的口径是：

A. 如果承租人是增值税一般纳税人，承租人开具增值税普通发票或通用机打发票；

B. 如果承租人为增值税小规模纳税人或非增值税纳税人，承租人应开具普通发票或通用机打发票，对于部分不领购发票的单位（如学校、医院等），发生售后回租业务出售资产时，主管税务机关应为其临时核定发票用量。

承租人向出租人开具的普通发票上注明的设备本金销售额，承租人无须申报缴纳增值税，如果一窗式比对中出现异常，承租人应向主管税务机关提交合同和发票，主管税务机关审核后办理系统解锁。北京、山东、福建等地也采取了类似的做法来解决这一矛盾。

36 号文将融资性售后回租业务的本金从扣除项目中删除，转变为全部价款和价外费用的抵减项，很好地解决了本金作为扣除项无法取得合法有效凭证的矛盾，但对于 2016 年 4 月 30 日前签订的有形动产融资性售后回租合同，若融资租赁企业选择继续按照有形动产融资租赁服务缴纳增值税，则本金仍为扣除价款，仍需取得合法有效扣除凭证。即使在全面营改增后，融资性售后回租业务中承租人出售资产的行为不属于增值税征税范围的事实也没有发生改变，所以承租人仍不能开具增值税专用发票，但税控系统升级后可以通过开具 0 税率的增值税普通发票来解决这一问题。

②出租人向承租人开具发票。在 2016 年全面营改增后，开具增值税发票的防伪税控系统也进行了相应功能的升级，为适应差额征税政策，新增加了差额征税的模块。但该模块的使用会带来一个问题：以直租为例，假设 A 融资租赁公司出租设备某期收取全部价款和价外费用 100 万元，支付借款利息 7 万元，若使用差额征税模块开具增值税专用发票，所开具发票的销项税额为：（100－7）÷（1＋17％）×17％＝13.51（万元），也就是承租人可抵扣进项税 13.51 万元。但在上轮营改增时防伪税控系统并无差额征税功能，有形动产直租收取租金时所开具的增值税专用发票的销项税额为：100÷（1＋17％）×17％＝14.53（万元），对出租人来说可通过申报纳税时填报扣除项目来实现差额征税，但对承租人来说，两种开票方式可抵扣的进项税额大不相同。对于这一问题总局货劳司及河北省国税局、湖北省国税局给出的解读可总结为：差额征税中，未标明不得全额开具增值税专用发票情形的，均为可以全额开具且全额计算销项税额的发票，不必通过差额征税模块开具。从 36 号文来看，并没有就某项业务明确写明“不得全额开具增值税发票”，只有在部分差额征税行为中，就扣除部分，有“不得开具增值税专用发票”的规定。这也是差额征税项目判断能否全额开具增值税发票的关键，那些注明“不得开具增值税专用发票”以外的差额征税事项，均可以开具全额增值税专用发票。

A. 融资性售后回租业务。对于 2016 年 4 月 30 日前签订的有形动产融资性售后回租合同，若融资租赁企业选择继续按照有形动产融资租赁服务缴纳增值税，则向承租人收取的有形动产价款本金，不得开具增值税专用发票，可以开具普通发票。这一规定的言外之意是并不要求出租人必须就本金部分开具发票，如果要开具的话，只能开具增值税普通发票。但无论是否开具发票，这部分本金都要先计入销售额，再通过差额征税的方式从价款中扣除。也就是说，承租人不能用租金的本金部分抵扣进项税，因为就融资租赁的经营特点来说，其实质是以融物的形式达到融资的目的，租赁物只是实现融资的媒介，利息部分才是融资的成本。

36 号文出台前河北省国税局对此业务的规定是：试点纳税人中的一般纳税人提供融资性售后回租服务（出租人），向承租人收取的有形动产价款本金，出租人为增值税一般纳税人的，应使用防伪税控系统开具增值税普通发票，在增值税普通发票上注明有形动产融资租赁服务费（本金），税率栏填“零”，出租人为小规模纳税人的，应开具普通发票。

2016 年 5 月 1 日后，该类业务就属于必须要通过防伪税控系统中“差额征税”功能模块来开具增值税发票的，但文件只规定了本金部分不得开具增值税专用发票，所以使用差额征税功能开票时，差额扣除的金额应为本金金额，不应包括允许扣除的贷款利息。

案例 9-2

2016 年 4 月 30 日前签订的有形动产融资性售后回租合同如何开票

A 融资租赁公司从 B 公司购入一台机器设备，并出租给 B 公司使用，租赁期满该设备归 B 公司所有。2015 年 1 月 1 日与 B 公司签订了售后回租合同，2016 年 5 月 1 日收取租金 200 万元，其中本金为 100 万元，支付借款利息 5 万元，假设 A 融资租赁公司选择继续按照有形动产融资租赁服务缴纳增值税，则该笔业务开票时，销项税金为：（200－100）÷（1＋17％）×17％＝14.53（万元），销售额为：200－14.53＝185.47（万元）。价税合计金额为 200 万元。

对于 2016 年 5 月 1 日后新签订的融资性售后回租合同，可按全部价款和价外费用（不含本金）及租赁利息全额开具增值税发票。

B. 融资租赁（直租）业务。对于采用一般计税办法核算的直租业务，可按全部价款和价外费用全额开具增值税发票，而不使用“差额征税”功能模块开具。

C. 选择简易计税方法合同。对于选择采用简易计税方法缴纳增值税的融资租赁合同及融资性售后回租合同，均可以全额开具增值税发票，并且除以下情形之外，适用简易计税方法的应税项目均可以开具增值税专用票：属于增值税一般纳税人的单采血浆站销售非临床用人体血液，按照简易办法依照3%征收率计算应纳税额的；纳税人销售旧货的；销售自己使用过的固定资产，减按2%征税的；税收法规规定不得开具专用发票的其他情形。

也就是说，选择简易计税方法的融资租赁合同及融资性售后回租合同均可以全额开具增值税专用发票。

③出租人进项税抵扣。进项税抵扣所遵循的基本原则是，只要税法未明确规定不能抵扣，则均能抵扣。税法中明确规定，以下情形不能抵扣进项税：

A. 用于简易计税方法计税项目、免征增值税项目、集体福利或者个人消费的购进货物、加工修理修配劳务、服务、无形资产和不动产。其中涉及的固定资产、无形资产、不动产，仅指专用于上述项目的固定资产、无形资产（不包括其他权益性无形资产）、不动产。纳税人的交际应酬消费属于个人消费。自2018年1月1日起，纳税人租入固定资产、不动产，既用于一般计税办法计税项目，又用于简易计税方法计税项目、免征增值税项目、集体福利或者个人消费的，其进项税额准予从销项税额中全额抵扣。

B. 非正常损失的购进货物，以及相关的加工修理修配劳务和交通运输服务。

C. 非正常损失的在产品、产成品所耗用的购进货物（不包括固定资产）、加工修理修配劳务和交通运输服务。

D. 非正常损失的不动产，以及该不动产所耗用的购进货物、设计服务和建筑服务。

E. 非正常损失的不动产在建工程所耗用的购进货物、设计服务和建筑服务。纳税人新建、改建、扩建、修缮、装饰不动产，均属于不动产在建工程。

F. 购进的旅客运输服务、贷款服务、餐饮服务、居民日常服务和娱乐服务。

G. 财政部和国家税务总局规定的其他情形。

对于融资租赁公司，若选择了采取简易计税办法缴纳增值税，则专用于该项目的设备、物资等所产生的进项税不能抵扣，也就是说，对于一般纳税人选择按5%的简易征收率计算缴纳增值税的2016年4月30日前签订的不动产融资租赁（直租）合同，或以2016年4月30日前取得的不动产提供的融资租赁（直租）服务，其购进不动产的进项税不能抵扣。此外，选择按3%简易征收率计算缴纳增值税的在纳入营改增试点之日（2013年8月1日）前签订的尚未执行完毕的有形动产租赁（直租）合同，其购进有形动产的进项税也不能抵扣。

日常费用报销过程中，差旅费中的交通运输费、餐费都不能抵扣进项税，日常经营产生的业务招待费、居民日常服务和娱乐服务（如KTV、健身等）的报销都不能抵扣进项税。此外，36号文最让大家失望的是贷款服务不能抵扣进项税，但融资租赁公司因差额征税的特殊政策而成了最大的受益者，在各行业都无法对融资成本抵扣进项税时，融资租赁公司通过差额扣除贷款成本的方式间接实现了抵扣贷款进项税的效果。

④承租人进项税抵扣。36 号文出台后，融资租赁最大的变化就是融资性售后回租业务重新回归了其金融业务的实质，被划分为贷款服务，并且纳税人购进的贷款服务以及纳税人接受贷款服务向贷款方支付的与该笔贷款直接相关的投融资顾问费、手续费、咨询费等费用，其进项税额均不得从销项税额中抵扣。

这对售后回租这种业务模式带来了很大的冲击。因为在 36 号文实施以前，有形动产的直租和售后回租都是可以抵扣进项税的，36 号文出台后，售后回租模式优势全无，但有形动产及不动产直租业务仍然可以抵扣进项税。此外，对于 2016 年 4 月 30 日前签订的有形动产融资性售后回租合同，选择继续按照有形动产融资租赁服务缴纳增值税的，仍可延续之前的政策允许承租人抵扣进项税。

⑤过渡时点留抵税金的处理。36 号文规定，原增值税一般纳税人兼有销售服务、无形资产或者不动产的，截止到纳入营改增试点之日前的增值税期末留抵税额，不得从销售服务、无形资产或者不动产的销项税额中抵扣。这一点是非常容易被企业忽视的，其中心思想是不允许以营改增时点以前形成的留抵税金来抵扣新纳入营改增项目在 2016 年 5 月 1 日后产生的销项税额。

（4）开始执行时间。

36 号文规定：

①经中国人民银行、银监会或者商务部批准从事融资租赁业务的试点纳税人（即银行系融资租赁公司）从 2016 年 5 月 1 日起按上述规定执行。

②经商务部授权的省级商务主管部门和国家经济技术开发区批准从事融资租赁业务的试点纳税人（即除银行系融资租赁公司以外的融资租赁公司），2016 年 5 月 1 日后实收资本达到 1.7 亿元的，从达到标准的当月起执行；2016 年 5 月 1 日后实收资本未达到 1.7 亿元但注册资本达到 1.7 亿元的，在 2016 年 7 月 31 日前仍可按照上述规定执行，2016 年 8 月 1 日后开展的融资租赁业务和融资性售后回租业务不得按照上述规定执行。

（5）纳税义务发生时间。

纳税义务发生时间是税法中非常重要的一个概念，是判断企业是否按照税法的规定正确缴纳税款的一个重要影响因素，只要纳税义务发生，即使企业未确认收入、未开具增值税发票，也应按规定申报缴纳增值税。

增值税的纳税义务发生时间是纳税人发生应税行为并收讫销售款项或者取得索

取销售款项凭据的当天；先开具发票的，为开具发票的当天。其中收讫销售款项，是指纳税人销售服务、无形资产、不动产过程中或者完成后收到款项，也就是排除了预收账款。而取得索取销售款项凭据的当天，是指书面合同确定的付款日期；未签订书面合同或者书面合同未确定付款日期的，为服务、无形资产转让完成的当天或者不动产权属变更的当天。以上是关于增值税纳税义务发生时间的一般规定，对于租赁服务还有特殊的规定：纳税人提供租赁服务采取预收款方式的，其纳税义务发生时间为收到预收款的当天。

也就是说，确定融资租赁公司的增值税纳税义务发生时间时，首先要区分业务类型，还要根据实际情况具体分析。

①直租业务。直租业务纳税义务发生时间判断图如图 9-1 所示。

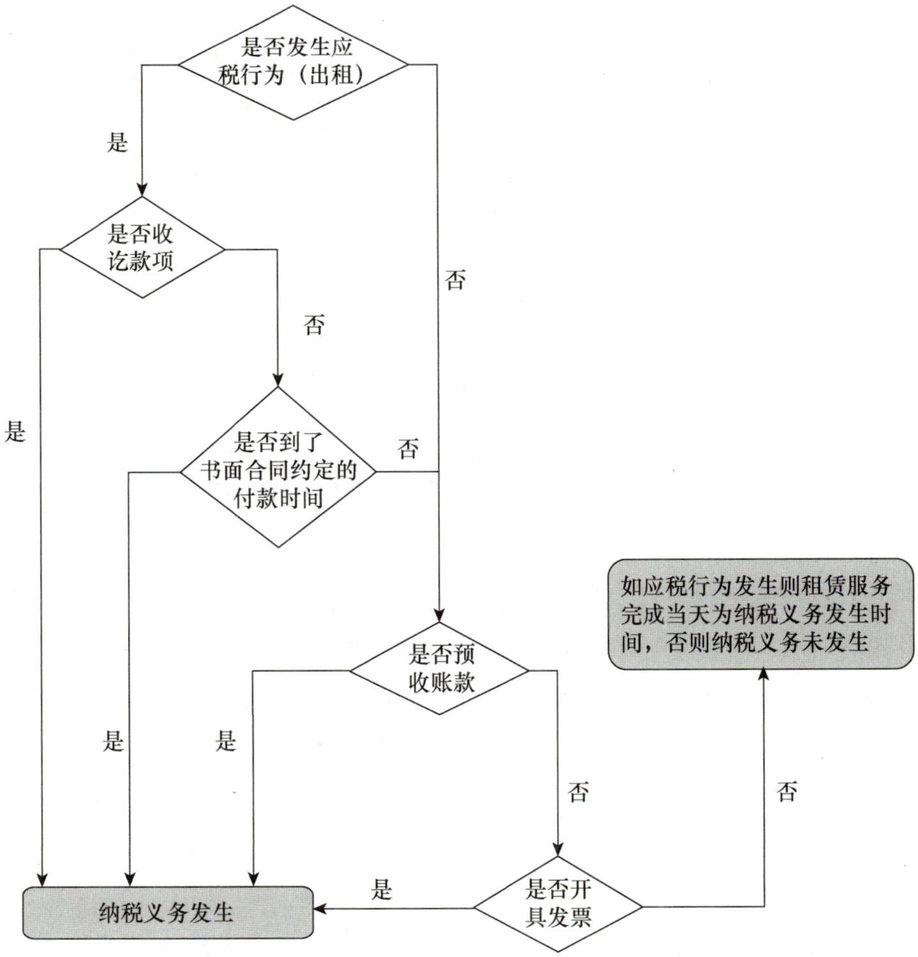

图 9-1 直租业务纳税义务发生时间判断图

②融资性售后回租业务。融资性售后回租业务纳税义务发生时间判断图如图 9-2 所示。

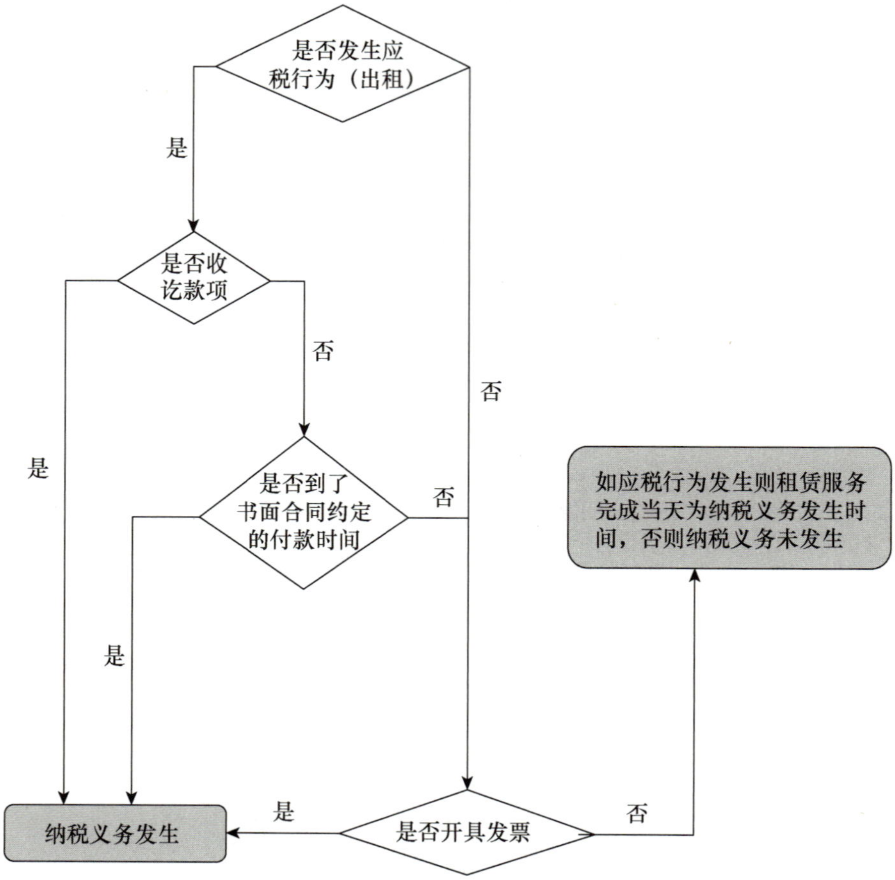

图 9-2　融资性售后回租业务纳税义务发生时间判断图

（6）一般纳税人和小规模纳税人的选择。

增值税纳税人的身份可分为一般纳税人和小规模纳税人，应税服务年销售额满 500 万元的纳税人应申请一般纳税人资格，试点纳税人在营改增以前提供应税服务缴纳营业税，由于营业税是价内税而增值税为价外税，因此营改增后试点纳税人在试点实施前的应税服务年销售额要先通过下面的计算公式换算：应税服务年销售额＝连续不超过 12 个月应税服务营业额合计÷（1＋3%）。此外，按营改增的有关规定，确定销售额时可以差额扣除的试点纳税人，其应税服务年销售额按未扣除之前的销售额计算。

对于未达到这一标准的纳税人，如果会计核算健全，能够提供准确的税务资料，可以向主管税务机关申请一般纳税人资格认定，而不作为小规模纳税人，企业被认定为一般纳税人后，不得再转为小规模纳税人。但有一部分特殊的企业即使达到了认定标准也无须办理一般纳税人资格认定，比如：

①个体工商户以外的其他个人，即自然人。

②选择按小规模纳税人纳税的非企业性单位，如行政单位、事业单位、军事单位、社会团体和其他单位。

③选择按小规模纳税人纳税的不经常发生应税行为的企业。

④应税服务年销售额超过规定标准的其他个人不属于一般纳税人；不经常提供应税服务的单位和个体工商户可选择按小规模纳税人纳税。

对于融资企业来说，一般不会涉及上述情况，绝大多数的融资租赁公司都是一般纳税人。但也有一部分项目公司为小规模纳税人，这部分融资租赁公司也会在未来逐渐升为一般纳税人。需要提醒的是，企业须在转换身份的临界点事先做好筹划，如可预料到应税服务年销售额即将达到标准线，则应避免在此时大量购入存货，因为作为小规模纳税人，融资租赁企业是无法取得增值税专用发票的，被认定为一般纳税人后税率升高到6%、11%或17%却无法抵扣进项税，会大幅增加企业的税收负担。因此，在处于小规模纳税人与一般纳税人临界点时，应尽量把存货的购进推迟到被认定为一般纳税人以后。

（7）融资租赁业务增值税的计算。

前文我们已经详细讲解了很多融资租赁公司增值税缴纳的政策细节，这里，我们将不同类型、时间的融资租赁业务增值税额的计算方法总结如下（见表9-2）。

表 9-2 融资租赁业务增值税的计算

纳税人类型	合同签订时间	合同类型	税率/征收率	应纳税额计算
一般纳税人	老合同（2013年8月1日前）	有形动产融资租赁（直租）	17%	（全部价款＋价外费用－借款利息－债券利息－车辆购置税）÷（1＋17%）×17%
			3%（可以选择）	（全部价款＋价外费用－借款利息－债券利息－车辆购置税）÷（1＋3%）×3%
		有形动产融资性售后回租	6%	（不含本金全部价款＋价外费用－借款利息－债券利息）÷（1＋6%）×6%
			3%（可以选择）	（不含本金全部价款＋价外费用－借款利息－债券利息）÷（1＋3%）×3%

续表

纳税人类型	合同签订时间	合同类型	税率/征收率	应纳税额计算
一般纳税人	老合同（2016年4月30日前）/2016年4月30日前取得不动产	有形动产融资性售后回租	6%	(不含本金全部价款＋价外费用－借款利息－债券利息)÷(1＋6%)×6%
			17%（可选择）	(全部价款＋价外费用－本金－借款利息－债券利息)÷(1＋17%)×17%
				(全部价款＋价外费用－借款利息－债券利息)÷(1＋17%)×17%
		不动产融资租赁（直租）	11%	(全部价款＋价外费用－借款利息－债券利息)÷(1＋11%)×11%
			5%（可选择）	(全部价款＋价外费用－借款利息－债券利息)÷(1＋5%)×5%
	新合同（2016年5月1日后）	有形动产融资租赁（直租）	17%	(全部价款＋价外费用－借款利息－债券利息－车辆购置税)÷(1＋17%)×17%
		不动产融资租赁（直租）	11%	(全部价款＋价外费用－借款利息－债券利息)÷(1＋11%)×11%
		融资性售后回租	6%	(不含本金全部价款＋价外费用－借款利息－债券利息)÷(1＋6%)×6%
小规模纳税人	老合同（2016年4月30日前）	有形动产融资性售后回租	3%（可选择）	(全部价款＋价外费用－本金－借款利息－债券利息)÷(1＋3%)×3%
			3%（可选择）	(全部价款＋价外费用－借款利息－债券利息)÷(1＋3%)×3%
	其他新老合同	融资租赁（直租）	3%	(全部价款＋价外费用－借款利息－债券利息－车辆购置税)÷(1＋3%)×3%
		融资性售后回租	3%	(不含本金全部价款＋价外费用－借款利息－债券利息)÷(1＋3%)×3%

（8）特殊情形的增值税缴纳。

①不具有融资租赁资质的企业从事租赁业务。营改增以前，《国家税务总局关于融资租赁业务征收流转税问题的通知》（国税函〔2000〕514号）对于不具有融资租赁资质的其他单位从事融资租赁业务的流转税做出了规定：

对于期满租赁的货物的所有权转让给承租人的，征收增值税，不征收营业税；对于租赁的货物的所有权未转让给承租人的，征收营业税，不征收增值税。目前该文件仍有效，全面营改增后，我们可以合理推断：对于期满租赁货物的所有权转让给承租人的，按照销售货物或不动产缴纳增值税；而对于期满租赁货物的所有权未转让给承租人的，不能按融资租赁的相关政策缴纳增值税，需按经营租赁缴纳增值税。

②委托租赁业务。委托租赁简单来说是不具有融资租赁资质的企业委托融资租赁公司开展融资租赁业务，融资租赁公司只收取手续费，融资租赁的收入归委托人所有。委托租赁也要分情况缴纳增值税：

期满租赁的货物的所有权转让给承租人的，委托人按照销售货物或不动产缴纳增值税，向融资租赁公司开具增值税专用发票，融资租赁公司再按融资租赁服务向承租人开具增值税发票；租赁的货物的所有权归委托人的，委托人和出租人均应按经营租赁缴纳增值税。

即征即退

从概念上讲，“即征即退”是指纳税人按税法规定缴纳的税款，由税务机关在征税时部分或全部退还纳税人的一种税收优惠，其实质是一种特殊方式的减免税。类似的优惠还包括先征后退和先征后返，主要适用于增值税减免。三种优惠的主要区别在于，即征即退在缴税的当月就可以向征税税务机关申请退税；先征后退会稍晚一些，一般在缴税的次月开始申请退税；先征后返是税款入库后，由财政部门进行返还。从目前的趋势来看，即征即退将会被更多地使用，因为政策本身既可以使纳税人及时享受到税收优惠，又不打破增值税链条的延续性，相对于直接免税政策有一定的技术优势。

同时，即征即退相对于免税也有一定的劣势，主要体现在两个方面：第一，即征即退要求先交税后退税，而且各地征退税有一定的时间差，无形中占用了纳税人的资金；第二，在即征即退中，与所交增值税对应的城建税、教育费附加等附加税费是不随退税而退还的，即附加税费需要正常交而不是像免税那样可以直接免掉，会造成税收负担略有提高。

1. 业务处理

经中国人民银行、银监会或者商务部批准从事融资租赁业务的试点纳税人中的一般纳税人，提供有形动产融资租赁服务和有形动产融资性售后回租服务，对其增值税实际税负超过3%的部分实行增值税即征即退政策。注意：此处不包括不动产融资租赁。

所称增值税实际税负，是指纳税人当期提供应税服务实际缴纳的增值税额占纳税人当期提供应税服务取得的全部价款和价外费用的比例。需要注意的是，该实际税负的核算是以每个增值税纳税申报期为单位的，该比例的分母为未差额扣除本金及利息以前的全部价款和价外费用，实际缴纳的增值税则是在差额扣除的基础上计算缴纳的，因此分子的数额远远小于分母。通过粗略的测算，融资租赁企业若想享受到即征即退的税收优惠政策，其利息和手续费的合计至少要在本金的20%以上，而有这样一个利润空间的融资租赁企业少之又少，这也是这一税收政策一直被企业所诟病的地方。

2. 适用主体

即征即退的适用主体包括：①经中国人民银行、银监会或者商务部批准从事融资租赁业务的试点纳税人；②商务部授权的省级商务主管部门和国家经济技术开发区批准的，且注册资本达到1.7亿元的，从事融资租赁业务的试点纳税人。

3. 开始执行时间

- 经中国人民银行、银监会或者商务部批准从事融资租赁业务的试点纳税人（即银行系融资租赁公司）从2013年8月1日起按上述规定执行。
- 经商务部授权的省级商务主管部门和国家经济技术开发区批准从事融资租赁业务的试点纳税人（即除银行系融资租赁公司以外的融资租赁公司），2016年5月1日后实收资本达到1.7亿元的，从达到标准的当月起按照上述规定执行；2016年5月1日后实收资本未达到1.7亿元但注册资本达到1.7亿元的，在2016年7月31日前仍可按照上述规定执行，2016年8月1日后开展的有形动产融资租赁业务和有形动产融资性售后回租业务不得按照上述规定执行。

4. 材料准备

从事有形动产融资租赁服务，首先需要在业务发生前到主管国税机关申请税务资格认定，自取得享受增值税优惠资格的次月起，每月申报且税款缴纳入库后，就可以申请办理退税。

申请资格认定所需资料如下：

- 《税务认定审批确认表》；
- 中国人民银行、银监会、商务部及其授权部门批准经营融资租赁业务证明原件和复印件；
- 有形动产租赁服务合同原件和复印件；
- 有形动产租赁服务期间的增值税申报表；
- 税务机关要求提供的其他相关资料。

5. 注意事项

纳税人当期提供应税服务实际缴纳的增值税额占纳税人当期提供应税服务取得的全部价款和价外费用的比例中的“当期”是按月划分的，企业应当单独核算即征即退项目的销售额和应纳税额，不单独核算的，不可以享受增值税即征即退税收优惠。纳税申报时，应当将即征即退融资租赁服务的销售额和应纳税额填写在增值税申报表附表一的第7行，否则无法办理退税手续。

其他税收优惠

- 信达、华融、长城、东方四大资产管理公司在收购、承接、处置不良资产可享受以下税收优惠政策：对资产公司接受相关国有银行的不良债权，借款方以货物、不动产、无形资产、有价证券和票据等抵充贷款本息的，免征资产公司销售转让该货物、不动产、无形资产、有价证券、票据以及利用该货物、不动产从事融资租赁业务应缴纳的增值税。
- 2014年1月1日起，对国内租赁公司或租赁公司设立的项目子公司，经国家有关部门批准从境外购买空载重量在25吨以上并租赁给国内航空公司使用的飞机，减按5%征收进口环节增值税。
- 财税〔2016〕36号文件附件三第一条第（二十三）项规定，金融同业往来利息收入可以适用免税政策。《财政部 国家税务总局关于金融机构同业往来等增值税政策的补充说明》（财税〔2016〕70号）对该条款做出了补充说明，其中需要注意的是，符合以下条件的同业存款利息收入应适用免税政策而不是不征税政策：金融机构之间开展的同业资金存入与存出业务，其中资金存入方仅为具有吸收存款资格的金融机构。也就是说，对于金融机构（金融租赁公司）的存款利息，只要支付存款利息方是具有吸收存款资格的金融机构，就应适用免税政策。

出口退（免）税

1. 出口退（免）税货物范围

《财政部 海关总署 国家税务总局关于在天津东疆保税港区试行融资租赁货物出口退税政策的通知》（财税〔2012〕66号）规定，融资租赁货物出口退税政策首先在天津东疆保税港区试行。根据《财政部 海关总署 国家税务总局关于在全国开展融资租赁货物出口退税政策试点的通知》（财税〔2014〕62号），融资租赁货物出口退税政策进一步扩大到在全国统一实施，具体有以下几个方面的规定：

（1）对融资租赁出口货物试行退税政策。对融资租赁企业（经商务部批准设立的外商投资融资租赁公司、经商务部和国家税务总局共同批准开展融资租赁业务试点的内资融资租赁企业、经商务部授权的省级商务主管部门和国家经济技术开发区批准的融资租赁公司）、金融租赁公司及上述企业、公司设立的项目子公司（以下统称融资租赁出租方），以融资租赁方式租赁给境外承租人且租赁期限在5年（含）以上，并向海关报关后实际离境的货物，试行增值税、消费税出口退税政策。

这里所说的融资租赁出口货物的范围，包括飞机、飞机发动机、铁道机车、铁道客车车厢、船舶及其他货物，具体应符合《中华人民共和国增值税暂行条例实施细则》中对“固定资产”的相关规定，即使用期限超过12个月的机器、机械、运输工具以及其他与生产经营有关的设备、工具、器具等。

（2）对融资租赁海洋工程结构物试行退税政策。对融资租赁出租方购买的，并以融资租赁方式租赁给境内列名海上石油天然气开采企业且租赁期限在5年（含）以上的国内生产企业生产的海洋工程结构物，视同出口，试行增值税、消费税出口退税政策。海洋工程结构物的具体范围及退税率参见表9-3，海上石油天然气开采企业的具体范围参见书末的附录。

表 9-3 海洋工程结构物范围及适用退税率

序号	海洋工程结构物的具体范围（海关税则中货物名称）	被包含在内的海关税则号	对应的常见名称	退税率
1	钢铁制桥梁及桥梁体段	7308100000	过渡段；生活模块；处理模块	15%
2	钢铁制门窗及其框架、门槛	7308300000		
3	其他钢铁结构体及部件（包括结构体用的已加工钢板、型材）	7308900000		
4	钻探深度≥6 千米其他石油钻探机	8430411100	钻机模块	17%
5	钻探深度<6 千米其他钻探机（自推进的）	8430412900		
6	载重不超过 15 万吨的原油船	8901202100	浮式生产储油轮；浮式储油轮；穿梭油轮	17%
7	载重不超过 10 万吨的原油船	8901201100		
8	10 万吨<载重量≤30 万吨成品油船	8901201200		
9	机动多用途船	8901905000	三用工作船	17%
10	拖船及顶推船	8904000000		
11	15 万吨<载重量≤30 万吨的原油船	8901202200	浮式生产储油轮；浮式储油轮；单点系泊系统；水下油汽罐；栈桥码头	17%
12	其他不以航行为主要功能的船舶	8905909000		
13	含植物性材料的浮动结构体	8907900010		
14	其他浮动结构体	8907900090		
15	浮动或潜水式钻探或生产平台	8905200000	自升式、半潜式钻井船；浮式钻井船；钻井平台；生产平台；处理平台；生活平台；烽火台	17%

需要注意的是，上述融资租赁出口货物和融资租赁海洋工程结构物不包括在海关监管年限内的进口减免税货物。但自 2017 年 1 月 1 日起，融资租赁企业及其设立的项目子公司、金融租赁公司及其设立的项目子公司购买并以融资租赁方式出租的国内生产的海洋工程结构物不再适用上述出口返税政策，应按规定缴纳增值税，但承租方为按实物征收增值税的中外合作油（气）田开采企业的除外，并且 2017 年 1 月 1 日前签订的海洋工程结构物融资租赁合同，在合同到期前，可继续按现行相关出口返税政策执行。

2. 出口退（免）税资格认定

《国家税务总局关于发布〈出口货物劳务增值税和消费税管理办法〉的公告》（国家税务总局公告 2012 年第 24 号）规定：“（一）出口企业应在办理对外贸易经营者备案

登记或签订首份委托出口协议之日起 30 日内，填报《出口退（免）税资格认定申请表》，提供下列资料到主管税务机关办理出口退（免）税资格认定：（1）加盖备案登记专用章的《对外贸易经营者备案登记表》或《中华人民共和国外商投资企业批准证书》；（2）中华人民共和国海关进出口货物收发货人报关注册登记证书；（3）银行开户许可证；（4）未办理备案登记发生委托出口业务的生产企业提供委托代理出口协议，不需提供第 1、2 项资料；（5）主管税务机关要求提供的其他资料。（二）其他单位应在发生出口货物劳务业务之前，填报《出口退（免）税资格认定申请表》，提供银行开户许可证及主管税务机关要求的其他资料，到主管税务机关办理出口退（免）税资格认定”。

《国家税务总局关于发布〈融资租赁货物出口退税管理办法〉的公告》（国家税务总局公告 2014 年第 56 号）规定：融资租赁出租方除提供上述资料（仅经营海洋工程结构物融资租赁的，可不提供《对外贸易经营者备案登记表》或《中华人民共和国外商投资企业批准证书》、中华人民共和国海关进出口货物收发货人报关注册登记证书）外还应提供以下资料：（1）从事融资租赁业务的资质证明；（2）融资租赁合同（有法律效力的中文版）；（3）税务机关要求提供的其他资料。该公告发布前已签订融资租赁合同的融资租赁出租方，可向主管国家税务局申请补办出口退税资格的认定手续。

3. 退税申报期限及材料

融资租赁出租方应在融资租赁货物报关出口之日或收取融资租赁海洋工程结构物首笔租金开具发票之日次月起至次年 4 月 30 日前的各增值税纳税申报期内，收齐有关凭证，向主管国家税务局办理融资租赁货物增值税、消费税退税申报。

融资租赁出租方申报融资租赁货物退税时，应将不同融资租赁合同项下的融资租赁货物分别申报，在申报表的明细表中“退（免）税业务类型”栏内填写“RZ-ZL”，并提供以下资料：

（1）融资租赁出口货物的，提供出口货物报关单（出口退税专用）。（2）融资租赁海洋工程结构物的，提供向海洋工程结构物承租人收取首笔租金时开具的发票。（3）购进融资租赁货物取得的增值税专用发票（抵扣联）或海关（进口增值税）专用缴款书。融资租赁货物属于消费税应税货物的，还应提供消费税税收（出口货物专用）缴款书或海关（进口消费税）专用缴款书。（4）与承租人签订的租赁期在 5 年（含）以上的融资租赁合同（有法律效力的中文版）。（5）融资租赁海洋工程结构物的，提供列名海上石油天然气开采企业收货清单。（6）税务机关要求提供的其他资料。需要注意的是，企业不再办理核销，出口报关和申请退税时不再提交核销单。

4. 退税操作流程

第一步，资格认定。首先带上文所述资料到所属国税机关办理资格认定。

第二步，外部数据采集。初次使用时出口商品汇率及海关贸易性质配置。

第三步，免退税明细数据采集。出口企业根据企业出口信息，录入当期出口明细数据、冲减明细。

第四步，免退税预申报。导出电子数据后可选择远程或者携带 U 盘到现场做预申报。

第五步，预审核反馈疑点调整。对预申报反馈的信息进行分析和处理。若本期录入有差错返回第三步，重新录入。若发现上期有错，返回第三步，录入冲减明细，并重新录入正确的信息。然后再次预申报，直至无错误。

第六步，生产明细申报数据。本期预申报无误后导出明细申报数据，为正式申报做准备。

第七步，正式申报。导出汇总数据，连同第五步导出的明细数据一起作为正式申报的电子数据，打印出纸质申报表及上文“3. 退税申报期限及材料”中规定的材料到税务机关做正式申报。

第八步，正式审核反馈信息处理。用正式申报税务机关反馈回的信息更新出口退税系统中的数据。

5. 退税的计算

融资租赁出租方将融资租赁出口货物租赁给境外承租人、将融资租赁海洋工程结构物租赁给海上石油天然气开采企业，免征出口环节增值税，并向融资租赁出租方退还其购进租赁货物所含增值税，其计算公式为：

$$\text{增值税应退税额}=\begin{matrix}\text{购进融资租赁货物的增值税专用发票注明的金额}\\\text{或海关(进口增值税)专用缴款书注明的完税价格}\end{matrix}\times\begin{matrix}\text{融资租赁货物适用的}\\\text{增值税退税率}\end{matrix}$$

融资租赁出口货物适用的增值税退税率，按照统一的出口货物适用退税率执行。

从增值税一般纳税人购进的按简易办法征税的融资租赁货物和从小规模纳税人购进的融资租赁货物，其适用的增值税退税率，按照购进货物适用的征收率和退税率孰低的原则确定。

案例 9-3

融资租赁出口退税额计算

某融资租赁公司 A（一般纳税人）于 2015 年 4 月按列名海上石油天然气开采企业 B 的要求购买国内生产企业生产的海洋工程结构物，并以融资租赁方式租赁给 B 企业，合同约定期限为 10 年，该海洋工程结构物的购买价款（含税）为 1.3 亿元，第一期租金为 1 250 000 元。假设该海洋工程结构物适用的退税率为 15%，那么 A 融资租赁公司应如何缴纳增值税？

对于该笔业务应免缴出口环节增值税，并退还 A 企业购进租赁货物所含增值税。

应退税额＝130 000 000÷（1＋17%）×15%＝16 666 666.67（元）

6. 出口退税发票管理

出租人可用增值税专用发票或海关进口增值税专用缴款书作为出口退税凭证，用于融资租赁货物退税的增值税专用发票或海关进口增值税专用缴款书，不得用于抵扣内销货物应纳税额。融资租赁货物属于消费税应税货物的，若申请退税，还应提供有关消费税专用缴款书。

非保税区的企业将货物销售给保税区的企业也可享受退税，但出口到保税区的货物虽然视同出口，需要报关，但海关暂时不签发出口退税联，企业暂不退税，等货物实际离境后（即货物离开保税区，出口到境外后），海关才为企业该批货物签发退税联，企业才可以申报退税。非保税区企业将货物运往保税区，应先在海关部门确认是否以出口方式把货物运往保税区，如是，应开具出口发票。

7. 其他注意事项

融资租赁出租方在进行融资租赁出口货物报关时，应在海关出口报关单上填写“租赁货物（1523）”方式。海关依融资租赁出租方申请，对符合条件的融资租赁出口货物办理放行手续后签发出口货物报关单（出口退税专用，以下简称退税证明联），并按规定向国家税务总局传递退税证明联相关电子信息。对海关特殊监管区域内已退增值税、消费税的货物，以融资租赁方式离境时，海关不再签发退税证明联。

对承租期未满而发生退租的融资租赁货物，融资租赁出租方应及时主动向税务机关报告，并按照规定补缴已退税款。对融资租赁出口货物，再复进口时融资租赁出租方应按照规定向海关办理复运进境手续并提供主管税务机关出具的货物已补税或未退税证明，海关不征收进口关税和进口环节税。

城市维护建设税、教育费附加及地方教育附加

城市维护建设税、教育费附加是对从事生产经营活动的单位和个人，以其实际缴纳的增值税及消费税的税额为计税依据，按纳税人所在地适用的不同税率计算征收的税种，地方教育附加则是一种政府性基金。

城市维护建设税

城市维护建设税的征税范围比较广，具体包括城市市区、县城、建制镇以及税法规定征收增值税及消费税的其他地区。该税种实行地区差别比例税率，按纳税人所在地的不同，税率分别规定为7%、5%、1%三个档次，不同地区的纳税人，适用不同档次的税率。具体适用范围是：

- 纳税人所在地在城市市区的，税率7%；
- 纳税人所在地在县城、建制镇的，税率5%；
- 纳税人所在地不在城市市区、县城、建制镇的，税率1%。

县政府设在城市市区，其在市区办的企业，按市区的规定税率计算纳税。纳税人所在地为工矿区的，应根据行政区划分别按照7%、5%、1%的税率缴纳城市维护建设税。

教育费附加及地方教育附加

教育费附加及地方教育附加同城市维护建设税一样，均是以纳税人实际缴纳的

增值税及消费税的税额为计税依据缴纳的附加费，教育费附加的缴纳比例为3%，地方教育附加的缴纳比例为2%。

纳税人在被查补增值税、消费税和被处以罚款时，应同时对其偷漏的城市维护建设税、教育费附加及地方教育附加进行补税和交纳罚款。

优惠政策

对海关进口的产品征收的增值税、消费税，不征收城市维护建设税、教育费附加及地方教育附加（以下简称附加税费），即若融资租赁标的物由出租方进口获得，则无须缴纳以上附加税费。

对于由于减免增值税、消费税而发生的退税，同时退还已纳的附加税费，但对出口退还增值税和消费税的，不退还已缴纳的附加税费。此外，对增值税、消费税实行先征后返、先征后退、即征即退办法的，除另有规定外，对随其征收的附加税费一律不予退（返）还。也就是说，对于融资租赁公司实际税负超过3%即征即退的，退还增值税的同时，附加税费不予退还。

2016年2月1日起，按月纳税的月销售额不超过10万元（按季度纳税的季度销售额不超过30万元）的纳税义务人免征教育费附加、地方教育附加。

关税与消费税

关　税

关税是海关依法对进出境货物、物品征收的一种税。进口货物的收货人、出口货物的发货人以及进出境物品的所有人为关税的纳税义务人，融资租赁企业若以进口的方式购入承租人指定的租赁物，则需要向海关缴纳关税。

关税的税率根据进出口货物、物品的不同可分为从价税、从量税、复合税、选择税和滑准税，其中从价税是最为常见的一种关税计税标准。对于从价税，其关税以关税完税价格×关税税率确定，其完税价格是由海关以货物的成交价格为基础审查确定的，当成交价格不能确定时，完税价格则由海关依法估定。

1. 关税完税价格

进口货物的关税完税价格包括货物的货价、货物运抵我国境内目的地点起卸前的运输费及其相关费用、保险费。其中货价是指买方为购买该货物，并按《完税价格办法》有关规定调整后的实付和应付价款，应包含以下费用：

（1）除购货佣金以外的佣金和经纪费；

（2）与该货物视为一体的容器费用；

（3）包装材料和包装劳务费用；

（4）与进口货物的生产和向中华人民共和国境内销售有关的，由买方以免费或者以低于成本的方式提供，并且可以按适当比例分摊的下列货物或者服务的价值：

- 进口货物包含的材料、部件、零件和类似货物；
- 在生产进口货物过程中使用的工具、模具和类似货物；
- 在生产进口货物过程中消耗的材料；
- 在境外进行的为生产进口货物所需的工程设计、技术研发、工艺及制图等相关服务。

（5）买方需向卖方或者有关方直接或者间接支付的特许权使用费，但是符合下列情形之一的除外：①特许权使用费与该货物无关；②特许权使用费的支付不构成该货物向中华人民共和国境内销售的条件。

根据融资租赁业务的特征，如果特许权使用费是用于支付分销权、销售权或者其他类似权利，且进口货物属于下列情形之一的，应当视为与进口货物有关：①进口后可以直接销售的；②经过轻度加工即可以销售的。

买方不支付特许权使用费则不能购得进口货物，或者买方不支付特许权使用费则该货物不能以合同议定的条件成交的，应当视为特许权使用费的支付构成进口货物向中华人民共和国境内销售的条件。

（6）卖方直接或者间接从买方对该货物进口后销售、处置或者使用所得中获得的收益。

纳税义务人应当向海关提供上述费用或者价值的客观量化数据资料。纳税义务人不能提供的，海关与纳税义务人进行价格磋商后，按照海关估价方法审查确定完税价格。

需要注意的是，进口货物的价款中单独列明的下列税收、费用不应计入进口货物完税价格：

- ◆ 厂房、机械或者设备等货物进口后发生的建设、安装、装配、维修或者技术援助费用，但是保修费用除外。
- ◆ 进口货物运抵中华人民共和国境内输入地点起卸后发生的运输及其相关费用、保险费；
- ◆ 进口关税、进口环节海关代征税及其他国内税。
- ◆ 在境内复制进口货物而支付的费用。
- ◆ 境内外技术培训及境外考察费用。
- ◆ 同时符合下列条件的利息费用：
  - ● 利息费用是买方为购买进口货物而融资所产生的；
  - ● 有书面的融资协议的；
  - ● 利息费用单独列明的；
  - ● 纳税义务人可以证明有关利率不高于在融资当时当地此类交易通常应当具有的利率水平，且没有融资安排的相同或者类似进口货物的价格与进口货物的实付、应付价格非常接近的。

陆运、空运和海运进口货物的运费和保险费，应当按照实际支付的费用计算。如果进口货物的运费无法确定或者未实际发生，海关按该货物进口同期运输业公布的运费率（额）计算运费；按“货价加运费”两者总额的3‰计算保险费。

邮运的进口货物，应当以邮费作为运输及相关费用、保险费；以境外边境口岸价格条件成交的铁路或公路运输进口货物，海关应当按照货价的1%计算运输及相关运费、保险费；作为进口货物的自驾进口运输工具，海关在审定完税价格时，可以不另行计入运费。

2. 关税征收

进口货物应自运输工具申报进境之日起14日内由纳税义务人向货物进境地海关申报，海关根据税则归类和完税价格计算应缴纳的关税和进口环节代征税，并填发税款缴款书。纳税义务人应当自海关填发税款缴款书之日起15日内，向指定银行缴纳税款。

纳税义务人未在关税缴纳期限内缴纳税款，即构成关税滞纳，应自关税缴纳期限届满滞纳之日起，到纳税义务人缴纳关税之日止，按滞纳税款万分之五的比例按日缴纳税收滞纳金（包括周末及法定节假日）。如果在海关填发缴款书之日起 3 个月仍未缴纳税款，经批准还可从纳税义务人在开户银行或者其他金融机构的存款中直接扣缴税款，或将应税货物依法变卖，以变卖所得抵缴税款。

案例 9-4

融资租赁标的物进口关税的计算

A 融资租赁公司于 2015 年 4 月按 B 企业的要求购买一辆小汽车（符合乘用车标准），并将该小汽车以融资租赁方式出租给 B 企业。该小汽车于 2015 年 4 月 15 日申报进境，海关于 2015 年 4 月 26 日填发税款缴款书。该小汽车买价为 15 万元，运费为 6 000 元，合同约定期限为 5 年，A 公司于 2015 年 5 月 20 日缴纳税款，假定关税税率为 9%，则应缴纳的关税税额及滞纳金如下：

应纳关税税额＝（150 000＋6 000）×（1＋3‰）×9%＝1 4082.12（元）

应交滞纳金＝14 082.12×9×0.5‰＝63.37（元）

消费税

消费税是在生产、委托加工和进口环节以特定消费品为课税对象所征收的一种税，属于流转税的范畴，以游艇、小汽车为标的物所开展的融资租赁业务会涉及消费税的缴纳。融资租赁企业按承租人的要求进口的消费税应税租赁物，应由融资租赁企业在进口环节向海关缴纳消费税。与关税一样，消费税也应由纳税义务人自海关填发税款缴款书之日起 15 日内，向指定银行缴纳税款。

游艇及小汽车的消费税都是从价计征的，进口游艇及小汽车的应纳税额都是按组成计税价格和规定的税率计算缴纳消费税的，其计算公式为：

组成计税价格＝(关税完税价格＋关税)÷(1－消费税比例税率)

应纳税额＝组成计税价格×消费税比例税率

游艇及小汽车的消费税比例税率如表 9-4 所示。

表 9-4　游艇、小汽车消费税比例税率

税目	子目	税率
游艇	——	10%
小汽车	1. 乘用车	
	(1) 汽缸容量（排气量，下同）在 1.0 升（含）以下	1%
	(1) 汽缸容量（排气量，下同）在 1.5 升（含）以下	3%
	(2) 汽缸容量在 1.5 升至 2.0 升（含）	5%
	(3) 汽缸容量在 2.0 升至 2.5 升（含）	9%
	(4) 汽缸容量在 2.5 升至 3.0 升（含）	12%
	(5) 汽缸容量在 3.0 升至 4.0 升（含）	25%
	(6) 汽缸容量在 4.0 升以上	40%
	2. 中轻型商用客车	5%

案例 9-5

融资租赁标的物进口消费税的计算

承例 9-4。假设该小汽车的气缸容量为 2.5 升，并于 2015 年 4 月 27 日缴纳税款，则融资租赁企业 A 应缴纳的消费税税额的计算如下：

组成计税价格＝［(150 000＋6 000) ×（1＋3‰）＋14 082.12］÷（1－9%）

＝187 417.71（元）

应纳税额＝187 417.71×9%＝16 867.59（元）

消费税出口退（免）税

融资租赁出口货物、融资租赁海洋工程结构物（具体范围与增值税一致）属于消费税应税消费品的，向融资租赁出租方退还前一环节已征的消费税，其计算公式为：

消费税应退税额＝购进融资租赁货物税收（出口货物专用）缴款书上或海关进口消费税专用缴款书上注明的消费税税额

融资租赁货物属于消费税应税货物的，若申请消费税退税，应提供有关消费税专用缴款书。

企业所得税

企业所得税的计税依据为应纳税所得额，按照《中华人民共和国企业所得税法》（以下简称《企业所得税法》）的规定，应纳税所得额的基本计算公式为：

$$\text{应纳税所得额} = \text{收入总额} - \text{不征税收入} - \text{免税收入} - \text{各项扣除} - \text{以前年度亏损}$$

$$\text{当年应纳税额} = \text{应纳税所得额} \times \text{适用税率}$$

下面，我们将围绕企业所得税的计算公式来分析融资租赁双方在处理融资租赁业务时所涉及的纳税调整。

收入的确认

企业所得税的收入包括以货币形式和非货币形式从各种来源取得的收入，具体包括：销售货物收入，提供劳务收入，转让财产收入，股息、红利等权益性投资收益，利息收入，租金收入，特许权使用费收入，接受捐赠收入，其他收入。对于融资租赁公司而言，其收取租金所获得的利息收入属于企业所得税收入总额的范围。

不征税收入

收入总额中的下列收入为不征税收入：

- 财政拨款。是指各级人民政府对纳入预算管理的事业单位、社会团体等组织拨付的财政资金，但国务院和国务院财政、税务主管部门另有规定的除外。
- 依法收取并纳入财政管理的行政事业性收费、政府性基金。行政事业性收费，是指依照法律法规等有关规定，按照国务院规定程序批准，在实施社会公共管理，以及在向公民、法人或者其他组织提供特定公共服务过程中，向特定对象收取并纳入财政管理的费用。政府性基金，是指企业依照法律、行政法规等有关规定，代政府收取的具有专项用途的财政资金。
- 国务院规定的其他不征税收入。是指企业取得的，由国务院财政、税务主管部门规定专项用途并经国务院批准的财政性资金。这里所称财政性资金，是指企业取得的来源于政府及其有关部门的财政补助、补贴、贷款贴息，以及其他各类财政专项资金，包括直接减免的增值税和即征即退、先征后退、先征后返的各种税收，但不包括企业按规定取得的出口退税款。

- 《财政部 国家税务总局关于财政性资金、行政事业性收费、政府性基金有关企业所得税政策问题的通知》（财税〔2008〕151号）第一条规定，企业取得的各类财政性资金，除属于国家投资和资金使用后要求归还本金的以外，均应计入企业当年收入总额。这里所称国家投资，是指国家以投资者身份投入企业、并按有关规定相应增加企业实收资本（股本）的直接投资。
- 对于企业取得的由国务院财政、税务主管部门规定专项用途并经国务院批准的财政性资金，准予作为不征税收入，在计算应纳税所得额时从收入总额中减除。但需同时满足以下几个条件：A. 企业能够提供规定资金专项用途的资金拨付文件；B. 财政部门或其他拨付资金的政府部门对该资金有专门的资金管理办法或具体管理要求；C. 企业对该资金以及以该资金发生的支出单独进行核算。
- 纳入预算管理的事业单位、社会团体等组织按照核定的预算和经费报领关系收到的由财政部门或上级单位拨入的财政补助收入，准予作为不征税收入，在计算应纳税所得额时从收入总额中减除，但国务院和国务院财政、税务主管部门另有规定的除外。

因此，从事融资租赁服务的企业，按照现行营改增政策取得的即征即退的增值税属于财政性资金，但目前财政部、国家税务总局没有针对该即征即退税款出台专门的资金管理办法或具体管理要求，不符合上述规定的，不属于不征税收入，应当缴纳企业所得税。

免税收入

- ◆ 国债利息收入。是指企业持有国务院财政部门发行的国债取得的利息收入。
- ◆ 符合条件的居民企业之间的股息、红利等权益性投资收益。是指居民企业直接投资于其他居民企业取得的投资收益。
- ◆ 在中国境内设立机构、场所的非居民企业从居民企业取得与该机构、场所有实际联系的股息、红利等权益性投资收益。该股息、红利等权益性投资收益，不包括连续持有居民企业公开发行并上市流通的股票不足12个月取得的投资收益。

◆ 符合条件的非营利组织的收入。具体包括以下收入：

- 接受其他单位或者个人捐赠的收入；
- 除《企业所得税法》第七条规定的财政拨款以外的其他政府补助收入，但不包括因政府购买服务取得的收入；
- 按照省级以上民政、财政部门规定收取的会费；
- 不征税收入和免税收入孳生的银行存款利息收入；
- 财政部、国家税务总局规定的其他收入。

以上各项免税收入是企业所得税法规定的法定免税收入，免税期限一般较长或无期限，免税内容具有较强的稳定性，一旦列入税法，没有特殊情况，一般不会修改或取消。

各项扣除

《企业所得税法》规定，企业实际发生的与取得收入有关的、合理的支出，包括成本、费用、税金、损失和其他支出，准予在计算应纳税所得额时扣除。与融资租赁双方有密切关系的扣除项主要有以下几个项目：

（1）租赁资产的折旧。

①固定资产的计税基础。融资租入的固定资产，以租赁合同约定的付款总额和承租人在签订租赁合同过程中发生的相关费用为计税基础，租赁合同未约定付款总额的，以该资产的公允价值和承租人在签订租赁合同过程中发生的相关费用为计税基础。资产的公允价值是不含增值税的，因此笔者认为，与其相对应的付款总额也应为不含增值税的付款总额，否则会出现该固定资产的计税基础确立的基本原则会不一致的问题。《国家税务总局关于融资性售后回租业务中承租方出售资产行为有关税收问题的公告》（国家税务总局公告2010年第13号）规定，对融资性售后回租业务中融资性租赁的资产，仍按承租人出售前原账面价值作为计税基础计提折旧。

会计上承租人应当将租赁开始日租赁资产公允价值与含税最低租赁付款额现值两者中较低者作为融资租入固定资产的入账价值，承租人在租赁谈判和签订租赁合同过程中发生的，可归属于租赁项目的手续费、律师费、差旅费、印花税等初始直接费用，也应当计入租入资产的价值。如果承租人或与其有关的第三方对租赁资产余值提供了担保，则应计提的折旧总额为融资租入固定资产的入账价值扣除担保余值后的余额；如果承租人或与其有关的第三方未对租赁资产余值提供担保，则应计提的折旧总额为租赁开始日固定资产的入账价值。

可见，税法上对于以直租方式及售后回租方式融资租入资产的计税基础的规定是不同的，并且二者在税法上的计税基础与会计处理上也存在差异。税法上并未规定计算最低租赁付款额的现值，而是采用相对简化的处理方式，按照合同约定的付款总额或出售前账面价值作为计税基础，比会计准则的规定更直观、更简单。

②固定资产的折旧范围。以经营租赁方式租入固定资产发生的租赁费支出，按照租赁期限均匀扣除；以融资租赁方式租入固定资产发生的租赁费支出，按照规定构成融资租入固定资产价值的部分应当提取折旧费用，分期扣除。

③折旧年限。除国务院财政、税务主管部门另有规定外，固定资产计算折旧的最低年限如下：

◆ 房屋、建筑物，为 20 年；

◆ 火车、轮船、机器、机械和其他生产设备，为 10 年；

◆ 与生产经营活动有关的器具、工具、家具等，为 5 年；

◆ 飞机、火车、轮船以外的运输工具，为 4 年；

◆ 电子设备，为 3 年。

发达国家为促进金融租赁业的发展，专门制定了相关加速折旧的政策。比如，美国和韩国都允许对租赁资产进行加速折旧。我国并没有专门针对融资租赁业出台相关加速折旧政策，但《企业所得税法》规定，企业的固定资产由于技术进步等原因，需加速折旧的，可以缩短折旧年限或者采取加速折旧的方法。可采用以上折旧方法的固定资产是指：由于技术进步，产品更新换代较快的固定资产；常年处于强震动、高腐蚀状态的固定资产。采取缩短折旧年限方法的，最低折旧年限不得低于规定折旧年限的 60%；采取加速折旧方法的，可以采取双倍余额递减法或年数总和法。

《财政部 国家税务总局关于促进企业技术进步有关财务税收问题的通知》（财工字〔1996〕41 号）规定，国有、集体工业企业技术改造采取融资租赁方法租入机械设备，折旧年限可按租赁期限和国家规定折旧年限孰短的原则确定，但最短折旧年限不短于三年。

天津市政府发布的《关于促进我市租赁业发展的意见》（津政发〔2010〕39 号）也规定，租赁公司租赁机器设备符合以上条件，并确需加速折旧的，可采用缩短折旧年限方法计算，但最短折旧年限不得低于规定的 60%；也可采用双倍余额递减法或年数总和法计算。

会计上确定租赁资产的折旧期间时，应视租赁合同而定。如果能够合理确定承租人在租赁期届满时取得租赁资产所有权的，则以租赁资产使用寿命为折旧年限。如果无法合理确定承租人在租赁期届满时是否能够取得租赁资产所有权的，应当在租赁期与租赁资产使用寿命两者中较短的期间内计提折旧。

由此可见，在折旧年限上，税法和会计上也存在明显的差异，需根据实际情况进行纳税调整或调减。

④加速折旧政策的适用范围。2014—2015 年间，《财政部 国家税务总局关于完善固定资产加速折旧企业所得税政策的通知》（财税〔2014〕75 号）和《财政部 国家税务总局关于进一步完善固定资产加速折旧企业所得税政策的通知》（财税〔2015〕106 号）相继发布，对生物药品制造业，专用设备制造业，铁路、船舶、航空航天和其他运输设备制造业，计算机、通信和其他电子设备制造业，仪器仪表制造业，信息传输、软件和信息技术服务业等六个行业的企业及轻工、纺织、机械、汽车等四个领域重点行业采取了固定资产加速折旧政策（见表 9-5）。

表 9-5 六大行业、四个领域重点行业加速折旧政策

行业	固定资产类别	购置时间	条件	税收优惠	
				加速折旧（缩短折旧年限或加速折旧）	企业所得税税前一次性扣除
六大行业	购进（包括自行建造）	2014 年 1 月 1 日后新购进	投入使用当年主营业务收入占收入总额比例超过 50%的	√	×
四个领域重点行业	购进	2015 年 1 月 1 日后新购进	投入使用当年主营业务收入占收入总额比例超过 50%的	√	×
六大行业中的小型微利企业	研发和生产经营共用的仪器、设备	2014 年 1 月 1 日后新购进	投入使用当年主营业务收入占收入总额比例超过 50%的	单位价值超过 100 万元的	单位价值不超过 100 万元的
四个领域重点行业中的小型微利企业	研发和生产经营共用的仪器、设备	2015 年 1 月 1 日后新购进	投入使用当年主营业务收入占收入总额比例超过 50%的	单位价值超过 100 万元的	单位价值不超过 100 万元的
所有行业	专门用于研发的仪器、设备	2014 年 1 月 1 日后新购进	无	单位价值超过 100 万元的	单位价值不超过 100 万元的
所有行业	单位价值不超过 5000 元的固定资产	无时间限制	无	×	√

需要注意的是，这两个文件所说的是“购进”，即购买，不是租赁。即使融资租入固定资产所有权最后一般都会转移到承租人，但它也是租赁，不是“购进”，不能加速折旧。

2015 年 11 月 11 日，国家税务总局所得税司副司长刘宝柱在税务总局网站“固定资产加速折旧政策”在线访谈中明确指出：“购进是指以货币购进的固定资产和自行建造的固定资产。融资租赁的固定资产不属于购进的范畴，因此，不能适用本次加速折旧政策。”

（2）研发费加计扣除。研究开发费是指企业为开发新技术、新产品、新工艺发生的研究开发费用，未形成无形资产计入当期损益的，在按照规定据实扣除的基础上，按照研究开发费用的 50%加计扣除；形成无形资产的，按照无形资产成本的 150%摊销。需要注意的是，在 2017 年 1 月 1 日至 2019 年 12 月 31 日期间，科技型中小企业研发费加计扣除比例为 75%，形成无形资产的按该期间无形资产成本的 175%进行摊销。

①融资租入固定资产的折旧《财政部 国家税务总局 科学技术部关于完善研究开发费用税前加计扣除政策的通知》（财税〔2015〕119 号）规定，用于研发活动的仪器、设备的折旧费可作为研发费税前加计扣除，并没有区分购入固定资产还是融资租入固定资产，由于融资租入固定资产在承租方计提折旧，因此符合条件的融资租入固定资产的折旧可以加计扣除。

②融资租入固定资产的租赁费。财税〔2015〕119 号文件规定直接投入费用可作为研发费税前加计扣除，包括研发活动直接消耗的材料、燃料和动力费用；用于中间试验和产品试制的模具、工艺装备开发及制造费，不构成固定资产的样品、样机及一般测试手段购置费，试制产品的检验费；用于研发活动的仪器、设备的运行维护、调整、检验、维修等费用，以及通过经营租赁方式租入的用于研发活动的仪器、设备租赁费。

特别强调了“经营租赁方式租入的”固定资产，排除了融资租入的固定资产。由于融资租入固定资产的折旧已经可以加计扣除，租赁费就不能再加计扣除了。

（3）未实现融资收益及未确认融资费用的分摊。

①出租人。

《中华人民共和国企业所得税法实施条例》（以下简称《企业所得税法实施条例》）第十九条规定：“租金收入，按照合同约定的承租人应付租金的日期确认收入的实现。”企业租金收入金额，应当按照有关租赁合同或协议约定的金额全额确定。租赁合同或协议约定的金额应当包括承租人行使优惠购买租赁资产的选择权所支付的价款。根据该规定，某一纳税年度按照合同约定应收租金即使没有收到，也应在当年确认计税收入。显然，税法关于租金收入确认的时点和金额的规定与会计准则是存在差异的。

融资租赁业务取得的租金收入总额是由本金及利息两个部分组成的，租赁资产的公允价值为本金，租金收入与租赁资产公允价值的差额为利息收入。因此，在按租赁费总额作为计税收入的同时，租赁资产的公允价值应作为成本扣除。在融资租赁下，出租人发生的初始直接费用可以在发生的当期一次性扣除，如果金额较大，也可以根据配比原则，在租金收入确认的各期配比扣除。

由于融资租赁的计税收入通常是根据租赁合同的约定分期平均收取的，因此，初始直接费用采用分期扣除办法时，也应当于确认计税收入的当期平均扣除。相应地，租赁资产的公允价值也应采取平均扣除的办法。即纳税年度应确认的所得额＝本期应收租赁费－（租赁资产公允价值＋初始直接费用）/租赁期－其他成本费用（如融资成本）。租赁期满，出租人收到的购买款在实际收到时确认计税收入，不再扣除租赁资产的成本和初始直接费用。

而在会计处理上，是以当期未实现融资收益的分摊－其他成本费用（如融资成本）作为纳税年度应确认的所得额，与税法上存在差异，需要做纳税调整。

②承租人。

直租业务。企业会计准则规定，在租赁开始日，承租人应当将租赁开始日租赁资产公允价值与最低租赁付款额现值中较低者作为租入资产的入账价值，将最低租赁付款额作为长期应付款的入账价值，其差额作为未确认融资费用。每期采用实际利率法分摊未确认融资费用，按当期应分摊的未确认融资费用金额，借记“财务费用”科目，贷记“未确认融资费用”科目。而税法对融资租赁方式租入固定资产的计价不考虑最低租赁付款额现值，不承认会计确认的未确认融资费用，也不存在未确认融资费用的摊销，因此存在税会差异，需要做纳税调整。

回租业务。对于融资性售后回租业务，租赁期间，承租人支付的属于融资利息的部分，作为企业财务费用在税前扣除，而会计上的处理与直租业务相同，若约定的融资利息与会计计算的未确认融资费用不一致，则也存在税会差异，需进行纳税调整。

（4）损失与减值准备。

《财政部 国家税务总局关于金融企业贷款损失准备金企业所得税税前扣除政策的通知》（财税〔2012〕5号）规定，贷款损失准备金允许税前扣除，其计算公式为：准予当年税前扣除的贷款损失准备金＝本年末准予提取贷款损失准备金的贷款资产余额×1%－截至上年末已在税前扣除的贷款损失准备金的余额。金融企业按上述公式计算的数额如为负数，应当相应调增当年应纳税所得额。

对于金融企业办的金融租赁公司，银监会将其归属于非银行金融企业，融资租赁支出属风险资产，可以计提减值准备。

依据《企业所得税法实施条例》第五十五条关于“不符合国务院财政、税务主管部门规定的各项资产减值准备、风险准备等准备金支出不得在税前扣除”的规定，未担保余值减值准备不得在税前扣除。

（5）非居民企业所得税。

在中国境内未设立机构、场所的非居民企业，以融资租赁方式将设备、物件等租给中国境内企业使用，租赁期满后设备、物件所有权归中国境内企业（包括租赁期满后作价转让给中国境内企业），非居民企业按照合同约定的期限收取租金，应以租赁费（包括租赁期满后作价转让给中国境内企业的价款）扣除设备、物件价款后的余额，作为贷款利息所得计算缴纳企业所得税，由中国境内企业在支付时代扣代缴。

（6）关联企业借款利息。

根据《财政部 国家税务总局关于企业关联方利息支出税前扣除标准有关税收政策问题的通知》（财税〔2008〕121 号）第一条的规定，在计算应纳税所得额时，企业实际支付给关联方的利息支出，不超过以下规定比例和税法及其实施条例有关规定计算的部分，准予扣除，超过的部分不得在发生当期和以后年度扣除。其接受关联方债权性投资与其权益性投资比例（债资比）为：金融企业为 5∶1，其他企业为 2∶1，其中金融租赁公司适用债资比为 5∶1，其他融资租赁公司适用 2∶1 的债资比。这一标准并非判断可税前扣除关联企业借款利息金额的唯一标准，若企业如果能够按照税法及其实施条例的有关规定提供相关资料，并证明相关交易活动符合独立交易原则；或者该企业的实际税负不高于境内关联方的，其实际支付给境内关联方的利息支出，在计算应纳税所得额时准予扣除而不受上述债资比的限制。

（7）其他调整项目。

《国家税务总局关于金融企业贷款利息收入确认问题的公告》（国家税务总局公告 2010 年第 23 号）规定，金融企业已确认为利息收入的应收利息，逾期 90 天仍未收回，且会计上已冲减了当期利息收入的，准予抵扣当期应纳税所得额；金融企业已冲减了利息收入的应收未收利息，以后年度收回时，应计入当期应纳税所得额计算纳税。该政策仅适用于金融企业，对于融资租赁公司是否属于金融企业需要视情况而定。经中国人民银行、银监会批准从事融资租赁业务的金融租赁公司属于金融企业的范围，而经商务部批准的外商投资融资租赁公司和内资融资租赁试点企业并不属于金融企业的范围，不适用该政策。

上述利息收入仅为租金收入的一个组成部分，当除上述规定中的利息收入以外的部分无法收回时应做货币资产坏账损失处理，需依据以下相关证据材料确认：

- 相关事项合同、协议或说明；
- 属于债务人破产清算的，应有人民法院的破产、清算公告；
- 属于诉讼案件的，应出具人民法院的判决书或裁决书或仲裁机构的仲裁书，或者被法院裁定终（中）止执行的法律文书；
- 属于债务人停止营业的，应有工商部门注销、吊销营业执照证明；
- 属于债务人死亡、失踪的，应有公安机关等有关部门对债务人个人的死亡、失踪证明；
- 属于债务重组的，应有债务重组协议及其债务人重组收益纳税情况说明；
- 属于自然灾害、战争等不可抗力而无法收回的，应有债务人受灾情况说明以及放弃债权申明。

除此之外，还有两种特殊情况下的坏账损失处理方法：一是企业逾期三年以上的应收款项在会计上已作为损失处理的，可以作为坏账损失，但应说明情况，并出具专项报告；二是企业逾期一年以上，单笔数额不超过五万元或者不超过企业年度收入总额万分之一的应收款项，会计上已经作为损失处理的，可以作为坏账损失，但应说明情况，并出具专项报告。

印花税

业务处理

印花税是以经济活动和经济交往中，书立、领受应税凭证行为为征税对象征收的一种税，印花税的纳税义务人是在中国境内书立、使用、领受印花税法所列举的凭证并依法履行纳税义务的单位和个人。

按照《国家税务局关于对借款合同贴花问题的具体规定》（国税地字〔1988〕30号）的规定，银行及其金融机构经营的融资租赁业务，是一种以融物方式达到融资目的的业务，实际上是分期偿还的固定资金借款。因此，对融资租赁合同，可根据合同所载的租金总额暂按“借款合同”计税贴花；其税率为万分之零点五。

对于其他单位从事的融资租赁业务如何缴纳印花税，在2015年12月24日之前并没有文件给出明确的规定，各地的要求也各有不同。有的企业比照上述规定按借款合同缴纳，有的企业按财产租赁合同缴纳。但是其他单位并不具备借款合同印花税的主体资格，此外，根据《中华人民共和国印花税暂行条例》印花税税目税率表的规定，借款合同是银行及其他金融组织和借款人（不包括银行同业拆借）所签订的借款合同，而其他单位从事融资租赁业务并不涉及银行及其他金融组织，不属于银行及其他金融组织和借款人签订的借款合同，因此严格来说不能视同借款合同缴纳印花税。

而财产租赁合同与融资租赁合同又存在本质的差别，所以按照财产租赁合同缴纳印花税同样存在争议。对此，武汉和天津地方文件的规定是：对融资租赁合同可根据合同所载租金总额按借款合同计税贴花，即按借款金额万分之零点五贴花；对分别签订购销合同和融资租赁合同的，应按规定分别贴花（不区分金融租赁和普通租赁）。

《财政部 国家税务总局关于融资租赁合同有关印花税政策的通知》（财税〔2015〕144号）明确规定，企业（不区分金融租赁公司和其他融资租赁企业）开展融资租赁业务签订的融资租赁合同（含融资性售后回租），统一按照其所载明的租金总额依照“借款合同”税目，按万分之零点五的税率计税贴花，而对于融资性售后回租业务中，对承租人、出租人因出售租赁资产及购回租赁资产所签订的合同，不征收印花税。也就是说，对于直租业务，租赁货物的所有权在租赁期结束后转让给承租人，并且在融资租赁合同结束之后另行签订一个购销合同的，双方仍应按照购销合同缴纳印花税，适用税率为万分之三。

融资租赁公司采取不同的融资方式，其印花税的缴纳也会有所不同：

◆ 融资租赁公司从银行及其他金融组织借款应区分不同情况缴纳印花税。对于非银行系融资租赁公司从银行及其他金融组织借款应按“借款合同”缴纳印花税，税率为万分之零点五；对于银行系融资租赁公司从银行及其他金融组织借款，《关于印花税若干具体问题的解释和规定》〔(91) 国税发155号〕规定：银行、非银行金融机构之间相互融通短期资金，凡按照规定的同业拆借期限和利率签订的同业拆借合同，不贴花，凡不符合规定的，应按借款合同贴花。

◆ 融资租赁公司通过银行保理融资，签订的银行保理合同不属于印花税应税列举范畴，根据印花税应税正列举原则，不需要缴纳印花税。

◆ 融资租赁公司与其他公司之间签订的借款合同，也不需要缴纳印花税。

◆ 融资租赁公司将实施资产证券化的信贷资产信托予受托机构时，双方签订的信托合同暂不征收印花税；融资租赁公司在信贷资产证券化过程中，与资金保管机构、证券登记托管机构以及其他为证券化交易提供服务的机构签订的其他应税合同，暂免征收融资租赁公司应缴纳的印花税；融资租赁公司因开展租赁资产证券化业务而专门设立的资金账簿暂免征收印花税。

优惠政策

《财政部 国家税务总局关于飞机租赁企业有关印花税政策的通知》(财税〔2014〕18号）规定，自2014年1月1日起至2018年12月31日止，暂免征收飞机租赁企业购机环节购销合同印花税。这一优惠政策对于飞机租赁行业来说是很大的利好，因为一般购机涉及的合同金额都很大，按照购销合同缴纳万分之三的印花税对飞机租赁企业来说也是一笔不小的支出。

由于印花税应在书立合同或领受凭证时贴花，因此对于免税时间点的确定应以合同书立的时间为准，即书立合同时间发生在2014年1月1日至2018年12月31日期间的购机合同免征印花税。但这一政策还存在一定的模糊点，即对飞机租赁企业的界定不清晰。对于直租业务，飞机租赁企业应该指出租人，这一点毫无疑问；而对于回租业务，出租人从承租人手中购买租赁物并将其出租给承租人是连续一体发生的，虽然过程中包括了购销、借款等不同行为，但不能将其拆分成多个合同计税。如果一个售后回租的融资租赁合同中既对融资租赁业务做出了规范，又对其他行为（如与融资租赁无关的购销业务）做出了规范，则应按照两个合同计税贴花，所以售后回租业务中的免税主体为承租人，如果承租人购进设备和进行售后回租之间有一段时间距离，并且承租人购进设备发生在2014年1月1日以前，则无法享受此免税政策。

房产税

业务处理

房产税是以房屋为征税对象，按照房屋的计税余值或租金收入，向产权所有人征收的一种财产税。对于融资租赁房产，由于租赁费包括购进房屋的价款、手续费、借款利息等，与一般房屋出租的“租金”内涵不同，且租赁期满后，当承租人偿还最后一笔租赁费时，房屋产权要转移给承租人，其实质虽然是融资，但采用的是一种变相分期付款购买固定资产的形式，所以在计征房产税时应以房产余值计算征收。

《财政部 国家税务总局关于房产税、城镇土地使用税有关问题的通知》（财税〔2009〕128 号）对融资租赁房产的房产税问题做出了相关规定：融资租赁的房产，由承租人自融资租赁合同约定开始日的次月起依照房产余值缴纳房产税。合同未约定开始日的，由承租人自合同签订的次月起依照房产余值缴纳房产税。

房产税实行按年计算、分期缴纳的征收方法，具体纳税期限由省、自治区、直辖市人民政府确定。征收地点为房产所在地，若房产不在同一地方，则需按房产的坐落地点分别在当地房产税务机关缴纳。

适用税率

我国现行房产税采用的是比例税率，计税依据分为从价计征和从租计征两种形式。融资租赁房产税采用的是从价计征的方式，其税率为 1.2%，具体计算公式为：

应纳税额＝应税房产原值×(1－扣除比例)×1.2%

各地扣除比例有所不同，但扣除比例的范围都在 10%～30%之间。

对于房产原值如何确定的问题，《财政部 国家税务总局关于房产税、城镇土地使用税有关问题的通知》（财税〔2008〕152 号）明确规定，2009 年 1 月 1 日起对依照房产原值计税的房产，不论是否记载在会计账簿固定资产科目中，均应按照房屋原价计算缴纳房产税。房屋原价应根据国家有关会计制度规定进行核算，对纳税人未按国家会计制度规定核算并记载的，应按规定予以调整或重新评估。而《企业会计准则第 21 号——租赁》第十一条规定，在租赁期开始日，承租人应当将租赁开始日租赁资产公允价值与最低租赁付款额现值两者中较低者作为租入资产的入账价值，所以这里所称房产原值为租赁期开始日，租赁资产公允价值与最低租赁付款额现值两者中的较低者，另外，该应税房产原值应为不含增值税的原值。

需要注意的是，承租人对原有房屋进行改建、扩建的，要相应增加房屋的原值。

案例 9-6

不动产融资租赁房产税的计算

A 租赁公司于 2015 年 4 月将一生产厂房以融资租赁方式租赁给 B 企业。合同约定期限为10年，最低租赁付款额现值为1 000万元（不含税），该生产厂房的公允价值为1 200万元（不含税），假设B企业所在地税务机关规定计征房产税的依据为房产原值一次减除25%后的余值，那么B企业融资租入该生产厂房的房产余值为：

$$1\,000\times(1-25\%)=750(\text{万元})$$

优惠政策

房产融资租赁业务的承租人如为医院、学校，则会涉及下面的税收优惠政策：

由国家财政部门拨付事业性经费的单位（如学校、医疗卫生单位、托儿所、幼儿园、敬老院、文化、体育、艺术等实行全额或差额预算管理的事业单位）所有的，本身业务范围内使用的房产免征房产税。

契　税

业务处理

契税是以在中华人民共和国境内转移土地、房屋权属为征税对象，向产权承受人征收的一种财产税，其纳税人为境内转移土地、房屋权属，承受的单位和个人。对于直租业务，由于在融资租赁期间房产的所有权仍属于出租人，还没有发生转移变动，因此，融资租赁期间的房产不缴纳契税。但是如果在融资租赁期过后，租赁双方的房屋所有权发生转移，则承租人应按规定缴纳契税。

契税纳税义务发生时间是纳税人签订土地、房屋权属转移合同的当天，或者纳税人取得其他具体土地、房屋权属转移合同性质凭证的当天。纳税人应自纳税义务发生之日起10日内办理纳税申报，并在土地、房屋所在地的征收机关缴纳税款。

适用税率

契税实行3%～5%的幅度税率，各省、自治区、直辖市人民政府在3%～5%的幅度税率范围内，按照本地区的实际情况确定。实行幅度税率是考虑到我国经济发展不平衡，各地经济现状差别较大的实际情况。其计算公式为：应纳税额＝不动产的价格×税率，注意，此处的不动产价格是指不含增值税的价格。

优惠政策

《财政部 国家税务总局关于企业以售后回租方式进行融资等有关契税政策的通知》（财税〔2012〕82号，以下简称82号文）规定，对金融租赁公司开展售后回租业务，承受承租人房屋、土地权属的，照章征税。对售后回租合同期满，承租人回购原房屋、土地权属的，免征契税。首先要注意的是，适用82号文中征免契税规定的融资租赁公司必须是金融租赁公司，也就是说，经商务部和国家税务总局等批准内资试点融资租赁公司以及外资融资租赁公司不得适用该政策。在82号文出台，没有具体的政策规定，税务机关对于承租人回购标的物办理产权证时就要征收契税，这样的规定对除金融租赁公司以外的其他融资租赁公司来说略显不公平，也使其进行房地产售后回租时的税收成本比金融租赁公司高出一大截。

对于直租业务，融资租赁公司购入房屋、土地及承租人承受房屋、土地权属都要缴纳契税。

车船税

业务处理

目前，很多融资租赁公司都开展了车辆和船舶的融资租赁业务，这种情况下其实务中就会涉及车船税的处理。车船税是以车船为征税对象，向拥有车船的单位和个人征收的一种税，车船税的纳税义务人是指中华人民共和国境内，车辆、船舶的所有人或者管理人，其中，所有人是指在我国境内拥有车船的单位和个人；管理人是指对车船具有管理权或者使用权，不具有所有权的单位。纳税义务发生时间为取得车船所有权或管理权的当月（以购买车船的发票或其他证明文件所载日期的当月为准）。车船税实行按年申报，分月计算，一次性缴纳的缴纳方式，其纳税地点为车船的登记地或者车船税扣缴义务人所在地，对于依法不需要办理登记的车船，车船税的纳税地点为车船的所有人或者管理人所在地。

对于直租业务，融资租赁公司从厂商购入车船，租赁期内出租人拥有车辆、船舶的所有权，车辆登记在出租人名下，所以应由融资租赁公司缴纳车船税，租赁期满如果车船的所有权归承租人，则由承租人缴纳车船税。

对于售后回租业务，当租赁物为车船时，融资租赁公司从承租人购入车船，租赁期内由于车辆登记在出租人名下，所以也应由出租人缴纳车船税，租赁期满如果承租人回购车船，则由承租人缴纳车船税。一般情况下，租赁期内的车船税，融资租赁公司会将其包含在租金内转嫁给承租人。

对于涉及境外船舶租赁的车船税处理，《国家税务总局关于车船税征管若干问题的公告》（国家税务总局公告2013年第42号）规定：境内单位和个人租入外国籍船舶的，不征收车船税。境内单位和个人将船舶出租到境外的，应依法征收车船税。

适用税率

车船税实行定额税率。定额税率也称固定税额，是税率的一种特殊形式。定额税率计算简便，适宜从量计征的税种。车船税的具体使用税额，依照《车船税税目税额表》（见表9-6）规定的税额幅度和国务院的规定确定。

表9-6 车船税税目税额表

车船税的税目		计税单位	年基准税额	备注
乘用车［按发动机汽缸容量（排气量）分档］	1.0升（含）以下的	每辆	60元至360元	核定载客人数9人（含）以下
	1.0升以上至1.6升（含）的		300元至540元	
	1.6升以上至2.0升（含）的		360元至660元	
	2.0升以上至2.5升（含）的		660元至1 200元	
	2.5升以上至3.0升（含）的		1 200元至2 400元	
	3.0升以上至4.0升（含）的		2 400元至3 600元	
	4.0升以上的		3 600元至5 400元	
商用车	商用车客车	每辆	480元至1 440元	核定载客人数9人以上，包括电车
	商用车货车	整备质量每吨	16元至120元	包括半挂牵引车、三轮汽车和低速载货汽车等
	挂车	整备质量每吨	按照货车税额的50%计算	

续表

车船税的税目		计税单位	年基准税额	备注
其他车辆	其他车辆专用作业车	整备质量每吨	16 元至 120 元	不包括拖拉机
	其他车辆轮式专用机械车	整备质量每吨	16 元至 120 元	
摩托车	摩托车	每辆	36 元至 180 元	
船舶	机动船舶	净吨位每吨	3 元至 6 元	拖船、非机动驳船分别按照机动船舶税额的 50%计算
	游艇	艇身长度每米	600 元至 2 000 元	无

购置的新车船，购置当年的应纳税额自纳税义务发生当月起按月计算，其计算公式为：

应纳税额＝(年应纳税额÷12)×应纳税月份数

应纳税月份数＝12－纳税义务发生时间(取月份)＋1

案例 9-7

融资租赁标的物车船税的计算

A 融资租赁公司于 2015 年 4 月按 B 企业的要求购买一艘机动船舶，并将该机动船舶通过融资租赁的方式出租给 B 企业。合同约定期限为 10 年，净吨位为 520 吨，假设当地机动船舶每吨年税额为 5 元，那么 A 公司 2015 年应缴纳的车船税的计算过程如下：

应纳税月份数＝12－4＋1＝9（个月）

应纳税额＝(520×5÷12)×9＝1 950（元）

优惠政策

对于车船税，国家有一系列的减免税政策，其中融资租赁企业涉及概率比较大的优惠政策主要有以下几个方面：

1. 法定减免

近几年，汽车融资租赁成了一种新型的业务模式，很多融资租赁公司陆续开展了汽车融资租赁服务。2012 年 5 月，百得利（中国）融资租赁有限公司更名为易汇资本（中国）融资租赁有限公司，在北京车展期间与奔驰中国联手为奔驰经销商提供融资租赁服务；8 月，梅赛德斯-奔驰租赁有限公司正式推出专为中国客户打造的汽车融资租赁产品。国家也非常鼓励通过融资租赁的模式来发展新能源汽车，出台了一系列相关的税收优惠政策：

自 2012 年 1 月 1 日起，对节约能源的车辆，减半征收车船税；对使用新能源的车辆，免征车船税，具体享受这些税收优惠的车型参照《享受车船税减免优惠的节约能源、使用新能源汽车车型目录》确定。2015 年 9 月 7 日，国务院办公厅发布《关于加快融资租赁业发展的指导意见》，提出在公交车、出租车、公务用车等领域鼓励通过融资租赁发展新能源汽车及配套设施，再次强调在车辆购置税、车船税、消费税等方面给予税收优惠。

2. 特定减免

按照规定缴纳船舶吨税的机动船舶，自车船税法实施之日（2012 年 1 月 1 日）起 5 年内免征车船税。

依法不需要在车船登记管理部门登记的机场、港口、铁路站场内部行驶或作业的车船，自车船税法实施之日（同上）起 5 年内免征车船税。

车辆购置税

业务处理

当融资租赁公司以车辆为标的物时，自然会涉及车辆购置税的缴纳。车辆购置税是以在中国境内购置规定车辆为课税对象、在特定环节向车辆购置者征收的一种税，其纳税义务人为在我国境内购置应税车辆的单位和个人，纳税环节发生在使用环节，即最终消费环节。具体而言，纳税人应当在向公安机关等车辆管理机构办理车辆登记注册手续前缴纳车辆购置税。车辆购置税只在初次购买时缴纳，除特殊情况外，再次转让时无须缴纳车辆购置税。

对于车辆直租业务，融资租赁公司根据承租人的要求购买车辆，融资租赁期间车辆的所有权归融资租赁公司所有，所以理论上的纳税义务人为出租人，但实际上真正想拥有车辆所有权的是承租人，出租人实质是为承租人提供融资，因此融资租赁公司通常的做法是将车辆购置税包含在所收的租金当中。

对于车辆售后回租业务，车辆购置税应由承租人缴纳，这一点毫无疑问。

适用税率

车辆购置税实行统一比例税率，税率为10％。其计算公式为：

应纳税额＝计税价格×10％

纳税人购买自用的应税车辆的计税价格，为纳税人购买应税车辆而支付给销售者的全部价款和价外费用，不包括增值税税款，即（全部价款＋价外费用）÷（1＋增值税税率或征收率），其中全部价款为机动车销售统一发票上所列的含税金额，价外费用是指销售方收取的基金、集资费、违约金（延期付款利息）和手续费、包装费、储存费、优质费、运输装卸费以及其他各种性质的价外费用，但不包括销售方因代办保险等而向购买方收取的保险费，以及向购买方收取的代购买方缴纳的车辆购置税、车辆牌照费。

纳税人进口自用应税车辆以组成计税价格为计税依据，组成计税价格＝关税完税价格＋关税＋消费税。

优惠政策

从2015年10月1日到2016年12月31日，对购买1.6升及以下排量乘用车，实施减半征收车辆购置税的优惠政策。2017年1月1日起至12月31日止，对购置1.6升及以下排量的乘用车减按7.5％的税率征收车辆购置税；自2018年1月1日起，恢复按10％的法定税率征收车辆购置税。自2018年1月1日至2020年12月31日，对购置的符合特定条件的新能源汽车免征车辆购置税。

船舶吨税

业务处理

自中华人民共和国境外港口进入境内港口的船舶，应当缴纳船舶吨税。应税船舶在进入港口办理入境手续时，应税船舶负责人应当向海关申报纳税领取吨税执照，已领取吨税执照的要交验吨税执照，船舶吨税由海关负责征收，其纳税义务发生时间为应税船舶进入港口当日，应税船舶负责人应当自海关填发吨税缴款凭证之日起 15 日内向指定银行缴清税款，否则，自滞纳税款之日起，按日加收滞纳税款 0.5‰的滞纳金。

若融资租赁公司根据承租人的要求从境外购入船舶，当该船舶初次进口到港且为空载船舶时，免征船舶吨税，承租人租赁期内若用该船舶从事国际运输业务，再次从境外港口驶入境内港口则需要按规定缴纳船舶吨税。

适用税率

船舶吨税实行定额税率，并设置了优惠税率和普通税率。中华人民共和国国籍的应税船舶，以及船籍国（地区）与我国签订有互相给予船舶税费最惠国待遇条款的条约或者协定的应税船舶，适用优惠税率，其他应税船舶适用普通税率。具体税率参照吨税税目、税额表（见表 9-7）。

表 9-7 船舶吨税税目、税额表

税目（按船舶净吨位划分）	税率（元/净吨）						备注
	普通税率（按执照期限划分）			优惠税率（按执照期限划分）			
	1 年	90 日	30 日	1 年	90 日	30 日	
不超过 2 000 净吨	12.6	4.2	2.1	9	3	1.5	拖船和非机动驳船分别按相同净吨位船舶税率的 50%计征税款
超过 2 000 净吨，但不超过 10 000 净吨	24	8	4	17.4	5.8	2.9	
超过 10 000 净吨，但不超过 50 000 净吨	27.6	9.2	4.6	19.8	6.6	3.3	
超过 50 000 净吨	31.8	10.6	5.3	22.8	7.6	3.8	

船舶吨税计算公式如下：

应纳税额＝船舶净吨位×定额税率

案例 9-8

融资租赁标的物船舶吨税的计算

A 融资租赁公司于 2015 年 4 月按 B 企业的要求从 D 国购买一艘机动船舶，次月船舶空载到港，A 公司将该机动船舶通过融资租赁的方式出租给 C 运输公司，合同约定期限为 10 年，净吨位为 520 吨。2015 年 7 月，C 运输公司用该船舶从 D 国运输一批货物驶入我国某港口，负责人已向我国海关领取了吨税执照，在港口停留期限为 30 天，D 国与我国签订有互相给予船舶税费最惠国待遇条款的条约，那么船舶负责人应缴纳的船舶吨税的计算过程如下：

2015 年 4 月自境外购买取得船舶所有权初次空载进港免征船舶吨税；

2015 年 7 月运载货物入境应纳税额为：

应纳税额＝520×1.5＝780(元)

土地增值税

税法未就融资租赁不动产土地增值税问题做出专门规定。根据《中华人民共和国土地增值税暂行条例》及其实施细则的规定，转让国有土地使用权、地上的建筑物及其附着物（以下简称转让房地产）并取得收入的单位和个人，为土地增值税的纳税义务人。转让国有土地使用权、地上的建筑物及其附着物并取得收入，是指以出售或者其他方式有偿转让房地产的行为。不包括以继承、赠与方式无偿转让房地产的行为。

对于直租业务，在租赁期内，并未转让国有土地使用权、地上的建筑物及其附着物，出租人不需要缴纳土地增值税。若融资租赁期限届满，不动产权属发生转移，融资租赁公司需要缴纳土地增值税。

对于售后回租业务如何缴纳土地增值税存在争议。

一种观点认为，承租人转让房产时，需按规定计算缴纳土地增值税。《金融租赁公司管理办法》第三十四条规定：“从事售后回租业务的金融租赁公司应真实取得相应标的物的所有权。标的物属于国家法律法规规定其产权转移须到登记部门进行登记的财产类别的，金融租赁公司应进行相关登记。”根据上述规定，承租人将建筑物出售给融资租赁公司时，需要办理房产过户手续，而缴纳土地增值税是办理房产过户手续的条件之一，故在承租人转让房产时，应计算缴纳土地增值税。

另一种观点认为，根据《国家税务总局关于融资性售后回租业务中承租人出售资产行为有关税收问题的公告》（国家税务总局公告 2010 年第 13 号）的规定，融资性售后回租业务是指承租人以融资为目的将资产出售给经批准从事融资租赁业务的企业后，又将该项资产从该融资租赁企业租回的行为。融资性售后回租业务中承租人出售资产时，资产所有权以及与资产所有权有关的全部报酬和风险并未完全转移。因此，在承租人将国有土地使用权、地上的建筑物及其附着物出售予融资租赁公司时，无须缴纳土地增值税。

对于这两种观点，笔者更倾向于后一种。舟山市人民政府办公室在《关于促进我市融资租赁业发展的若干意见》中也明确表示，各类融资租赁公司开展不动产、无形资产售后回租业务，出售资产的行为不属于营业税和土地增值税征收范围，不征收营业税和土地增值税。

其他税收优惠、财政补助及操作要点

我们暂不考虑营改增后营业税补助的终结，来看一下各地对融资租赁公司的扶持政策。

天津市相关政策

2010 年，天津市政府发布了《关于促进我市租赁业发展的意见》，并利用滨海新区先行先试的政策优势向国家争取到许多政策支持，在全国融资租赁业发展环境仍不完善的情况下，率先营造了一个有利于融资租赁业发展的政策环境；2012 年末，又发布了《天津市促进现代服务业发展财税优惠政策》，将优惠政策的期限延长至 2017 年 12 月 31 日。

1. 财政补助规定

- 对经国家有关部门批准，在本市[1]新设的金融租赁公司和融资租赁公司法人机构，由税务登记地财政部门给予一次性资金补助。其中注册资本10亿元以上（含本数，下同）的，补助2 000万元；注册资本10亿元以下，5亿元以上的，补助1 500万元；注册资本5亿元以下、1亿元以上的，补助1 000万元。补助资金分三年支付，第一年支付40%，第二年、第三年分别支付30%。
- 对经国家有关部门批准，在本市新设立的金融租赁公司和融资租赁公司法人机构，在本市规划的金融区内新购建的自用办公用房，按每平方米1 000元的标准给予一次性补助，最高补助金额不超过1 000万元。租赁的自用办公用房，三年内每年按房屋租金的30%给予补贴，连续补贴三年。若实际租价高于房屋租金市场指导价的，则按市场指导价计算租房补贴。
- 对经国家有关部门批准，在本市新设立的金融租赁公司和融资租赁公司法人机构，自开业年度起，前二年按其缴纳营业税的100%标准给予补助，后三年按其缴纳营业税的50%标准给予补助；自获利年度起，前二年按其缴纳企业所得税地方分享部分的100%标准给予补助，后三年按其缴纳企业所得税地方分享部分的50%标准给予补助。新购建的自用办公用房，按其缴纳契税的100%标准给予补助，并在三年内按其缴纳房产税的100%标准给予补助。
- 对经国家有关部门批准，在本市新设立的金融租赁公司和融资租赁公司法人机构，从外省市引进且连续聘任两年以上的公司副职级以上高级管理人员，在本市行政辖区内第一次购买商品房、汽车或参加专业培训的，五年内按其缴纳个人工薪收入所得税地方分享部分予以奖励，累计最高奖励限额为购买商品房、汽车或参加专业培训实际支付的金额；不在本市行政辖区内购买商品房、汽车或参加专业培训的，三年内按其缴纳个人工薪收入所得税地方分享部分的50%给予奖励。
- 对于2012年12月31日前，经国家有关部门批准，在本市新设或迁入的金融租赁公司和融资租赁公司法人机构新购建的自用办公房产，按其缴纳契税的

[1] 指天津市，本小节下同。

100%标准给予补助；前三年按其缴纳房产税的100%标准给予补助。

以上各项政府补助资金，按照财政体制规定，是由市财政和区县财政分别负担。对于享受前四项财政补助政策，要以在天津本市经营期限达到十年作为基础，否则，应退回财政补助资金。

2. 税收政策

- 经国家有关部门批准，在本市新设或迁入的金融租赁公司和融资租赁公司法人机构，购置在环境保护专用设备企业所得税优惠名录、节能节水专用设备企业所得税优惠名录和安全生产专用设备企业所得税优惠名录范围内的环境保护、节能节水、安全生产等专用设备，由承租人实际使用，符合融资租赁条件的，该设备投资额的10%可以从承租人企业当年的应纳税额中抵免；当年不足抵免的，可以在以后5个纳税年度结转抵免。如租赁期间发生变化，上述专用设备所有权未转移到承租人的，承租人应当停止享受企业所得税优惠，并补缴已经抵免的企业所得税税款。
- 售后回租业务，对融资性租赁的资产，仍按承租人出售前原账面价值作为计税基础计提折旧。租赁期间，承租人支付的属于融资利息的部分，作为企业财务费用在税前扣除。对政府物业和商业物业售后回租业务，在租赁公司购买环节和原业主回购环节发生的契税，实行先征后返（目前国家文件规定金融租赁公司开展售后回租业务回购环节免征契税）。如因情况发生变化，售后回租业务未能实施，物业所有权未转移到原业主的，租赁公司和原业主应补缴已经返还的契税。
- 对国内租赁公司或租赁公司设立的项目子公司，经国家有关部门批准从境外购买空载重量在25吨以上并租赁给国内航空公司使用的飞机，减按4%征收进口环节增值税，该政策在天津东疆保税港区先行试点，2014年1月1日已经在全国适用，并且税率由4%调整为5%。对在天津东疆港区注册的融资租赁企业，或金融租赁公司在东疆保税港区设立的项目子公司满足条件的融资租赁出口货物，实行出口退税政策。

增值税应退税额的计算公式为：

$$\begin{matrix}\text{增值税}\\\text{应退税额}\end{matrix}=\begin{matrix}\text{购进融资租赁货物的增值税专用发票注明的金额}\\\text{或海关(进口增值税)专用缴款书注明的完税价格}\end{matrix}\times$$

融资租赁货物适用的增值税退税率

融资租赁出口货物适用的增值税退税率，按照统一的出口货物适用退税率执行。消费税应退税额的计算公式为：

消费税应退税额＝购进融资租赁货物税收(出口货物专用)缴款书上或海关进口消费税专用缴款书上注明的消费税税额

上海浦东新区相关政策

2012年12月6日，上海浦东新区金融服务局、浦东新区财政局共同制定了《浦东新区促进金融业发展财政扶持办法实施细则》（以下简称《实施细则》），给予注册地和税管地均在浦东新区的融资租赁企业一系列的政策扶持。具体规定如下：

- 对新引进的融资租赁企业，给予一次性落户补贴。所称一次性落户补贴，具体是按企业注册资本规模给予如下补贴，并按实际到位资本情况进行分期兑付，享受落户补贴的最低到位资本为1亿元：注册资本1亿元（含）至5亿元，给予500万元；注册资本5亿元（含）至10亿元，给予1 000万元；注册资本10亿元（含）以上，给予1 500万元一次性补贴。
- 对融资租赁企业增资，给予一定补贴。所称增资补贴，指根据增资规模，按新引进融资租赁企业的条件和补贴标准，扣除企业已享受过的一次性补贴，补足与该《实施细则》规定的奖励不足部分。

享受（1）、（2）项补贴的机构，累计补贴金额不超过1 500万元。

- 对在浦东新区购买自用办公用房的，给予一定购房补贴。所称购房补贴是按购房房价给予1.5%的补贴。
- 人才补贴。对新引进注册资本达到10亿元或增资规模10亿元（含）以上的融资租赁企业的高管人员，给予每人一次性住房（租房）补贴20万元；对到位资本金1亿元（含）以上的融资租赁企业高管人员、管理人员和专业骨干人员，经综合考核评定，给予一定人才补贴。所称高管人员，指在企业担任董事长、副董事长、总经理（总裁）、副总经理（副总裁）、监事长（督察长）职务的人员。所称管理人员，指在企业担任高管职务以下、部门副职以上的人员。所称专业骨干人员，指除上述高管人员和管理人员外，拥有三年以上（含三年）从业经验的企业在职正式员工。融资租赁企业享受《浦东新区促进金融业发展财政扶持办法》规定人才补贴的各类人员总数，不超过上年年末该企业正式员工的50%。

- 鼓励融资租赁企业为新区内企业提供融资租赁服务，特别鼓励其开展船舶、飞机租赁等航运租赁业务，按其业务量，给予一定补贴。对为新区企业提供融资服务的融资租赁企业，根据其当年为新区企业提供融资总额，给予融资总额0.5%的补贴；对为新区企业提供航运租赁服务的融资租赁企业，根据其当年通过航运租赁业务为新区企业提供融资总额，给予融资总额1%的补贴。单笔业务不重复享受补贴，该项补贴的最高限额为500万元。申请补贴的融资租赁企业当年累计为区内企业提供融资总额应不少于5 000万元。
- 对融资租赁企业购入新区先进装备制造企业生产的设备，购入新区企业制造的飞机、船舶，按照合同金额，给予一定补贴。对融资租赁企业购入新区先进装备制造企业生产的设备，按照合同金额的0.5%，给予融资租赁企业补贴；对融资租赁企业购入新区企业制造的飞机、船舶，按照合同金额的1%，给予融资租赁企业补贴。单一合同不重复享受补贴，对单一融资租赁企业，每年该项补贴额最高为500万元。
- 对融资租赁企业新购入船舶和飞机，给予一定登记费补贴。对融资租赁企业新购入船舶和飞机，给予登记费100%的补贴，单船或单机最高补贴额为10万元，对单一融资租赁企业，每年该项补贴额最高为200万元。

北京中关村科技园区相关政策

2012年6月19日，北京市制定了《关于中关村国家自主创新示范区促进融资租赁发展的意见》，实行了一系列促进中关村示范园区内的融资租赁企业发展的财政补贴政策。具体规定如下：

- 中关村示范区新设立或引进的金融租赁公司，按照《关于促进首都金融业发展的意见实施细则》（京发改〔2005〕2735号）的规定，经北京市金融服务工作领导小组批准，可以享受一次性资金补助政策，所需资金由市区两级各分担50%。
- 对融资租赁企业给予购（建、租）房补贴。鼓励各区县政府对融资租赁企业给予购（建、租）房补贴。2012年起新设立或新迁入海淀区，具备独立法人资格且在海淀区注册纳税的融资租赁企业，购置或自建办公用房的，由海淀区人民政府给予每平方米1 000元的一次性补贴，补贴面积不超过500平方米。融资租赁企业租用办公用房的，享受3年租金补贴。第一年补贴租金的50%，第二年补贴30%，第三年补贴10%，补贴面积不超过500平方米。

◆ 鼓励融资租赁企业面向中关村企业开展业务。鼓励有条件的中关村企业通过申请设立外商投资融资租赁公司或内资融资租赁公司直接开展融资租赁业务，实现产业资本和金融资本的有机结合。鼓励合作的融资租赁企业为中关村企业提供融资租赁业务，中关村科技园区管理委员会按照对中关村企业实际开展的融资租赁业务总额的1%给予补贴，每家机构年度补贴额不超过500万元。

◆ 鼓励中关村企业通过融资租赁方式实现发展。鼓励中关村企业通过融资租赁的方式取得为科技研发和创新创业服务的设备、器材等，中关村科技园区管理委员会对企业融资租赁而发生的融资费用（包括租息和手续费）给予20%的补贴，年度补贴额不超过50万元，企业享受补贴的时限不超过3年。

深圳前海保税港区相关政策

1. 财政补助规定

对银行、信托投资公司、金融租赁公司总部增资扩股、并购重组的，按照以下标准给予一次性奖励：

◆ 对银行、信托投资公司、金融租赁公司总部在满足金融监管规定的基础上，因业务发展需要增加注册资本金的，给予一次性增资奖励：注册资本金增加30亿元（含）以上的，奖励1 000万元；30亿元以下、20亿元（含）以上的，奖励500万元；20亿元以下、10亿元（含）以上的，奖励200万元。

◆ 对银行、信托投资公司、金融租赁公司总部并购重组市外金融机构，且重组后的机构注册在深圳的，给予一次性并购奖励：并购交易额达到50亿元（含）以上的，奖励1 000万元；50亿元以下、30亿元（含）以上的，奖励500万元；30亿元以下、10亿元（含）以上的，奖励200万元。

2. 税收政策

注册在前海湾保税港区内的融资租赁公司或租赁项目子公司从境外购入飞机、

船舶或大型设备租赁给境内企业可享受与天津东疆保税港区相同的海关和税收政策。

福建自贸区相关政策

2015 年 9 月 4 日，福建省制定了《福建省人民政府办公厅关于支持福建自贸试验区融资租赁业加快发展的指导意见》，实行了一系列促进福建自贸区内的融资租赁企业发展的财政补贴政策。具体规定如下：

- ◆ 引进和培育重点企业。对在自贸试验区内，已设立、新设或迁入的融资租赁公司和金融租赁公司营运满一年，根据到资情况给予一次性财政补助。注册资本实缴 5 000 万元（含）至 5 亿元的，可给予不超过 100 万元的补助；注册资本实缴 5 亿元（含）至 10 亿元的，可给予不超过 300 万元的补助；注册资本实缴 10 亿元以上的，可给予不超过 500 万元的补助。
- ◆ 实施经营业绩奖补。自贸区所在地政府可以根据融资租赁企业的经营主业和经营业绩给予奖补。对入驻自贸区企业租用自用办公用房，可按照租金市场指导价的一定比例给予 1～3 年的租金补助。对购入设备并被自贸试验区企业租赁使用的融资租赁公司，按照合同履行金额的 3‰～5‰给予奖励。对购入智能制造设备、飞机、船舶、新能源生产设备、医疗设备等符合自贸区产业政策设备的融资租赁公司，可以按 5‰～10‰弹性给予奖励。自贸区所在地政府可以约定单一企业单笔业务奖励和总奖励的最高金额，也可以设定申请奖励的融资租赁企业的业绩门槛。
- ◆ 落实专业人才激励措施。支持自贸区融资租赁高层次人才申报福建自贸试验区高层次人才引进计划，符合条件的由省级人才专项经费给予 25 万～200 万元的安家支持，并相应纳入自贸区所在地政府引进高层次人才计划给予相应的政策支持。对新引进国内外知名融资租赁总部企业的高层次人才，自贸区所在地政府可按其经营业绩给予住房和生活补助。

厦门市相关政策

- ◆ 融资租赁公司购入设备并被厦门市民营、中小企业租赁使用的，按照租赁合同及发票金额的 5‰给予奖励，单一企业单笔业务奖励金额不超过 20 万元，总奖励金额不超过 200 万元。

◆ 融资租赁公司购入厦门市地产设备开展业务的，按照租赁合同及发票金额的6‰给予奖励，单一企业单笔业务奖励金额不超过30万元，总奖励金额不超过300万元。

新疆喀什、霍尔果斯经济开发区相关政策

2010年1月1日至2020年12月31日，对在新疆喀什、霍尔果斯两个特殊经济开发区内新办的属于《新疆困难地区重点鼓励发展产业企业所得税优惠目录》（以下简称《目录》）范围内的企业，自取得第一笔生产经营收入所属纳税年度起，五年内免征企业所得税。属于《目录》范围内的企业是指以《目录》中规定的产业项目为主营业务，其主营业务收入占企业收入总额70%以上的企业。

《目录》中与融资租赁公司相关的业务主要有以下几项：农村金融服务体系建设；知识产权代理、转让、登记、鉴定、检索、评估、认证、咨询和相关投融资服务；为用户提供节能诊断、设计、融资、改造、运行管理等服务；应急咨询、培训、租赁和保险服务。

虽然该项政策并非专门针对融资租赁行业制定，但融资租赁公司也可从中获得税收优惠。2016年7月5日，新疆中泰融资租赁有限公司发布了《关于新疆中泰融资租赁有限公司获得企业所得税优惠备案的公告》，表明其自2016年4月1日至2020年12月31日享受免征企业所得税的税收优惠。

CHAPTER 10

融资租赁的会计要素

复杂的融资租赁业务相关特殊要素图解

融资租赁业务相关特殊要素见图 10-1。

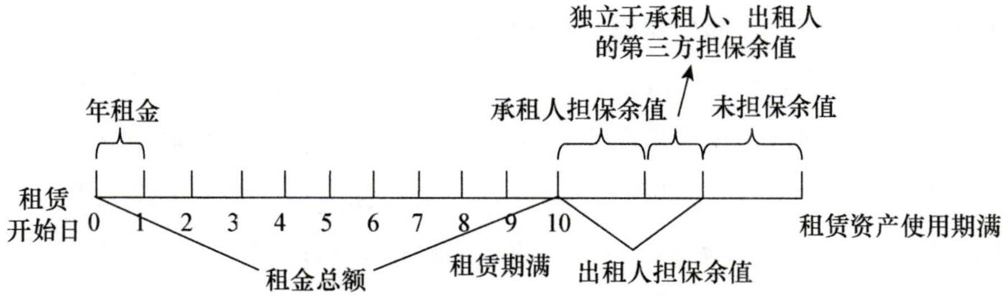

图 10-1　融资租赁业务相关特殊要素图解

1. 租赁开始日

租赁开始日，是指承租人有权行使其使用租赁资产权利的日期，表明租赁行为的开始。在租赁期开始日，承租人应当对租入资产、最低租赁付款额和未确认融资费用进行初始确认；出租人应当对应收融资租赁款、未担保余值和未实现融资收益进行初始确认。

2. 担保余值

担保余值，就承租人而言，是指由承租人或与其有关的第三方担保的资产余值；就出租人而言，是指就承租人而言的担保余值加上独立于承租人和出租人的第三方担保的资产余值。

3. 未担保余值

未担保余值，是指租赁资产余值中扣除就出租人而言的担保余值以后的资产余值。

4. 资产余值

资产余值，是指在租赁开始日估计的租赁期届满时租赁资产的公允价值。

资产余值＝担保余值＋未担保余值

租赁期满时，一般需要对资产的实际余值进行评估，如果实际余值低于担保余值，担保人应对这部分差额进行全额补偿；而当租赁资产实际余值高于担保余值时，按照融资租赁的实质，这部分差额收益应归承租人享有。

对于未担保余值，承租人并不负补偿责任。融资租赁资产余值的担保情况不同，核算方法也存在差异：出租人应将资产担保余值计入其最低租赁收款额内核算；未担保余值则应作为租赁投资总额，单独设置“未担保余值”科目核算，租赁期内需对未担保余值进行经常性检查，如有减值，应确认为当期损失。对承租人而言，会计处理只需将担保余值计入最低租赁付款额中，无须单独反映未担保余值。

案例 10-1

资产余值的构成——担保余值与未担保余值

A 租赁公司将一台大型设备以融资租赁方式租赁给 B 企业。假定融资租出的设备的租赁到期后余值是 1 000 万元，分为担保余值和未担保余值。假定担保余值是 800 万元，其中与承租人有关的第三方的担保余值是 500 万元，与承租人、出租人无关的第三方的担保余值（担保公司担保的余值）是 300 万元；未担保余值是 200 万元。其资产余值结构见图 10-2（单位：万元）。

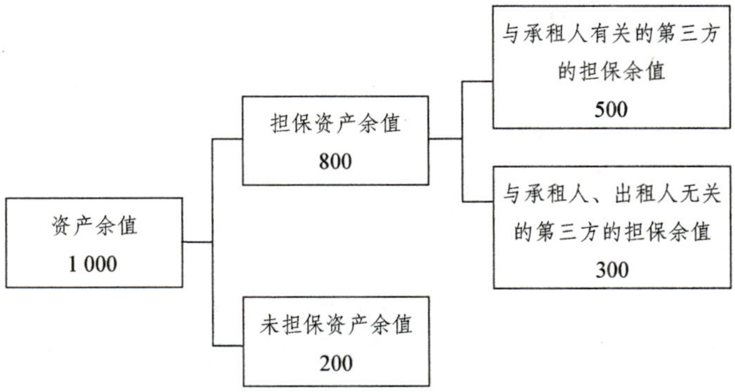

图 10-2　资产余值结构图

5. 最低租赁付款额（针对承租人）

最低租赁付款额（针对承租人），是指在租赁期内，承租人应支付或可能被要求支付的款项（不包括或有租金和履约成本），加上由承租人或与其有关的第三方担保的资产余值。

承租人有购买租赁资产选择权，所订立的购买价款预计将远低于行使选择权时租赁资产的公允价值，因而在租赁开始日就可以合理确定承租人将会行使这种选择权，购买价款应当计入最低租赁付款额。

租赁合同没有规定优惠购买选择权时，最低租赁付款额＝各期租金之和＋承租人或与其有关的第三方担保的资产余值。

租赁合同规定有优惠购买选择权时，最低租赁付款额＝各期租金之和＋承租人行使优惠购买选择权而支付的款项。

案例 10-2

最低租赁付款额的确定

甲公司采用融资租赁方式从乙公司租入设备一台。租赁合同的主要内容有：该设备租赁期为5年，每年年末支付租金100万元；每年或有租金2万元；每年履约成本3万元；甲公司即承租人担保的资产余值为4万元；甲公司的母公司担保的资产余值为6万元；担保公司担保金额为10万元，未担保余值为20万元。则：

甲公司该设备的最低租赁付款额＝100×5＋4＋6＝510（万元）

6. 最低租赁收款额（针对出租人）

最低租赁收款额（针对出租人），是指最低租赁付款额加上独立于承租人和出租人的第三方对出租人担保的资产余值。其计算公式为：

最低租赁收款额＝各期租金之和＋就出租人而言担保余值

＝最低租赁付款额＋独立于承租人和出租人的第三方担保的资产余值

案例 10-3

最低租赁收款额的确定

资料同案例10-2。

最低租赁收款额＝100×5＋4＋6＋10＝510＋10＝520（万元）。

7. 或有租金

或有租金，是指金额不固定、以时间长短以外的其他因素［如销售量、使用量（记“销售费用”科目）、物价指数（记“财务费用”科目）等］为依据计算的租金。在租赁开始时，或有租金是不确定的，因此不能将其算入最低租赁付款额及最低租赁收款额。或有租金很多时候体现的是出租人和承租人的利益共享，它将出租人与承租人之间单纯的债权、债务关系转化为利益伙伴关系。

例如，在签订融资租赁合同时，合同条款规定，从次年起，每年按照项目营业收入的2%收取或有租金。这种附加的或有租金在签订合同时是无法确定其金额的，因此，只能在实际支付时将其计入期间费用。在上面的例子中，因为该项或有租金与营业收入相关联，所以会计处理时应借记“销售费用”科目，贷记“银行存款”科目。

还有一种情况是，在合同中添加与物价指数相关联的或有租金条款。例如，如果当年物价指数在110%～115%之间，每年额外支付20万元或有租金；物价指数在115%～120%之间，每年额外支付30万元或有租金等。会计处理时借记“财务费用”科目，贷记“银行存款”科目（可理解为由于物价上涨而多支付的利息）。

8. 履约成本

履约成本，是指租赁期内为租赁资产支付的各种使用费用，如技术咨询和服务费、人员培训费、维修费、保险费等。履约成本在实际工作中名目较多，应根据具体内容分别进行核算。发生属于融资租入固定资产的技术咨询和服务费、人员培训费、维修费、保险费等应予以递延，分期摊入各期费用或计入当期损益，借记“长期待摊费用”“预提费用”“生产成本”“制造费用”“管理费用”等科目，贷记“银行存款”等科目。

9. 租赁内含利率

租赁内含利率，是指在租赁开始日，使最低租赁收款额的现值与未担保余值的现值之和等于租赁资产公允价值与出租人的初始直接费用之和的折现率。

融资租赁企业会计科目设置

由于不同规模、形式的融资租赁公司存在一定的差异，因此下面的会计科目设置并不能适用于所有的融资租赁企业，融资租赁企业可根据自身具体情况在此基础上进行调整。

资产类科目设置

资产类科目设置具体见表10-1。

表10-1 资产类科目设置

一级		二级		三级		核算项目
库存现金	1001					

续表

一级		二级		三级		核算项目
银行存款	1002	××银行	100201			支行名称和账号
其他货币资金	1012	信用证保证金	101201			支行名称和账号
		银行承兑汇票	101202			支行名称和账号
		信用卡	101203			支行名称和账号
存出保证金	1031					
交易性金融资产	1101	股票	110101	成本	11010101	
				公允价值变动	11010102	
		债券	110102	成本	11010201	
				公允价值变动	11010202	
		基金	110103	成本	11010301	
				公允价值变动	11010302	
应收票据	1121					往来单位
应收账款	1122	租赁项目应收账款	112201			往来单位
		其他	112202			往来单位
应收股利	1131					
应收利息	1132					
预付账款	1151					往来单位
其他应收款	1221	外部单位	122101			往来单位
		个人	122102			个人姓名
		其他	122103			往来单位
坏账准备	1241	应收账款坏账准备	124101			
		应收票据坏账准备	124102			
		其他应收款坏账准备	124103			
		长期应收款坏账准备	124104			
内部往来	1300	集团内部企业往来	130001			集团企业
		内部员工往来	130002			员工档案
原材料	1403					
库存商品	1405					
持有至到期投资	1521	债券	152101	成本	15210101	
				利息调整	15210102	
				应计利息	15210103	
		其他	152102	成本	15210201	
				利息调整	15210202	
				应计利息	15210203	

续表

一级		二级		三级		核算项目
可供出售金融资产	1523	股票	152301	成本	15230101	
				公允价值变动	15230102	
		债券	152302	成本	15230201	
				利息调整	15230202	
				应计利息	15230203	
				公允价值变动	15230204	
长期股权投资	1511	成本	151101			被投资企业
		损益调整	151102			被投资企业
长期应收款	1531	应收融资租赁款	153101			租赁物名称
		其他	153102			
未实现融资收益	1541	设备名称	154101			
固定资产	1601	融资租赁固定资产	160101			
		房屋建筑物	160102			
		器具工具家具	160103			
		运输工具	160104			
		电子设备	160105			
累计折旧	1602	融资租赁固定资产	160201			
		房屋建筑物	160102			
		器具工具家具	160003			
		运输工具	159904			
		电子设备	159805			
在建工程	1604					
工程物资	1605					
固定资产清理	1606	融资租赁固定资产	160601			
		房屋建筑物	160602			
		器具工具家具	160603			
		运输工具	160604			
		电子设备	160605			
融资租赁资产	1611	设备名称	161101			
未担保余值	1612	设备名称	161201			
无形资产	1701	土地使用权	170101			
		软件	170102			软件名称
		其他	170103			

续表

一级		二级		三级		核算项目
累计摊销	1702	土地使用权	170201			
		软件	170202			软件名称
		其他	170203			
长期待摊费用	1801	租入固定资产装修费	180101			
		其他	180102			
递延所得税资产	1811					
待处理财产损溢	1901					

负债类科目设置

负债类科目设置具体见表 10-2。

表 10-2　负债类科目设置

一级		二级		三级		核算项目
短期借款	2001					金融企业名称
存入保证金	2002					
交易性金融负债	2101	股票	210101	成本	21010101	
				公允价值变动	21010102	
		债券	210102	成本	21010201	
				公允价值变动	21010202	
		基金	210103	成本	21010301	
				公允价值变动	21010302	
应付票据	2201					往来单位
预收账款	2203					往来单位
应付职工薪酬	2211	工资及奖金	221101			
		职工福利	221102	职工工餐	22110201	部门
				通信费	22110202	部门
				取暖费、集中供热补贴	22110203	部门
				职工宿舍	22110204	部门
				职工联谊	22110205	部门
				其他	22110206	部门

续表

一级		二级		三级		核算项目
应付职工薪酬	2211	社会保险费	221103	养老保险	22110301	部门
				医疗保险	22110302	部门
				失业保险	22110303	部门
				工伤保险	22110304	部门
				生育保险	22110305	部门
		住房公积金	221104			部门
		补充住房公积金	221105			部门
		工会经费	221106			部门
		职工教育经费	221107			部门
应交税费	2221	应交增值税	222101	进项税额	22210101	
				销项税额	22210102	
				已交税金	22210103	
				销项税额抵减	22210104	
				进项税额转出	22210105	
				出口退税	22210106	
				转出未交增值税	22210107	
				减免税款	22210108	
		待抵扣进项税额	222102			
		简易计税	222103			
		未交增值税	222104			
		应交城市维护建设税	222105			收入类别
		应交教育费附加	222106			收入类别
		应交地方教育附加	222107			收入类别
		应交土地增值税	222108			收入类别
		应交企业所得税	222109			
		应交个人所得税	222110			
		应交房产税	222111			
		应交土地使用税	222112			

续表

一级		二级		三级		核算项目
应付利息	2231	短期借款	223101			金融企业名称
		长期借款	223102			金融企业名称
		其他	223103			金融企业名称
应付股利	2232	股东名称	223104			
其他应付款	2241	个人	224101			个人姓名
		融资租赁保证金	224102			租赁物名称
		其他单位往来	224103			往来单位
		其他	224104			
递延收益	2401					
长期借款	2501		250101			金融企业名称
长期应付款	2701	应付融资租赁款	270101			租赁物名称
		融资租赁销项税额	270102			租赁物名称
		其他	270103			
未确认融资费用	2702					金融企业名称
专项应付款	2711					
预计负债	2801					
递延所得税负债	2901					

所有者权益、成本、损益类科目设置

由于融资租赁行业在我国发展的时间并不长，相关法律、会计处理等方面的规定存在许多不完善的地方，特别是营改增后，相关会计准则未能随之及时更新，出现了各融资租赁企业的会计处理方法没有规范可依的状况。另外，对于直接成本和间接费用的划分也存在争议，许多融资租赁企业将银行借款利息直接计入财务费用，这种做法是与融资租赁的业务实质不相符的。融资租赁行业最主要的直接成本就是银行借款等的利息以及购买融资租赁设备的价款，不应将为从事融资租赁业务进行融资而产生的利息成本计入间接费用，而应该设置一个成本科目将其先归集在这个科目中，期末再转入主营业务成本。

目前的会计处理方法中，主营业务收入的金额与未实现融资收益的借方金额是相等的，而未实现融资收益的金额是含税最低租赁收款额扣减初始直接费用、融资租赁设备价款和税金后的金额，所以这里的主营业务收入其实并不能称为严格意义上的主营业务收入，转入主营业务成本的金额也未包含全部的融资租赁成本。此外，融资租赁业务在税务和会计处理上脱节十分严重，这种情况目前暂时也无法改变，需要在未来随着相关法规的完善通过更加科学的核算方法解决。基于目前的情况，融资租赁企业在设置所有者权益、成本、损益类科目时可参考表10-3。

表 10-3　所有者权益、成本及损益类科目设置

一级		二级		三级		核算项目
实收资本	4001	股东名称	400101			
资本公积	4002	资本溢价	400201			
		其他资本公积	400202			
盈余公积	4101	法定盈余公积	410101			
		任意盈余公积	410102			
本年利润	4103					
利润分配	4104	提取任意盈余公积	410401			
		提取法定盈余公积	410402			
		应付现金股利或利润	410403			
		转作股本的股利	410404			
		盈余公积补亏	410405			
		未分配利润	410406			
租赁成本	5002	长期借款利息				金融企业名称
		企业债券利息				金融企业名称
		其他				金融企业名称
主营业务收入	6001	融资租赁收入	600101			租赁物名称
		其他收入	600103			
其他业务收入	6051					
公允价值变动损益	6101	交易性金融资产	610101			
		交易性金融负债	610102			
		投资性房地产	610103			
投资收益	6111	交易性金融资产	611101			
		持有至到期投资	611102			
		可供出售金融资产	611103			
		长期股权投资	611104			
		交易性金融负债	611105			
		其他	611106			

续表

一级		二级		三级		核算项目
营业外收入	6301	处置非流动资产利得	630101			
		非货币性资产交换利得	630102			
		债务重组利得	630103			
		罚没利得	630104			
		政府补助利得	630105			
		其他利得	630106			
主营业务成本	6401	融资租赁成本	640101			
		其他成本	640103			
其他业务成本	6402					
税金及附加	6403	应交城市维护建设税	640301			收入类别
		应交教育费附加	640302			收入类别
		应交地方教育附加	640303			收入类别
		应交土地增值税	640304			收入类别
		应交房产税	640305			收入类别
		应交土地使用税	640306			收入类别
		应交印花税	640307			收入类别
销售费用	6601	工资及奖金	660201			
		职工福利费	660202			
		劳动保险费	660203			
		职工教育经费	660204			
		工会经费	660205			
		劳保用品费	660206			
		办公费	660207	文具印刷	66020701	
				行政收费	66020702	
				其他	66020703	
		差旅费	660208			
		通讯费	660209			
		水费	660210			
		电费	660211			
		业务招待费	660212			
		会务费	660213			
		修理费	660214			
		固定资产折旧	660215			
		无形资产摊销	660216			
		低值易耗品摊销	660217			
		诉讼费	660218			
		咨询费	660222			
		其他	660223			

续表

<table>
<tr><th colspan="2">一级</th><th colspan="2">二级</th><th colspan="2">三级</th><th>核算项目</th></tr>
<tr><td rowspan="24">管理费用</td><td rowspan="24">6602</td><td>工资及奖金</td><td>660201</td><td></td><td></td><td>部门</td></tr>
<tr><td>职工福利费</td><td>660202</td><td></td><td></td><td>部门</td></tr>
<tr><td>劳动保险费</td><td>660203</td><td></td><td></td><td>部门</td></tr>
<tr><td>职工教育经费</td><td>660204</td><td></td><td></td><td>部门</td></tr>
<tr><td>工会经费</td><td>660205</td><td></td><td></td><td>部门</td></tr>
<tr><td>劳保用品费</td><td>660206</td><td></td><td></td><td>部门</td></tr>
<tr><td rowspan="3">办公费</td><td rowspan="3">660207</td><td>文具印刷</td><td>66020701</td><td>部门</td></tr>
<tr><td>行政收费</td><td>66020702</td><td>部门</td></tr>
<tr><td>其他</td><td>66020703</td><td>部门</td></tr>
<tr><td>差旅费</td><td>660208</td><td></td><td></td><td>部门</td></tr>
<tr><td>通讯费</td><td>660209</td><td></td><td></td><td>部门</td></tr>
<tr><td>水费</td><td>660210</td><td></td><td></td><td>部门</td></tr>
<tr><td>电费</td><td>660211</td><td></td><td></td><td>部门</td></tr>
<tr><td>业务招待费</td><td>660212</td><td></td><td></td><td>部门</td></tr>
<tr><td>会务费</td><td>660213</td><td></td><td></td><td>部门</td></tr>
<tr><td>修理费</td><td>660214</td><td></td><td></td><td>部门</td></tr>
<tr><td>固定资产折旧</td><td>660215</td><td></td><td></td><td>部门</td></tr>
<tr><td>无形资产摊销</td><td>660216</td><td></td><td></td><td>部门</td></tr>
<tr><td>低值易耗品摊销</td><td>660217</td><td></td><td></td><td>部门</td></tr>
<tr><td>诉讼费</td><td>660218</td><td></td><td></td><td>部门</td></tr>
<tr><td>审计费</td><td>660219</td><td></td><td></td><td>部门</td></tr>
<tr><td>资产评估费</td><td>660220</td><td></td><td></td><td>部门</td></tr>
<tr><td>咨询费</td><td>660221</td><td></td><td></td><td>部门</td></tr>
<tr><td>其他</td><td>660222</td><td></td><td></td><td>部门</td></tr>
<tr><td rowspan="4">财务费用</td><td rowspan="4">6603</td><td>利息支出</td><td>660301</td><td></td><td></td><td></td></tr>
<tr><td>利息收入</td><td>660302</td><td></td><td></td><td></td></tr>
<tr><td>手续费支出</td><td>660303</td><td></td><td></td><td></td></tr>
<tr><td>汇兑损益</td><td>660304</td><td></td><td></td><td></td></tr>
<tr><td rowspan="7">营业外支出</td><td rowspan="7">6711</td><td>处理非流动资产处置损失</td><td>671101</td><td></td><td></td><td></td></tr>
<tr><td>非货币资产交换损失</td><td>671102</td><td></td><td></td><td></td></tr>
<tr><td>债务重组损失</td><td>671103</td><td></td><td></td><td></td></tr>
<tr><td>罚款支出</td><td>671104</td><td></td><td></td><td></td></tr>
<tr><td>捐赠支出</td><td>671105</td><td></td><td></td><td></td></tr>
<tr><td>非常损失</td><td>671106</td><td></td><td></td><td></td></tr>
<tr><td>其他支出</td><td>671107</td><td></td><td></td><td></td></tr>
</table>

续表

一级		二级		三级		核算项目
所得税费用	6801	当期所得税费用	680101			
		递延所得税费用	680102			
以前年度损益调整	6901					

出租人会计核算要点

出租人特殊会计科目设置

融资租赁兼具融资、促销、投资等功能，促进了商品流通，沟通了制造业与金融业，是一种非常特殊的业务类型。我们在对其进行会计处理时，通常会涉及一些比较特殊的会计科目，如未担保余值、未实现融资收益等。营改增以后，出租人在进行融资租赁账务处理时主要会用到表 10-4 所列示的这些会计科目，下面将对其中的“融资租赁资产”“长期应收款——应收融资租赁款”“未实现融资收益”“未担保余值”做详细的介绍。

表 10-4　出租人特殊会计科目设置

一级	二级	三级	备注
融资租赁资产	设备名称		
应交税费	增值税	进项税	
长期应收款	应收融资租赁款	设备名称	
未实现融资收益	设备名称		在报表中属于长期应收款的抵减
未担保余值	设备名称		在报表中属于非流动资产
长期应付款	融资租赁销项税额	设备名称	
应交税费	增值税	销项税	
主营业务收入	融资租赁收入	设备名称	

1. 融资租赁资产

在融资租赁交易中，必定会涉及出租人根据承租人的要求购买租赁物件的事项，购买该租赁物后，出租人获得了对该租赁物的所有权，可以通过让渡租赁物的占用、使用、收益权来获得源源不断的租金收入，因此有必要单独设置“融资租赁资产”这一科目来核算为开展融资租赁业务取得租赁物的成本，之所以没有将其记入“固定资产”或其他科目，是因为租赁物是不同于企业其他实体资产的存在，其购买的目的和最终的处置方式都不同于企业其他资产。该科目通过借记金额来核算出租人为取得资产所有权所发生的支出，包括合同价款及为取得其所有权所发生的运输费、途中保险费、安装调试费等。同时，该科目一般可按照承租人、租赁资产类别和项目进行明细核算。需要注意的是，凡是由出租人企业以外的第三方承担的租赁物件购置成本，并且由此带来的经济效益归于该第三方的，则这部分购置成本不应确认为“融资租赁资产”的价值。这种情况存在于杠杆融资租赁、委托融资租赁或联合融资租赁的交易方式之中。

2. 长期应收款——应收融资租赁款

“长期应收款——应收融资租赁款”这一科目所确认的，是因融资租赁合同的生效和履行所形成的出租人企业对承租人企业的融资租赁债权，这种债权是以未来约定期限内收取租金的方式实现的，其金额为含增值税的最低租赁收款额加上留购价款。初始确认时，该金额应该涵盖两部分金额：一是租赁物购置成本、为购置租赁物所产生的融资成本的金额，二是融资租赁公司从中获得的收益金额。当收到各期租金时，借记“银行存款”科目，贷记“长期应收款——应收融资租赁款”科目，对于各种原因导致的无法收回租金，如计提了坏账准备金，则应在该笔资金被批准作为坏账损失时，借记“坏账准备”科目，贷记“应收账款——应收融资租赁款”科目，一旦某融资租赁合同终止，则其本科目的借方余额必定为零。

3. 未实现融资收益

“未实现融资收益”科目是“长期应收款——应收融资租赁款”的备抵科目，它是作为出租人的融资租赁公司在租赁期开始日时记录的应收融资租赁款、未担保余值和租赁资产账面价值的差额，即未实现融资收益＝最低租赁收款额＋未担保余值－租赁投资净额，“未实现融资收益”科目是融资租赁公司在租赁期内确认融资租赁收入的基础，它体现了该融资租赁合同项下通过收取租金可获得的预期收益，融资租赁企业会在租赁期内分期将其转入租赁收入，通常该科目同“融资租赁资产”科目一样，可按承租人、租赁资产类别和项目进行明细核算，但选择时要与融资租赁资产保持一致。融资租赁合同一旦终止，该科目的贷方余额为零。

4. 未担保余值

租赁期满时，如果租赁资产的使用年限长于租赁期，租赁资产就会有余值，此时，出于对出租人和租赁资产的保护，避免因承租人在租赁期内过度耗用或损坏租赁资产而损害出租人的利益，如果双方约定租赁期满资产由出租人收回，则租赁合同中一般会规定由承租人（或与承租人有关的第三方）对租赁资产的余值进行担保，除此之外，还有可能找来与承租人和出租人均无关，但在财务上有能力提供担保的第三方来对资产余值进行担保，这些被担保的租赁资产余值就称为担保余值；资产余值与担保余值的差额即为未担保余值，出租人应将资产担保余值计入其最低租赁收款额内核算，未担保余值则应单独核算反映在借方；承租人在进行会计核算时则不需用到此会计科目。

出租人会计核算流程

下面将用表格的形式梳理融资租赁公司开展直租及回租业务时涉及的全套会计核算流程，包括标准的会计摘要、会计分录的书写以及记账凭证后需附的原始凭证及各环节业务处理要点的说明。

作为一般纳税人的出租人（融资租赁公司）在 2016 年 5 月 1 日后新签订的融资租赁合同（有形动产及不动产直租业务）主要涉及的业务流程及相应的会计核算要点见表 10-5。

表 10-5 出租人直租业务会计核算流程及要点

业务流程	标准摘要	会计分录	原始凭证及业务处理要点
向银行借款时	收××银行长期借款	借：银行存款——××银行 贷：长期借款——本金	附件：银行借款凭证、银行进账单

续表

业务流程	标准摘要	会计分录	原始凭证及业务处理要点
依据承租人要求购买设备或不动产时	付××公司××融资租赁资产购买价款（融资租赁合同编号××）	设备： 借：融资租赁资产——××设备 应交税费——应交增值税（进项税额） 贷：银行存款——××银行/应付账款——××公司 不动产： 借：融资租赁资产——××不动产 应交税费——应交增值税（进项税额） 应交税费——待抵扣进项税额 贷：银行存款——××银行/应付账款－××公司 应交税费——应交契税	附件：设备或不动产购买合同、合同款项付款审批单、银行汇款单（支票存根）、增值税专用发票 业务处理要点：①凭证摘要一定涵盖如下元素：付款单位名称、融资租赁设备或不动产名称、款项性质、合同编号。②应坚持见票付款的原则。③付款审批是企业内部控制的重要资料
租赁开始日	转××公司××融资租赁资产款（融资租赁合同编号××）	借：长期应收款——应收融资租赁款——××设备/不动产（含税最低租赁收款额＋初始直接费用） 未担保余值 营业外支出（租赁资产公允价值小于账面价值） 贷：融资租赁资产——××设备/不动产（租赁资产原账面价值） 银行存款（初始直接费用） 营业外收入（租赁资产公允价值大于原账面价值） 未实现融资收益 长期应付款——融资租赁销项税额 如为不动产，还需如下分录： 借：应交税费——应交增值税（进项税额） 贷：应交税费——待抵扣进项税额	附件：融资租赁合同、融资租赁租金计算表、银行付款回单 业务处理要点：①凭证摘要一定涵盖如下元素：承租人名称、融资租赁设备名称、款项性质、合同编号。②长期应收款——应收融资租赁款金额依据融资合同约定应收的含税租金及留购价款总和确定，如有初始直接费用也包括在内，但实际工作中通常将初始直接费用直接计入当期损益。③长期应付款——融资租赁销项税额区分租赁物的不同，合同约定应收的含税租金及留购价款总和/（1＋17%）×17%或合同约定应收的含税租金及留购价款总和/（1＋11%）×11%确定。④未实现融资收益通过倒挤得出
支付每期银行利息时	计提第×期应付银行借款利息	借：租赁成本——长期借款利息 贷：应付利息	附件：银行借款每期利息清单、银行开具的利息增值税发票
	结转第×期银行借款利息	借：主营业务成本 贷：租赁成本——长期借款利息 借：应交税费——应交增值税（销项税额抵减） 贷：主营业务成本	附件：企业自己编制的成本表 业务处理要点：若为有形动产直租，则应交税费——应交增值税（销项税额抵减）金额为应付利息/（1＋17%）×17%，若为不动产直租，则为应付利息/（1＋11%）×11%
	付第×期银行借款利息	借：应付利息 贷：银行存款	附件：取得的结算单据

续表

<table>
<tr><th>业务流程</th><th>标准摘要</th><th>会计分录</th><th>原始凭证及业务处理要点</th></tr>
<tr><td rowspan="3">收到每期租金时</td><td>收××公司××融资租赁资产第×期租金</td><td>借：银行存款——××银行
贷：长期应收款——应收融资租赁款——××设备/不动产</td><td>附件：融资租赁租金计算表、银行进账单</td></tr>
<tr><td>确认××公司××融资租赁资产第×期租金增值税销项税额</td><td>借：长期应付款——融资租赁销项税额
贷：应交税费——应交增值税（销项税额）（开票部分对应的增值税）</td><td>附件：增值税专用发票
业务处理要点：应交税费——应交增值税（销项税额）为开票部分对应的增值税，即：（本期全部价款＋价外费用）/（1＋17％）×17％或（本期全部价款＋价外费用）/（1＋11％）×11％（对于直租业务来说会对本息和全额开具增值税专用发票）</td></tr>
<tr><td>确认××公司××融资租赁资产第×期租金融资租赁收入</td><td>每期摊销额＝（期初不含税最低租赁收款余额－期初未实现融资收益余额）×内含利率
借：未实现融资收益
贷：主营业务收入——融资租赁收入</td><td>附件：公司自制的未实现融资收益每期摊销表
业务处理要点：确认的该部分未实现融资收益为期初长期应收款余值×内含利率</td></tr>
<tr><td rowspan="2">租赁期满时</td><td>收（或转）××公司留购××融资租赁资产价款</td><td>借：银行存款——××银行/应收账款——××公司
贷：长期应收款——应收融资租赁款——××设备/不动产
同时：
借：长期应付款——融资租赁销项税额
贷：应交税费——应交增值税（销项税额）（开票部分对应的增值税）
如果存在未担保余值：
借：营业外支出
贷：未担保余值</td><td>附件：融资租赁合同、增值税专用发票、银行存单（支票存根）
业务处理要点：应交税费——应交增值税（销项税额）的金额为有形动产留购金额/（1＋17％）×17％或不动产留购金额/（1＋11％）×11％</td></tr>
<tr><td>收××公司返还××设备</td><td>（1）存在担保余值，不存在未担保余值。
借：融资租赁资产
贷：长期应收款（担保余值）
如果收回租赁资产的价值低于担保余值，则应向承租人收取价值损失的补偿金。
借：其他应收款
贷：营业外收入
（2）存在担保余值，同时存在未担保余值。
借：融资租赁资产</td><td>附件：自制单据
业务处理要点：收回资产时，融资租入资产的入账价值是按账面价值来计量的，而不是按照收回资产的公允价值，所以此时融资租赁资产的入账价值等于担保余值的金额，但如果该收回的资产的公允价值小于担保余值，那么应向承租人收取价值损失补偿金，并将其计入营业外收入，而所产生的损失只有在处置该资产的时候，才会体现出来</td></tr>
</table>

续表

业务流程	标准摘要	会计分录	原始凭证及业务处理要点
租赁期满时	收××公司返还××设备	贷：长期应收款（担保余值） 未担保余值（未担保余值） 如果收回租赁资产的价值扣除未担保余值后的余额低于担保余值，则应向承租人收取价值损失补偿金。 借：其他应收款 贷：营业外收入 (3) 存在未担保余值，不存在担保余值。 借：融资租赁资产 贷：未担保余值（未担保余值） (4) 担保余值和未担保余值均不存在，无须做会计处理，只需做相应的备查登记	
出口退税时	计提出口退税款	借：主营业务成本（征退税差额） 其他应收款——应收出口退税（增值税） 贷：应交税费——应交增值税（出口退税） ——应交增值税（进项税转出）	附件：企业自制出口退税计算表格 业务处理要点：①增值税应退税额=购进融资租赁货物的增值税专用发票注明的金额或海关（进口增值税）专用缴款书注明的完税价格×融资租赁货物适用的增值税退税率（适用贸易退税）②征退税差额做进项税转出处理计入主营业务成本
	收出口退税款	借：银行存款——××银行 贷：其他应收款——应收出口退税（增值税）	附件：退税税票、银行进账单

表 10-6 列示了 2016 年 5 月 1 日后作为一般纳税人的出租人（融资租赁公司）新签订的融资性售后回租合同主要涉及的业务流程及相应的会计核算要点。

表 10-6 出租人融资性售后回租业务会计核算流程及要点

业务流程	标准摘要	会计分录	原始凭证及业务处理要点
向银行借款时	收××银行长期借款	借：银行存款——××银行 贷：长期借款——本金	附件：银行借款凭证、银行进账单
向承租人购买设备或不动产时	付××公司××融资租赁资产购买价款（融资租赁合同编号××）	设备： 借：融资租赁资产——××设备 贷：银行存款——××银行/应付账款——××公司 不动产： 借：融资租赁资产——××不动产 贷：银行存款——××银行/应付账款——××公司 应交税费——应交契税	附件：融资租赁合同、设备购买合同、合同款项付款审批单、银行汇款单（支票存根）、增值税普通发票 业务处理要点：①凭证摘要一定涵盖如下元素：付款单位名称、融资租赁设备名称、款项性质、合同编号。②应坚持见票付款原则。③付款审批是内部控制的重要资料。④回租业务收到的发票为增值税普通发票，不得抵扣进项税

续表

业务流程	标准摘要	会计分录	原始凭证及业务处理要点
租赁开始日	转××公司××融资租赁资产款（融资租赁合同编号××）	借：长期应收款——应收融资租赁款——××设备/不动产（含税最低租赁收款额＋初始直接费用） 未担保余值 营业外支出（租赁资产公允价值小于账面价值） 贷：融资租赁资产——××设备/不动产（租赁资产原账面价值） 银行存款（初始直接费用） 营业外收入（租赁资产公允价值大于原账面价值） 未实现融资收益 长期应付款——融资租赁销项税额	附件：融资租赁合同、融资租赁租金计算表、银行付款回单 业务处理要点：①凭证摘要一定涵盖如下元素：承租人名称、融资租赁设备名称、款项性质、合同编号。②长期应收款——应收融资租赁款依据融资合同约定应收的含税租金及留购价款总和确定，如有初始直接费用也包括在内，但实际工作中通常将初始直接费用直接计入当期损益。③长期应付款——融资租赁销项税额依据合同利息及留购价款总和（不含本金全部价款及价外费用）/（1＋6%）×6%确定。④未实现融资收益通过倒挤得出
支付每期银行利息时	计提第×期应付银行借款利息	借：租赁成本——长期借款利息 贷：应付利息	附件：银行借款每期利息清单、银行开具的利息增值税发票
	结转第×期银行借款利息	借：主营业务成本 贷：租赁成本——长期借款利息 借：应交税费——应交增值税（销项税额抵减） 贷：主营业务成本	附件：企业自制的成本表 业务处理要点：应交税费——应交增值税（销项税额抵减）的金额为应付利息/（1+6%）×6%
	付第×期银行借款利息	借：应付利息 贷：银行存款	附件：取得的结算单据
收到每期租金时	收××公司××融资租赁资产第×期租金	借：银行存款——××银行 贷：长期应收款——应收融资租赁款——××设备/不动产	附件：融资租赁租金计算表、银行进账单
	确认××公司××融资租赁资产第×期租金增值税销项税额	借：长期应付款——融资租赁销项税额 贷：应交税费——应交增值税（销项税额）（开票部分对应的增值税）	附件：增值税普通发票 业务处理要点：应交税费——应交增值税——销项税额为增值税专用发票对应的增值税（融资性售后回租业务按当期不含本金的全部价款及价外费用开具增值税普通发票，也就是仅就利息部分开具发票）
	确认××公司××融资租赁资产第×期租金融资租赁收入	每期摊销额＝（期初不含税最低租赁收款余额－期初未实现融资收益余额）×内含利率 借：未实现融资收益 贷：主营业务收入——融资租赁收入	附件：公司自制的未实现融资收益每期摊销表。 业务处理要点：确认的该部分未实现融资收益为期初长期应付款余值×内含利率

续表

业务流程	标准摘要	会计分录	原始凭证及业务处理要点
	收（或转）××公司留购××融资租赁资产价款	借：银行存款——××银行/应收账款——××公司 贷：长期应收款——应收融资租赁款——××设备/不动产 同时： 借：长期应付款——融资租赁销项税额 贷：应交税费——应交增值税（销项税额）（开票部分对应的增值税） 如果存在未担保余值： 借：营业外支出 贷：未担保余值	附件：融资租赁合同、增值税普通发票、银行进账单 业务处理要点：应交税费——应交增值税（销项税额）的金额为留购金额/（1+6%）×6%（此处是提供融资租赁服务同时销售租赁物，属于混合销售）
租赁期满时	收××公司返还××设备	（1）存在担保余值，不存在未担保余值。 借：融资租赁资产 贷：长期应收款（担保余值） 如果收回租赁资产的价值低于担保余值，则应向承租人收取价值损失的补偿金。 借：其他应收款 贷：营业外收入 （2）存在担保余值，同时存在未担保余值。 借：融资租赁资产 贷：长期应收款（担保余值） 未担保余值（未担保余值） 如果收回租赁资产的价值扣除未担保余值后的余额低于担保余值，则应向承租人收取价值损失补偿金。 借：其他应收款 贷：营业外收入 （3）存在未担保余值，不存在担保余值。 借：融资租赁资产 贷：未担保余值（未担保余值） （4）担保余值和未担保余值均不存在，无须做会计处理，只需做相应的备查登记	附件：自制单据 业务处理要点：收回资产时，融资租入资产的入账价值是按账面价值来计量的，而不是按照收回资产的公允价值，所以此时融资租赁资产的入账价值等于担保余值的金额，但如果该收回的资产的公允价值小于担保余值，那么应向承租人收取价值损失补偿金，并将其计入营业外收入，而所产生的损失只有在处置该资产的时候，才会体现出来

对于一般纳税人2013年8月1日前签订的有形动产融资租赁（直租）合同及有形动产融资性售后回租合同，若选择按3%征收率进行简易计税的，购进有形动产的进项税额不能抵扣，因2013年8月1日距离现在已有很长的时间，实际中也不会涉及该进项税的抵扣，（财会〔2016〕22号）财政部关于印发《增值税会计处理规定》

的通知出台后，会计处理上需单独设立“简易计税”二级科目核算其实际的增值税额，而其具体金额只需将17%、11%及6%的税率替换成3%的征收率核算。

对于一般纳税人2016年4月30日前签订的有形动产融资性售后回租合同，选择按原有形动产融资租赁计算缴纳增值税的，收取全部价款及价外费用所开具的发票为增值税专用发票，确认各期租金销项税额时所开具的发票为特殊的差额征税发票，在会计核算上除以上所附发票的不同以外，计算相关金额时需将6%的税率替换成17%的税率（忽略选择不扣除本金缴纳增值税情形）。

对于一般纳税人2016年4月30日前签订的不动产融资租赁合同，或以2016年4月30日前取得的不动产提供的融资租赁服务，选择按照5%的征收率计算缴纳增值税的，也应将其实际的增值税额单独设立“简易计税”二级科目核算。若涉及在2016年5月1日后购入不动产的，其进项税额需做进项税转出处理（见表10-7）：

表10-7　简易计税不动产融资租赁合同涉及进项税额转出的会计核算

业务流程	标准摘要	会计分录	原始凭证及业务处理要点
依据承租人要求购买不动产时	付××公司××融资租赁资产购买价款（融资租赁合同编号××）	借：融资租赁资产——××不动产 应交税费——应交增值税（进项税额） 贷：银行存款——××银行/应付账款——××公司 应交税费——应交契税 同时： 借：融资租赁资产——××不动产 贷：应交税费——应交增值税（进项税额转出）	附件：设备或不动产购买合同、合同款项付款审批单、银行汇款单（支票存根）、增值税专用发票 业务处理要点：①凭证摘要一定涵盖如下元素：付款单位名称、融资租赁设备或不动产名称、款项性质、合同编号。②应坚持见票付款的原则。③付款审批是企业内部控制的重要资料

承租人会计科目设置及核算要点

承租人会计科目设置

承租人虽然不直接从事融资租赁业务，但在与融资租赁公司开展融资租赁业务时也会涉及不同于日常业务的会计处理，营改增以后一般会用到表10-8所列的会计科目。在介绍承租人主要业务流程的核算要点以前，我们先来了解一下“长期应付款——应付融资租赁款”“未确认融资费用”“累计折旧——融资租赁资产”这三个科目。

表 10-8 承租人特殊会计科目设置

一级	二级	三级	备注
固定资产	融资租赁资产	设备名称	
应交税费	增值税	进项税	
长期应付款	应收融资租赁款	设备名称	
未确认融资费用	设备名称		在报表中属于长期应付款的抵减
长期应收款	融资租赁进项税额	设备名称	
累计折旧	融资租赁资产	设备名称	

1. 长期应付款——应付融资租赁款

“长期应付款——应付融资租赁款”是与“长期应收款——应收融资租赁款”相对应的一个会计科目，它所确认的是因融资租赁合同的生效和履行所形成的承租人企业对出租人企业的融资租赁债务，这种债务是以在未来约定期限内按期支付租金的方式偿还的，其金额为含增值税的每期租金之和加上留购价款。支付每期租金时，借记“长期应付款——应付融资租赁款”科目，贷记“银行存款”科目，在承租人每期按合同约定支付租金、留购价款的情况下，融资租赁合同终止时，该科目的贷方余额必定为零。

2. 未确认融资费用

“未确认融资费用”科目是“长期应付款——应付融资租赁款”的备抵科目，它是承租人在租赁期开始日时记录的应付融资租赁款与融资租入固定资产在租赁开始日时点价值的差额。出于会计的谨慎性原则，融资租入固定资产在租赁开始日时点的价值应为租赁资产公允价值与含税最低租赁付款额现值两者中较低者，即未确认融资费用＝最低租赁付款额—租赁投资净额，“未确认融资费用”科目是承租人在租赁期内确认融资租赁支出的基础，它体现了该融资租赁合同项下通过支付租金所付出的利息代价，在租赁期内承租人会分期将其转入“财务费用”科目或资产类科目，通常该科目同融资租入的固定资产科目一样，可按租赁资产类别、名称等进行明细核算，但选择时要与融资租入的固定资产保持一致，融资租赁合同一旦终止，该科目的借方余额为零。

3. 累计折旧——融资租赁资产

融资租入的固定资产，在租赁有效期内，虽然资产的所有权尚未归承租人所有，但在会计处理上，承租人将租赁资产作为一项资产，将向出租人的融资作为一种负债，纳入自身资产负债表内。融资租入的固定资产应该视同承租人的固定资产管理，在“固定资产”科目下单独设置“融资租入固定资产”明细科目核算。既然融资租入的固定资产记入了承租人的资产负债表，那么自然要按期对该融资租入的固定资产进行折旧，将折旧额贷记“累计折旧——融资租赁资产”科目，借记当期损益相关科目。

承租人特殊会计科目会计核算要点

下面我们将用表格的形式梳理承租人开展直租及回租业务时涉及的全套会计核算流程，包括标准的会计摘要、会计分录的书写以及记账凭证后需附的原始凭证及各环节业务处理要点的说明。

作为一般纳税人的承租人在 2016 年 5 月 1 日后新签订的融资租赁合同（有形动产及不动产直租业务）主要涉及的业务流程及相应的会计核算要点（见表 10-9）（假设该融资租入固定资产并非用于不可抵扣进项税的项目）。

表 10-9　承租人直租业务会计核算流程及要点

业务流程	标准摘要	会计分录	原始凭证及业务处理要点
租赁开始日	转××公司××融资租赁资产（融资租赁合同编号××）	借：固定资产（或在建工程）——融资租入固定资产 长期应收款——融资租赁进项税额 未确认融资费用 贷：长期应付款——应付融资租赁款——××设备/不动产（含税最低租赁收款额） 银行存款（初始直接费用）	附件：融资租赁合同、设备验收入库单、融资租赁租金计算表、银行汇款单（支票存根） 业务处理要点：①凭证摘要一定涵盖如下元素：出租人名称、融资租赁设备或不动产名称、合同编号。②固定资产——融资租入固定资产依据租赁资产公允价值与含税最低租赁付款额现值两者中较低者确定，如有初始直接费用也包括在内。③长期应付款——应付融资租赁款依据融资合同约定应付的含税租金及留购价款总和确定。④长期应收款——应付融资租赁进项税额区分租赁物的不同，依据合同约定应付的含税租金及留购价款总和/（1+17%）×17%或合同约定应付的含税租金及留购价款总和/（1+11%）×11%确定。⑤未实现融资费用通过倒挤得出

续表

业务流程	标准摘要	会计分录	原始凭证及业务处理要点
支付每期租金时	付××公司××融资租赁资产第×期租金	借：长期应付款——应付融资租赁款——××设备/不动产 贷：银行存款——××银行/应付账款——××公司	附件：融资租赁租金计算表、银行汇款单（支票存根）
	确认××公司××融资租赁资产第×期租金增值税进项税	借：应交税费——应交增值税（进项税额）（开票部分对应的增值税） 贷：长期应收款——融资租赁进项税额	附件：增值税专用发票 业务处理要点：应交税费——应交增值税（进项税额）为对方开票部分对应的增值税，即（本期全部价款＋价外费用）/（1＋17%）×17%或（本期全部价款＋价外费用）/（1＋11%）×11%（对于直租业务来说会对本息和全额开具增值税专用发票）
	确认××公司××融资租赁资产第×期融资租赁租金支出	每期摊销额＝（期初不含税长期应付款余额－期初未确认融资费用余额）×实际利率 借：财务费用（不满足资本化条件） 在建工程等（满足资本化条件时） 贷：未确认融资费用	附件：公司自制未确认融资费用分摊表 业务处理要点：确认的该部分未确认融资费用为期初不含税长期应付款余值×实际利率
计提折旧时	计提第×期融资租入固定资产折旧	借：制造费用等 贷：累计折旧	附件：固定资产计提折旧表
租赁期满时	支付××公司留购××设融资租赁资产价款	设备： 借：长期应付款——××设备（购买价款） 贷：银行存款——××银行 借：固定资产——生产用固定资产等——××设备 累计折旧 贷：固定资产——融资租入固定资产——××设备 借：应交税费——应交增值税（进项税额） 贷：长期应收款——融资租赁进项税额 不动产： 借：长期应付款——××不动产（购买价款） 贷：银行存款——××银行 借：固定资产——生产用固定资产等——××不动产 累计折旧 贷：固定资产——融资租入固定资产——××不动产 应交税费——应交契税 借：应交税费——应交增值税（进项税额） 贷：长期应收款——融资租赁进项税额	附件：银行回单、增值税专用发票

续表

业务流程	标准摘要	会计分录	原始凭证及业务处理要点
租赁期满时	向××公司返还××设备/不动产	（1）存在承租人担保余值。 借：长期应付款（担保余值） 累计折旧 贷：固定资产——融资租入固定资产 （2）不存在承租人担保余值。 借：累计折旧 贷：固定资产——融资租入固定资产	

2016 年 5 月 1 日后作为一般纳税人的承租人新签订的融资性售后回租合同主要涉及的业务流程及相应的会计核算要点见表 10-10。由于 2016 年 5 月 1 日后签订的融资性售后回租合同属于贷款业务，进项税不允许抵扣，所以在支付每期租金时无须确定租金的进项税额。

表 10-10 承租人融资性售后回租业务会计核算流程及要点

业务流程	标准摘要	会计分录	原始凭证及业务处理要点
向融资租赁公司出售租赁物时	出售××设备/不动产	借：固定资产清理——融资租赁资产——××设备 累计折旧 贷：固定资产——××设备	附件：售后租回融资租赁合同、固定资产出售增值税普通发票 业务处理要点：由于融资性售后回租业务出售环节无须缴纳增值税，故承租人在将资产出售环节只需开具零税率的增值税普通发票
	收××公司××设备/不动产款	借：银行存款——××银行 贷：固定资产清理——融资租赁资产——××设备 递延收益——未实现售后租回损益（差额，也可能在借方）	附件：银行存单（支票存根）
	分摊第×期未实现售后租回收益/损失	各期根据该项租赁资产的折旧进度，分期摊销未实现售后回租收益时： 借：递延收益——未实现售后租回损益 贷：制造费用（或管理费用、销售费用） 若是分期摊销未实现售后回租损失： 借：制造费用（或管理费用、销售费用） 贷：递延收益——未实现售后租回损益	附件：自制摊销表

续表

业务流程	标准摘要	会计分录	原始凭证及业务处理要点
租赁开始日	向××融资租赁公司融资租入××融资租赁资产（融资租赁合同编号××）	借：固定资产（或在建工程）——融资租入固定资产 未确认融资费用 贷：长期应付款——应付融资租赁款——××设备/不动产（含税最低租赁付款额） 银行存款（初始直接费用）	附件：融资租赁合同、设备验收入库单、融资租赁租金计算表、银行汇款单（支票存根） 业务处理要点：①凭证摘要一定涵盖如下元素：出租人名称、融资租赁设备或不动产名称、合同编号。②固定资产——融资租入固定资产依据租赁资产公允价值与含税最低租赁付款额现值两者中较低者确定，如有初始直接费用也包括在内。③长期应付款——应付融资租赁款依据融资合同约定应收的含税租金总和及留购价款确定。④未实现融资费用通过倒挤得出
支付每期租金时	付××公司××融资租赁资产第×期租金	借：长期应付款——应付融资租赁款——××设备/不动产 贷：银行存款——××银行/应付账款——××公司	附件：融资租赁公司开具的增值税普通发票、银行汇款单（支票存根）
	确认××公司××融资租赁资产第×期租金融资租赁支出	每期摊销额＝（期初含税长期应付款余额－期初未确认融资费用余额）×实际利率 借：财务费用（不满足资本化条件） 在建工程等（满足资本化条件时） 贷：未确认融资费用	附件：公司自制的未确认融资费用分摊表 业务处理要点：确认的该部分未确认融资费用为期初含税长期应付款余值×实际利率
计提折旧时	计提第×期融资租入固定资产折旧	借：制造费用等 贷：累计折旧	附件：固定资产计提折旧表
租赁期满时	付××公司留购××融资租赁资产价款	借：长期应付款——××设备（购买价款） 贷：银行存款——××银行 借：固定资产——生产用固定资产等——××设备/不动产 累计折旧 贷：固定资产——融资租入固定资产——××设备/不动产	附件：银行回单、增值税普通发票（说明：假设对方为金融租赁公司，不动产在此环节无须缴纳契税）
	向××公司返还××设备	（1）存在承租人担保余值 借：长期应付款（担保余值） 累计折旧 贷：固定资产——融资租入固定资产 （2）不存在承租人担保余值 借：累计折旧 贷：固定资产——融资租入固定资产	

对于一般纳税人2013年8月1日前签订的有形动产融资租赁（直租）合同及有形动产融资性售后回租合同，若融资租赁公司选择按3%征收率进行简易计税，承租人在会计处理上并无太大差别，融资性售后回租合同仍然无法抵扣进项税，直租合同在计算会计处理中的相关金额时，需将17%、11%的税率替换成3%的征收率，若企业出于管理需求需将简易计税项目单独核算，也可将其实际的增值税额单独设置“简易计税”核算项目进行核算。

对于一般纳税人2016年4月30日前签订的不动产融资租赁合同，或以2016年4月30日前取得的不动产提供的融资租赁服务，若融资租赁公司选择按照5%的征收率计算缴纳增值税，则与上述选择按3%征收率计算缴纳增值税一样，只需计算相关金额时将17%、11%的税率替换成5%的征收率。

对于一般纳税人2016年4月30日前签订的有形动产融资性售后回租合同，若融资租赁公司选择按原有形动产融资租赁计算缴纳增值税，承租人仍可按17%的税率抵扣进项税，其与2015年5月1日后签订有形动产融资性售后回租合同在会计处理上的不同主要体现在以下环节（具体见表10-11）（忽略选择不扣除本金缴纳增值税情形）。

表10-11 选择按有形动产融资租赁计税的售后回租老合同的会计核算流程及要点

业务流程	标准摘要	会计分录	原始凭证及业务处理要点
租赁开始日	向××融资租赁公司融资租入××融资租赁资产（融资租赁合同编号××）	借：固定资产（或在建工程）——融资租入固定资产 长期应收款——融资租赁进项税额 未确认融资费用 贷：长期应付款——应付融资租赁款——××设备/不动产（含税最低租赁收款额） 银行存款（初始直接费用）	附件：融资租赁合同、设备验收入库单、融资租赁租金计算表、银行汇款单（支票存根） 业务处理要点：①凭证摘要一定涵盖如下元素：出租人名称、融资租赁设备名称、合同编号。②固定资产——融资租入固定资产依据租赁资产公允价值与含税最低租赁付款额现值两者中较低者确定，如有初始直接费用也包括在内。③长期应付款——应付融资租赁款依据融资合同约定应收的含税租金总和及留购价款确定。④长期应收款——应付融资租赁进项税额依据合同约定应付的不含本金租金及留购价款总和/（1+17%）×17%确定。⑤未实现融资费用通过倒挤得出

续表

业务流程	标准摘要	会计分录	原始凭证及业务处理要点
支付每期租金时	付××公司××融资租赁资产第×期租金	借：长期应付款——应付融资租赁款——××设备 贷：银行存款——××银行/应付账款——××公司	附件：融资租赁合同、银行汇款单（支票存根）
	确认××公司××融资租赁资产第×期租金增值税进项税	借：应交税费——应交增值税（进项税额）（开票部分对应的增值税） 贷：长期应收款——融资租赁进项税额	附件：增值税专用发票 业务处理要点：应交税费——应交增值税（进项税额）为开票部分对应的增值税，即（当期所付全部价款＋价外费用－本金）/（1＋17%）×17%
	确认××公司××融资租赁资产第×期租金融资租赁支出	每期摊销额＝（期初不含税长期应付款余额－期初未确认融资费用余额）×实际利率 借：财务费用（不满足资本化条件） 在建工程等（满足资本化条件时） 贷：未确认融资费用	附件：公司自制的未确认融资费用分摊表 业务处理要点：确认的该部分未确认融资费用为期初长期应付款余值×实际利率
租赁期满时	付××公司留购××融资租赁资产价款	借：长期应付款——××设备（购买价款） 贷：银行存款——××银行 借：固定资产——生产用固定资产等——××设备 累计折旧 贷：固定资产——融资租入固定资产——××设备 借：应交税费——应交增值税（进项税额） 贷：长期应收款——融资租赁进项税额	附件：银行回单、增值税专用发票（说明：假设对方为金融租赁公司，不动产在此环节无须缴纳契税）

CHAPTER 11

融资租赁直租业务税会处理实务

在上一章，我们已经把融资租赁直租及售后回租业务整个会计处理的基本框架搭建了起来，在接下来的两章中，我们将通过多个案例详细讲解在直租和售后回租业务中出租人与承租人的会计及税务处理。

出租人税会处理实务

首先，我们对直租业务中出租人会计处理的关键环节做一个简单的介绍。

会计上融资租赁的认定

在按照融资租赁进行会计处理之前，首先要判断该笔业务是否满足按融资租赁进行核算的条件。满足以下几个标准之一时，会计上认定其为融资租赁：

（1）在租赁期届满时，租赁资产的所有权转移给承租人。即如果在租赁协议中已经约定，或者根据其他条件在租赁开始日就可以合理地判断，租赁期届满时出租人会将资产的所有权转移给承租人，那么该项租赁应当认定为融资租赁。

（2）承租人有购买租赁资产的选择权，所订立的购买价款预计将远低于行使选择权时租赁资产的公允价值，因而在租赁开始日就可合理地确定承租人将会行使这种选择权。

例如，出租人与承租人签订了一项租赁协议，租赁期限为 3 年，租赁期届满时承租人有权以 10 000 元的价格购买租赁资产，在签订租赁协议时估计该租赁资产租赁期届满时的公允价值为 40 000 元，由于购买价格仅为公允价值的 25%（远低于公允价值 40 000 元），如果没有特殊的情况，承租人在租赁期届满时将会购买该项资产。在这种情况下，在租赁开始日即可判断该项租赁应当认定为融资租赁。

（3）即使资产的所有权不转移，但租赁期占租赁资产使用寿命的大部分。这里的“大部分”掌握在租赁期占租赁开始日租赁资产使用寿命的 75%以上（含 75%，下同）。

需要说明的是，这条标准强调的是租赁期占租赁资产尚可使用寿命的比例，而非租赁期占该项资产全部可使用年限的比例。如果租赁资产是旧资产，在租赁前已使用年限超过资产自全新时起算可使用年限的 75%以上时，则这条判断标准不适用，不能使用这条标准确定租赁的分类。

例如，某租赁设备全新时可使用年限为 10 年，已经使用了 3 年，从第 4 年开始租出，租赁期为 6 年，由于租赁开始时该设备使用寿命为 7 年，租赁期占使用寿命的 85.7%（6 年/7 年），符合第（3）条标准，因此，该项租赁应当归类为融资租赁；如果从第 4 年开始，租赁期为 3 年，租赁期占使用寿命的 42.9%，就不符合第（3）条标准，因此该项租赁不应认定为融资租赁（假定也不符合其他判断标准）。假如该设备已经使用了 8 年，从第 9 年开始租赁，租赁期为 2 年，此时，该设备使用寿命为 2 年，虽然租赁期为使用寿命的 100%（2 年/2 年），但由于在租赁前该设备的已使用年限超过了可使用年限（10 年）的 75%（8 年/10 年＝80%＞75%），因此，也不能采用这条标准来确定租赁的分类。

（4）承租人租赁开始日的最低租赁付款额的现值，几乎相当于租赁开始日租赁资产公允价值；出租人在租赁开始日最低租赁收款额的现值，几乎相当于租赁开始日租赁资产公允价值。这里的“几乎相当于”，通常掌握在 90%以上（含 90%）。需要说明的是，这里的量化标准只是指导性标准，企业在具体运用时，必须以准则规定的相关条件进行判断。

（5）租赁资产性质特殊，如果不做较大改造，只有承租人才能使用。这条标准是指租赁资产是由出租人根据承租人对资产型号、规格等方面的特殊要求专门购买或建造的，具有专购、专用性质。这些租赁资产如果不做较大的改造，其他企业通常难以使用。这种情况下，该项租赁也应当认定为融资租赁。

租赁债权的确认

在租赁开始日，出租人需要先通过下面的会计分录确认在整个租赁期内的租赁债权，这样进行会计处理的结果是，出租人将租赁开始日最低租赁收款额作为长期应收款的入账价值，同时记录未担保余值，其中最低租赁收款额中包含了各期租金、留购价款、初始直接费用及独立于承租人和出租人的第三方担保的资产余值。在实际工作中，最低租赁收款额中通常不包含初始直接费用，而是将其计入当期损益；将最低租赁收款额及未担保余值之和与融资租赁资产的公允价值的差额确认为未实现融资收益。租赁资产公允价值与账面价值的差额，计入当期损益。营改增以后，由于增值税的缴纳，融资租赁公司的会计处理也发生了相应的变化，需要通过“长期应付款——融资租赁销项税额”科目将未来收取租金等款项所开具发票上的增值税额先计提出来，即：含税租金及留购价款总和÷(1＋适用税率或征收率)×适用税率或征收率。

会计处理如下：

借：长期应收款——应收融资租赁款（含税最低租赁收款额）
　　未担保余值
　　营业外支出（租赁资产公允价值小于账面价值）
　贷：融资租赁资产（租赁资产原账面价值）
　　　银行存款（初始直接费用）
　　　营业外收入（租赁资产公允价值大于原账面价值）
　　　未实现融资收益
　　　长期应付款——融资租赁销项税额

未实现融资收益的分期确认

出租人应在收到每期租金的同时确认当期收取租金开具发票的销项税额以及当期摊销的未实现融资收益，未实现融资收益相当于整个融资租赁业务所收取的利息，应当在整个合同期限内分期确认为融资租赁的收入。出租人应当采用实际利率法计算确认分摊到当期的融资收益和融资租赁收入。每期摊销额＝(期初不含税最低租赁收款额－期初未实现融资收益)×内含利率，其中融资租赁的内含利率是指在租赁开始日，使不含税最低租赁收款额的现值与未担保余值的现值之和等于租赁资产公允价值与出租人的初始直接费用之和的折现率。

会计处理如下：

借：银行存款

　贷：长期应收款——应收融资租赁款

借：未实现融资收益

　贷：主营业务收入——融资租赁收入

借：长期应付款——融资租赁销项税额

　贷：应交税费——应交增值税（销项税额）

差额扣除项的会计处理

《营业税改征增值税试点有关企业会计处理规定》（财会〔2012〕13 号）对差额扣除项的会计处理做出了相应的规定：一般纳税人提供应税服务，试点期间按照营业税改征增值税有关规定允许从销售额中扣除其支付给非试点纳税人价款的，应在“应交税费——应交增值税”科目下增设“营改增抵减的销项税额”专栏，用于记录该企业因按规定扣减销售额而减少的销项税额；同时，“主营业务收入”“主营业务成本”等相关科目应按经营业务的种类进行明细核算，财会〔2016〕26 号文件将“营改增抵减的销项税额”专栏更名为“销项税额抵减”。

企业接受应税服务时，按规定允许扣减销售额而减少的销项税额，借记“应交税费——应交增值税（销项税额抵减）”科目，按实际支付或应付的金额与上述增值税额的差额，借记“主营业务成本”等科目，按实际支付或应付的金额，贷记“银行存款”“应付账款”等科目。

对于期末一次性进行账务处理的企业，期末，按规定当期允许扣减销售额而减少的销项税额，借记“应交税费——应交增值税（销项税额抵减）”科目，贷记“主营业务成本”等科目。

会计处理如下：

借：租赁成本——长期借款利息

　贷：应付利息

借：应付利息

　贷：银行存款

借：主营业务成本

贷：租赁成本——长期借款利息

借：应交税费——应交增值税（销项税额抵减）

贷：主营业务成本

应收融资租赁款坏账准备的计提

为了更加真实、客观地反映出租人在融资租赁中的债权，出租人应当定期根据承租人的财务、经营管理情况，以及租金的逾期期限等因素，分析应收融资租赁款的风险程度和回收的可能性，对应收融资租赁款合理计提坏账准备。由于逾期租金所含融资收入已根据谨慎性原则停止确认，因此，出租人只需对应收融资租赁款减去未实现融资收益的差额部分（在金额上等于本金的部分）合理计提坏账准备，而不是以全部应收融资租赁款计提坏账准备。计提坏账准备的方法由出租人根据有关规定自行确定，且一经确定不得随意变更。其会计处理为：根据有关规定合理计提坏账准备时，借记“管理费用”科目，贷记“坏账准备”科目。对于确实无法收回的应收融资租赁款，经批准作为坏账损失，冲销计提的坏账准备，借记“坏账准备”科目，贷记“应收融资租赁款”科目。已确认并转销的坏账损失，如果以后又收回，按实际收回的金额，借记“应收融资租赁款”科目，贷记“坏账准备”科目；同时，借记“银行存款”科目，贷记“应收融资租赁款”科目。

未担保余值发生变动的会计处理

出租人至少应当于每年年度终了，对未担保余值进行复核，未担保余值增加的，不做调整。如有证据表明未担保余值已经减少的，应当重新计算租赁内含利率，将由此引起的租赁投资净额（最低租赁收款额＋未担保余值－未实现融资收益）的减少，计入当期损失；以后各期根据修正后的租赁投资净额和重新计算的租赁内含利率确认融资收入。已确认损失的未担保余值得以恢复的，应当在原已确认的损失金额内转回，并重新计算租赁内含利率，以后各期根据修正后的租赁投资净额和重新计算的租赁内含利率确认融资收入。

在未担保余值发生减少时，对前期已确认的融资收入不做追溯调整，只对未担保余值发生减少的当期和以后各期，根据修正后的租赁投资净额和重新计算的租赁内含利率计算应确认的融资收入。其会计处理为：

期末，按出租人的未担保余值的预计可收回金额低于其账面价值的差额，借记“资产减值损失”科目，贷记“未担保余值减值准备”科目。

同时，按上述减值金额与由此所产生的租赁投资净额的减少额之间的差额，借记“未实现融资收益”科目，贷记“资产减值损失”科目。

如果已确认损失的未担保余值得以恢复，应按未担保余值恢复的金额，借记“未担保余值减值准备”科目，贷记“资产减值损失”科目。同时，按原减值额与由此所产生的租赁投资净额的增加额之间的差额，借记“资产减值损失”科目，贷记“未实现融资收益”科目。

或有租金的会计处理

出租人在融资租赁下收到的或有租金，应在实际发生时确认为当期收入。其会计处理为：借记“银行存款”等科目，贷记“主营业务收入——融资租赁收入”科目（即原“租赁收入”科目）及“应交税费——应交增值税（进项税额)”科目。

案例 11-1

直租业务中出租人会计处理、增值税申报及企业所得税纳税调整

2017 年 1 月 1 日，A 融资租赁公司（增值税一般纳税人）应 B 制造公司（一般纳税人）的要求，购进生产设备一台，取得增值税专用发票 1 份，发票注明价款2 480 000 元，税额为 421 600 元，预计可使用年限 4 年；以上款项中 1 000 000 元由银行借款获得，借款年限为 3 年，年利率为 5%，假设按年支付利息，到期一次还本，款项已支付。

双方签订融资租赁合同的主要条款如下：(1) 租赁期为 3 年；(2) 从 2017 年起每年 12 月 31 日收取租金（含税）1 170 000 元；(3) A 公司发生初始直接费用 6 000 元（假设这些费用都无法抵扣进项税，不计入最低租赁收款额）；(4) 承租期满时，设备归 B 制造公司所有；(5) 租赁开始日为 2017 年 1 月 1 日。

A 公司的会计处理如下：

第一步，判断租赁类型。

因为租赁期满，该设备归 B 制造公司所有，满足认定为融资租赁的标准，因此该业务按融资租赁业务进行会计核算。

第二步，进行账务处理。

◆ **2017 年度**

（1）首先要计算租赁内含利率。租赁内含利率是指在租赁开始日，使不含税最低租赁收款额的现值与未担保余值的现值之和等于租赁资产公允价值与出租人的初始直接费用之和的折现率。

$$1\,170\,000/(1+17\%)\times(P/A,R,3)=2\,480\,000+6\,000$$

计算得出 $R=10\%$。

（2）取得银行借款时：

借：银行存款——××银行　　1 000 000

　贷：长期借款——本金　　1 000 000

（3）购买生产设备时：

借：融资租赁资产　　2 480 000

　　应交税费——应交增值税（进项税额）　　421 600

　贷：银行存款——××银行　　2 901 600

（4）2017 年 1 月 1 日租赁开始日确认租赁债权：

借：长期应收款——应收融资租赁款　　3 510 000

　贷：融资租赁资产　　2 480 000

　　　未实现融资收益　　514 000

　　　银行存款——××银行　　6 000

　　　长期应付款——融资租赁销项税额　510 000[3 510 000/(1+17%)×17%]

（5）2017 年 1 月 1 日计提借款利息时：

借：租赁成本——长期借款利息　　50 000

　贷：应付利息　　50 000(1 000 000×5%)

（6）2017 年 1—12 月，每月确认融资租赁收入为：248 600÷12＝20 716.67（元），每月确认租赁收入时：

借：未实现融资收益　　20 716.67

　贷：主营业务收入——融资租赁收入　　20 716.67

未实现融资收益分配表见表 11-1。

表 11-1 未实现融资收益分配表

单位：元

日期	不含税租金	确认的融资收益	租赁投资净额减少额	租赁投资净额余额
①	②	③＝期初⑤×10%	④＝②－③	⑤＝期初⑤－④
2017/1/1				2 486 000
2017/12/31	1 000 000	248 600	751 400	1 734 600
2018/12/31	1 000 000	173 460	826 540	908 060
2019/12/31	1 000 000	91 940*	908 060*	0
合计	3 000 000	514 000	2 486 000	

*作尾数调整：91 940＝1 000 000－908 060
908 060＝908 060－0

(7) 2017 年 12 月 31 日，收到租金时：

借：银行存款　　1 170 000

　贷：长期应收款——应收融资租赁款　　1 170 000

同时，开具增值税发票，确认增值税销项税额：

借：长期应付款——融资租赁销项　　170 000

　贷：应交税费——应交增值税（销项税额）　　170 000

(8) 2017 年 12 月 31 日，支付借款利息时：

借：应付利息　　50 000

　贷：银行存款——××银行　　50 000

同时，结转银行借款利息成本：

借：主营业务成本　　50 000

　贷：租赁成本——长期借款利息　　50 000

借：应交税费——应交增值税（销项税额抵减）　　7 264.96

　贷：主营业务成本　　7 264.96

(9) 2017 年底计提本年度所得税时。

2017 年度，会计上确认的收入是该年确认的融资收益，共计 248 600 元，融资成本 42 735.04 元，营业利润为：248 600－42 735.04＝205 864.96（元）。按《企业所得税法实施条例》的规定，租金收入，按合同约定的承租人应付租金的日期确认收入的实现，所以 2017 年该公司应确认的应税收入是：1 170 000÷(1＋17%)＝1 000 000（元），此业务当年产生的应税所得额为：1 000 000－2 486 000÷3－42 735.04＝128 598.29（元），当年应纳税所得额应在会计利润的基础上调减：205 864.96－128 598.29＝77 266.67（元），应确认应纳税暂时性差异。

借：所得税费用　51 466.24

　贷：应交税费——应交所得税　32 149.57(128 598.29×25%)

　　　递延所得税负债　19 316.67(77 266.67×25%)

◆ **2018年度**

（1）2018年1月1日计提借款利息时：

借：租赁成本——长期借款利息　50 000

　贷：应付利息　50 000(1 000 000×5%)

（2）2018年1—12月，每月确认融资租赁收入为：173 460÷12=14 455（元），每月确认租赁收入时：

借：未实现融资收益　14 455

　贷：主营业务收入——融资租赁收入　14 455

（3）2018年12月31日，收到租金时：

借：银行存款　1 170 000

　贷：长期应收款——应收融资租赁款　1 170 000

同时，开具增值税发票，确认增值税销项税额：

借：长期应付款——融资租赁销项　170 000

　贷：应交税费——应交增值税（销项税额）　170 000

（4）2018年12月31日，支付借款利息时：

借：应付利息　50 000

　贷：银行存款——××银行　50 000

同时，结转银行借款利息成本：

借：主营业务成本　50 000

　贷：租赁成本——长期借款利息　50 000

借：应交税费——应交增值税（销项税额抵减）　7 264.96

　贷：主营业务成本　7 264.96

（5）2018年底计提本年度所得税时。

2018年度，会计上确认的收入是该年确认的融资收益，共计173 460元，融资成本42 735.04元，营业利润为：173 460－42 735.04=130 724.96（元）。按《企业所得税法实施条例》的规定，租金收入，按合同约定的承租人应付租金的日期确认收入的实现，所以2018年该公司应确认的应税收入是：1 170 000÷(1+17%)=1 000 000（元），此业务当年产生的应税所得额为：1 000 000－2 486 000÷3－

42 735.04＝128 598.29（元），当年应纳税所得额应在会计利润的基础上调减：130 724.96－128 598.29＝2 126.67（元），应确认应纳税暂时性差异。

借：所得税费用　　32 681.24

　贷：应交税费——应交所得税　　32 149.57(128 598.29×25%)

　　递延所得税负债　　531.67(2 126.67×25%)

◆ **2019 年度**

（1）2019 年 1 月 1 日计提借款利息时：

借：租赁成本——长期借款利息　　50 000

　贷：应付利息　　50 000(1 000 000×5%)

（2）2019 年 1—12 月，每月确认融资租赁收入为：91 940÷12＝7 661.67（元），每月确认租赁收入时：

借：未实现融资收益　　7 661.67

　贷：主营业务收入——融资租赁收入　　7 661.67

（3）2019 年 12 月 31 日，收到租金时：

借：银行存款　　1 170 000

　贷：长期应收款——应收融资租赁款　　1 170 000

同时，开具增值税发票，确认增值税销项税额：

借：长期应付款——融资租赁销项　　170 000

　贷：应交税费——应交增值税（销项税额）　　170 000

（4）2019 年 12 月 31 日，还本付息时：

借：应付利息　　50 000

　　长期借款——本金　　1 000 000

　贷：银行存款——××银行　　1 050 000

同时，结转银行借款利息成本：

借：主营业务成本　　50 000

　贷：租赁成本——长期借款利息　　50 000

借：应交税费——应交增值税（销项税额抵减）　　7 264.96

　贷：主营业务成本　　7 264.96

（5）2019 年底计提本年度所得税时。

2019 年度，会计上确认的收入是该年确认的融资收益，共计 91 940 元，融资成本 42 735.04 元，营业利润为：91 940－42 735.04＝49 204.96（元），按《企业所得税法实施条例》的规定，租金收入，按合同约定的承租人应付租金的日期确认收入的实现，所以 2019 年该公司应确认的应税收入是：1 170 000÷(1＋17%)＝1 000 000

（元），此业务当年产生的应税所得额为：1 000 000－2 486 000÷3－42 735.04＝128 598.29（元），当年应纳税所得额应在会计利润的基础上调增：128 598.29－49 204.96＝79 393.33（元），原确认的应纳税暂时性差异全部转回。

借：所得税费用　　12 301.24

　　递延所得税负债　　19 848.33(79 393.33×25%)

　贷：应交税费——应交所得税　　32 149.57(128 598.29×25%)

第三步，进行税务处理（以 2017 年为例）。

A 公司 2017 年 1 月购入生产设备时应按如下方法填列增值税纳税申报表。

A 公司 2017 年 1 月购入生产设备在申报增值税时需填列一般纳税人增值税纳税申报表主表、附表二（本期进项税额明细）、《本期抵扣进项税额结构明细表》、《固定资产（不含不动产）进项税额抵扣情况表》及《营改增税负分析测算明细表》。需要注意的是 2018 年 2 月开始本期抵扣进项税额结构明细表及固定资产（不含不动产）进项税额抵扣情况表无须再申报。

首先，将本期认证相符的增值税专用发票份数、金额及税额填入附表二（见表 11-2），购入设备的价款为 2 480 000 元，增值税额为 421 600 元，填入附表二中“本期认证相符且本期申报抵扣”对应的栏次；因该进项税额涉及固定资产，所以还应将购入固定资产取得的专用发票税额 421 600 元填入《固定资产（不含不动产）进项税额抵扣情况表》（见表 11-3）；每个月进行申报时，都需要将所取得的各类进项税按税率不同填入《本期抵扣进项税额结构明细表》（见表 11-4），A 企业 2017 年 1 月只涉及 17%税率的进项税 421 600 元，所以应在 17%税率的进项对应的栏次填入该进项税额。还需填列《营改增税负分析测算明细表》（略）。

根据以上信息填列增值税纳税申报主表（见表 11-5）。

表 11-2　增值税纳税申报表附列资料（二）

（本期进项税额明细）

税款所属时间：　　年　月　日至　　年　月　日

纳税人名称：（公章）　　　　金额单位：元至角分

一、申报抵扣的进项税额				
项目	栏次	份数	金额	税额
（一）认证相符的增值税专用发票	1=2+3	1	2 480 000.00	421 600.00
其中：本期认证相符且本期申报抵扣	2	1	2 480 000.00	421 600.00
前期认证相符且本期申报抵扣	3			
（二）其他扣税凭证	4=5+6+7+8			

续表

其中：海关进口增值税专用缴款书	5			
农产品收购发票或者销售发票	6			
代扣代缴税收缴款凭证	7	—	其他	8
（三）本期用于购建不动产的扣税凭证	9			
（四）本期不动产允许抵扣进项税额	10	—	—	
（五）外贸企业进项税额抵扣证明	11	—	—	
当期申报抵扣进项税额合计	12=1+4−9+10+11	1	2 480 000.00	421 600.00
二、进项税额转出额				
项目	栏次	税额		
本期进项税额转出额	13=14至23之和			
其中：免税项目用	14			
集体福利、个人消费	15			
非正常损失	16			
简易计税方法征税项目用	17			
免抵退税办法不得抵扣的进项税额	18			
纳税检查调减进项税额	19			
红字专用发票信息表注明的进项税额	20			
上期留抵税额抵减欠税	21			
上期留抵税额退税	22			
其他应作进项税额转出的情形	23			
三、待抵扣进项税额				
项目	栏次	份数	金额	税额
（一）认证相符的增值税专用发票	24	—	—	—
期初已认证相符但未申报抵扣	25			
本期认证相符且本期未申报抵扣	26			
期末已认证相符但未申报抵扣	27			
其中：按照税法规定不允许抵扣	28			
（二）其他扣税凭证	29=30至33之和			
其中：海关进口增值税专用缴款书	30			
农产品收购发票或者销售发票	31			
代扣代缴税收缴款凭证	32		—	
其他	33			
	34			
四、其他				
项目	栏次	份数	金额	税额
本期认证相符的增值税专用发票	35			
代扣代缴税额	36	—	—	

表 11-3　固定资产（不含不动产）进项税额抵扣情况表

纳税人名称（公章）：　　　填表日期：　　年　月　日　　　　　金额单位：元至角分

项目	当期申报抵扣的固定资产进项税额	申报抵扣的固定资产进项税额累计
增值税专用发票	421 600.00	421 600.00
海关进口增值税专用缴款书		
合计	421 600.00	421 600.00

表 11-4　本期抵扣进项税额结构明细表

税款所属时间：　　年　月　日至　　年　月　日

纳税人名称：（公章）　　　　　　　　　　　　　　　金额单位：元至角分

项目	栏次	金额	税额
合计	1=2+4+5+11+16+18+27+29+30	2 480 000.00	421 600.00
一、按税率或征收率归集（不包括购建不动产、通行费）的进项			
17%税率的进项	2	2 480 000.00	421 600.00
其中：有形动产租赁的进项	3		
13%税率的进项	4		
11%税率的进项	5		
其中：运输服务的进项	6		
电信服务的进项	7		
建筑安装服务的进项	8		
不动产租赁服务的进项	9		
受让土地使用权的进项	10		
6%税率的进项	11		
其中：电信服务的进项	12		
金融保险服务的进项	13		
生活服务的进项	14		
取得无形资产的进项	15		
5%征收率的进项	16		

续表

项目	栏次	金额	税额
其中：不动产租赁服务的进项	17		
3%征收率的进项	18		
其中：货物及加工、修理修配劳务的进项	19		
运输服务的进项	20		
电信服务的进项	21		
建筑安装服务的进项	22		
金融保险服务的进项	23		
有形动产租赁服务的进项	24		
生活服务的进项	25		
取得无形资产的进项	26		
减按1.5%征收率的进项	27		
	28		
二、按抵扣项目归集的进项			
用于购建不动产并一次性抵扣的进项	29		
通行费的进项	30		
	31		
	32		

表 11-5　增值税纳税申报表

（适用于增值税一般纳税人）

根据国家税收法律法规及增值税相关规定制定本表。纳税人不论有无销售额，均应按税务机关核定的纳税期限填写本表，并向当地税务机关申报。

税款所属时间：自　　年　月　日至　　年　月　日　　填表日期：　　年　月　日　　　　金额单位：元至角分

纳税人识别号						所属行业	
纳税人名称	（公章）	法定代表人姓名		注册地址		生产经营地址	
开户银行及账号		企业登记注册类型				电话号码	

项目		栏次	一般货物及劳务		即征即退货物及劳务	
			本月数	本年累计	本月数	本年累计
销售额	（一）按适用税率征税货物及劳务销售额	1				
	其中：应税货物销售额	2				
	应税劳务销售额	3				
	纳税检查调整的销售额	4				
	（二）按简易征收办法征税货物销售额	5				
	其中：纳税检查调整的销售额	6				
	（三）免、抵、退办法出口货物销售额	7			—	—
	（四）免税货物及劳务销售额	8			—	—
	其中：免税货物销售额	9			—	—
	免税劳务销售额	10			—	—

续表

项目		栏次	一般货物及劳务		即征即退货物及劳务	
			本月数	本年累计	本月数	本年累计
税额计算	销项税额	11				
	进项税额	12	421 600.00	421 600.00		
	上期留抵税额	13		—		—
	进项税额转出	14				
	免抵退货物应退税额	15			—	—
	按适用税率计算的纳税检查应补缴税额	16			—	—
	应抵扣税额合计	17=12+13−14−15+16	421 600.00	—		—
	实际抵扣税额	18（如17<11，则为17，否则为11）				
	应纳税额	19=11−18				
	期末留抵税额	20=17−18	421 600.00	—		—
	简易征收办法计算的应纳税额	21				
	按简易征收办法计算的纳税检查应补缴税额	22			—	—
	应纳税额减征额	23				
	应纳税额合计	24=19+21−23				

续表

项目		栏次	一般货物及劳务		即征即退货物及劳务	
			本月数	本年累计	本月数	本年累计
税款缴纳	期初未缴税额（多缴为负数）	25				
	实收出口开具专用缴款书退税额	26			—	—
	本期已缴税项	27＝28＋29＋30＋31				
	①分次预缴税额	28		—		—
	②出口开具专用缴款书缴税额	29		—	—	—
	③本期缴纳上期应纳税额	30				
	④本期缴纳欠缴税额	31				
	期末未缴税额（多缴未负数）	32＝24＋25＋26－27				
	其中：欠税税额（≥0）	33＝25＋26－27		—		—
	本期应补（退）税额	34＝24－28－29		——		
	即征即退实际退税额	35	—	—		
	期初未缴查补税额	36			—	—
	本期入库查补税额	37			—	—
	期末未缴查补税额	38＝16＋22＋36－37			—	—

授权声明	如果你已授权委托代理人申报，请填写下列资料： 为代理一切税务事宜，现授权 （地址） 为本纳税人的代理人，任何与本申报表有关的往来文件，都可寄予此人。 授权人签名：	申报人声明	本纳税申报表是根据国家税收法律法规及相关规定填报的，我确定它是真实的、可靠的、完整的。 声明人签字：

收到日期： 接收人： 主管税务机关盖章：

A公司2017年12月收取租金时应按如下方法填列增值税纳税申报表。

A公司2017年12月收取承租人租金在申报增值税时需填列一般纳税人增值税纳税申报表主表、附表一（本期销售情况明细）、附表三（服务、不动产和无形资产扣除项目明细）、《增值税差额征税扣除项目清单》及《营改增税负分析测算明细表》。

首先，将本期允许差额扣除的银行借款利息的相关信息填入《增值税差额征税扣除项目清单》（见表11-6），包括开具单位、纳税识别号，合法的差额扣除凭证及其相关信息以及可差额扣除的金额，A公司本月可差额扣除的银行借款利息为50 000元。

然后，将本月向承租人开具的发票金额等填入附表一（见表11-7），销售额为租金1 000 000元，对应的销项税额为170 000元。因为由于差额扣除项目的金额为50 000元，小于租金的价税合计金额1 170 000元，所以本期实际扣除金额为50 000元，本期应纳销项税额为：(1 170 000－50 000)÷(1＋17%)×17%＝162 735.04（元）。

附表三为服务、不动产和无形资产扣除项目明细（见表11-8），需填列本期服务、不动产和无形资产价税合计额，即1 170 000元，并将本期扣除项目发生额，应扣除金额和实际扣除金额填列其中，因本期全能差额扣除，故最后余额为0。还需填列《营改增税负分析测算明细表》（略）。

最后，根据以上信息填列增值税纳税申报主表（见表11-9）。

表 11-6　增值税差额征税扣除项目清单

纳税人名称：（公章）　　纳税人识别号：　　　　　　　　　　差额扣除所属时期：　　年　月　日至　　年　月　日

开具单位名称	开具单位纳税人识别号	凭证类型	凭证代码	凭证号码	凭证开具日期	凭证开具的可扣除项目名称	凭证开具的可扣除项目适用的差额扣除政策	凭证开具的可扣除项目适用的差额扣除项目	凭证开具的可扣除项目金额（元）
××银行	×××××××××××××	发票	×××××××××	×××××××	2017-12-21	银行借款利息	有形动产融资租赁	17%税率的项目	50 000.00

财务负责人：　　　　　　　　　　经办人：　　　　　　　　　　填表日期：

表 11-7 增值税纳税申报表附列资料（一）

（本期销售情况明细）

税款所属时间：　　年　月　日至　　年　月　日

纳税人名称：（公章）　　　　　　　　　　　　　　　　　　　　　金额单位：元至角分

项目及栏次				开具增值税专用发票		开具其他发票		未开具发票		纳税检查调整		合计			服务、不动产和无形资产扣除项目本期实际扣除金额	扣除后	
				销售额	销项（应纳）税额	销售额	销项（应纳）税额	销售额	销项（应纳）税额	销售额	销项（应纳）税额	销售额	销项（应纳）税额	价税合计		含税（免税）销售额	销项（应纳）税额
				1	2	3	4	5	6	7	8	9=1+3+5+7	10=2+4+6+8	11=9+10	12	13=11−12	14=13÷(100%+税率或征收率)×税率或征收率
一、一般计税方法计税	全部征税项目	17%税率的货物及加工修理修配劳务	1											—	—	—	—
		17%税率的服务、不动产和无形资产	2	1 000 000.00	170 000.00							1 000 000.00	170 000.00	1 170 000.00	50 000.00	1 120 000.00	162 735.04
		13%税率	3											—	—	—	—
		11%税率	4														
		6%税率	5														
	其中：即征即退项目	即征即退货物及加工修理修配劳务	6	—	—	—	—	—	—	—	—			—	—	—	—
		即征即退服务、不动产和无形资产	7	—	—	—	—	—	—	—	—						

续表

项目及栏次				开具增值税专用发票		开具其他发票		未开具发票		纳税检查调整		合计			服务、不动产和无形资产扣除项目本期实际扣除金额	扣除后	
				销售额	销项（应纳）税额	销售额	销项（应纳）税额	销售额	销项（应纳）税额	销售额	销项（应纳）税额	销售额	销项（应纳）税额	价税合计		含税（免税）销售额	销项（应纳）税额
				1	2	3	4	5	6	7	8	9=1+3+5+7	10=2+4+6+8	11=9+10	12	13=11−12	14=13÷(100%+税率或征收率)×税率或征收率
二、简易计税方法计税	全部征税项目	6%征收率	8							—	—			—	—	—	—
		5%征收率的货物及加工修理修配劳务	9a							—	—			—	—	—	—
		5%征收率的服务、不动产和无形资产	9b							—	—						
		4%征收率	10							—	—			—	—	—	—
		3%征收率的货物及加工修理修配劳务	11							—	—			—	—	—	—
		3%征收率的服务、不动产和无形资产	12							—	—						
		预征率　%	13a							—	—						
		预征率　%	13b							—	—						
		预征率　%	13c							—	—						
	其中：即征即退项目	即征即退货物及加工修理修配劳务	14	—	—	—	—	—	—	—	—			—	—	—	—
		即征即退服务、不动产和无形资产	15	—	—	—	—	—	—	—	—						

续表

项目及栏次			开具增值税专用发票		开具其他发票		未开具发票		纳税检查调整		合计			服务、不动产和无形资产扣除项目本期实际扣除金额	扣除后	
			销售额	销项(应纳)税额	销售额	销项(应纳)税额	销售额	销项(应纳)税额	销售额	销项(应纳)税额	销售额	销项(应纳)税额	价税合计		含税（免税）销售额	销项（应纳）税额
			1	2	3	4	5	6	7	8	9=1+3+5+7	10=2+4+6+8	11=9+10	12	13=11−12	14=13÷(100%+税率或征收率)×税率或征收率
三、免抵退税	货物及加工修理修配劳务	16	—	—		—		—	—	—		—	—	—	—	—
	服务、不动产和无形资产	17	—	—		—		—	—	—		—				—
四、免税	货物及加工修理修配劳务	18				—		—	—	—		—	—	—	—	—
	服务、不动产和无形资产	19	—	—		—		—	—	—		—				—

表 11-8　增值税纳税申报表附列资料（三）

（服务、不动产和无形资产扣除项目明细）

税款所属时间：　　年　月　日至　　年　月　日

纳税人名称：（公章）　　　　金额单位：元至角分

项目及栏次		本期服务、不动产和无形资产价税合计额（免税销售额）	服务、不动产和无形资产扣除项目				
			期初余额	本期发生额	本期应扣除金额	本期实际扣除金额	期末余额
		1	2	3	4=2+3	5（5≤1 且 5≤4）	6=4−5
17%税率的项目	1	1 170 000.00	—	50 000.00	50 000.00	50 000.00	—
11%税率的项目	2						
6%税率的项目（不含金融商品转让）	3						
6%税率的金融商品转让项目	4						
5%征收率的项目	5						
3%征收率的项目	6						
免抵退税的项目	7						
免税的项目	8						

表 11-9　增值税纳税申报表

（适用于增值税一般纳税人）

根据国家税收法律法规及增值税相关规定制定本表。纳税人不论有无销售额，均应按税务机关核定的纳税期限填写本表，并向当地税务机关申报。

税款所属时间：自　　年　月　日至　　年　月　日　　　填表日期：　　年　月　日　　　金额单位：元至角分

<table>
<tr><td colspan="2">纳税人识别号</td><td colspan="3"></td><td colspan="2">所属行业</td></tr>
<tr><td colspan="2">纳税人名称</td><td>（公章）</td><td>法定代表人姓名</td><td>注册地址</td><td>生产经营地址</td><td></td></tr>
<tr><td colspan="2">开户银行及账号</td><td colspan="2">企业登记注册类型</td><td colspan="2"></td><td>电话号码</td></tr>
<tr><td colspan="2" rowspan="2">项目</td><td rowspan="2">栏次</td><td colspan="2">一般货物及劳务</td><td colspan="2">即征即退货物及劳务</td></tr>
<tr><td>本月数</td><td>本年累计</td><td>本月数</td><td>本年累计</td></tr>
<tr><td rowspan="10">销售额</td><td>（一）按适用税率征税货物及劳务销售额</td><td>1</td><td>1 000 000.00</td><td>1 000 000.00</td><td></td><td></td></tr>
<tr><td>其中：应税货物销售额</td><td>2</td><td></td><td></td><td></td><td></td></tr>
<tr><td>应税劳务销售额</td><td>3</td><td>1 000 000.00</td><td>1 000 000.00</td><td></td><td></td></tr>
<tr><td>纳税检查调整的销售额</td><td>4</td><td></td><td></td><td></td><td></td></tr>
<tr><td>（二）按简易征收办法征税货物销售额</td><td>5</td><td></td><td></td><td></td><td></td></tr>
<tr><td>其中：纳税检查调整的销售额</td><td>6</td><td></td><td></td><td></td><td></td></tr>
<tr><td>（三）免、抵、退办法出口货物销售额</td><td>7</td><td></td><td></td><td>—</td><td>—</td></tr>
<tr><td>（四）免税货物及劳务销售额</td><td>8</td><td></td><td></td><td>—</td><td>—</td></tr>
<tr><td>其中：免税货物销售额</td><td>9</td><td></td><td></td><td>—</td><td>—</td></tr>
<tr><td>免税劳务销售额</td><td>10</td><td></td><td></td><td>—</td><td>—</td></tr>
</table>

续表

项目		栏次	一般货物及劳务		即征即退货物及劳务	
			本月数	本年累计	本月数	本年累计
税额计算	销项税额	11	162 735.04	162 735.04		
	进项税额	12		421 600.00		
	上期留抵税额	13	421 600.00	—		—
	进项税额转出	14				
	免抵退货物应退税额	15			—	—
	按适用税率计算的纳税检查应补缴税额	16			—	—
	应抵扣税额合计	17＝12＋13－14－15＋16	421 600.00	—		—
	实际抵扣税额	18（如17＜11，则为17，否则为11）	162 735.04			
	应纳税额	19＝11－18				
	期末留抵税额	20＝17－18	258 864.96	—		—
	简易征收办法计算的应纳税额	21				
	按简易征收办法计算的纳税检查应补缴税额	22			—	—
	应纳税额减征额	23				
	应纳税额合计	24＝19＋21－23				

续表

项目		栏次	一般货物及劳务		即征即退货物及劳务	
			本月数	本年累计	本月数	本年累计
税款缴纳	期初未缴税额（多缴为负数）	25				
	实收出口开具专用缴款书退税额	26			—	—
	本期已缴税项	27—28＋29＋30＋31				
	①分次预缴税额	28		—		—
	②出口开具专用缴款书缴税额	29		—	—	—
	③本期缴纳上期应纳税额	30				
	④本期缴纳欠缴税额	31				
	期末未缴税额（多缴未负数）	32＝24＋25＋26—27				
	其中：欠税税额（≥0）	33＝25＋26—27		—		—
	本期应补（退）税额	34＝24—28—29		—		—
	即征即退实际退税额	35	—	—		
	期初未缴查补税额	36			—	—
	本期入库查补税额	37			—	—
	期末未缴查补税额	38＝16＋22＋36—37			—	—
授权声明	如果你已授权委托代理人申报，请填写下列资料： 为代理一切税务事宜，现授权 （地址）　　　　为本纳税人的代理人，任何与本申报表有关的往来文件，都可寄予此人。 授权人签名：		申报人声明	本纳税申报表是根据国家税收法律法规及相关规定填报的，我确定它是真实的、可靠的、完整的。 声明人签字：		

收到日期：　　　　接收人：　　　　主管税务机关盖章：

即征即退的处理

36 号文规定，经中国人民银行、银监会或者商务部批准从事融资租赁业务的试点纳税人中的一般纳税人，提供有形动产融资租赁服务和有形动产融资性售后回租服务，对其增值税实际税负超过 3%的部分实行增值税即征即退政策。所称增值税实际税负，是指纳税人当期提供应税服务实际缴纳的增值税额占纳税人当期提供应税服务取得的全部价款和价外费用的比例。

案例 11-2

增值税即征即退的处理

上例中，2017 年 12 月和 2018 年 12 月所产生的销项税额没有超过此项融资租赁所取得的进项税额，即税负没有超过 3%，而 2019 年 12 月，增值税实际税负率为：[162 735.04－(258 864.96－162 735.04)]/1 170 000＝5.69%，超过了 3%（假设即征即退政策得以延续），多交了 31 505.12 元，在 2020 年 1 月进行所属期 2019 年 12 月的增值税纳税申报并交纳税款后，税务机关会随即退回 31 505.12 元，此时做如下会计分录：

借：银行存款　　31 505.12

　贷：营业外收入——政府补助利得　　31 505.12

在此要说明的是，在实际工作中，是每月计算税负率，并且是整个企业的税负率，而不是单个项目计算税负率，只要超过 3%，次月申报并纳税后，税务机关就退税。

纳税申报时，该即征即退金额需填入附表一当中，具体填列如表 11-10 所示，31 505.12 元的退税额所对应的销售额为 185 324.24 元。

表 11-10 增值税纳税申报表附列资料（一）

（本期销售情况明细）

税款所属时间：　　年　月　日至　　年　月　日

纳税人名称：（公章）　　　　　　　　　　　　　　　　　　金额单位：元至角分

项目及栏次				开具增值税专用发票		开具其他发票		未开具发票		纳税检查调整		合计			服务、不动产和无形资产扣除项目本期实际扣除金额	扣除后	
				销售额	销项（应纳）税额	销售额	销项（应纳）税额	销售额	销项（应纳）税额	销售额	销项（应纳）税额	销售额	销项（应纳）税额	价税合计		含税（免税）销售额	销项（应纳）税额
				1	2	3	4	5	6	7	8	9=1+3+5+7	10=2+4+6+8	11=9+10	12	13=11−12	14=13÷(100%+税率或征收率)×税率或征收率
一、一般计税方法计税	全部征税项目	17%税率的货物及加工修理修配劳务	1											—	—	—	—
		17%税率的服务、不动产和无形资产	2	1 000 000.00	170 000.00							1 000 000.00	170 000.00	170 000.00	50 000.00	1 120 000.00	162 735.04
		13%税率	3											—	—	—	—
		11%税率	4														
		6%税率	5														
	其中：即征即退项目	即征即退货物及加工修理修配劳务	6	—	—	—	—	—	—	—	—			—	—	—	—
		即征即退服务、不动产和无形资产	7	—	—	—	—	—	—	—	—	185 324.24	31 505.12	216 829.36		216 829.36	

续表

项目及栏次				开具增值税专用发票		开具其他发票		未开具发票		纳税检查调整		合计			服务、不动产和无形资产扣除项目本期实际扣除金额	扣除后	
				销售额	销项（应纳）税额	销售额	销项（应纳）税额	销售额	销项（应纳）税额	销售额	销项（应纳）税额	销售额	销项（应纳）税额	价税合计		含税（免税）销售额	销项（应纳）税额
				1	2	3	4	5	6	7	8	9=1+3+5+7	10=2+4+6+8	11=9+10	12	13=11－12	14=13÷(100%+税率或征收率)×税率或征收率
二、简易计税方法计税	全部征税项目	6%征收率	8							—	—			—	—	—	—
		5%征收率的货物及加工修理修配劳务	9a							—	—			—	—	—	—
		5%征收率的服务、不动产和无形资产	9b							—	—						
		4%征收率	10							—	—			—	—	—	—
		3%征收率的货物及加工修理修配劳务	11							—	—			—	—	—	—
		3%征收率的服务、不动产和无形资产	12							—	—						
		预征率 %	13a							—	—						
		预征率 %	13b							—	—						
		预征率 %	13c							—	—						
	其中：即征即退项目	即征即退货物及加工修理修配劳务	14	—	—	—	—	—	—	—	—			—	—	—	—
		即征即退服务、不动产和无形资产	15	—	—	—	—	—	—	—	—						

续表

项目及栏次			开具增值税专用发票		开具其他发票		未开具发票		纳税检查调整		合计			服务、不动产和无形资产扣除项目本期实际扣除金额	扣除后	
			销售额	销项（应纳）税额	销售额	销项（应纳）税额	销售额	销项（应纳）税额	销售额	销项（应纳）税额	销售额	销项（应纳）税额	价税合计		含税（免税）销售额	销项（应纳）税额
			1	2	3	4	5	6	7	8	9=1+3+5+7	10=2+4+6+8	11=9+10	12	13=11−12	14=13÷(100%+税率或征收率)×税率或征收率
三、免抵退税	货物及加工修理修配劳务	16	—	—		—		—	—	—		—	—	—	—	—
	服务、不动产和无形资产	17	—	—		—		—	—	—		—				—
四、免税	货物及加工修理修配劳务	18				—		—	—	—		—	—	—	—	—
	服务、不动产和无形资产	19	—	—		—		—	—	—		—				—

承租人税会处理实务

租赁债务的确认

出于会计的谨慎性原则，在租赁期开始日，承租人应当将租赁开始日租赁资产公允价值与含税最低租赁付款额现值两者中较低者作为融资租入固定资产的入账价值，承租人在租赁谈判和签订租赁合同过程中发生的，可归属于租赁项目的手续费、律师费、差旅费、印花税等初始直接费用，也应当计入租入资产的价值。其中的最低租赁付款额包括了承租人应支付或可能被要求支付的款项（不包括或有租金和履约成本）以及由承租人或与其有关的第三方担保的资产余值，即各期租金、留购价款及由承租人或与其有关的第三方担保的资产余值。将不含税最低租赁付款额及初始直接费用之和与融资租赁资产的入账价值的差额确认为未确认融资费用。营改增以后，由于增值税的缴纳，承租人的会计处理也发生了相应的变化，需要通过“长期应收款——融资租赁进项税额”科目将未来支付租金等款项所取得的增值税专用发票的税金先计提出来，即含税租金及留购价款总和÷(1＋适用税率或征收率)×适用税率或征收率。会计分录为：

借：固定资产（或在建工程）——融资租入固定资产

　　长期应收款——融资租赁进项税额

　　未确认融资费用

　贷：长期应付款——应付融资租赁款（含税最低租赁付款额）

　　　银行存款（初始直接费用）

承租人在计算最低租赁付款额的现值时，能够取得出租人租赁内含利率的，应当采用租赁内含利率作为折现率；否则，应当采用租赁合同规定的利率作为折现率。承租人无法取得出租人的租赁内含利率且租赁合同没有规定利率的，应当采用同期银行贷款利率作为折现率。其中，融资租赁的内含利率是指在租赁开始日，使不含税最低租赁收款额的现值与未担保余值的现值之和等于租赁资产公允价值与出租人的初始直接费用之和的折现率。

未确认融资费用的分摊

承租人应在支付每期租金的同时分摊当期支付租金所取得的可抵扣进项税额以及当期摊销的未确认融资费用，未确认融资费用相当于整个融资租赁业务所支付的利息，应当在整个合同期限内区分资本化及费用化支出分期确认为财务费用或资产。承租人应当采用实际利率法计算确认当期的融资费用，每期摊销额＝(期初不含税长期应付款余额－期初未确认融资费用余额)×分摊率。

未确认融资费用分摊率的确定具体分为以下几种情况：

- ◆ 以出租人的租赁内含利率为折现率将最低租赁付款额折现，且以该现值作为租赁资产入账价值的，应当将租赁内含利率作为未确认融资费用的分摊率。
- ◆ 以合同规定利率为折现率将最低租赁付款额折现，且以该现值作为租赁资产入账价值的，应当将合同规定利率作为未确认融资费用的分摊率。
- ◆ 以银行同期贷款利率为折现率将最低租赁付款额折现，且以该现值作为租赁资产入账价值的，应当将银行同期贷款利率作为未确认融资费用的分摊率。
- ◆ 以租赁资产公允价值为入账价值的，应当重新计算分摊率。该分摊率是使不含税最低租赁付款额的现值等于租赁资产公允价值的折现率。会计处理为：

借：长期应付款——应付融资租赁款

　贷：银行存款——××银行

借：财务费用（不满足资本化条件）

　　在建工程等（满足资本化条件时）

　贷：未确认融资费用

借：应交税费——应交增值税（进项税额）

　贷：长期应收款——融资租赁进项税额

租赁资产折旧的计提

承租人应对融资租入的固定资产计提折旧，主要涉及两个问题：一是折旧政策，二是折旧期间。

1. 折旧政策

对于融资租入资产，计提租赁折旧时，承租人应当采用与自有固定资产相一致的折旧政策计提租赁资产折旧。同自有应折旧资产一样，租赁资产的折旧方法一般有年限平均法、工作量法、双倍余额递减法、年数总和法等。如果承租人或与其有关的第三方对租赁资产余值提供了担保，则应计提的折旧总额为融资租入固定资产的入账价值扣除担保余值（相当于残值）后的余额；如果承租人或与其有关的第三方未对租赁资产余值提供担保，则应提的折旧总额为租赁开始日固定资产的入账价值。

2. 折旧期间

确定租赁资产的折旧期间时，应视租赁合同而定。如果能够合理确定承租人在租赁期届满时能取得租赁资产所有权的，即可认为承租人拥有该项资产的全部使用寿命，应当在租赁资产使用寿命内计提折旧。如果无法合理确定承租人在租赁期届满时是否能够取得租赁资产所有权的，应当在租赁期与租赁资产使用寿命两者中较短的期间内计提折旧。会计处理为：

借：制造费用等

　贷：累计折旧

履约成本的会计处理

履约成本是指租赁期内为租赁资产支付的各种使用费用，如技术咨询及服务费、人员培训费、维修费、保险费等。履约成本在实际发生时，通常计入当期损益。会计处理为：

借：管理费用等

　　应交税费——应交增值税（进项税额）

　贷：银行存款

或有租金的会计处理

或有租金是指金额不固定，以时间长短以外的其他因素（如销售量、使用量、物价指数等）为依据计算的租金。或有租金在租赁开始时是不确定的，不能作为最低租赁付款额，也无法采用系统合理的方法对其进行分摊。因此或有租金应当在实际发生时计入当期损益（销售费用等）。会计处理为：

借：销售费用等

应交税费——应交增值税（进项税额）

贷：银行存款（或其他应付款）

案例 11-3

直租业务中承租人会计处理、增值税申报及企业所得税纳税调整

沿用案例 11-1 的数据。2017 年 12 月 31 日，B 公司发生该机器维护费 1 000 元（不含税），B 制造公司出售购进货物实现收入 2 000 000 元（不含税），2017 年 12 月取得成本发票金额 1 600 000 元（不含税），向出租人 A 公司支付经营分享收入 5 000 元（不含税）。

B 公司的会计处理如下：

第一步，判断租赁类型。

（1）对于租赁类型的判断，前面出租人已进行了判断，属于融资租赁，在此不再做详细分析和判断，但在实际工作中，出租人和承租人都要各自进行判断。在计算最低租赁付款额现值时，假设知悉出租人的租赁内含利率为 10%，并采用出租人的租赁内含利率作为折现率。

（2）在租赁开始日，承租人应当将租赁开始日租赁资产的公允价值与最低租赁付款额现值两者中较低者作为租入资产的入账价值，将最低租赁付款额作为长期应付款的入账价值，其差额作为未确认融资费用。

不含税最低租赁付款额＝1 170 000/1. 17×3＝3 000 000(元)

不含税最低租赁付款额现值＝1 170 000/1. 17×$(P/A,10\%,3)$＝2 486 000(元)

租赁开始日租赁资产的公允价值＝2 480 000(元)

租赁开始日租赁资产的公允价值小于不含税最低租赁付款额现值，根据孰低原则，租赁资产的入账价值为 2 480 000 元。

由此租赁期满该设备归 B 制造公司所有，满足认定为融资租赁的标准，因此该业务按融资租赁业务进行会计核算。

因为以公允价值入账，所以分摊率需重新计算：

1 170 000/1. 17×$(P/A,i,3)$＝2 480 000

$i=10.16\%$

第二步，进行账务处理。

◆ **2017 年度**

（1）2017 年 1 月 1 日租入该生产设备时：

借：固定资产——融资租入固定资产　2 486 000

　　长期应收款——融资租赁进项税额　510 000[1 170 000/(1+17%)×0.17×3]

　　未确认融资费用　520 000

　贷：长期应付款——应付融资租赁款　3 510 000(1 170 000×3)

　　　银行存款　6 000

（2）2017 年 1—12 月，每月确认财务费用为：251 968÷12=20 997.33（元），每月确认财务费用时：

借：财务费用　20 997.33

　贷：未确认融资费用　20 997.33

（3）2017 年 12 月 31 日，支付租金时：

借：长期应付款——应付融资租赁款　1 170 000

　贷：银行存款　1 170 000

并于当天收到增值税专用发票，确认增值税进项税额：

借：应交税费——应交增值税（进项税额）　170 000

　贷：长期应收款——融资租赁进项税额　170 000

未确认融资费用分配表具体见表 11-11。

表 11-11　未确认融资费用分配表　　单位：元

日期	不含税租金及购买款	确认的融资费用	应付本金减少额	应付本金余额
①	②	③=期初⑤×10.16%	④=②-③	⑤=期初⑤-④
2017/1/1				2 480 000
2017/12/31	1 000 000	251 968	748 032	1 731 968
2018/12/31	1 000 000	175 967.95	824 032.05	907 935.95
2019/12/31	1 000 000	92 064.05*	907 935.95*	0
合计	3 000 000	520 000	2 480 000	

* 作尾数调整：92 064.05=1 000 000-907 935.95
　907 935.95=907 935.95-0

（4）2017 年 2—12 月，计提折旧时。

本例中，2017 年 1 月 31 日计算固定资产折旧，由于租赁合同规定租赁期满租赁设备归承租人，因此承租人计提折旧应以整个使用寿命作为折旧年限，按年限平均法计提，应计提折旧总额为租赁开始日固定资产的入账价值扣除担保余值后的余额，本例中没有担保余值，即应计提折旧总额为 2 486 000 元。企业会计准则规定，固定资产当月使用下月计提折旧，当月停用下月不计提折旧，实际折旧期限为 48 个月，即从 2017 年 2 月至 2021 年 1 月，每月计提折旧额为：2 486 000÷48＝51 791.67（元），每月会计分录如下：

借：制造费用——折旧费　51 791.67

　贷：累计折旧　51 791.67

（5）2017 年 12 月 31 日，确认履约成本时：

借：制造费用　1 000

　　应交税费——应交增值税（进项税额）　170

　贷：银行存款　1 170

（6）2017 年 12 月 31 日，确认或有租金时：

借：销售费用　5 000

　　应交税费——应交增值税（进项税额）　850

　贷：银行存款　5 850

（7）2017 年 12 月，确认收入成本时：

借：银行存款　2 340 000

　贷：应交税费——应交增值税（销项税额）　340 000

　　　主营业务收入　2 000 000

同时结转成本：

借：库存商品　1 600 000

　　应交税费——应交增值税（进项税额）　272 000

　贷：银行存款　1 872 000

借：主营业务成本　1 600 000

　贷：库存商品　1 600 000

（8）2017 年底计提本年度所得税时。

《企业所得税法实施条例》第四十七条规定，以融资租赁方式租入固定资产发生的租赁费支出，按照规定构成融资租入固定资产价值的部分应当提取折旧费用，分期扣除。第五十八条规定，融资租入的固定资产，以租赁合同约定的付款总额和承租人在签订租赁合同过程中发生的相关费用为计税基础，租赁合同未约定付款总额的，以该资产的公允价值和承租人在签订租赁合同过程中发生的相关费用为计税基础。第五十九条规定，企业应当自固定资产投入使用月份的次月起计算折旧；停止使用的固定资产，应当自停止使用月份的次月起停止计算折旧。第六十条规定，除国务院财政、税务主管部门另有规定外，飞机、火车、轮船、机器、机械和其他生产设备，计算折旧的最低年限为 10 年。

税会差异体现在折旧及未确认融资费用分摊上：生产设备的计税基础为：(1 170 000×3)/(1＋17％)＋6 000＝3 006 000（元），按税法规定每月计提的折旧为：3 006 000/120＝25 050（元），则 2017 年的折旧额为：25 050×11＝275 550（元），2017 年税务利润为：2 000 000－1 600 000－275 550＝124 450（元），而 2017 年会计核算利润为：2 000 000－1 600 000－251 968－51 791.67×11＝－421 676.37（元），产生可抵扣暂时性差异：124 450－(－421 676.37)＝546 126.37（元）。2017 年 12 月 31 日做如下会计分录：

借：递延所得税资产　　136 531.59(546 126.37×25％)
　贷：应交税费——应交企业所得税　　31 112.50(124 450×25％)
　　所得税费用　　105 419.09

◆ **2018 年度**

(1) 2018 年 1—12 月，每月确认财务费用为：175 967.95÷12＝14 664.00（元），每月确认财务费用时：

借：财务费用　　14 664.00
　贷：未确认融资费用　　14 664.00

(2) 2018 年 12 月 31 日，支付租金时：

借：长期应付款——应付融资租赁款　　1 170 000
　贷：银行存款　　1 170 000

并于当天收到增值税专用发票，确认增值税进项税额：

借：应交税费——应交增值税（进项税额）　　170 000
　贷：长期应收款——融资租赁进项税额　　170 000

(3) 2018 年 1—12 月，计提折旧时：

借：制造费用——折旧费　　51 791.67
　贷：累计折旧　　51 791.67

(4) 2018 年底计提本年度所得税时。

生产设备的计税基础为：(1 170 000×3)/(1+17%)+6 000=3 006 000（元），按税法规定每月计提的折旧为：3 006 000/120=25 050（元），则 2018 年的折旧额为：25 050×12=300 600（元），2018 年税务利润为－300 600 元，而 2018 年会计核算列入成本费用的金额为：175 967.95+51 791.67×12=797 467.99（元），即会计利润为－797 467.99元，产生可抵扣暂时性差异：797 467.99－300 600=496 867.99（元）。2018 年 12 月 31 日做如下会计分录：

借：递延所得税资产　　124 217.00(496 867.99×25%)

　　应交税费——应交企业所得税　　75 150.00

　贷：所得税费用　　199 367.00(797 467.99×25%)

◆ **2019 年度**

(1) 2019 年 1—12 月，每月确认财务费用为：92 064.05÷12=7 672.00（元），每月确认财务费用时：

借：财务费用　　7 672.00

　贷：未确认融资费用　　7 672.00

(2) 2019 年 12 月 31 日，支付租金时：

借：长期应付款——应付融资租赁款　　1 170 000

　贷：银行存款　　1 170 000

并于当天收到增值税专用发票，确认增值税进项税额：

借：应交税费——应交增值税（进项税额）　　170 000

　贷：长期应收款——融资租赁进项税额　　170 000

(3) 2019 年 1—12 月，计提折旧时：

借：制造费用——折旧费　　51 791.67

　贷：累计折旧　　51 791.67

(4) 租赁期届满时（一般以较少金额留购，本案例中为方便计算假设期满无偿取得，此处不考虑视同销售）：

借：固定资产——生产用固定资产　　921 891.55

　　累计折旧　　1 812 708.45

　贷：固定资产——融资租入固定资产　　2 486 000

(5) 2019 年底计提本年度所得税时。

生产设备的计税基础为：(1 170 000×3)/(1+17%)+6 000=3 006 000（元），

按税法规定每月计提的折旧为：3 006 000/120＝25 050（元），则 2019 年的折旧额为：25 050×12＝300 600（元），2019 年税务利润为－300 600 元，而 2019 年会计核算列入成本费用的金额为：92 064.05＋51 791.67×12＝713 564.09（元），即会计利润为－713 564.09 元，产生可抵扣暂时性差异：713 564.09－300 600＝412 964.09（元）。2019 年 12 月 31 日做如下会计分录：

借：递延所得税资产　　　103 241.02(412 964.09×25%)

　　应交税费——应交企业所得税　　　75 150.00

　贷：所得税费用　　　178 391.02(713 564.09×25%)

第三步，进行税务处理（以 2017 年 12 月为例）。

B公司 2017 年 12 月支付租金和确认收入成本时应按如下方法填列增值税纳税申报表：

B公司 2017 年 12 月支付出租人租金、确认收入成本在申报增值税时需填列一般纳税人增值税纳税申报表主表、附表一、附表二、《本期抵扣进项税额结构明细表》及《营改增税负分析测算明细表》。2018 年 2 月开始，本期抵扣进项税额结构明细表无须再申报。

首先，将 2017 年 12 月销售货物的销售额 2 000 000 元及对应的销项税额 340 000 元填入增值税纳税申报表附表一中“17%税率的货物及加工修理修配劳务”对应栏次（见表 11-12），然后将本月取得的认证相符的进项税金额及对应税金填入增值税纳税申报表附表二（见表 11-13），本月 B 企业共取得四份进项税票，支付租金的进项税票金额为1 000 000元，税额为 170 000 元；购入货物的进项税票金额为 1 600 000 元，税额为272 000元；支付或有租金的进项税票金额为 5 000 元，税额为 850 元；支付履约成本的进项税票金额为 1 000 元，税额为 170 元。总计金额 2 606 000 元，税额 443 020 元。

因为本月存在可抵扣进项税额，所以还需要填列《本期抵扣进项税额结构明细表》（见表 11-14），其中有形动产租赁的金额为：1 000 000＋5 000＝1 005 000（元），进项税额为：170 000＋850＝170 850（元）。还需填列《营改增税负分析测算明细表》（略）。

最后，根据以上信息填列增值税纳税申报主表（见表 11-15）。

表 11-12 增值税纳税申报表附列资料（一）

（本期销售情况明细）

税款所属时间：　　年　月　日至　　年　月　日

纳税人名称：（公章）　　　　　　金额单位：元至角分

项目及栏次				开具增值税专用发票		开具其他发票		未开具发票		纳税检查调整		合计			服务、不动产和无形资产扣除项目本期实际扣除金额	扣除后	
				销售额	销项（应纳）税额	销售额	销项（应纳）税额	销售额	销项（应纳）税额	销售额	销项（应纳）税额	销售额	销项（应纳）税额	价税合计		含税（免税）销售额	销项（应纳）税额
				1	2	3	4	5	6	7	8	9=1+3+5+7	10=2+4+6+8	11=9+10	12	13=11−12	14=13÷(100%+税率或征收率)×税率或征收率
一、一般计税方法计税	全部征税项目	17%税率的货物及加工修理修配劳务	1	2 000 000.00	340 000.00							2 000 000.00	340 000.00	—	—	—	—
		17%税率的服务、不动产和无形资产	2														
		13%税率	3											—	—	—	—
		11%税率	4														
		6%税率	5														
	其中：即征即退项目	即征即退货物及加工修理修配劳务	6	—	—	—	—	—	—	—	—			—	—	—	—
		即征即退服务、不动产和无形资产	7	—	—	—	—	—	—	—	—						

续表

项目及栏次				开具增值税专用发票		开具其他发票		未开具发票		纳税检查调整		合计			服务、不动产和无形资产扣除项目本期实际扣除金额	扣除后	
				销售额	销项（应纳）税额	销售额	销项（应纳）税额	销售额	销项（应纳）税额	销售额	销项（应纳）税额	销售额	销项（应纳）税额	价税合计		含税（免税）销售额	销项（应纳）税额
				1	2	3	4	5	6	7	8	9=1+3+5+7	10=2+4+6+8	11=9+10	12	13=11−12	14=13÷(100%+税率或征收率)×税率或征收率
二、简易计税方法计税	全部征税项目	6%征收率	8							—	—			—	—	—	—
		5%征收率的货物及加工修理修配劳务	9a							—	—			—	—	—	—
		5%征收率的服务、不动产和无形资产	9b							—	—						
		4%征收率	10							—	—			—	—	—	—
		3%征收率的货物及加工修理修配劳务	11							—	—			—	—	—	—
		3%征收率的服务、不动产和无形资产	12							—	—						
		预征率 %	13a							—	—						
		预征率 %	13b							—	—						
		预征率 %	13c							—	—						
	其中：即征即退项目	即征即退货物及加工修理修配劳务	14	—	—	—	—	—	—	—	—			—	—	—	—
		即征即退服务、不动产和无形资产	15	—	—	—	—	—	—	—	—						

续表

项目及栏次			开具增值税专用发票		开具其他发票		未开具发票		纳税检查调整		合计			服务、不动产和无形资产扣除项目本期实际扣除金额	扣除后	
			销售额	销项（应纳）税额	销售额	销项（应纳）税额	销售额	销项（应纳）税额	销售额	销项（应纳）税额	销售额	销项（应纳）税额	价税合计		含税（免税）销售额	销项（应纳）税额
			1	2	3	4	5	6	7	8	9=1+3+5+7	10=2+4+6+8	11=9+10	12	13=11−12	14=13÷(100%+税率或征收率)×税率或征收率
三、免抵退税	货物及加工修理修配劳务	16	—	—		—		—	—	—		—	—	—	—	—
	服务、不动产和无形资产	17	—	—		—		—	—	—		—				—
四、免税	货物及加工修理修配劳务	18				—		—	—	—		—	—	—	—	—
	服务、不动产和无形资产	19	—	—		—		—	—	—		—				—

表 11-13　增值税纳税申报表附列资料（二）

税款所属时间：　　年　月　日至　　年　月　日

纳税人名称：（公章）　　　　　　　　　　　　金额单位：元至角分

一、申报抵扣的进项税额				
项目	栏次	份数	金额	税额
（一）认证相符的增值税专用发票	1=2+3	4	2 606 000.00	443 020.00
其中：本期认证相符且本期申报抵扣	2	4	2 606 000.00	443 020.00
前期认证相符且本期申报抵扣	3			
（二）其他扣税凭证	4=5+6+7+8			
其中：海关进口增值税专用缴款书	5			
农产品收购发票或者销售发票	6			
代扣代缴税收缴款凭证	7		—	
其他	8			
（三）本期用于购建不动产的扣税凭证	9			
（四）本期不动产允许抵扣进项税额	10	—	—	
（五）外贸企业进项税额抵扣证明	11	—	—	
当期申报抵扣进项税额合计	12=1+4−9+10+11	4	2 606 000.00	443 020.00

二、进项税额转出额		
项目	栏次	税额
本期进项税额转出额	13=14 至 23 之和	
其中：免税项目用	14	
集体福利、个人消费	15	
非正常损失	16	
简易计税方法征税项目用	17	
免抵退税办法不得抵扣的进项税额	18	
纳税检查调减进项税额	19	
红字专用发票信息表注明的进项税额	20	
上期留抵税额抵减欠税	21	
上期留抵税额退税	22	
其他应作进项税额转出的情形	23	

续表

项目	栏次	份数	金额	税额
三、待抵扣进项税额				
（一）认证相符的增值税专用发票	24	—	—	—
期初已认证相符但未申报抵扣	25			
本期认证相符且本期未申报抵扣	26			
期末已认证相符但未申报抵扣	27			
其中：按照税法规定不允许抵扣	28			
（二）其他扣税凭证	29=30至33之和			
其中：海关进口增值税专用缴款书	30			
农产品收购发票或者销售发票	31			
代扣代缴税收缴款凭证	32		—	
其他	33			
	34			
四、其他				
项目	栏次	份数	金额	税额
本期认证相符的增值税专用发票	35			
代扣代缴税额	36	—	—	

表 11-14 本期抵扣进项税额结构明细表

纳税人名称：（公章） 金额单位：元至角分

项目	栏次	金额	税额
合计	1=2+4+5+11+16+18+27+29+30	2 606 000.00	443 020.00
一、按税率或征收率归集（不包括购建不动产、通行费）的进项			
17%税率的进项	2	2 606 000.00	443 020.00
其中：有形动产租赁的进项	3	1 005 000.00	170 850.00
13%税率的进项	4		
11%税率的进项	5		
其中：运输服务的进项	6		
电信服务的进项	7		
建筑安装服务的进项	8		

续表

项目	栏次	金额	税额
不动产租赁服务的进项	9		
受让土地使用权的进项	10		
6%税率的进项	11		
其中：电信服务的进项	12		
金融保险服务的进项	13		
生活服务的进项	14		
取得无形资产的进项	15		
5%征收率的进项	16		
其中：不动产租赁服务的进项	17		
3%征收率的进项	18		
其中：货物及加工、修理修配劳务的进项	19		
运输服务的进项	20		
电信服务的进项	21		
建筑安装服务的进项	22		
金融保险服务的进项	23		
有形动产租赁服务的进项	24		
生活服务的进项	25		
取得无形资产的进项	26		
减按1.5%征收率的进项	27		
	28		
二、按抵扣项目归集的进项			
用于购建不动产并一次性抵扣的进项	29		
通行费的进项	30		
	31		
	32		

表 11-15　增值税纳税申报表

（适用于增值税一般纳税人）

根据国家税收法律法规及增值税相关规定制定本表。纳税人不论有无销售额，均应按税务机关核定的纳税期限填写本表，并向当地税务机关申报。

税款所属时间：自　年　月　日至　年　月　日　　填表日期：　年　月　日　　金额单位：元至角分

纳税人识别号					所属行业	
纳税人名称	（公章）	法定代表人姓名		注册地址	生产经营地址	
开户银行及账号		企业登记注册类型			电话号码	
项目		栏次	一般货物及劳务		即征即退货物及劳务	
			本月数	本年累计	本月数	本年累计
销售额	（一）按适用税率征税货物及劳务销售额	1	2 000 000.00	2 000 000.00		
	其中：应税货物销售额	2	2 000 000.00	2 000 000.00		
	应税劳务销售额	3				
	纳税检查调整的销售额	4				
	（二）按简易征收办法征税货物销售额	5				
	其中：纳税检查调整的销售额	6				
	（三）免、抵、退办法出口货物销售额	7			—	—
	（四）免税货物及劳务销售额	8			—	—
	其中：免税货物销售额	9			—	—
	免税劳务销售额	10			—	—

续表

项目		栏次	一般货物及劳务		即征即退货物及劳务	
			本月数	本年累计	本月数	本年累计
税额计算	销项税额	11	340 000.00	340 000.00		
	进项税额	12	443 020.00	443 020.00		
	上期留抵税额	13		—		—
	进项税额转出	14				
	免抵退货物应退税额	15			—	—
	按适用税率计算的纳税检查应补缴税额	16			—	—
	应抵扣税额合计	17=12+13−14−15+16	443 020.00	—		—
	实际抵扣税额	18（如17<11，则为17，否则为11）	340 000.00			
	应纳税额	19=11−18				
	期末留抵税额	20=17−18	103 020.00	—		—
	简易征收办法计算的应纳税额	21				
	按简易征收办法计算的纳税检查应补缴税额	22			—	—
	应纳税额减征额	23				
	应纳税额合计	24=19+21−23				

续表

项目		栏次	一般货物及劳务		即征即退货物及劳务	
			本月数	本年累计	本月数	本年累计
税款缴纳	期初未缴税额（多缴为负数）	25				
	实收出口开具专用缴款书退税额	26			—	—
	本期已缴税项	27＝28＋29＋30＋31				
	①分次预缴税额	28		—		—
	②出口开具专用缴款书缴税额	29		—	—	—
	③本期缴纳上期应纳税额	30				
	④本期缴纳欠缴税额	31				
	期末未缴税额（多缴未负数）	32＝24＋25＋26－27				
	其中：欠税税额（≥0）	33＝25＋26－27		—		—
	本期应补（退）税额	34＝24－28－29		—		—
	即征即退实际退税额	35	—	—		
	期初未缴查补税额	36			—	—
	本期入库查补税额	37			—	—
	期末未缴查补税额	38＝16＋22＋36－37			—	—

授权声明	如果你已授权委托代理人申报，请填写下列资料： 为代理一切税务事宜，现授权 （地址） 为本纳税人的代理人，任何与本申报表有关的往来文件，都可寄予此人。 授权人签名：	申报人声明	本纳税申报表是根据国家税收法律法规及相关规定填报的，我确定它是真实的、可靠的、完整的。 声明人签字：

收到日期：　　　　接收人：　　　　主管税务机关盖章：

出租人出口退税会计处理

当出租人以特定固定资产作为租赁物以融资租赁的方式出租到境外时，适用增值税出口退税政策，此时在购入租赁物的环节上会计处理与境内融资租赁并无差别，下面介绍融资租赁债权的确认及出口退税环节的会计处理。

融资租赁债权的确认

由于出口免税的政策，在融资租赁债权确认时，无须计提未来收取租金时所要缴纳的增值税金，各科目借贷方金额的确定与前文所述并无差别。会计处理为：

借：长期应收款——应收融资租赁款（最低租赁收款额）

未担保余值

营业外支出（租赁资产公允价值小于账面价值）

贷：融资租赁资产（租赁资产原账面价值）

银行存款（初始直接费用）

营业外收入（租赁资产公允价值大于原账面价值）

未实现融资收益

按照规定的退税率计算增值税出口退税

融资租赁出口属于贸易退税，退税增值税应退税额＝购进融资租赁货物的增值税专用发票注明的金额或海关（进口增值税）专用缴款书注明的完税价格×融资租赁货物适用的增值税退税率，将该应退税款确认为“其他应收款——应收出口退税（增值税）”，其中，融资租赁出口货物适用的增值税退税率，按照统一的出口货物适用退税率执行。从增值税一般纳税人购进的按简易办法征税的融资租赁货物和从小规模纳税人购进的融资租赁货物，其适用的增值税退税率，按照购进货物适用的征收率和退税率孰低的原则确定。其会计处理为：

借：其他应收款——应收出口退税（增值税）

贷：应交税费——应交增值税（出口退税）

收到增值税出口退税时

收到出口退税时，贷记“其他应收款——应收出口退税（增值税）”科目，该科目借方余额为0。其会计处理为：

借：银行存款

　贷：其他应收款——应收出口退税（增值税）

消费税出口退税额的确定

消费税应退税额＝购进融资租赁货物税收（出口货物专用）缴款书上或海关进口消费税专用缴款书上注明的消费税税额。其会计处理为：

借：其他应收款——应收出口退税（消费税）

　贷：融资租赁资产

收到消费税出口退税时

会计处理为：

借：银行存款

　贷：其他应收款——应收出口退税（消费税）

案例 11-4

出口方出口退税会计处理

天津符合融资租赁条件的A公司，2016年10月从国内C生产企业购进一批1 200万元（不含税价）钢铁制桥梁（在海洋工程结构物范围之内）租赁给天津海上石油天然气开采B企业（属于列名企业），并签订了为期10年的租赁合同。每年租金200万元，发生初始直接费用10 000元，租赁资产的公允价值与账面价值相等，租赁期满租赁物归承租人所有。

会计处理如下（省略每期租金的收取和收入的确认）：

（1）采购货物，获得增值税进项发票。

借：融资租赁资产　　12 000 000
　　应交税费——应交增值税（进项税额）　　2 040 000
　贷：银行存款——××银行　　14 040 000

（2）融资租赁债权的确认。

借：长期应收款——应收融资租赁款　　20 000 000
　贷：融资租赁资产（租赁资产原账面价值）　　12 000 000
　　　银行存款（初始直接费用）　　10 000
　　　未实现融资收益　　7 990 000

（3）按照规定的退税率计算出口退税。

已知钢铁制桥梁的商品代码为7308100000，其退税率文库中的适用退税率为9%，基于租赁海洋工程结构物的范围、退税率以及海上石油天然气开采企业，应按《财政部 国家税务总局关于出口货物劳务增值税和消费税政策的通知》（财税〔2012〕39号）的有关规定执行。因此，钢铁制桥梁退税率应适用15%的特殊退税率，而不是适用9%的退税率。

增值税应退税额＝12 000 000×15%＝1 800 000(元)

借：主营业务成本　　240 000
　　其他应收款——应收出口退税（增值税）　　1 800 000
　贷：应交税费——应交增值税（出口退税）　　1 800 000
　　　　　　　——应交增值税（进项税转出）　　240 000

（4）收到出口退税。

借：银行存款　　1 800 000
　贷：其他应收款——应收出口退税（增值税）　　1 800 000

CHAPTER 12

融资性售后回租业务税会处理实务

出租方税会处理实务

首先，我们对融资性售后回租业务中出租方会计处理的关键环节做一个简单的介绍。

购入租赁物

融资性售后回租中，出租方从承租方购入租赁物，并回租给承租方。购入融资租赁设备时，虽然资产实体并未转移，但资产的所有权发生了变化。为了反映这种法律关系，出租方需要做购入租赁物的会计处理。我们前面在介绍融资性售后回租增值税的时候提到过，出租方日后进行差额扣除时，扣除价款必须有合法有效凭证，需要由承租方开具0税率的增值税普通发票，根据承租方所开具发票的金额，做如下会计分录：

借：融资租赁资产

贷：银行存款——××银行

若租赁物为不动产，则需要在此环节缴纳契税，并将所缴纳契税计入融资租赁资产的成本。其会计处理为：

借：融资租赁资产

贷：银行存款——××银行

应交税费——应交契税

租赁债权的确认

在融资性售后回租的租赁开始日，出租方同样需要先通过下面的会计分录确认在整个租赁期内的租赁债权，与直租业务的区别在于，通过“长期应付款——融资租赁销项税额”科目所预先提取的未来收取租金等款项所开具发票上的增值税额的计算方式是不同的，其为（含税租金及留购价款总和－本金）÷(1＋适用税率或征收率)×适用税率或征收率。

借：长期应收款——应收融资租赁款（含税最低租赁收款额）

未担保余值

营业外支出（租赁资产公允价值小于账面价值）

贷：融资租赁资产（租赁资产原账面价值）

银行存款（初始直接费用）

营业外收入（租赁资产公允价值大于原账面价值）

未实现融资收益

长期应付款——融资租赁销项税额

未实现融资收益的分期确认

出租方应在收到每期租金的同时确认当期收取租金开具发票的销项税额以及当期摊销的未实现融资收益，未实现融资收益相当于整个融资租赁业务所收取的利息，应当在整个合同期限内分期确认为融资租赁的收入。这里与直租业务会计处理的区别在于，在确定销项税额时，不是以收取的全部价款和价外费用作为计税基础，而是以不含本金的全部价款和价外费用作为计税基础，即（全部价款＋价外费用－本金）÷(1＋适用税率或征收率)×适用税率或征收率。

对于一般纳税人2016年4月30日前签订的有形动产融资性售后回租合同，选择按原有形动产融资租赁计算缴纳增值税的，收取全部价款及价外费用所开具的发票为差额征税的增值税专用发票，票面上全部金额为收取的全部价款及价外费用，差额扣除的金额为本金的金额，按扣除后的差额及适用税率或征收率计算票面税额。

会计处理为：

借：银行存款

　贷：长期应收款——应收融资租赁款

借：未实现融资收益

　贷：主营业务收入——融资租赁收入

借：长期应付款——融资租赁销项税额

　贷：应交税费——应交增值税（销项税额）

案例 12-1

售后回租“新合同”中出租方会计处理、增值税申报及企业所得税纳税调整

2017 年 1 月 1 日，B 制造公司（一般纳税人）将自有设备以售后回租的方式出售给 A 融资租赁公司（增值税一般纳税人），该租赁设备购买价款为 2 480 000 元（不含税），预计可使用年限 4 年，出售给融资租赁公司的价款为 2 480 000 元；A 公司通过银行存款支付以上款项，其中 1 000 000 元由银行借款获得，借款年限为 3 年（2017 年 1 月 1 日开始），年利率为 5%，假设按年支付利息，到期一次还本，款项已支付。

双方签订融资租赁合同的主要条款如下：(1) 租赁期为 3 年；(2) 从 2017 年起每年 12 月 31 日收取租金（含税）1 010 400 元；(3) A 公司发生初始直接费用 6 000 元（假设这些费用都无法抵扣进项税，不计入最低租赁收款额）；(4) 承租期满时，设备归 B 制造公司所有；(5) 租赁开始日为 2017 年 1 月 1 日。

租金结构见表 12-1。

表 12-1　租金结构表　　单位：元

期数	支付时间	租金收入	本期收回本金	本期收回利息
0	2017/1/1			
1	2017/12/31	1 010 400.00	743 800.00	266 600.00
2	2018/12/31	1 010 400.00	823 758.50	186 641.50
3	2019/12/31	1 010 400.00	912 441.50	97 958.50

A 公司的会计处理如下：

第一步，判断租赁类型。

由于租赁期满该设备归 B 制造公司所有，满足认定为融资租赁的标准，因此该

业务按融资性售后回租业务进行会计核算。

第二步，进行账务处理。

◆ **2017年度**

（1）首先要计算租赁内含利率。租赁内含利率是指在租赁开始日，使不含税最低租赁收款额的现值与未担保余值的现值之和等于租赁资产公允价值与出租方的初始直接费用之和的折现率。

$$[1\,010\,400-(1\,010\,400-743\,800)\div(1+6\%)\times6\%]\div(1+R)+$$
$$[1\,010\,400-(1\,010\,400-823\,758.5)\div(1+6\%)\times6\%]\div(1+R)^2+$$
$$[1\,010\,400-(1\,010\,400-912\,441.5)\div(1+6\%)\times6\%]\div(1+R)^3$$
$$=2\,480\,000+6\,000$$

计算得出 $R=10.05\%$。

（2）取得银行借款时：

借：银行存款——××银行　　1 000 000

　贷：长期借款——本金　　1 000 000

（3）购买生产设备时：

借：融资租赁资产　　2 480 000

　贷：银行存款——××银行　　2 480 000

（4）2017年1月1日租赁开始日确认租赁债权时。

长期应付款——融资租赁销项税额的金额为：（含税租金及留购价款总和一本金）$\div(1+6\%)\times6\%=(3\,031\,200-2\,480\,000)/(1+6\%)\times6\%=31\,200$（元）。

借：长期应收款——应收融资租赁款　　3 031 200

　贷：融资租赁资产　　2 480 000

　　未实现融资收益　　514 000

　　银行存款——××银行　　6 000

　　长期应付款——融资租赁销项税额　　31 200

（5）2017年1月1日计提借款利息时：

借：租赁成本——长期借款利息　　50 000

　贷：应付利息　　50 000（1 000 000×5%）

（6）2017年1—12月，每月确认融资租赁收入为：249 843÷12＝20 820.25（元），每月确认租赁收入时：

借：未实现融资收益　　20 820.25

贷：主营业务收入——融资租赁收入 20 820.25

未实现融资收益分配表见表 12-2。

表 12-2 未实现融资收益分配表

日期	不含税租金	确认的融资收益	租赁投资净额减少额	租赁投资净额余额
①	②	③＝期初⑤×10.05%	④＝②－③	⑤＝期初⑤－④
2017/1/1				2 486 000
2017/12/31	995 309.43	249 843	745 466.43	1 740 533.57
2018/12/31	999 835.39	174 923.62	824 911.77	915 621.80
2019/12/31	1 004 855.18	89 233.38*	915 621.80*	0
合计	3 000 000	514 000	2 486 000	

* 作尾数调整：89 233.38＝1 004 855.18－915 621.80
915 621.80＝915 621.80－0

(7) 2017 年 12 月 31 日，收到租金时：

借：银行存款 1 010 400

贷：长期应收款——应收融资租赁款 1 010 400

同时，开具增值税发票，确认增值税销项税额：

借：长期应付款——融资租赁销项 15 090.57

贷：应交税费——应交增值税（销项税额） 15 090.57

(8) 2017 年 12 月 31 日，支付借款利息时：

借：应付利息 50 000

贷：银行存款——××银行 50 000

同时，结转银行借款利息成本：

借：主营业务成本 50 000

贷：租赁成本——长期借款利息 50 000

借：应交税费——应交增值税（销项税额抵减） 2 830.19

贷：主营业务成本 2 830.19

(9) 2017 年底计提本年度所得税时。

2017 年度，会计上确认的收入是该年确认的融资收益共计 249 843 元，融资成本 47 169.81 元，营业利润为：249 843－47 169.81＝202 673.19（元），按《企业所得税法实施条例》的规定，租金收入，按合同约定的承租方应付租金的日期确认收入的实现，所以 2017 年该公司应确认的应税收入是：1 010 400－(1 010 400－743 800)÷(1＋6%)×6%＝995 309.43（元），此业务当年产生的应纳税所得额为：995 309.43－

2 486 000÷3－47 169. 81＝119 472. 96（元），当年应纳税所得额应在会计利润的基础上调减：202 673. 19－119 472. 96＝83 200. 23（元），应确认应纳税暂时性差异。

借：所得税费用　50 668. 30

　贷：应交税费——应交所得税　29 868. 24(119 472. 96×25%)

　　递延所得税负债　20 800. 06(83 200. 23×25%)

◆ **2018 年度**

（1）2018 年 1 月 1 日计提借款利息时：

借：租赁成本——长期借款利息　50 000

　贷：应付利息　50 000(1 000 000×5%)

（2）2018 年 1—12 月，每月确认融资租赁收入为：174 923. 62÷12＝14 576. 97（元），每月确认租赁收入时：

借：未实现融资收益　14 576. 97

　贷：主营业务收入——融资租赁收入　14 576. 97

（3）2018 年 12 月 31 日，收到租金时：

借：银行存款　1 010 400

　贷：长期应收款——应收融资租赁款　1 010 400

同时，开具增值税发票，确认增值税销项税额：

借：长期应付款——融资租赁销项　10 564. 61

　贷：应交税费——应交增值税（销项税额）　10 564. 61

（4）2018 年 12 月 31 日，支付借款利息时：

借：应付利息　50 000

　贷：银行存款——××银行　50 000

同时，结转银行借款利息成本：

借：主营业务成本　50 000

　贷：租赁成本——长期借款利息　50 000

借：应交税费——应交增值税（销项税额抵减）　2 830. 19

　贷：主营业务成本　2 830. 19

（5）2018 年底计提本年度所得税时。

2018 年度，会计上确认的收入是该年确认的融资收益，共计 174 923. 62 元，融资成本 47 169. 81 元，营业利润为：174 923. 62－47 169. 81＝127 753. 81（元），按《企业所得税法实施条例》的规定，租金收入，按合同约定的承租方应付租金的日期确认收入的实现，所以 2018 年该公司应确认的应税收入为：1 010 400－(1 010 400－823 758.5)÷(1＋6%)×6%＝999 835.39（元），此业务当年产生的应纳税所得额为：999 835.39－2 486 000÷3－47 169.81＝123 998.91（元），当年应纳税所得额应在会计利润的基础上调减：127 753.81－123 998.91＝3 754.90（元），应确认应纳税暂时性差异。

借：所得税费用　　31 938.46

　贷：应交税费——应交所得税　　30 999.73(123 998.91×25%)

　　　递延所得税负债　　938.73(3 754.90×25%)

◆ **2019 年度**

(1) 2019 年 1 月 1 日计提借款利息时：

借：租赁成本——长期借款利息　　50 000

　贷：应付利息　　50 000(1 000 000×5%)

(2) 2019 年 1—12 月，每月确认融资租赁收入为：89 233.38÷12＝7 436.12（元），每月确认租赁收入时：

借：未实现融资收益　　7 436.12

　贷：主营业务收入——融资租赁收入　　7 436.12

(3) 2019 年 12 月 31 日，收到租金时：

借：银行存款　　1 010 400

　贷：长期应收款——应收融资租赁款　　1 010 400

同时，开具增值税发票，确认增值税销项税额：

借：长期应付款——融资租赁销项　　5 544.82

　贷：应交税费——应交增值税（销项税额）　　5 544.82

(4) 2019 年 12 月 31 日，还本付息时：

借：应付利息　　50 000

　　长期借款——本金　　1 000 000

　贷：银行存款——××银行　　1 050 000

同时，结转银行借款利息成本：

借：主营业务成本　　50 000

　贷：租赁成本——长期借款利息　　50 000

借：应交税费——应交增值税（销项税额抵减）　　2 830.19

　贷：主营业务成本　　2 830.19

(5) 2019 年底计提本年度所得税时。

2019 年度，会计上确认的收入是该年确认的融资收益，共计 89 233.38 元，融资成本 47 169.81 元，营业利润为：89 233.38－47 169.81＝42 063.57（元），按《企业所得税法实施条例》的规定，租金收入，按合同约定的承租方应付租金的日期确认收入的实现，所以 2019 年该公司应确认的应税收入为：1 010 400－（1 010 400－912 441.5）÷（1＋6%）×6%＝1 004 855.18（元），此业务当年产生的应纳税所得额为：1 004 855.18－2 486 000÷3－47 169.81＝129 018.70（元），当年应纳税所得额应在会计利润的基础上调增：129 018.70－42 063.57＝86 955.13（元），原确认的应纳税暂时性差异全部转回。

借：所得税费用　　　　10 515.89

　　递延所得税负债　　　　21 738.79（86 955.13×25%）

　贷：应交税费——应交所得税　　　　32 254.68（129 018.70×25%）

第三步，进行税务处理（以 2017 年为例）。

A 公司在 2017 年 1 月从 B 公司购入租赁设备时，由于 B 公司开具的是增值税普通发票，所以在进行纳税申报时，无进项税额，只需做增值税 0 申报即可，2017 年 12 月收租金时应按如下方法填列增值税纳税申报表：

A 公司 2017 年 12 月收取承租方租金在申报增值税时需填列一般纳税人增值税纳税申报表主表、附表一、附表三、《增值税差额征税扣除项目清单》及《营改增税负分析测算明细表》。

首先，将本期允许差额扣除的银行借款利息的相关信息填入《增值税差额征税扣除项目清单》（见表 12-3），包括开具单位、纳税人识别号、合法的差额扣除凭证及其相关信息以及可差额扣除的金额，A 公司本月可差额扣除的银行借款利息为 50 000元。

然后，将本月向承租方开具的发票金额等填入附表一（见表 12-4），因为利息不允许抵扣进项税，所以开具的发票为增值税普通发票，价税合计金额为不含本金的全部价款和价外费用，其中票面销售额为 251 509.43 元，对应的销项税额为 15 090.57 元，因为差额扣除项目的金额为 50 000 元，小于租金的价税合计金额 266 600 元，所以本期实际扣除金额为 50 000 元，本期应纳销项税额为：（266 600－50 000）÷（1＋6%）×6%＝12 260.38（元）。

附表三为服务、不动产和无形资产扣除项目明细（见表 12-5），需填列本期服务、不动产和无形资产价税合计额，即 266 600 元，并将本期扣除项目发生额，应扣除金额和实际扣除金额填列其中，因本期全能差额扣除，故最后余额为 0。还需填列《营改增税负分析测算明细表》（略）。

最后，根据以上信息填列增值税纳税申报主表（见表 12-6）。

表 12-3 增值税差额征税扣除项目清单

纳税人名称：（公章）　纳税人识别号：　　　差额扣除所属时期：　　年　月　日至　　年　月　日

开具单位名称	开具单位纳税人识别号	凭证类型	凭证代码	凭证号码	凭证开具日期	凭证开具的可扣除项目名称	凭证开具的可扣除项目适用的差额扣除政策	凭证开具的可扣除项目适用的差额扣除项目	凭证开具的可扣除项目金额（元）
××银行	××××××××××××××	发票	××××××××××	×××××××	2017-12-21	银行借款利息	其他差额征税方式	6%税率的项目（不含金融商品转让）	50 000.00

财务负责人：　　　　经办人：　　　　填表日期：

表 12-4 增值税纳税申报表附列资料（一）

（本期销售情况明细）

税款所属时间：　　年　月　日至　　年　月　日

纳税人名称：（公章）　　　　　　　　　　　　　　　　金额单位：元至角分

项目及栏次				开具增值税专用发票		开具其他发票		未开具发票		纳税检查调整		合计			服务、不动产和无形资产扣除项目本期实际扣除金额	扣除后	
				销售额	销项（应纳）税额	销售额	销项（应纳）税额	销售额	销项（应纳）税额	销售额	销项（应纳）税额	销售额	销项（应纳）税额	价税合计		含税（免税）销售额	销项（应纳）税额
				1	2	3	4	5	6	7	8	9=1+3+5+7	10=2+4+6+8	11=9+10	12	13=11−12	14=13÷(100%+税率或征收率)×税率或征收率
一、一般计税方法计税	全部征税项目	17%税率的货物及加工修理修配劳务	1											—	—	—	—
		17%税率的服务、不动产和无形资产	2														
		13%税率	3											—	—	—	—
		11%税率	4														
		6%税率	5			251 509.43	15 090.57					251 509.43	15 090.57	266 600.00	50 000.00	216 600.33	12 260.38
	其中：即征即退项目	即征即退货物及加工修理修配劳务	6	—	—	—	—	—	—	—	—			—	—	—	—
		即征即退服务、不动产和无形资产	7	—	—	—	—	—	—	—	—						

续表

项目及栏次				开具增值税专用发票		开具其他发票		未开具发票		纳税检查调整		合计			服务、不动产和无形资产扣除项目本期实际扣除金额	扣除后	
				销售额	销项（应纳）税额	销售额	销项（应纳）税额	销售额	销项（应纳）税额	销售额	销项（应纳）税额	销售额	销项（应纳）税额	价税合计		含税（免税）销售额	销项（应纳）税额
				1	2	3	4	5	6	7	8	9=1+3+5+7	10=2+4+6+8	11=9+10	12	13=11−12	14=13÷(100%+税率或征收率)×税率或征收率
二、简易计税方法计税	全部征税项目	6%征收率	8							—	—			—	—	—	—
		5%征收率的货物及加工修理修配劳务	9a							—	—			—	—	—	—
		5%征收率的服务、不动产和无形资产	9b							—	—						
		4%征收率	10							—	—			—	—	—	—
		3%征收率的货物及加工修理修配劳务	11							—	—			—	—	—	—
		3%征收率的服务、不动产和无形资产	12							—	—						
		预征率 %	13a							—	—						
		预征率 %	13b							—	—						
		预征率 %	13c							—	—						
	其中：即征即退项目	即征即退货物及加工修理修配劳务	14	—	—	—	—	—	—	—	—			—	—	—	—
		即征即退服务、不动产和无形资产	15	—	—	—	—	—	—	—	—						

续表

项目及栏次			开具增值税专用发票		开具其他发票		未开具发票		纳税检查调整		合计			服务、不动产和无形资产扣除项目本期实际扣除金额	扣除后	
			销售额	销项（应纳）税额	销售额	销项（应纳）税额	销售额	销项（应纳）税额	销售额	销项（应纳）税额	销售额	销项（应纳）税额	价税合计		含税（免税）销售额	销项（应纳）税额
			1	2	3	4	5	6	7	8	9=1+3+5+7	10=2+4+6+8	11=9+10	12	13=11−12	14=13÷(100%+税率或征收率)×税率或征收率
三、免抵退税	货物及加工修理修配劳务	16	—	—		—		—	—	—		—	—	—	—	—
	服务、不动产和无形资产	17	—	—		—		—	—	—		—				—
四、免税	货物及加工修理修配劳务	18				—		—	—	—		—	—	—	—	—
	服务、不动产和无形资产	19	—	—		—		—	—	—		—				—

表 12-5 增值税纳税申报表附列资料（三）

（服务、不动产和无形资产扣除项目明细）

税款所属时间：　　年　月　日至　　年　月　日

纳税人名称：（公章）　　　　金额单位：元至角分

项目及栏次		本期服务、不动产和无形资产价税合计额（免税销售额）	服务、不动产和无形资产扣除项目				
			期初余额	本期发生额	本期应扣除金额	本期实际扣除金额	期末余额
		1	2	3	4=2+3	5（5≤1 且 5≤4）	6=4−5
17%税率的项目	1		—				
11%税率的项目	2						
6%税率的项目（不含金融商品转让）	3	266 600.00	—	50 000.00	50 000.00	50 000.00	0.00
6%税率的金融商品转让项目	4						
5%征收率的项目	5						
3%征收率的项目	6						
免抵退税的项目	7						
免税的项目	8						

表 12-6 增值税纳税申报表

（适用于增值税一般纳税人）

根据国家税收法律法规及增值税相关规定制定本表。纳税人不论有无销售额，均应按税务机关核定的纳税期限填写本表，并向当地税务机关申报。

税款所属时间：自　　年　月　日至　　年　月　日　　　　填表日期：　　年　月　日　　　　金额单位：元至角分

<table>
<tr><td>纳税人识别号</td><td colspan="4"></td><td colspan="2">所属行业</td></tr>
<tr><td>纳税人名称</td><td>（公章）</td><td>法定代表人姓名</td><td></td><td>注册地址</td><td>生产经营地址</td><td></td></tr>
<tr><td>开户银行及账号</td><td></td><td>企业登记注册类型</td><td colspan="2"></td><td>电话号码</td><td></td></tr>
</table>

项目		栏次	一般货物及劳务		即征即退货物及劳务	
			本月数	本年累计	本月数	本年累计
销售额	（一）按适用税率征税货物及劳务销售额	1	251 509.43	251 509.43		
	其中：应税货物销售额	2				
	应税劳务销售额	3	251 509.43	251 509.43		
	纳税检查调整的销售额	4				
	（二）按简易征收办法征税货物销售额	5				
	其中：纳税检查调整的销售额	6				
	（三）免、抵、退办法出口货物销售额	7			—	—
	（四）免税货物及劳务销售额	8			—	—
	其中：免税货物销售额	9			—	—
	免税劳务销售额	10			—	—

续表

项目		栏次	一般货物及劳务		即征即退货物及劳务	
			本月数	本年累计	本月数	本年累计
税额计算	销项税额	11	12 260.38	12 260.38		
	进项税额	12				
	上期留抵税额	13		—		—
	进项税额转出	14				
	免抵退货物应退税额	15			—	—
	按适用税率计算的纳税检查应补缴税额	16			—	—
	应抵扣税额合计	17=12+13−14−15+16		—		—
	实际抵扣税额	18（如17<11，则为17，否则为11）				
	应纳税额	19=11−18	12 260.38	12 260.38		
	期末留抵税额	20=17−18		—		—
	简易征收办法计算的应纳税额	21				
	按简易征收办法计算的纳税检查应补缴税额	22			—	—
	应纳税额减征额	23				
	应纳税额合计	24=19+21−23	12 260.38	12 260.38		

续表

项目		栏次	一般货物及劳务		即征即退货物及劳务	
			本月数	本年累计	本月数	本年累计
税款缴纳	期初未缴税额（多缴为负数）	25				
	实收出口开具专用缴款书退税额	26			—	—
	本期已缴税项	27=28+29+30+31				
	①分次预缴税额	28		—		—
	②出口开具专用缴款书缴税额	29		—	—	—
	③本期缴纳上期应纳税额	30				
	④本期缴纳欠缴税额	31				
	期末未缴税额（多缴未负数）	32=24+25+26−27				
	其中：欠税税额（≥0）	33=25+26−27		—		—
	本期应补（退）税额	34=24−28−29	12 260.38	—		—
	即征即退实际退税额	35	—	—		
	期初未缴查补税额	36			—	—
	本期入库查补税额	37			—	—
	期末未缴查补税额	38=16+22+36−37			—	—

授权声明	如果你已授权委托代理人申报，请填写下列资料： 为代理一切税务事宜，现授权 （地址）　　　　　　　　　为本纳税人的代理人，任何与本申报表有关的往来文件，都可寄予此人。 授权人签名：	申报人声明	本纳税申报表是根据国家税收法律法规及相关规定填报的，我确定它是真实的、可靠的、完整的。 声明人签字：

收到日期：　　　　　　　　接收人：　　　　　　　　主管税务机关盖章：

案例 12-1 为 2016 年 5 月 1 日后签订的有形动产融资性售后回租合同，下面我们将举一个 2016 年 4 月 30 日前签订有形动产融资性售后回租合同，且融资租赁企业选择继续按照有形动产融资租赁服务缴纳增值税的案例。为方便与上例进行对比，该案例仍沿用上例的相关数据。

案例 12-2

售后回租“老合同”中出租方会计处理、增值税申报及企业所得税纳税调整

2016 年 1 月 1 日，B 制造公司（一般纳税人）将自有设备以售后回租的方式出售给 A 融资租赁公司（增值税一般纳税人），该租赁设备购买价款为 2 480 000 元（不含税），预计可使用年限 4 年，出售给融资租赁公司的价款为 2 480 000 元；A 公司通过银行存款支付以上款项，其中 1 000 000 元由银行借款获得，借款年限为 3 年（2016 年 1 月 1 日开始），年利率为 5%，假设按年支付利息，到期一次还本，款项已支付。

双方签订融资租赁合同的主要条款如下：(1) 租赁期为 3 年；(2) 从 2016 年起每年 12 月 31 日收取租金（含税）1 010 400 元；(3) A 公司发生初始直接费用 6 000 元（假设这些费用都无法抵扣进项税，不计入最低租赁收款额）；(4) 承租期满时，设备归 B 制造公司所有；(5) 租赁开始日 2016 年 1 月 1 日。

租金结构见表 12-7。

表 12-7 租金结构表

期数	支付时间	租金收入	本期收回本金	本期收回利息
0	2016/1/1			
1	2016/12/31	1 010 400.00	743 800.00	266 600.00
2	2017/12/31	1 010 400.00	823 758.50	186 641.50
3	2018/12/31	1 010 400.00	912 441.50	97 958.50

A 公司的会计处理如下：

第一步，判断租赁类型。

由于租赁期满该设备归 B 制造公司所有，满足认定为融资租赁的标准，因此该业务按融资性售后回租业务进行会计核算。

第二步，进行账务处理。

◆ **2016年度**

（1）首先要计算租赁内含利率。租赁内含利率是指在租赁开始日，使不含税最低租赁收款额的现值与未担保余值的现值之和等于租赁资产公允价值与出租方的初始直接费用之和的折现率。

$$[1\,010\,400-(1\,010\,400-743\,800)\div(1+17\%)\times17\%]\div(1+R)+$$
$$[1\,010\,400-(1\,010\,400-823\,758.5)\div(1+17\%)\times17\%]\div(1+R)^2+$$
$$[1\,010\,400-(1\,010\,400-912\,441.5)\div(1+17\%)\times17\%]\div(1+R)^3$$
$$=2\,480\,000+6\,000$$

计算得出R＝9.05％。

（2）取得银行借款时：

借：银行存款——××银行　　1 000 000
　贷：长期借款——本金　　1 000 000

（3）购买生产设备时：

借：融资租赁资产　　2 480 000
　贷：银行存款——××银行　　2 480 000

（4）2016年1月1日租赁开始日确认租赁债权。

长期应付款——融资租赁销项税额的金额为：（含税租金及留购价款总和－本金）÷（1＋17％）×17％＝（3 031 200－2 480 000）/（1＋17％）×17％＝80 088.89（元）。

借：长期应收款——应收融资租赁款　　3 031 200
　贷：融资租赁资产　　2 480 000
　　未实现融资收益　　465 111.11
　　银行存款——××银行　　6 000
　　长期应付款——融资租赁销项税额　　80 088.89

（5）2016年1月1日计提借款利息时：

借：租赁成本——长期借款利息　　50 000
　贷：应付利息　　50 000（1 000 000×5％）

（6）2016年1—12月，每月确认融资租赁收入为：224 983÷12＝18 748.58（元），每月确认租赁收入时：

借：未实现融资收益　　18 748.58
　贷：主营业务收入——融资租赁收入　　18 748.58

未实现融资收益分配表见表12-8。

表 12-8 未实现融资收益分配表

日期	不含税租金	确认的融资收益	租赁投资净额减少额	租赁投资净额余额
①	②	③＝期初⑤×9.05％	④＝②－③	⑤＝期初⑤－④
2016/1/1				2 486 000
2016/12/31	971 663.25	224 983	746 680.25	1 739 319.75
2017/12/31	983 281.15	157 408.44	825 872.71	913 447.04
2018/12/31	996 166.71	82 719.67*	913 447.04*	0
合计	2 951 111.1	465 111.11	2 486 000	

*作尾数调整：82 719.67＝996 166.71－913 447.04
913 447.04＝913 447.04－0

（7）2016 年 12 月 31 日，收到租金时：

借：银行存款　　1 010 400

　　贷：长期应收款——应收融资租赁款　　1 010 400

同时，开具增值税发票，确认增值税销项税额：

借：长期应付款——融资租赁销项　　38 736.75

　　贷：应交税费——应交增值税（销项税额）　　38 736.75

（8）2016 年 12 月 31 日，支付借款利息时：

借：应付利息　　50 000

　　贷：银行存款——××银行　　50 000

同时，结转银行借款利息成本：

借：主营业务成本　　50 000

　　贷：租赁成本——长期借款利息　　50 000

借：应交税费——应交增值税（销项税额抵减）　　7 264.96

　　贷：主营业务成本　　7 264.96

（9）2016 年底计提本年度所得税时。

2016 年度，会计上确认的收入是该年确认的融资收益，共计 224 983 元，融资成本 42 735.04 元，营业利润为：224 983－42 735.04＝182 247.96（元），按《企业所得税法实施条例》的规定，租金收入按合同约定的承租方应付租金的日期确认收入的实现，所以 2016 年该公司应确认的应税收入为：1 010 400－(1 010 400－743 800)÷(1＋17％)×17％＝971 663.25（元），此业务当年产生的应纳税所得额为：971 663.25－2 486 000÷3－42 735.04＝100 261.54（元），当年应纳税所得额应在会计利润的基础上调减：182 247.96－100 261.54＝81 986.42（元），应确认应纳税暂时性差异。

借：所得税费用　　45 561.99

　贷：应交税费——应交所得税　　25 065.39(100 261.54×25%)

　　递延所得税负债　　20 496.60(81 986.42×25%)

◆ **2017 年度**

(1) 2017 年 1 月 1 日计提借款利息时：

借：租赁成本——长期借款利息　　50 000

　贷：应付利息　　50 000(1 000 000×5%)

(2) 2017 年 1—12 月，每月确认融资租赁收入为：157 408.44÷12＝13 117.37（元），每月确认租赁收入时：

借：未实现融资收益　　13 117.37

　贷：主营业务收入——融资租赁收入　　13 117.37

(3) 2017 年 12 月 31 日，收到租金时：

借：银行存款　　1 010 400

　贷：长期应收款——应收融资租赁款　　1 010 400

同时，开具增值税发票，确认增值税销项税额：

借：长期应付款——融资租赁销项　　27 118.85

　贷：应交税费——应交增值税（销项税额）　　27 118.85

(4) 2017 年 12 月 31 日，支付借款利息时：

借：应付利息　　50 000

　贷：银行存款——××银行　　50 000

同时，结转银行借款利息成本：

借：主营业务成本　　50 000

　贷：租赁成本——长期借款利息　　50 000

借：应交税费——应交增值税（销项税额抵减）　　7 264.96

　贷：主营业务成本　　7 264.96

(5) 2017 年底计提本年度所得税时。

2017 年度，会计上确认的收入是该年确认的融资收益，共计 157 408.44 元，融资成本 42 735.04 元，营业利润为：157 408.44－42 735.04＝114 673.4（元），按《企业所得税法实施条例》的规定，租金收入，按合同约定的承租方应付租金的日期确认收入的实现，所以 2017 年该公司应确认的应税收入为：1 010 400－(1 010 400－823 758.5)÷(1＋17%)×17%＝983 281.15（元），此业务当年产生的应纳税所得额为：983 281.15−2 486 000÷3−42 735.04＝111 879.44（元），当年应纳税所得额应在会计利润的基础上调减：114 673.4−111 879.44＝2 793.96（元），应确认应纳税暂时性差异。

借：所得税费用　　28 668.35

　贷：应交税费——应交所得税　　27 969.86(111 879.44×25%)

　　　递延所得税负债　　698.49(2 793.96×25%)

◆ **2018 年度**

（1）2018 年 1 月 1 日计提借款利息时：

借：租赁成本——长期借款利息　　50 000

　贷：应付利息　　50 000(1 000 000×5%)

（2）2018 年 1—12 月，每月确认融资租赁收入为：82 719.67÷12＝6 893.31（元），每月确认租赁收入时：

借：未实现融资收益　　6 893.31

　贷：主营业务收入——融资租赁收入　　6 893.31

（3）2018 年 12 月 31 日，收到租金时：

借：银行存款　　1 010 400

　贷：长期应收款——应收融资租赁款　　1 010 400

同时，开具增值税发票，确认增值税销项税额：

借：长期应付款——融资租赁销项　　14 233.29

　贷：应交税费——应交增值税（销项税额）　　14 233.29

（4）2018 年 12 月 31 日，还本付息时：

借：应付利息　　50 000

　　长期借款——本金　　1 000 000

　贷：银行存款——××银行　　1 050 000

同时，结转银行借款利息成本：

借：主营业务成本　　50 000

　贷：租赁成本——长期借款利息　　50 000

借：应交税费——应交增值税（销项税额抵减）　　7 264.96

　贷：主营业务成本　　7 264.96

（5）2018 年底计提本年度所得税时。

2018 年度，会计上确认的收入是该年确认的融资收益，共计 82 719.67 元，融资成本 42 735.04 元，营业利润为：82 719.67−42 735.04＝39 984.63（元），按《企业所得税法实施条例》的规定，租金收入按合同约定的承租方应付租金的日期确认收入的实现，所以 2018 年该公司应确认的应税收入为：1 010 400－(1 010 400－912 441.5)÷(1＋17％)×17％＝996 166.71（元），此业务当年产生的应纳税所得额为：996 166.71－2 486 000÷3－42 735.04＝124 765（元），当年应纳税所得额应在会计利润的基础上调增：124 765－39 984.63＝84 780.37（元），原确认的应纳税暂时性差异全部转回。

借：所得税费用　　9 996.16

　　递延所得税负债　　21 195.09(84 780.37×25％)

　贷：应交税费——应交所得税　　31 191.25(124 765×25％)

第三步，进行税务处理（以 2016 年为例）。

A 公司在 2016 年 1 月从 B 公司购入租赁设备时，由于 B 公司开具的是增值税普通发票，所以在进行纳税申报时，无进项税额，只需做增值税 0 申报即可，2016 年 12 月收取租金时应按如下方法填列增值税纳税申报表：

A 公司 2016 年 12 月收取承租方租金在申报增值税时需填列一般纳税人增值税纳税申报表主表、附表一、附表三、《增值税差额征税扣除项目清单》及《营改增税负分析测算明细表》。

首先，将本期允许差额扣除的银行借款利息的相关信息填入《增值税差额征税扣除项目清单》(见表 12-9)，包括开具单位、纳税识别号、合法的差额扣除凭证及其相关信息以及可差额扣除的金额，A 公司本月可差额扣除的银行借款利息为 50 000 元。

然后，将本月向承租方开具的发票金额等填入附表一（见表 12-10)，所开具的发票使用差额征税模块开具，价税合计金额为全部价款和价外费用 1 010 400 元，右下角备注除注明差额扣除金额为本金 743 800 元，开票系统计算出的税额为：(1 010 400－743 800)÷(1＋17％)×17％＝38 736.75（元），票面的销售额为：1 010 400－38 736.75＝971 663.25（元），因为差额扣除项目的金额为：50 000＋743 800＝793 800（元），小于租金的价税合计金额 1 010 400 元，所以本期实际扣除金额为 793 800 元，本期应纳销项税额为：(1 010 400－793 800)÷(1＋17％)×17％＝31 471.79（元）。

附表三为服务、不动产和无形资产扣除项目明细（见表 12-11)，需填列本期服务、不动产和无形资产价税合计额，即 1 010 400 元，并将本期扣除项目发生额，应扣除金额和实际扣除金额填列其中，因本期全能差额扣除，故最后余额为 0。还需填列《营改增税负分析测算明细表》(略)。最后，根据以上信息填列增值税纳税申报主表（见表 12-12)。

表 12-9　增值税差额征税扣除项目清单

纳税人名称：（公章）　　　　纳税人识别号：　　　　差额扣除所属时期：　年　月　日至　年　月　日

开具单位名称	开具单位纳税人识别号	凭证类型	凭证代码	凭证号码	凭证开具日期	凭证开具的可扣除项目名称	凭证开具的可扣除项目适用的差额扣除政策	凭证开具的可扣除项目适用的差额扣除项目	凭证开具的可扣除项目金额（元）
××银行	××××××××××××××	发票	××××××××××	××××××××	2016-12-21	银行借款利息	有形动产融资租赁	17%税率的项目	50 000.00
B公司	××××××××××××××	发票	××××××××××	××××××××	2016-01-01	本金	有形动产融资租赁	17%税率的项目	743 800.00

财务负责人：　　　　经办人：　　　　填表日期：

表 12-10 增值税纳税申报表附列资料（一）

（本期销售情况明细）

税款所属时间： 年 月 日至 年 月 日

纳税人名称：（公章） 金额单位：元至角分

项目及栏次				开具增值税专用发票		开具其他发票		未开具发票		纳税检查调整		合计			服务、不动产和无形资产扣除项目本期实际扣除金额	扣除后	
				销售额	销项（应纳）税额	销售额	销项（应纳）税额	销售额	销项（应纳）税额	销售额	销项（应纳）税额	销售额	销项（应纳）税额	价税合计		含税（免税）销售额	销项（应纳）税额
				1	2	3	4	5	6	7	8	9=1+3+5+7	10=2+4+6+8	11=9+10	12	13=11−12	14=13÷(100%+税率或征收率)×税率或征收率
一、一般计税方法计税	全部征税项目	17%税率的货物及加工修理修配劳务	1											—	—	—	—
		17%税率的服务、不动产和无形资产	2	971 663.25	38 736.75							971 663.25	38 736.75	1 010 400.00	793 800.00	216 600.00	31 471.79
		13%税率	3											—	—	—	—
		11%税率	4														
		6%税率	5														
	其中：即征即退项目	即征即退货物及加工修理修配劳务	6	—	—	—	—	—	—	—	—			—	—	—	—
		即征即退服务、不动产和无形资产	7	—	—	—	—	—	—	—	—						

续表

项目及栏次				开具增值税专用发票		开具其他发票		未开具发票		纳税检查调整		合计			服务、不动产和无形资产扣除项目本期实际扣除金额	扣除后	
				销售额	销项（应纳）税额	销售额	销项（应纳）税额	销售额	销项（应纳）税额	销售额	销项（应纳）税额	销售额	销项（应纳）税额	价税合计		含税（免税）销售额	销项（应纳）税额
				1	2	3	4	5	6	7	8	9=1+3+5+7	10=2+4+6+8	11=9+10	12	13=11−12	14=13÷(100%+税率或征收率)×税率或征收率
二、简易计税方法计税	全部征税项目	6%征收率	8							—	—			—	—	—	—
		5%征收率的货物及加工修理修配劳务	9a							—	—			—	—	—	—
		5%征收率的服务、不动产和无形资产	9b							—	—						
		4%征收率	10							—	—			—	—	—	—
		3%征收率的货物及加工修理修配劳务	11							—	—			—	—	—	—
		3%征收率的服务、不动产和无形资产	12							—	—						
		预征率　%	13a							—	—						
		预征率　%	13b							—	—						
		预征率　%	13c							—	—						
	其中：即征即退项目	即征即退货物及加工修理修配劳务	14	—	—	—	—	—	—	—	—			—	—	—	—
		即征即退服务、不动产和无形资产	15	—	—	—	—	—	—	—	—						

续表

项目及栏次			开具增值税专用发票		开具其他发票		未开具发票		纳税检查调整		合计			服务、不动产和无形资产扣除项目本期实际扣除金额	扣除后	
			销售额	销项（应纳）税额	销售额	销项（应纳）税额	销售额	销项（应纳）税额	销售额	销项（应纳）税额	销售额	销项（应纳）税额	价税合计		含税（免税）销售额	销项（应纳）税额
			1	2	3	4	5	6	7	8	9=1+3+5+7	10=2+4+6+8	11=9+10	12	13=11−12	14=13÷(100%+税率或征收率)×税率或征收率
三、免抵退税	货物及加工修理修配劳务	16	—	—		—		—	—	—		—	—	—	—	—
	服务、不动产和无形资产	17	—	—		—		—	—	—		—				—
四、免税	货物及加工修理修配劳务	18				—		—	—	—		—	—	—	—	—
	服务、不动产和无形资产	19	—	—		—		—	—	—		—				—

表 12-11 增值税纳税申报表附列资料（三）

（服务、不动产和无形资产扣除项目明细）

税款所属时间：　　年　月　日至　　年　月　日

纳税人名称：（公章）　　　　　　　　　　　　　　　　　　　金额单位：元至角分

项目及栏次		本期服务、不动产和无形资产价税合计额（免税销售额）	服务、不动产和无形资产扣除项目				
			期初余额	本期发生额	本期应扣除金额	本期实际扣除金额	期末余额
		1	2	3	4=2+3	5（5≤1 且 5≤4）	6=4−5
17%税率的项目	1	1 010 400.00	—	793 800.00	793 800.00	793 800.00	
11%税率的项目	2						
6%税率的项目（不含金融商品转让）	3		—				
6%税率的金融商品转让项目	4						
5%征收率的项目	5						
3%征收率的项目	6						
免抵退税的项目	7						
免税的项目	8						

表 12-12　增值税纳税申报表

（适用于增值税一般纳税人）

根据国家税收法律法规及增值税相关规定制定本表。纳税人不论有无销售额，均应按税务机关核定的纳税期限填写本表，并向当地税务机关申报。

税款所属时间：自　年　月　日至　年　月　日　　填表日期：　年　月　日　　金额单位：元至角分

纳税人识别号					所属行业	
纳税人名称	（公章）	法定代表人姓名		注册地址	生产经营地址	
开户银行及账号		企业登记注册类型			电话号码	
项目		栏次	一般货物及劳务		即征即退货物及劳务	
			本月数	本年累计	本月数	本年累计
销售额	（一）按适用税率征税货物及劳务销售额	1	971 663.25	971 663.25		
	其中：应税货物销售额	2				
	应税劳务销售额	3	971 663.25	971 663.25		
	纳税检查调整的销售额	4				
	（二）按简易征收办法征税货物销售额	5				
	其中：纳税检查调整的销售额	6				
	（三）免、抵、退办法出口货物销售额	7			—	—
	（四）免税货物及劳务销售额	8			—	—
	其中：免税货物销售额	9			—	—
	免税劳务销售额	10			—	—

续表

项目		栏次	一般货物及劳务		即征即退货物及劳务	
			本月数	本年累计	本月数	本年累计
税额计算	销项税额	11	31 471.79	31 471.79		
	进项税额	12				
	上期留抵税额	13		—		—
	进项税额转出	14				
	免抵退货物应退税额	15			—	—
	按适用税率计算的纳税检查应补缴税额	16			—	—
	应抵扣税额合计	17=12+13−14−15+16		—		—
	实际抵扣税额	18（如17<11，则为17，否则为11）				
	应纳税额	19=11−18	31 471.79	31 471.79		
	期末留抵税额	20=17−18		—		—
	简易征收办法计算的应纳税额	21				
	按简易征收办法计算的纳税检查应补缴税额	22			—	—
	应纳税额减征额	23				
	应纳税额合计	24=19+21−23	31 471.79	31 471.79		

续表

项目		栏次	一般货物及劳务		即征即退货物及劳务	
			本月数	本年累计	本月数	本年累计
税款缴纳	期初未缴税额（多缴为负数）	25				
	实收出口开具专用缴款书退税额	26			—	—
	本期已缴税项	27=28+29+30+31				
	①分次预缴税额	28		—		—
	②出口开具专用缴款书缴税额	29		—	—	—
	③本期缴纳上期应纳税额	30				
	④本期缴纳欠缴税额	31				
	期末未缴税额（多缴未负数）	32=24+25+26−27				
	其中：欠税税额（≥0）	33=25+26−27		—		—
	本期应补（退）税额	34=24−28−29	31 471.79	—		—
	即征即退实际退税额	35	—	—		
	期初未缴查补税额	36			—	—
	本期入库查补税额	37			—	—
	期末未缴查补税额	38=16+22+36−37			—	—
授权声明	如果你已授权委托代理人申报，请填写下列资料： 为代理一切税务事宜，现授权 （地址）　　　　为本纳税人的代理人，任何与本申报表有关的往来文件，都可寄予此人。 授权人签名：		申报人声明	本纳税申报表是根据国家税收法律法规及相关规定填报的，我确定它是真实的、可靠的、完整的。 声明人签字：		

收到日期：　　　　接收人：　　　　主管税务机关盖章：

可见，2016 年 4 月 30 日前签订有形动产融资性售后回租合同，且融资租赁企业选择继续按照有形动产融资租赁服务缴纳增值税的，在会计处理上与 2016 年 5 月 1 日后签订的有形动产融资性售后回租合同并无差别，但在纳税申报上确有很大的不同：适用税率不同，税额计算过程存在差别，因此各申报表所填列的具体数据也存在差别。

承租方税会处理实务

租赁物的出售

融资性售后回租业务需要先由承租方把自有固定资产出售给融资租赁公司，如果售后回租交易在会计上被认定为融资租赁，那么，这种交易实质上转移了买主（即出租方）所保留的与该项租赁资产所有权有关的全部报酬和风险，是出租方提供资金给承租方并以该项资产作为担保。因此，售价与资产账面价值之间的差额（无论是售价高于资产账面价值还是低于资产账面价值）在会计上均未实现，其实质是，售价高于资产账面价值实际上是出售时高估了资产的价值，而售价低于资产账面价值实际上是出售时低估了资产的价值，卖主（即承租方）应将售价与资产账面价值的差额（无论是售价高于资产账面价值还是低于资产账面价值）予以递延，并按该项租赁资产的折旧进度进行分摊，作为折旧费用的调整，而不应将其确认为当期损益。按折旧进度进行分摊是指在对该项租赁资产计提折旧时，按与该项资产计提折旧所采用的折旧率相同的比例对未实现售后租回损益进行分摊。

这样做同时可以防止承租方利用这种交易达到人为操纵利润的目的，并可避免承租方由于该类业务产生各期损益的波动。会计处理如下：

借：固定资产清理——融资租赁资产

　　累计折旧

　贷：固定资产

借：银行存款——××银行

　贷：固定资产清理——融资租赁资产

　　　递延收益——未实现售后租回损益（差额，也可能在借方）

借：递延收益——未实现售后租回损益

　贷：制造费用（或管理费用、营业费用）

若是分期摊销未实现售后租回损失，则：

借：制造费用（或管理费用、营业费用）

贷：递延收益——未实现售后租回损益

租赁债务的确认

融资性售后回租业务承租方在确认租赁债务时区分 2016 年 5 月 1 日后签订的融资性售后回租合同及 2016 年 4 月 30 日前签订的有形动产融资性售后回租合同（选择继续按照有形动产融资租赁服务缴纳增值税的）来进行会计处理，其中前者在进行会计处理时，由于贷款利息不允许抵扣进项税，所以此时无须通过“长期应收款——融资租赁进项税额”科目将未来支付租金等款项所对应的增值税进项税额计提出来，固定资产——融资租入固定资产的金额依据租赁资产公允价值与含税最低租赁付款额现值两者中较低者确定，如有初始直接费用，也包括在内。会计分录为：

借：固定资产（或在建工程）——融资租入固定资产

未确认融资费用

贷：长期应付款——应付融资租赁款（含税最低租赁付款额）

银行存款（初始直接费用）

至于后者的会计处理，则与直租业务承租方的会计处理无差别。

未确认融资费用的分摊

对于 2016 年 4 月 30 日前签订的有形动产融资性售后回租合同，选择继续按照有形动产融资租赁服务缴纳增值税的，承租方应在支付每期租金的同时分摊当期支付租金所取得的可抵扣进项税额以及当期摊销的未确认融资费用，未实现融资收益相当于整个融资租赁业务所支付的利息，应当在整个合同期限内区分资本化及费用化支出分期确认为财务费用或资产。承租方应当采用实际利率法计算确认当期的融资费用，每期摊销额＝(期初不含税长期应付款余额－期初未确认融资费用余额)×分摊率，其会计处理与直租时无差别。

对于 2016 年 5 月 1 日后签订的融资性售后回租合同，承租方应在支付每期租金的同时分摊当期摊销的未确认融资费用，由于无法抵扣进项税额，所以每期摊销额＝(期初含税长期应付款余额－期初未确认融资费用余额)×分摊率。会计处理为：

借：长期应付款——应付融资租赁款

贷：银行存款——××银行

借：财务费用（不满足资本化条件）

在建工程等（满足资本化条件时）

贷：未确认融资费用

租赁期满留购

对于2016年4月30日前签订的有形动产融资性售后回租合同，选择继续按照有形动产融资租赁服务缴纳增值税的，租赁期满时，如果承租方支付留购价款取得租赁物，需要通过“长期应收款——融资租赁进项税额”科目反映留购价款所对应的可抵扣进项税额，即留购价款÷(1+适用税率或征收率)×适用税率或征收率；对于2016年5月1日后签订的融资性售后回租合同，由于无法抵扣进项税，因此无须做以上会计处理。另外，对于涉及需要缴纳契税的不动产融资性售后回租合同，还需将所缴纳的契税计入取得固定资产的价值。会计处理为：

借：长期应付款（购买价款）

贷：银行存款——××银行

借：固定资产——生产用固定资产等

累计折旧

贷：固定资产——融资租入固定资产

应交税费——应交契税

案例12-3

售后回租“新合同”中承租方会计处理、增值税申报及企业所得税纳税调整

沿用案例12-1的资料，我们来看对应承租方的税会处理。2017年1月1日，B制造公司（一般纳税人）将自有设备以售后回租的方式出售给A融资租赁公司（增值税一般纳税人），该租赁设备购买价款为2 740 331.49元（不含税），出售时累计折旧260 331.49元，预计可使用年限4年，出售给融资租赁公司的价款为2 480 000元；A通过银行存款支付以上款项，其中1 000 000元由银行借款获得，借款年限为3年（2017年1月1日开始），年利率为5%，假设按年支付利息，到期一次还本，款项已支付。

双方签订融资租赁合同的主要条款如下：(1) 租赁期为3年；(2) 从2017年起每年12月31日收取租金（含税）1 010 400元；(3) A公司发生初始直接费用6 000元（假设这些费用都无法抵扣进项税，不计入最低租赁收款额）；(4) 承租期满时，设备归B制造公司所有；(5) 租赁开始日为2017年1月1日。

租金结构表见表12-13。

表12-13　租金结构表

期数	支付时间	租金收入	本期收回本金	本期收回利息
0	2017/1/1			
1	2017/12/31	1 010 400.00	743 800.00	266 600.00
2	2018/12/31	1 010 400.00	823 758.50	186 641.50
3	2019/12/31	1 010 400.00	912 441.50	97 958.50

B公司的会计处理如下：

第一步，判断租赁类型。

(1) 租赁类型的判断，上面出租方已进行了判断，属于融资租赁，在此不再做详细分析和判断，但在实际工作中，出租方和承租方都要各自进行判断。在计算最低租赁付款额现值时，知悉出租方的租赁内含利率为10.05%，并采用出租方的租赁内含利率作为折现率。

(2) 在租赁开始日，承租方应当将租赁开始日租赁资产的公允价值与最低租赁付款额现值两者中较低者作为租入资产的入账价值，将最低租赁付款额作为长期应付款的入账价值，其差额作为未确认融资费用。

含税最低租赁付款额＝1 010 400×3＝3 031 200(元)

含税最低租赁付款额现值＝1 010 400×(P/A,10.05%,3)＝2 510 505.08(元)

租赁开始日租赁资产的公允价值＝2 480 000(元)

租赁开始日租赁资产的公允价值小于含税最低租赁付款额现值，根据孰低原则，租赁资产的入账价值为2 480 000元。

由于租赁期满该设备归B制造公司所有，满足认定为融资租赁的标准，因此该业务按融资租赁业务进行会计核算。

因为以公允价值入账，所以分摊率需重新计算：

$$1\,010\,400\times(P/A,i,3)=2\,480\,000$$

$i=10.75\%$

第二步，进行账务处理。

◆ **2017 年度**

(1) 2017 年 1 月 1 日出售生产设备时：

借：固定资产清理——融资租赁资产　　2 480 000

　　累计折旧　　260 331.49

　贷：固定资产　　2 740 331.49

借：银行存款——××银行　　2 480 000

　贷：固定资产清理——融资租赁资产　　2 480 000

(2) 2017 年 1 月 1 日租入该生产线时：

借：固定资产——融资租入固定资产　　2 486 000

　　未确认融资费用　　551 200

　贷：长期应付款——应付融资租赁款　　3 031 200(1 010 400×3)

　　　银行存款　　6 000

(3) 2017 年 1—12 月，每月确认财务费用为：266 600÷12=22 216.67（元），每月确认财务费用时：

借：财务费用　　22 216.67

　贷：未确认融资费用　　22 216.67

(4) 2017 年 12 月 31 日，支付租金时：

借：长期应付款——应付融资租赁款　　1 010 400

　贷：银行存款　　1 010 400

未确认融资费用分配表见表 12-14。

表 12-14　未确认融资费用分配表

日期	含税租金及购买款	确认的融资费用	应付本金减少额	应付本金余额
①	②	③=期初⑤×10.75%	④=②-③	⑤=期初⑤-④
2017/1/1				2 480 000
2017/12/31	1 010 400	266 600	743 800	1 736 200
2018/12/31	1 010 400	186 641.5	823 758.5	912 441.5
2019/12/31	1 010 400	97 958.5*	912 441.5*	0
合计	3 031 200	551 200	2 480 000	

*作尾数调整：97 958.5=1 010 400-912 441.5
912 441.5=912 441.5-0

(5) 2017 年 2—12 月，计提折旧时。

本例中2017年1月31日计算固定资产折旧，由于租赁合同规定租赁期满租赁设备归承租方所有，因此承租方计提折旧应以整个使用寿命作为折旧年限，按年限平均法计提，应计提折旧总额为租赁开始日固定资产的入账价值扣除担保余值后的余额，本例中没有担保余值，即2 486 000元。企业会计准则规定，固定资产当月使用下月计提折旧，当月停用下月不计提折旧，实际折旧期限为48个月，即从2017年2月至2021年1月，每月计提折旧额为：2 486 000÷48＝51 791.67（元），每月会计分录如下：

借：制造费用——折旧费　51 791.67

　贷：累计折旧　51 791.67

（6）2017年底计提本年度所得税时。

对融资性租赁的资产，仍按承租方出售前原账面价值作为计税基础计提折旧。租赁期间，承租方支付的属于融资利息的部分，作为企业财务费用在税前扣除。《企业所得税法实施条例》第五十九条规定，企业应当自固定资产投入使用月份的次月起计算折旧；停止使用的固定资产，应当自停止使用月份的次月起停止计算折旧。第六十条规定，除国务院财政、税务主管部门另有规定外，飞机、火车、轮船、机器、机械和其他生产设备，计算折旧的最低年限为10年。

税会差异体现在折旧上：生产设备的计税基础为2 480 000元，按税法规定每月计提的折旧为：2 480 000/120＝20 666.67（元），则2017年的折旧额为：20 666.67×11＝227 333.33（元），而2017年会计核算的折旧金额为：51 791.67×11＝569 708.37（元），产生可抵扣暂时性差异：569 708.37－227 333.33＝342 375.04（元），会计利润为：－569 708.37－266 600＝－836 308.37（元）。2017年12月31日做如下会计分录：

借：递延所得税资产　85 593.76(342 375.04×25%)

　　应交税费——应交企业所得税　123 483.33

　贷：所得税费用　209 077.09(836 308.37×25%)

◆ **2018年度**

（1）2018年1—12月，每月确认财务费用为：186 641.5÷12＝15 553.46（元），每月确认财务费用时：

借：财务费用　15 553.46

　贷：未确认融资费用　15 553.46

（2）2018年12月31日，支付租金时：

借：长期应付款——应付融资租赁款　1 010 400

　贷：银行存款　1 010 400

（3）2018 年 1—12 月，计提折旧时：

借：制造费用——折旧费　　51 791.67

贷：累计折旧　　51 791.67

（4）2018 年底计提本年度所得税时。

生产设备的计税基础为 2 480 000 元，按税法规定每月计提的折旧为：2 480 000÷120＝20 666.67（元），则 2018 年的折旧额为：20 666.67×12＝248 000（元），而 2018 年会计核算的折旧金额为：51 791.67×12＝621 500.04（元），产生可抵扣暂时性差异：621 500.04－248 000＝373 500.04（元），会计利润为：－621 500.04－186 641.5＝－808 141.54（元）。2018 年 12 月 31 日做如下会计分录：

借：递延所得税资产　　93 375.01(373 500.04×25%)

应交税费——应交企业所得税　　108 660.38

贷：所得税费用　　202 035.39(808 141.54×25%)

◆ **2019 年度**

（1）2019 年 1—12 月，每月确认财务费用为：97 958.5÷12＝8 163.21（元），每月确认财务费用时：

借：财务费用　　8 163.21

贷：未确认融资费用　　8 163.21

（2）2019 年 12 月 31 日，支付租金时：

借：长期应付款——应付融资租赁款　　1 010 400

贷：银行存款　　1 010 400

（3）2019 年 1—12 月，计提折旧时：

借：制造费用——折旧费　　51 791.67

贷：累计折旧　　51 791.67

（4）租赁期届满时：

借：固定资产——生产用固定资产　　921 891.55

累计折旧　　1 812 708.45

贷：固定资产——融资租入固定资产　　2 486 000

（5）2019 年底计提本年度所得税时。

生产设备的计税基础为 2 480 000 元，按税法规定每月计提的折旧为：2 480 000÷120＝20 666.67（元），则 2019 年的折旧额为：20 666.67×12＝248 000（元），而 2018 年会计核算的折旧金额为：51 791.67×12＝621 500.04（元），产生可抵扣暂时性差异：621 500.04－248 000＝373 500.04（元），会计利润为：－621 500.04－97 958.5＝－719 458.54（元）。2019 年 12 月 31 日做如下会计分录：

借：递延所得税资产　　93 375.01(373 500.04×25%)

　　应交税费——应交企业所得税　　86 489.63

　贷：所得税费用　　179 864.64(719 458.54×25%)

第三步，进行税务处理（以 2017 年 12 月为例）。

B 公司在 2017 年 12 月支付租金时，因取得的进项税额无法抵扣，所以在纳税申报时只需进行增值税 0 申报即可。

案例 12-4

售后回租“老合同”中承租方会计处理、增值税申报及企业所得税纳税调整

沿用案例 12-2 的资料，我们来看对应承租方的税会处理。2016 年 1 月 1 日，B 制造公司（一般纳税人）将自有设备以售后回租的方式出售给 A 融资租赁公司（增值税一般纳税人），该租赁设备购买价款为 2 740 331.49 元（不含税），出售时累计折旧 260 331.49元，预计可使用年限 4 年，出售给融资租赁公司的价款为 2 480 000 元；A 通过银行存款支付以上款项，其中 1 000 000 元由银行借款获得，借款年限为 3 年（2016 年 1 月 1 日开始），年利率为 5%，假设按年支付利息，到期一次还本，款项已支付。

双方签订融资租赁合同的主要条款如下：(1) 租赁期为 3 年；(2) 从 2016 年起每年 12 月 31 日收取租金（含税）1 010 400 元；(3) A 公司发生初始直接费用 6 000 元（假设这些费用都无法抵扣进项税，不计入最低租赁收款额）；(4) 承租期满时，设备归 B 制造公司所有；(5) 租赁开始日为 2016 年 1 月 1 日。

租金结构见表 12-15。

表 12-15　租金结构表

期数	支付时间	租金收入	本期收回本金	本期收回利息
0	2016/1/1			
1	2016/12/31	1 010 400.00	743 800.00	266 600.00
2	2017/12/31	1 010 400.00	823 758.50	186 641.50
3	2018/12/31	1 010 400.00	912 441.50	97 958.50

B公司的会计处理如下：

第一步，判断租赁类型。

（1）租赁类型的判断，上面出租方已进行了判断，属于融资租赁，在此不再做详细分析和判断，但在实际工作中，出租方和承租方都要各自进行判断。在计算最低租赁付款额现值时，知悉出租方的租赁内含利率为9.05%，并采用出租方的租赁内含利率作为折现率。

（2）在租赁开始日，承租方应当将租赁开始日租赁资产的公允价值与最低租赁付款额现值两者中较低者作为租入资产的入账价值，将最低租赁付款额作为长期应付款的入账价值，其差额作为未确认融资费用。

$$\text{不含税最低租赁付款额}=[1\,010\,400-(1\,010\,400-743\,800)\div(1+17\%)\times17\%]+[1\,010\,400-(1\,010\,400-823\,758.5)\div(1+17\%)\times17\%]+[1\,010\,400-(1\,010\,400-912\,441.5)\div(1+17\%)\times17\%]=2\,951\,111.1(\text{元})$$

$$\text{不含税最低租赁付款额现值}=[1\,010\,400-(1\,010\,400-743\,800)\div(1+17\%)\times17\%]\div(1+9.05\%)+[1\,010\,400-(1\,010\,400-823\,758.5)\div(1+17\%)\times17\%]\div(1+9.05\%)^2+[1\,010\,400-(1\,010\,400-912\,441.5)\div(1+17\%)\times17\%]\div(1+9.05\%)^3=2\,486\,000(\text{元})$$

租赁开始日租赁资产的公允价值＝2 480 000（元）

租赁开始日租赁资产的公允价值小于不含税最低租赁付款额现值，根据孰低原则，租赁资产的入账价值为2 480 000元。

由于租赁期满该设备归B制造公司所有，满足认定为融资租赁的标准，因此该业务按融资租赁业务进行会计核算。

因为以公允价值入账，所以分摊率需重新计算：

$$[1\,010\,400-(1\,010\,400-743\,800)\div(1+17\%)\times17\%]\div(1+i)+[1\,010\,400-(1\,010\,400-823\,758.5)\div(1+17\%)\times17\%]\div(1+i)^2+[1\,010\,400-(1\,010\,400-912\,441.5)\div(1+17\%)\times17\%]\div(1+i)^3=2\,480\,000$$

$$i=9.19\%$$

第二步，进行账务处理。

◆ **2016 年度**

（1）2016 年 1 月 1 日出售生产设备时：

借：固定资产清理——融资租赁资产　　2 480 000

　　累计折旧　　260 331.49

　贷：固定资产　　2 740 331.49

借：银行存款——××银行　　2 480 000

　贷：固定资产清理——融资租赁资产　　2 480 000

（2）2016 年 1 月 1 日租入该生产设备时：

借：固定资产——融资租入固定资产　　2 486 000

　　未确认融资费用　　471 111.11

　　长期应收款——融资租赁进项税额　　80 088.89

　贷：长期应付款——应付融资租赁款　　3 031 200(1 010 400×3)

　　　银行存款　　6 000

（3）2016 年 1—12 月，每月确认财务费用为：227 912÷12＝18 992.67（元），每月确认财务费用时：

借：财务费用　　18 992.67

　贷：未确认融资费用　　18 992.67

（4）2016 年 12 月 31 日，支付租金时：

借：长期应付款——应付融资租赁款　　1 010 400

　贷：银行存款　　1 010 400

并于当天收到增值税专用发票，确认增值税进项税额：

借：应交税费——应交增值税（进项税额）　　38 736.75

　贷：长期应收款——融资租赁进项税额　　38 736.75

未确认融资费用分配表见表 12-16。

表 12-16　未确认融资费用分配表

日期	不含税租金及购买款	确认的融资费用	应付本金减少额	应付本金余额
①	②	③＝期初⑤×9.19%	④＝②－③	⑤＝期初⑤－④
2016/1/1				2 480 000
2016/12/31	971 663.25	227 912	743 751.25	1 736 248.75
2017/12/31	983 281.15	159 561.26	823 719.89	912 528.86
2018/12/31	996 166.71	83 637.85*	912 528.86*	0
合计	2 951 111.11	471 111.11	2 480 000	

* 作尾数调整：83 637.85＝996 166.71－912 528.86
912 528.86＝912 528.86－0

（5）2016 年 2—12 月，计提折旧时。

本例中 2016 年 1 月 31 日计算固定资产折旧，由于租赁合同规定租赁期满租赁设备归承租方所有，所以承租方计提折旧应以整个使用寿命作为折旧年限，按年限平均法计提，应计提折旧总额为租赁开始日固定资产的入账价值扣除担保余值后的余额，本例中没有担保余值，即 2 486 000 元。企业会计准则规定，固定资产当月使用下月计提折旧，当月停用下月不计提折旧，实际折旧期限为 48 个月，即从 2016 年 2 月至 2020 年 1 月，每月计提折旧额为：2 486 000÷48＝51 791.67（元），每月会计分录如下：

借：制造费用——折旧费　　51 791.67

　贷：累计折旧　　51 791.67

（6）2016 年底计提本年度所得税时。

税会差异体现在折旧上。这里我们会发现一个问题，就是我们每年实际摊销的未确认融资费用与还款计划的金额并不一致，而税法规定利息部分可全额扣除，这时要不要做纳税调整呢？此差异的合计实际为含税与不含税的差异，还款计划是含税金额，而摊销的未确认融资费用是不含税的，所以进行纳税调整时，需将还款计划的利息换算成不含税金额，生产设备的计税基础为 2 480 000 元，按税法规定每月计提的折旧为：2 480 000/120＝20 666.67（元），则 2016 年的折旧额为：20 666.67×11＝227 333.33（元），允许扣除的财务费用为：266 600.00÷(1＋17%)＝227 368.25（元），而 2016 年会计核算的折旧金额为：51 791.67×11＝569 708.37（元），财务费用为227 912元，产生可抵扣暂时性差异：569 708.37＋227 912－227 333.33－227 368.25＝342 918.79（元），会计利润为：－569 708.37－227 912＝－797 620.37（元），2016 年 12 月 31 日做如下会计分录：

借：递延所得税资产　　85 729.70(342 918.79×25%)

　　应交税费——应交企业所得税　　113 675.39

　贷：所得税费用　　199 405.09(797 620.37×25%)

◆ **2017 年度**

（1）2017 年 1—12 月，每月确认财务费用为：159 561.26÷12＝13 296.77（元），每月确认财务费用时：

借：财务费用　　13 296.77

　贷：未确认融资费用　　13 296.77

（2）2017 年 12 月 31 日，支付租金时：

借：长期应付款——应付融资租赁款　　1 010 400

贷：银行存款　　1 010 400

并于当天收到增值税专用发票，确认增值税进项税额：

借：应交税费——应交增值税（进项税额）　　27 118.85

贷：长期应收款——融资租赁进项税额　　27 118.85

（3）2017 年 1—12 月，计提折旧时：

借：制造费用——折旧费　　51 791.67

贷：累计折旧　　51 791.67

（4）2017 年底计提本年度所得税时。

生产设备的计税基础为 2 480 000 元，按税法规定每月计提的折旧为：2 480 000÷120＝20 666.67（元），则 2018 年的折旧额为：20 666.67×12＝248 000（元），允许扣除的财务费用为：186 641.50÷(1＋17%)＝159 522.65（元），而 2017 年会计核算的折旧金额为：51 791.67×12＝621 500.04（元），财务费用为 159 561.26 元，产生可抵扣暂时性差异：621 500.04＋159 561.26－248 000－159 522.65＝373 538.65（元），会计利润为：－621 500.04－159 561.26＝－781 061.3（元）。2017 年 12 月 31 日做如下会计分录：

借：递延所得税资产　　93 384.66(373 538.65×25%)

应交税费——应交企业所得税　　101 880.67

贷：所得税费用　　195 265.33(781 061.3×25%)

◆ **2018 年度**

（1）2018 年 1—12 月，每月确认财务费用为：83 637.85÷12＝6 969.82（元），每月确认财务费用时：

借：财务费用　　6 969.82

贷：未确认融资费用　　6 969.82

（2）2018 年 12 月 31 日，支付租金时：

借：长期应付款——应付融资租赁款　　1 010 400

贷：银行存款　　1 010 400

并于当天收到增值税专用发票，确认增值税进项税额：

借：应交税费——应交增值税（进项税额）　　14 233.29

贷：长期应收款——融资租赁进项税额　　14 233.29

（3）2018 年 1—12 月，计提折旧时：

借：制造费用——折旧费　　51 791.67

贷：累计折旧　　51 791.67

（4）租赁期届满时（不考虑视同销售）：

借：固定资产——生产用固定资产　　921 891.55
　　累计折旧　　1 812 708.45
　贷：固定资产——融资租入固定资产　　2 486 000

（5）2018 年底计提本年度所得税时。

生产设备的计税基础为 2 480 000 元，按税法规定每月计提的折旧为：2 480 000÷120＝20 666.67（元），则 2018 年的折旧额为：20 666.67×12＝248 000（元），允许扣除的财务费用为：97 958.50÷(1＋17%)＝83 725.21（元），而 2018 年会计核算的折旧金额为：51 791.67×12＝621 500.04（元），财务费用为 83 637.85 元，产生可抵扣暂时性差异：621 500.04＋83 637.85－248 000－83 725.21＝373 412.68（元），会计利润为：－621 500.04－83 637.85＝－705 137.89（元）。2018 年 12 月 31 日做如下会计分录：

借：递延所得税资产　　93 353.17(373 412.68×25%)
　　应交税费——应交企业所得税　　82 931.30
　贷：所得税费用　　176 284.47(705 137.89×25%)

第三步，进行税务处理（以 2016 年 12 月为例）。

B 公司 2016 年 12 月应按如下方法填列增值税纳税申报表：

B 公司 2016 年 12 月支付出租方租金在申报增值税时需填列一般纳税人增值税纳税申报表主表、附表二、《本期抵扣进项税额结构明细表》（2016 年所使用的为旧申报表，2018 年 2 月起无须再申报。）及《营改增税负分析测算明细表》。

首先，将本月取得的认证相符的进项税金额及对应税金填入增值税纳税申报表附表二（见表 12-17），本月 B 企业共取得一份进项税票，支付租金的进项税票金额为 971 663.25元，税额为 38 736.75 元。因为本月存在可抵扣进项税额，所以还需要填列《本期抵扣进项税额结构明细表》（见表 12-18），其中有形动产租赁的金额为 971 663.25 元，进项税额为 38 736.75 元。还需填列《营改增税负分析测算明细表》（略）。

最后，根据以上信息填列增值税纳税申报主表（见表 12-19）。

表 12-17　增值税纳税申报表附列资料（二）

（本期进项税额明细）

税款所属时间：　　年　月　日至　　年　月　日

纳税人名称：（公章）　　　　金额单位：元至角分

一、申报抵扣的进项税额				
项目	栏次	份数	金额	税额
（一）认证相符的增值税专用发票	1=2+3	1	971 663.25	38 736.75

续表

项目	栏次	份数	金额	税额
其中：本期认证相符且本期申报抵扣	2	1	971 663.25	38 736.75
前期认证相符且本期申报抵扣	3			
（二）其他扣税凭证	4=5+6+7+8			
其中：海关进口增值税专用缴款书	5			
农产品收购发票或者销售发票	6			
代扣代缴税收缴款凭证	7		—	
其他	8			
（三）本期用于购建不动产的扣税凭证	9			
（四）本期不动产允许抵扣进项税额	10	—	—	
（五）外贸企业进项税额抵扣证明	11	—	—	
当期申报抵扣进项税额合计	12=1+4−9+10+11	4	971 663.25	38 736.75

二、进项税额转出额

项目	栏次	税额
本期进项税额转出额	13=14至23之和	
其中：免税项目用	14	
集体福利、个人消费	15	
非正常损失	16	
简易计税方法征税项目用	17	
免抵退税办法不得抵扣的进项税额	18	
纳税检查调减进项税额	19	
红字专用发票信息表注明的进项税额	20	
上期留抵税额抵减欠税	21	
上期留抵税额退税	22	
其他应作进项税额转出的情形	23	

三、待抵扣进项税额

项目	栏次	份数	金额	税额
（一）认证相符的增值税专用发票	24	—	—	—
期初已认证相符但未申报抵扣	25			
本期认证相符且本期未申报抵扣	26			
期末已认证相符但未申报抵扣	27			
其中：按照税法规定不允许抵扣	28			
（二）其他扣税凭证	29=30至33之和			
其中：海关进口增值税专用缴款书	30			
农产品收购发票或者销售发票	31			
代扣代缴税收缴款凭证	32		—	

续表

项目	栏次	份数	金额	税额
其他	33			
	34			
四、其他				
项目	栏次	份数	金额	税额
本期认证相符的增值税专用发票	35			
代扣代缴税额	36	—	—	

表 12-18 本期抵扣进项税额结构明细表

税款所属时间： 年 月 日至 年 月 日

纳税人名称：（公章） 金额单位：元至角分

项目	栏次	金额	税额
合计	1＝2＋4＋5＋10＋13＋15＋17＋18＋19	971 663.25	38 736.75
17%税率的进项	2	971 663.25	38 736.75
其中：有形动产租赁的进项	3	971 663.25	38 736.75
13%税率的进项	4		
11%税率的进项	5		
其中：货物运输服务的进项	6		
建筑安装服务的进项	7		
不动产租赁服务的进项	8		
购入不动产的进项	9		
6%税率的进项	10		
其中：直接收费金融服务的进项	11		
财产保险的进项	12		
5%征收率的进项	13		
其中：购入不动产的进项	14		
3%征收率的进项	15		
其中：建筑安装服务的进项	16		
1.5%征收率的进项	17		
农产品核定扣除进项	18		
外贸企业进项税额抵扣证明注明的进项	19		
	20		
	21		

表 12-19　增值税纳税申报表

（适用于增值税一般纳税人）

根据国家税收法律法规及增值税相关规定制定本表。纳税人不论有无销售额，均应按税务机关核定的纳税期限填写本表，并向当地税务机关申报。

税款所属时间：自　　年　月　日至　年　月　日　　　填表日期：　　年　月　日　　　金额单位：元至角分

纳税人识别号						所属行业	
纳税人名称	（公章）	法定代表人姓名		注册地址		生产经营地址	
开户银行及账号		企业登记注册类型				电话号码	

项目		栏次	一般货物及劳务		即征即退货物及劳务	
			本月数	本年累计	本月数	本年累计
销售额	（一）按适用税率征税货物及劳务销售额	1				
	其中：应税货物销售额	2				
	应税劳务销售额	3				
	纳税检查调整的销售额	4				
	（二）按简易征收办法征税货物销售额	5				
	其中：纳税检查调整的销售额	6				
	（三）免、抵、退办法出口货物销售额	7			—	—
	（四）免税货物及劳务销售额	8			—	—
	其中：免税货物销售额	9			—	—
	免税劳务销售额	10			—	—

续表

项目		栏次	一般货物及劳务		即征即退货物及劳务	
			本月数	本年累计	本月数	本年累计
税额计算	销项税额	11				
	进项税额	12	38 736.75	38 736.75		
	上期留抵税额	13		—		—
	进项税额转出	14				
	免抵退货物应退税额	15			—	—
	按适用税率计算的纳税检查应补缴税额	16			—	—
	应抵扣税额合计	17＝12＋13－14－15＋16	38 736.75	—		—
	实际抵扣税额	18（如 17<11，则为 17，否则为 11）				
	应纳税额	19＝11－18				
	期末留抵税额	20＝17－18	38 736.75	—		—
	简易征收办法计算的应纳税额	21				
	按简易征收办法计算的纳税检查应补缴税额	22			—	—
	应纳税额减征额	23				
	应纳税额合计	24＝19＋21－23				

续表

<table>
<tr><th colspan="2" rowspan="2">项目</th><th rowspan="2">栏次</th><th colspan="2">一般货物及劳务</th><th colspan="2">即征即退货物及劳务</th></tr>
<tr><th>本月数</th><th>本年累计</th><th>本月数</th><th>本年累计</th></tr>
<tr><td rowspan="14">税款缴纳</td><td>期初未缴税额（多缴为负数）</td><td>25</td><td></td><td></td><td></td><td></td></tr>
<tr><td>实收出口开具专用缴款书退税额</td><td>26</td><td></td><td></td><td>—</td><td>—</td></tr>
<tr><td>本期已缴税项</td><td>27＝28＋29＋30＋31</td><td></td><td></td><td></td><td></td></tr>
<tr><td>①分次预缴税额</td><td>28</td><td></td><td>—</td><td></td><td>—</td></tr>
<tr><td>②出口开具专用缴款书缴税额</td><td>29</td><td></td><td>—</td><td>—</td><td>—</td></tr>
<tr><td>③本期缴纳上期应纳税额</td><td>30</td><td></td><td></td><td></td><td></td></tr>
<tr><td>④本期缴纳欠缴税额</td><td>31</td><td></td><td></td><td></td><td></td></tr>
<tr><td>期末未缴税额（多缴未负数）</td><td>32＝24＋25＋26－27</td><td></td><td></td><td></td><td></td></tr>
<tr><td>其中：欠税税额（≥0）</td><td>33＝25＋26－27</td><td></td><td>—</td><td></td><td>—</td></tr>
<tr><td>本期应补（退）税额</td><td>34＝24－28－29</td><td></td><td>—</td><td></td><td>—</td></tr>
<tr><td>即征即退实际退税额</td><td>35</td><td>—</td><td>—</td><td></td><td></td></tr>
<tr><td>期初未缴查补税额</td><td>36</td><td></td><td></td><td>—</td><td>—</td></tr>
<tr><td>本期入库查补税额</td><td>37</td><td></td><td></td><td>—</td><td>—</td></tr>
<tr><td>期末未缴查补税额</td><td>38＝16＋22＋36－37</td><td></td><td></td><td>—</td><td>—</td></tr>
<tr><td>授权声明</td><td colspan="2">如果你已授权委托代理人申报，请填写下列资料：
为代理一切税务事宜，现授权
（地址）　　　　为本纳税人的代理人，任何与本申报表有关的往来文件，都可寄予此人。
授权人签名：</td><td>申报人声明</td><td colspan="3">本纳税申报表是根据国家税收法律法规及相关规定填报的，我确定它是真实的、可靠的、完整的。
声明人签字：</td></tr>
</table>

收到日期：　　　　接收人：　　　　主管税务机关盖章：

至此，动产的直租、回租业务的会计及税务处理已有了清晰的描述，对于不动产的融资租赁业务的税会处理，只需比对以上案例及第 10 章的会计核算流程处理即可，并无太大的差别。最后，再跟大家分享一个产生递延收益的案例。

案例 12-5

售后回租业务中产生递延收益情况下 承租方会计处理、增值税申报及企业所得税纳税调整

2015 年 12 月 31 日，甲生产企业与乙融资租赁公司签订了一份融资租赁合同，将一台机器设备按 12 000 000 元的价格销售给乙公司，同时将该设备租回。该设备的公允价值为 12 000 000 元，账面原值为 13 500 000 元，2013 年 1 月 1 日投入使用，按年限平均法计提折旧，预计可使用 10 年，无残值，共已计提折旧 4 050 000 元，未计提资产减值准备。融资租赁合同规定，起租日为 2016 年 1 月 1 日至 2018 年 12 月 31 日，共 3 年，按年利率 8%计算，甲公司需每年年末等额支付租金 4 656 402.17 元(含税)，租赁期间，该设备的保险、维护等费用由甲企业负担，租赁期满后该设备所有权转移给甲公司。该设备的预计尚可使用年限为 7 年，甲企业和乙公司均为增值税一般纳税人。

租金结构见表 12-20。

表 12-20　租金结构表

期数	支付时间	租金收入	本期收回本金	本期收回利息
0	2016/1/1			
1	2016/12/31	4 656 402.17	3 696 402.17	960 000.00
2	2017/12/31	4 656 402.17	3 992 114.34	664 287.83
3	2018/12/31	4 656 402.17	4 311 483.49	344 918.68

第一步，判断租赁类型。

(1) 由于租赁期满设备所有权转移给承租方，满足认定为融资租赁的标准，因此该业务按融资性售后回租业务进行会计核算。

(2) 根据租赁准则的规定，在租赁期开始日，承租方应当将租赁开始日租赁资

产公允价值与最低租赁付款额现值两者中较低者作为租入资产的入账价值。计算租赁开始日最低租赁付款额的现值，确定租赁资产入账价值。

不含税最低租赁付款额＝[4 656 402.17－(4 656 402.17－3 696 402.17)÷(1＋17%)×17%]＋[4 656 402.17－(4 656 402.17－3 992 114.34)÷(1＋17%)×17%]＋[4 656 402.17－(4 656 402.17－4 311 483.49)÷(1＋17%)×17%]
＝13 683 082.49(元)

最低租赁付款额的现值＝[4 656 402.17－(4 656 402.17－3 696 402.17)÷(1＋17%)×17%]÷(1＋8%)＋[4 656 402.17－(4 656 402.17－3 992 114.34)÷(1＋17%)×17%]÷$(1+8\%)^2$＋[4 656 402.17－(4 656 402.17－4 311 483.49)÷(1＋17%)×17%]÷$(1+8\%)^3$＝11 748 310.47（元）

该项设备当前的公允价值＝12 000 000（元）。所以入账价值为 11 748 310.47 元。

第二步，进行账务处理（仅以 2016 年为例）。

（1）甲企业将设备出售给乙融资租赁公司：

借：固定资产清理　　10 950 000
　　累计折旧　　4 050 000
　贷：固定资产——在用固定资产　　13 500 000

（2）甲企业向乙融资租赁公司开出普通发票，收到款项时：

借：银行存款　　12 000 000
　贷：固定资产清理　　10 950 000
　　递延收益——未实现售后租回损益　　1 050 000

（3）租入该生产设备时：

借：固定资产——融资租入固定资产　　11 748 310.47
　　未确认融资费用　　1 934 772.02
　　长期应收款——融资租赁进项税额
　　286 124.02(4 656 402.17×3－12 000 000)/(1＋17%)×17%
　贷：长期应付款——应付融资租赁款　　13 969 206.51(4 656 402.17×3)

（4）每期支付租金并分摊未确认融资费用。

未确认融资费用分配表见表 12-21。

表 12-21 未确认融资费用分配表

日期	不含税租金及购买款	确认的融资费用	应付本金减少额	应付本金余额
①	②	③=期初⑤×8%	④=②-③	⑤=期初⑤-④
2016/1/1				12 000 000
2016/12/31	4 516 914.99	960 000	3 556 914.99	8 443 085.01
2017/12/31	4 559 881.72	675 446.80	3 884 434.92	4 558 650.09
2018/12/31	4 606 285.78	47 635.69*	4 558 650.09*	0
合计	13 683 082.49	1 683 082.49	12 000 000	

2016 年 1—12 月，每月确认财务费用为：960 000÷12=80 000（元），每月确认财务费用时：

借：财务费用　　80 000

　贷：未确认融资费用　　80 000

（5）2016 年 12 月 31 日，支付租金时：

借：长期应付款——应付融资租赁款　　4 656 402.17

　贷：银行存款　　4 656 402.17

并于当天收到增值税专用发票，确认增值税进项税额：

借：应交税费——应交增值税（进项税额）　　139 487.18

　贷：长期应收款——融资租赁进项税额　　139 487.18

（6）2016 年 1—12 月，计提折旧时。

本例中 2016 年 1 月 31 日计算固定资产折旧，因为在租赁期届满时承租方将会取得租赁资产的所有权，所以承租方应以租赁开始日租赁资产的寿命作为折旧期间，因为该固定资产原预计可使用寿命 10 年，已使用 3 年，尚可使用 7 年，残值仍为 0；企业会计准则规定，固定资产当月使用下月计提折旧，当月停用下月不计提折旧，实际折旧期限为 84 个月，每月计提折旧为：11 748 310.47÷84=139 860.84（元），每月会计分录如下：

借：制造费用——折旧费　　139 860.84

　贷：累计折旧　　139 860.84

（7）2016 年 1—12 月分摊递延收益。

在出售资产时由于售价高于设备账面价值的部分 1 050 000 元计入了递延收益，按照租赁准则的规定，该部分递延收益应按设备的折旧进度进行分摊，作为折旧费用的调整。每期应分摊的递延收益为：1 050 000÷7÷12=12 500（元）。每期分摊时：

借：递延收益——未实现售后租回损益　　12 500

　贷：制造费用　　12 500

（8）2016 年底计提本年度所得税时。

税会差异体现在折旧和未确认融资费用的分摊上：生产设备的计税基础为 10 950 000 元，按税法规定在剩余年限每月计提的折旧为：10 950 000/84＝130 357.14（元），则 2016 年的折旧额为：130 357.14×12＝1 564 285.68（元），允许扣除的财务费用为：960 000÷（1＋17%）＝820 512.82 元，而 2016 年会计核算列入折旧的金额为：(139 860.84－12 500)×12＝1 528 330.08（元），未确认融资费用为 960 000 元，产生可抵扣暂时性差异：960 000－820 512.82＋1 528 330.08－1 564 285.68＝103 531.58（元），会计利润为：－1 528 330.08－960 000＝－2 488 330.08（元）。2016 年 12 月 31 日做如下会计分录：

借：递延所得税资产　　25 882.90(103 531.58×25%)

　　应交税费——应交企业所得税　　596 199.62

　贷：所得税费用　　622 082.52(2 488 330.08×25%)

第三步，进行税务处理（以 2016 年 12 月为例）。

乙公司 2016 年 12 月应按如下方法填列增值税纳税申报表：

乙公司 2016 年 12 月支付出租方租金在申报增值税时需填列一般纳税人增值税纳税申报表主表、附表二、《本期抵扣进项税额结构明细表》（2016 年所使用的为旧申报表，2018 年 2 月起无须再申报。）及《营改增税负分析测算明细表》。

首先，将本月取得的认证相符的进项税金额及对应税金填入增值税纳税申报表附表二（见表 12-22），本月乙公司共取得一份进项税票，支付租金的进项税票金额为 4 516 914.99 元，税额为 139 487.18 元。因为本月存在可抵扣进项税额，所以还需要填列《本期抵扣进项税额结构明细表》（见表 12-23），其中有形动产租赁的金额为4 516 914.99 元，进项税额为 139 487.18 元。还需填列《营改增税负分析测算明细表》（略）。

最后，根据以上信息填列增值税纳税申报主表（见表 12-24）。

表 12-22　增值税纳税申报表附列资料（二）

（本期进项税额明细）

税款所属时间：　　年　月　日至　　年　月　日

纳税人名称：（公章）　　　　金额单位：元至角分

一、申报抵扣的进项税额				
项目	栏次	份数	金额	税额
（一）认证相符的增值税专用发票	1＝2＋3	1	4 516 914.99	139 487.18
其中：本期认证相符且本期申报抵扣	2	1	4 516 914.99	139 487.18
前期认证相符且本期申报抵扣	3			
（二）其他扣税凭证	4＝5＋6＋7＋8			

续表

项目	栏次	份数	金额	税额
其中：海关进口增值税专用缴款书	5			
农产品收购发票或者销售发票	6			
代扣代缴税收缴款凭证	7		—	
其他	8			
（三）本期用于购建不动产的扣税凭证	9			
（四）本期不动产允许抵扣进项税额	10	—	—	
（五）外贸企业进项税额抵扣证明	11	—	—	
当期申报抵扣进项税额合计	12=1+4−9+10+11	4	4 516 914.99	139 487.18
二、进项税额转出额				
项目	栏次	税额		
本期进项税额转出额	13=14至23之和			
其中：免税项目用	14			
集体福利、个人消费	15			
非正常损失	16			
简易计税方法征税项目用	17			
免抵退税办法不得抵扣的进项税额	18			
纳税检查调减进项税额	19			
红字专用发票信息表注明的进项税额	20			
上期留抵税额抵减欠税	21			
上期留抵税额退税	22			
其他应作进项税额转出的情形	23			
三、待抵扣进项税额				
项目	栏次	份数	金额	税额
（一）认证相符的增值税专用发票	24	—	—	—
期初已认证相符但未申报抵扣	25			
本期认证相符且本期未申报抵扣	26			
期末已认证相符但未申报抵扣	27			
其中：按照税法规定不允许抵扣	28			
（二）其他扣税凭证	29=30至33之和			
其中：海关进口增值税专用缴款书	30			
农产品收购发票或者销售发票	31			
代扣代缴税收缴款凭证	32		—	

续表

项目	栏次	份数	金额	税额
其他	33			
	34			
四、其他				
项目	栏次	份数	金额	税额
本期认证相符的增值税专用发票	35			
代扣代缴税额	36	—	—	

表 12-23　本期抵扣进项税额结构明细表

税款所属时间：　　年　月　日至　　年　月　日

纳税人名称：（公章）　　　　　　　　　　　　金额单位：元至角分

项目	栏次	金额	税额
合计	1=2+4+5+10+13+15+17+18+19	4 516 914.99	139 487.18
17%税率的进项	2	4 516 914.99	139 487.18
其中：有形动产租赁的进项	3	4 516 914.99	139 487.18
13%税率的进项	4		
11%税率的进项	5		
其中：货物运输服务的进项	6		
建筑安装服务的进项	7		
不动产租赁服务的进项	8		
购入不动产的进项	9		
6%税率的进项	10		
其中：直接收费金融服务的进项	11		
财产保险的进项	12		
5%征收率的进项	13		
其中：购入不动产的进项	14		
3%征收率的进项	15		
其中：建筑安装服务的进项	16		
1.5%征收率的进项	17		
农产品核定扣除进项	18		
外贸企业进项税额抵扣证明注明的进项	19		
	20		
	21		

表 12-24 增值税纳税申报表

（适用于增值税一般纳税人）

根据国家税收法律法规及增值税相关规定制定本表。纳税人不论有无销售额，均应按税务机关核定的纳税期限填写本表，并向当地税务机关申报。

税款所属时间：自 年 月 日至 年 月 日 填表日期： 年 月 日 金额单位：元至角分

纳税人识别号				所属行业		
纳税人名称	（公章）	法定代表人姓名		注册地址	生产经营地址	
开户银行及账号		企业登记注册类型			电话号码	
项目		栏次	一般货物及劳务		即征即退货物及劳务	
			本月数	本年累计	本月数	本年累计
销售额	（一）按适用税率征税货物及劳务销售额	1				
	其中：应税货物销售额	2				
	应税劳务销售额	3				
	纳税检查调整的销售额	4				
	（二）按简易征收办法征税货物销售额	5				
	其中：纳税检查调整的销售额	6				
	（三）免、抵、退办法出口货物销售额	7			—	—
	（四）免税货物及劳务销售额	8			—	—
	其中：免税货物销售额	9			—	—
	免税劳务销售额	10			—	—

续表

项目		栏次	一般货物及劳务		即征即退货物及劳务	
			本月数	本年累计	本月数	本年累计
税额计算	销项税额	11				
	进项税额	12	139 487.18	139 487.18		
	上期留抵税额	13		—		—
	进项税额转出	14				
	免抵退货物应退税额	15			—	—
	按适用税率计算的纳税检查应补缴税额	16			—	—
	应抵扣税额合计	17=12+13−14−15+16	139 487.18	—		—
	实际抵扣税额	18（如17<11，则为17，否则为11）				
	应纳税额	19=11−18				
	期末留抵税额	20=17−18	139 487.18	—		—
	简易征收办法计算的应纳税额	21				
	按简易征收办法计算的纳税检查应补缴税额	22			—	—
	应纳税额减征额	23				
	应纳税额合计	24=19+21−23				

续表

项目		栏次	一般货物及劳务		即征即退货物及劳务	
			本月数	本年累计	本月数	本年累计
税款缴纳	期初未缴税额（多缴为负数）	25				
	实收出口开具专用缴款书退税额	26			—	—
	本期已缴税项	27＝28＋29＋30＋31				
	①分次预缴税额	28		—		—
	②出口开具专用缴款书缴税额	29		—	—	—
	③本期缴纳上期应纳税额	30				
	④本期缴纳欠缴税额	31				
	期末未缴税额（多缴未负数）	32＝24＋25＋26－27				
	其中：欠税税额（≥0）	33＝25＋26－27		—		—
	本期应补（退）税额	34＝24－28－29		—		—
	即征即退实际退税额	35	—	—		
	期初未缴查补税额	36			—	—
	本期入库查补税额	37			—	—
	期末未缴查补税额	38＝16＋22＋36－37			—	—

授权声明

如果你已授权委托代理人申报，请填写下列资料：

为代理一切税务事宜，现授权

（地址）　　　　　　　　　　　　为本纳税人的代理人，任何与本申报表有关的往来文件，都可寄予此人。

授权人签名：

申报人声明

本纳税申报表是根据国家税收法律法规及相关规定填报的，我确定它是真实的、可靠的、完整的。

声明人签字：

收到日期：　　　　　　接收人：　　　　　　主管税务机关盖章：

CHAPTER 13

融资租赁的涉税经营风险及筹划建议

融资性售后回租业务面临挑战

全面营改增后，融资性售后回租业务被分类为金融服务中的贷款服务，融资租赁公司提供融资性售后回租业务所产生的利息收入不允许下游企业抵扣进项税，这使下游企业的融资成本大幅上升，选择以融资性售后回租的形式购买设备或不动产与银行贷款购买相比的优势不再。在承租人有能力从银行取得贷款的情况下，银行贷款的成本一般将低于融资性售后回租的成本。下面我们通过一个例子来说明这一问题。

A 企业将 1 170 万元（含税）购入的自有生产设备，以 1 000 万元的价格出售给 B 融资租赁公司，再由 B 融资租赁公司回租给 A 企业。合同约定，租赁期满，该设备归 A 企业所有，B 融资租赁公司收取的全部价款和价外费用为 1 200 万元，假设银行贷款利息为 200 万元。

若 A 企业从银行贷款自行购买价值 1 170 万元的生产设备，可以抵扣自行购入生产设备的进项税 170 万元，另外需支付 200 万元的融资成本，1 000 万元的设备可以按税法的规定计提折旧在税前扣除。

若A通过融资性售后回租的方式购入该生产设备，同样可以抵扣购入生产设备的进项税170万元，另外为取得1 000万元资金付出的200万元利息无法抵扣进项税，产生融资成本200万元，设备以出售给B公司以前的账面价值1 000万元在以后各期分期计提折旧。

可见，两种方式在税收成本和经营成本上均无差别，但实际业务中由于融资租赁公司也需要通过各渠道融资，因此融资租赁的利率一般要高于银行贷款利率，才能保证利润空间，在这种情况下，银行贷款方式将更受资金需求者的欢迎。可以说，营改增后这一重大改变会给融资租赁企业售后回租业务的开展带来很大的冲击和挑战。

此外，对融资租赁企业自身来说，开展直租业务和融资性售后回租业务的税负也存在很大的差别。下面我们以有形动产为例说明这一问题。融资租赁合同基本参数见表13-1。

表 13-1 融资租赁合同基本参数 单位：元

租金合计	57 172 203.12
支付方式	12 期季后付
每期租金	4 764 350.26
设备购买价款	50 000 000.00

直租业务的缴税情况见表13-2。

表 13-2 直租业务模式下每期缴税情况

期数	进项税额	租金收入	销项税额	应纳税额	即征即退税额	实际税额
0	7 264 957.27	0.00	0.00	0.00	0.00	0.00
1	6 572 701.25	4 764 350.26	692 256.02	0.00	0.00	0.00
2	5 880 445.23	4 764 350.26	692 256.02	0.00	0.00	0.00
3	5 188 189.21	4 764 350.26	692 256.02	0.00	0.00	0.00
4	4 495 933.19	4 764 350.26	692 256.02	0.00	0.00	0.00
5	3 803 677.17	4 764 350.26	692 256.02	0.00	0.00	0.00
6	3 111 421.15	4 764 350.26	692 256.02	0.00	0.00	0.00
7	2 419 165.13	4 764 350.26	692 256.02	0.00	0.00	0.00
8	1 726 909.10	4 764 350.26	692 256.02	0.00	0.00	0.00
9	1 034 653.08	4 764 350.26	692 256.02	0.00	0.00	0.00

续表

期数	进项税额	租金收入	销项税额	应纳税额	即征即退税额	实际税额
10	342 397.06	4 764 350.26	692 256.02	0.00	0.00	0.00
11	0.00	4 764 350.26	692 256.02	349 858.95	206 928.44	142 930.51
12	0.00	4 764 350.26	692 256.02	692 256.02	549 325.51	142 930.51
合计				1 042 114.97	756 253.95	285 861.02

融资性售后回租业务每期本金与利息的情况见表 13-3。

表 13-3　融资性售后回租业务模式下每期租金构成

期数	剩余租赁本金	租金收入	本期收回本金	本期收回利息
0	50 000 000.00			
1	46 298 149.74	4 764 350.26	3 701 850.26	1 062 500.00
2	42 517 635.16	4 764 350.26	3 780 514.58	983 835.68
3	38 656 784.65	4 764 350.26	3 860 850.51	903 499.75
4	34 713 891.06	4 764 350.26	3 942 893.59	821 456.67
5	30 687 210.99	4 764 350.26	4 026 680.07	737 670.19
6	26 574 963.96	4 764 350.26	4 112 247.03	652 103.23
7	22 375 331.69	4 764 350.26	4 199 632.28	564 717.98
8	18 086 457.22	4 764 350.26	4 288 874.46	475 475.80
9	13 706 444.18	4 764 350.26	4 380 013.04	384 337.22
10	9 233 355.86	4 764 350.26	4 473 088.32	291 261.94
11	4 665 214.41	4 764 350.26	4 568 141.45	196 208.81
12	—	4 764 350.26	4 665 214.45	99 135.81
合计		57 182 203.12	50 000 000.04	7 172 203.08

按照每期租金的构成情况，每期缴纳增值税的情况如表 13-4 所示。

表 13-4　融资性售后回租业务模式下每期缴税情况（新合同）

期数	进项税额	租金收入	销项税额	应纳税额	即征即退金额	实际税额
0	0.00	0.00	0.00	0.00	0.00	0.00
1	0.00	4 764 350.26	60 141.51	60 141.51	0.00	60 141.51
2	0.00	4 764 350.26	55 688.81	55 688.81	0.00	55 688.81
3	0.00	4 764 350.26	51 141.50	51 141.50	0.00	51 141.50
4	0.00	4 764 350.26	46 497.55	46 497.55	0.00	46 497.55
5	0.00	4 764 350.26	41 754.92	41 754.92	0.00	41 754.92

续表

期数	进项税额	租金收入	销项税额	应纳税额	即征即退金额	实际税额
6	0.00	4 764 350.26	36 911.50	36 911.50	0.00	36 911.50
7	0.00	4 764 350.26	31 965.17	31 965.17	0.00	31 965.17
8	0.00	4 764 350.26	26 913.72	26 913.72	0.00	26 913.72
9	0.00	4 764 350.26	21 754.94	21 754.94	0.00	21 754.94
10	0.00	4 764 350.26	16 486.52	16 486.52	0.00	16 486.52
11	0.00	4 764 350.26	11 106.16	11 106.16	0.00	11 106.16
12	0.00	4 764 350.26	5 611.46	5 611.46	0.00	5 611.46
合计				405 973.76	0.00	405 973.76

对比两种方式可以看出，即使融资性售后回租业务的税率仅为6%，其在合同期内所缴纳的增值税总额还是超过了直租业务的增值税金额。此外，二者税负产生的方式完全不同，直租业务前期有大量留抵，税金主要集中在后期，更有利于享受即征即退政策，而售后回租业务每期都有增值税产生，没有直租业务延迟纳税的作用，考虑货币的时间价值因素，回租业务的税收成本更高，特别是对于2016年4月30日以前的售后回租合同，若继续选择按有形动产融资租赁缴纳增值税，其税负将更高。从表13-5可以看出，实际缴税金额将达到1 030 645.16元。

表13-5 融资性售后回租业务模式下每期缴税情况（老合同）

期数	进项税额	租金收入	销项税额	应纳税额	即征即退金额	实际税额
0	0.00	0.00	0.00	0.00	0.00	0.00
1	0.00	4 764 350.26	154 380.34	154 380.34	11 449.83	142 930.51
2	0.00	4 764 350.26	142 950.48	142 950.48	19.98	142 930.51
3	0.00	4 764 350.26	131 277.74	131 277.74	0.00	131 277.74
4	0.00	4 764 350.26	119 356.95	119 356.95	0.00	119 356.95
5	0.00	4 764 350.26	107 182.85	107 182.85	0.00	107 182.85
6	0.00	4 764 350.26	94 750.04	94 750.04	0.00	94 750.04
7	0.00	4 764 350.26	82 053.04	82 053.04	0.00	82 053.04
8	0.00	4 764 350.26	69 086.23	69 086.23	0.00	69 086.23
9	0.00	4 764 350.26	55 843.87	55 843.87	0.00	55 843.87
10	0.00	4 764 350.26	42 320.11	42 320.11	0.00	42 320.11
11	0.00	4 764 350.26	28 508.97	28 508.97	0.00	28 508.97
12	0.00	4 764 350.26	14 404.35	14 404.35	0.00	14 404.35
合计				1 042 114.97	11 469.81	1 030 645.16

营改增后融资租赁的实际税负有升有降

营改增的一个重要目标就是消除重复征税，从而实现结构性减税。李克强总理多次公开表示要确保本次营改增后所有行业税负只降不升，但实际上并不能保证所有项目、所有企业的税负不上升，总体来看，融资租赁行业的税负有升有降。

营改增之前，融资租赁业务缴纳营业税实行差额纳税，以其向承租者收取的全部价款和价外费用（包括残值）减去出租人承担的出租货物的实际成本后的余额为营业额，即仅就融资租赁服务增值的部分纳税，税率为5%。而营改增之后，有形动产的融资租赁业务依照17%的税率、不动产融资租赁业务按11%的税率、融资性售后回租业务依照6%的税率按销项税额与进项税额的差额缴纳增值税，税率都出现了不同程度的上升。

对于有形动产融资租赁合同，若无实际税负超过3%即征即退的政策，则营改增后税额将攀升2.91倍，在该即征即退政策下，经测算，只要本金及银行贷款利息金额超过全部价款及价外费用的40%，则税负将会有所下降。

不考虑融资成本，我们来看一下不同利率（租赁利息/租金）水平的有形动产直租合同的税负（实际缴税金额/租金）变化（见图13-1）。

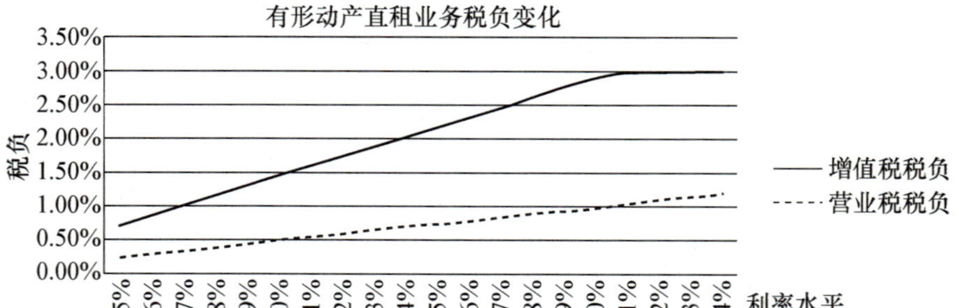

图13-1 有形动产直租业务税负测算图

对于融资性售后回租合同，因为有形动产难以实现即征即退，而不动产无即征即退政策，通过测算，营改增后税额将攀升1.13倍。下面我们仍以上一节中的有形动产融资性售后回租合同的数据为例来看一下实际税负的上涨幅度。

该融资性售后回租合同在营改增以前，需要缴纳的营业税金额为：（57 172 203.12－

50 000 000)×5％＝358 610.16（元），按照缴纳的营业税与收取全部价款和价外费用的比例来算，实际税负为：358 610.16÷57 172 203.12＝0.63％，接下来，我们再来看一下营改增以后，基于该合同，融资租赁公司各期的增值税缴税情况（见表 13-6）。

表 13-6 营改增后融资性售后回租合同每期缴税情况

期数	进项税额	租金收入	销项税额	应纳税额	即征即退金额	实际税额
0	0.00	0.00	0.00	0.00	0.00	0.00
1	0.00	4 764 350.26	60 141.51	60 141.51	0.00	60 141.51
2	0.00	4 764 350.26	55 688.81	55 688.81	0.00	55 688.81
3	0.00	4 764 350.26	51 141.50	51 141.50	0.00	51 141.50
4	0.00	4 764 350.26	46 497.55	46 497.55	0.00	46 497.55
5	0.00	4 764 350.26	41 754.92	41 754.92	0.00	41 754.92
6	0.00	4 764 350.26	36 911.50	36 911.50	0.00	36 911.50
7	0.00	4 764 350.26	31 965.17	31 965.17	0.00	31 965.17
8	0.00	4 764 350.26	26 913.72	26 913.72	0.00	26 913.72
9	0.00	4 764 350.26	21 754.94	21 754.94	0.00	21 754.94
10	0.00	4 764 350.26	16 486.52	16 486.52	0.00	16 486.52
11	0.00	4 764 350.26	11 106.16	11 106.16	0.00	11 106.16
12	0.00	4 764 350.26	5 611.46	5 611.46	0.00	5 611.46
合计				405 973.76	0.00	405 973.76

从以上数据可以看出，营改增以后，该融资租赁公司需要缴纳的增值税金额为 405 973.76 元，按照缴纳的增值税与收取全部价款和价外费用的比例来算，实际税负为：405 973.76÷57 172 203.12＝0.71％，相差税额为:405 973.76－358 610.16＝47 363.6（元）。

对于以不动产作为标的物的融资租赁合同（直租），由于税率从 5％攀升至 11％，加上无即征即退政策，营改增后税额将攀升 1.98 倍。不动产直租业务税负测算图见图 13-2。

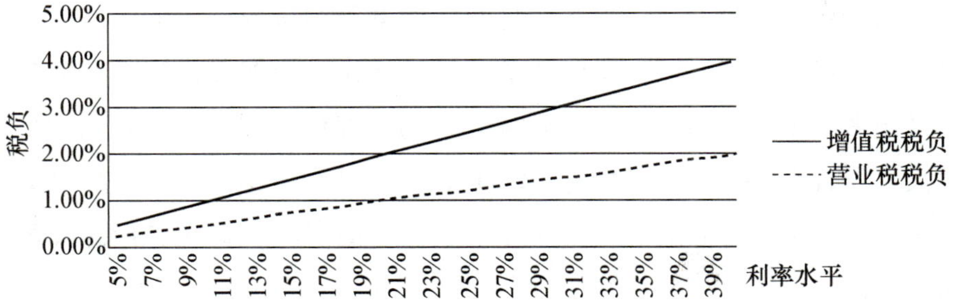

图 13-2 不动产直租业务税负测算图

除此之外，对于特殊的租赁标的物的直租业务，如减按5%征收进口环节增值税的经国家有关部门批准从境外购买空载重量在25吨以上并租赁给国内航空公司使用的飞机；以3%税率减按2%征税的二手设备，其进项税额或无法抵扣，或可抵扣税率低于销项税税率，存在严重的高销低抵情况，会使开展这类融资租赁业务的税负大幅上升，这是我国目前增值税实行多档税率导致的无法避免的问题，需要通过简并税率、给予税收优惠等方法来解决。

实际税负超过3%的部分即征即退优惠政策难以实现

36号文附件三《营业税改征增值税试点过渡政策的规定》第二条第二款规定，经中国人民银行、银监会或者商务部批准从事融资租赁业务的试点纳税人中的一般纳税人，提供有形动产融资租赁服务和有形动产融资性售后回租服务，对其增值税实际税负超过3%的部分实行增值税即征即退政策。

从理论上来看，该项税收优惠政策可以通过即征即退的方式减轻纳税人的实际税负，但是在实际操作过程中，纳税人能否完全实现实际税负超过3%的部分即征即退却难以保证。这是因为：第一，既然是税收优惠政策，那么政策的实施都是有时效性的，即征即退随时存在被取消的风险。而一旦该税收优惠政策被取消，那么纳税人的实际税负必然不减反增。第二，该项政策还有一个实收资本的限制，除银行系融资租赁公司以外的融资租赁公司，实收资本需在规定的期限内达到1.7亿元才能享受即征即退的优惠政策，现实中有很多融资租赁公司是不能满足这一要求的，因而也就无法真正享受这一优惠政策。第三，该优惠政策仅针对有形动产融资租赁服务和有形动产融资性售后回租服务，并不包括不动产融资租赁及融资性售后回租服务，以不动产为标的物开展的融资租赁业务也无法享受该优惠政策。第四，该优惠政策所说的实际税负，是指纳税人当期提供应税服务实际缴纳的增值税额占纳税人当期提供应税服务取得的全部价款和价外费用的比例，分母基数较大，导致在税负上升的情况下，计算出来的实际税负很难超过3%，从而无法享受该优惠政策，除非融资租赁企业的利润空间极大，但实务中这样的融资租赁公司极少。

融资租赁企业开具和索取不合规票据形成的税务风险

融资租赁企业开具不合规票据形成的税务风险

在 2016 年全面营改增后，开具增值税发票的防伪税控系统也进行了相应功能的升级，为适应差额征税政策，新增加了差额征税的模块，但若不能正确地使用该功能，则会对下游企业的进项税额产生很大的侵蚀。

只要不是在文件中注明“不得开具增值税专用发票”的差额征税事项，均可以开具全额增值税专用发票而不使用该开票模块。以有形动产直租业务为例，假设 A 融资租赁公司出租设备，某期收取全部价款和价外费用 100 万元，支付借款利息 7 万元。若使用差额征税模块开具增值税专用发票，所开具发票的销项税额为：(100－7)÷(1＋17%)×17%＝13.51（万元)，也就是下游企业可抵扣进项税 13.51 万元，若全额开具，则下游企业可抵扣的进项税额为：100÷(1＋17%)×17%＝14.53（万元)，存在很大的差别。另外，那些注明“不得开具增值税专用发票”的项目，必须用此模块开具增值税发票，若全额开具，就违反了税法的规定，存在巨大的税收风险。

融资租赁企业索取不合规票据形成的税务风险

试点纳税人在从全部价款和价外费用中扣除利息、本金等价款时，应当取得符合法律、行政法规和国家税务总局规定的有效凭证，否则不得扣除。对于 2016 年 4 月 30 日前签订的有形动产融资性售后回租合同，若融资租赁企业选择继续按照有形动产融资租赁服务缴纳增值税，则需要在全部价款和价外费用中扣除本金，本金部分仍需取得合法有效扣除凭证，此时需取得对方开具的 0 税率增值税普通发票才能扣除本金，若无法取得该合法有效凭证，则会产生税负升高的风险。

此外，若直租业务租赁物为二手设备，融资租赁企业在采购二手设备时取得的是以 3%税率减按 2%征税的普通发票，不能作为进项税额抵扣，开展融资租赁业务时收取的所有租金都需要按照 17%的税率计算缴纳增值税，企业增值税税负明显增加。有的企业为解决这一问题，在收取租金时，本金部分开具以 3%税率减按 2%征税的普通发票，利息部分开具 17%的增值税专用发票，仅就利息部分申报缴纳增值税。这样的处理明显违反现行营改增相关文件的规定，也不符合《发票管理办法》的要求，存在较大的税务风险。

营改增对国家与地方税收分成的影响

在营改增以前，房地产、建安、金融相关税收在地方财政中占了较大比重，是地方财政的支柱。在2011年营改增试点以前，仅房地产和建安税收就占了地方营业税收入的一半以上，前几轮营改增已将部分营业税收入从地方分走，此次全面营改增后，除由地税代收的二手房交易及不动产出租增值税外，占地方税收收入三分之一以上的全部营业税收入均不复存在，给地方财政带来了很大的挑战。

营改增以前，按财政体制的设计，对增值税实行中央和地方按75%∶25%的比例分享，营改增后，为保障地方既有财力，不影响地方财政平稳运行，暂时把增值税收入在中央与地方间按五五分成，但若过渡期结束后，恢复按75%∶25%的比例分成，地方的财政压力变大后，各地的税收返还政策还会延续吗？可以肯定的是，政策扶持和返还的力度将受到很大的影响，对目前享受这些政策红利的企业来说，这也将间接带来税收成本的升高。

地方的很多政府支出都是刚性的，为保障地方财政利益，五五分成过渡期结束后，还需找到一个更加稳定可行的方法来解决这一问题。

经营租赁与直租业务的弊端

直租业务虽能给融资租赁公司带来延迟纳税的好处，但也同样使后期的增值税税负出现畸高的现象，特别是对于无即征即退优惠政策的不动产融资租赁业务及不动产融资性售后回租业务来说，后期的税负将更高，另外，直租业务一般需要一次性支付购买指定设备的价款，与可以分期支付租赁物件购买价款，并可均匀支付每期增值税的融资性售后回租业务相比，直租业务在业务初期及后期都会对企业的现金流带来很大的考验。

融资租赁公司除开展融资租赁业务外，也会开展部分传统的经营租赁业务，但目前经营租赁业务越来越多地被融资租赁所取代。因为对出租人来说，经营租赁业务的主要特点是：购买租赁物时需大量占用企业资金，并且后期资金的回收相比融资租赁来说要慢很多，依靠租金收入解决现金流的饥渴难度很大。除此之外，与融资租赁相比，其无法间接抵扣借款利息的进项税额，也无法享受增值税实际税负超过3%即征即退的优惠政策，在其他条件相同的情况下，比融资租赁业务的税收成本要高，出租人还要承担租赁物维修、保养的责任，对开展此业务的融资租赁公司来说，其在盈利性及现金流上与开展融资租赁业务相比均无明显优势。所以目前很多融资租赁公司都减少了经营租赁业务的数量。

融资租赁涉税筹划建议

合同签订前的项目测算

融资租赁企业的一个重要特点就是多个项目滚动进行，这样的好处就是可以充分利用直租业务前期的大量留抵来弥补回租项目的销项税额，因此企业在签订融资租赁合同时需对整体项目的情况有很好的把握，合理安排购进租赁物以及收取租金的日期，充分利用直租业务递延纳税的优势将纳税期无限延后，但要避免存在多个直租合同在相近的时点同时到期，以免在特定时点使增值税的缴纳全面爆发，对企业现金流产生极大的影响。

此外，在签订每个融资租赁合同时，也要对单个项目进行测算，不同的标的物，不同的融资租赁模式，不同的利率，甚至不同的租金支付方式都会对最终增值税的缴纳产生影响，在满足经营需求的情况下，应选择税收成本最低的合同签订方式。

例如，对于单个有形动产直租合同，当租赁利息÷租金×100%≥20.65%时，该租赁利息比例的升高不会再影响税负的升高，而当租赁利息÷租金×100%<20.65%时，增值税税负会随着这一比例的升高而升高。

企业的经营受到多方面因素的影响，不会仅以税负高低作为全部的考虑，我们无法从税出发任意选择自己的业务，但当某项新业务预计要开展时，我们可在该项目各条款的可商议范围内从税收角度出发做出最有利的选择。

利用直租业务进行集团内筹划

在本次营改增中，贷款利息无法抵扣让所有人大失所望，增值税的抵扣链条并没有完全打通，融资租赁业务的优势显现出来。融资租赁企业不仅可以通过差额扣除贷款利息的方式间接实现贷款利息的进项税抵扣，还给其他企业带来了贷款利息抵扣的可能，直租业务以全部价款和价外费用向下游企业开具增值税发票，对下游企业来说该全部价款和价外费用中已经包含了贷款的利息，也就是用融资租赁代替贷款，可以获得贷款利息的进项税抵扣，这给融资租赁行业的直租业务带来了巨大的机遇。

企业更是可以利用这一优势进行集团内部的筹划。比如某企业需要融资购买设备，但银行贷款不能抵扣进项税，贷款的成本过高，企业可以成立自己的融资租赁公司，由融资租赁公司到银行贷款，然后购进设备，以融资租赁（直租）的方式提供给该企业使用，这样一来，成立的融资租赁公司可以通过差额扣除的方式间接抵扣银行贷款的进项税，前期存在大量留抵，期末税负攀升可通过税负超过3%即征即退的政策退还增值税，而该企业可得到融资租赁本金加利息部分17%的进项税额抵扣，何乐而不为呢?

直租模式与回租模式的转换

为解决直租业务对资金流的占用及后期税负的攀升，在融资租赁公司本身存在大量留抵税金的情况下，可在回租的模式下进行直租业务，实现直租模式与回租模式的转换。具体可采用以下两种方法：

- 假设A企业需要通过B融资租赁公司购买指定的生产设备或不动产，在直租模式下，需要B融资租赁公司向指定第三方购买该租赁物件，并租赁给A企业使用，B融资租赁公司可同A企业商议，以A企业现有设备开展融资性售后回租业务，并自行以收到的购买价款购买所需设备或不动产，这样就很好地避免了增值税支付的不均衡。
- B融资租赁公司与A企业商议，由A企业与指定第三方签订生产设备或不动产的买卖合同，并同时以该设备或不动产为标的物与B融资租赁公司签订售后回租合同，待B融资租赁公司将租赁标的物的购买价款支付给A企业时，A企业再向第三方支付购买价款。

对于A企业因此而少抵扣的利息部分的进项税，B融资租赁公司可通过适当降低利率的方式予以补偿。

TAX AND ACCOUNTING PRACTICE AND CASES
in Finance Lease

PART III
融资租赁相关政策法规

财政部 国家税务总局关于全面推开营业税改征增值税试点的通知

（财税〔2016〕36号）

各省、自治区、直辖市、计划单列市财政厅（局）、国家税务局、地方税务局，新疆生产建设兵团财务局：

经国务院批准，自2016年5月1日起，在全国范围内全面推开营业税改征增值税（以下称营改增）试点，建筑业、房地产业、金融业、生活服务业等全部营业税纳税人，纳入试点范围，由缴纳营业税改为缴纳增值税。现将《营业税改征增值税试点实施办法》、《营业税改征增值税试点有关事项的规定》、《营业税改征增值税试点过渡政策的规定》和《跨境应税行为适用增值税零税率和免税政策的规定》印发你们，请遵照执行。

本通知附件规定的内容，除另有规定执行时间外，自2016年5月1日起执行。《财政部 国家税务总局关于将铁路运输和邮政业纳入营业税改征增值税试点的通知》（财税〔2013〕106号）、《财政部 国家税务总局关于铁路运输和邮政业营业税改征增值税试点有关政策的补充通知》（财税〔2013〕121号）、《财政部 国家税务总局关于将电信业纳入营业税改征增值税试点的通知》（财税〔2014〕43号）、《财政部 国家税务总局关于国际水路运输增值税零税率政策的补充通知》（财税〔2014〕50号）和《财政部 国家税务总局关于影视等出口服务适用增值税零税率政策的通知》（财税〔2015〕118号），除另有规定的条款外，相应废止。

各地要高度重视营改增试点工作，切实加强试点工作的组织领导，周密安排，明确责任，采取各种有效措施，做好试点前的各项准备以及试点过程中的监测分析和宣传解释等工作，确保改革的平稳、有序、顺利进行。遇到问题请及时向财政部和国家税务总局反映。

附件：1. 营业税改征增值税试点实施办法

2. 营业税改征增值税试点有关事项的规定

3. 营业税改征增值税试点过渡政策的规定

4. 跨境应税行为适用增值税零税率和免税政策的规定

附件1：

营业税改征增值税试点实施办法

第一章 纳税人和扣缴义务人

第一条 在中华人民共和国境内（以下称境内）销售服务、无形资产或者不动产（以下称应税行为）的单位和个人，为增值税纳税人，应当按照本办法缴纳增值税，不缴纳营业税。

单位，是指企业、行政单位、事业单位、军事单位、社会团体及其他单位。

个人，是指个体工商户和其他个人。

第二条 单位以承包、承租、挂靠方式经营的，承包人、承租人、挂靠人（以下统称承包人）以发包人、出租人、被挂靠人（以下统称发包人）名义对外经营并由发包人承担相关法律责任的，以该发包人为纳税人。否则，以承包人为纳税人。

第三条 纳税人分为一般纳税人和小规模纳税人。

应税行为的年应征增值税销售额（以下称应税销售额）超过财政部和国家税务总局规定标准的纳税人为一般纳税人，未超过规定标准的纳税人为小规模纳税人。

年应税销售额超过规定标准的其他个人不属于一般纳税人。年应税销售额超过规定标准但不经常发生应税行为的单位和个体工商户可选择按照小规模纳税人纳税。

第四条 年应税销售额未超过规定标准的纳税人，会计核算健全，能够提供准确税务资料的，可以向主管税务机关办理一般纳税人资格登记，成为一般纳税人。

会计核算健全，是指能够按照国家统一的会计制度规定设置账簿，根据合法、有效凭证核算。

第五条 符合一般纳税人条件的纳税人应当向主管税务机关办理一般纳税人资格登记。具体登记办法由国家税务总局制定。

除国家税务总局另有规定外，一经登记为一般纳税人后，不得转为小规模纳税人。

第六条 中华人民共和国境外（以下称境外）单位或者个人在境内发生应税行为，在境内未设有经营机构的，以购买方为增值税扣缴义务人。财政部和国家税务总局另有规定的除外。

第七条 两个或者两个以上的纳税人，经财政部和国家税务总局批准可以视为一个纳税人合并纳税。具体办法由财政部和国家税务总局另行制定。

第八条 纳税人应当按照国家统一的会计制度进行增值税会计核算。

第二章 征税范围

第九条 应税行为的具体范围，按照本办法所附的《销售服务、无形资产、不动产注释》执行。

第十条 销售服务、无形资产或者不动产，是指有偿提供服务、有偿转让无形资产或者不动产，但属于下列非经营活动的情形除外：

（一）行政单位收取的同时满足以下条件的政府性基金或者行政事业性收费。

1. 由国务院或者财政部批准设立的政府性基金，由国务院或者省级人民政府及其财政、价格主管部门批准设立的行政事业性收费；

2. 收取时开具省级以上（含省级）财政部门监（印）制的财政票据；

3. 所收款项全额上缴财政。

（二）单位或者个体工商户聘用的员工为本单位或者雇主提供取得工资的服务。

（三）单位或者个体工商户为聘用的员工提供服务。

（四）财政部和国家税务总局规定的其他情形。

第十一条 有偿，是指取得货币、货物或者其他经济利益。

第十二条 在境内销售服务、无形资产或者不动产，是指：

（一）服务（租赁不动产除外）或者无形资产（自然资源使用权除外）的销售方或者购买方在境内；

（二）所销售或者租赁的不动产在境内；

（三）所销售自然资源使用权的自然资源在境内；

（四）财政部和国家税务总局规定的其他情形。

第十三条 下列情形不属于在境内销售服务或者无形资产：

（一）境外单位或者个人向境内单位或者个人销售完全在境外发生的服务。

（二）境外单位或者个人向境内单位或者个人销售完全在境外使用的无形资产。

（三）境外单位或者个人向境内单位或者个人出租完全在境外使用的有形动产。

（四）财政部和国家税务总局规定的其他情形。

第十四条 下列情形视同销售服务、无形资产或者不动产：

（一）单位或者个体工商户向其他单位或者个人无偿提供服务，但用于公益事业或者以社会公众为对象的除外。

（二）单位或者个人向其他单位或者个人无偿转让无形资产或者不动产，但用于公益事业或者以社会公众为对象的除外。

（三）财政部和国家税务总局规定的其他情形。

第三章 税率和征收率

第十五条 增值税税率：

（一）纳税人发生应税行为，除本条第（二）项、第（三）项、第（四）项规定外，税率为6%。

（二）提供交通运输、邮政、基础电信、建筑、不动产租赁服务，销售不动产，转让土地使用权，税率为11%。

（三）提供有形动产租赁服务，税率为17%。

（四）境内单位和个人发生的跨境应税行为，税率为零。具体范围由财政部和国家税务总局另行规定。

第十六条 增值税征收率为3%，财政部和国家税务总局另有规定的除外。

第四章 应纳税额的计算

第一节 一般性规定

第十七条 增值税的计税方法，包括一般计税方法和简易计税方法。

第十八条 一般纳税人发生应税行为适用一般计税方法计税。

一般纳税人发生财政部和国家税务总局规定的特定应税行为，可以选择适用简易计税方法计税，但一经选择，36个月内不得变更。

第十九条 小规模纳税人发生应税行为适用简易计税方法计税。

第二十条 境外单位或者个人在境内发生应税行为，在境内未设有经营机构的，扣缴义务人按照下列公式计算应扣缴税额：

应扣缴税额＝购买方支付的价款÷(1＋税率)×税率

第二节 一般计税方法

第二十一条 一般计税方法的应纳税额，是指当期销项税额抵扣当期进项税额后的余额。应纳税额计算公式：

应纳税额＝当期销项税额－当期进项税额

当期销项税额小于当期进项税额不足抵扣时，其不足部分可以结转下期继续抵扣。

第二十二条 销项税额，是指纳税人发生应税行为按照销售额和增值税税率计算并收取的增值税额。销项税额计算公式：

销项税额＝销售额×税率

第二十三条 一般计税方法的销售额不包括销项税额，纳税人采用销售额和销项税额合并定价方法的，按照下列公式计算销售额：

销售额＝含税销售额÷(1＋税率)

第二十四条 进项税额，是指纳税人购进货物、加工修理修配劳务、服务、无形资产或者不动产，支付或者负担的增值税额。

第二十五条 下列进项税额准予从销项税额中抵扣：

（一）从销售方取得的增值税专用发票（含税控机动车销售统一发票，下同）上注明的增值税额。

（二）从海关取得的海关进口增值税专用缴款书上注明的增值税额。

（三）购进农产品，除取得增值税专用发票或者海关进口增值税专用缴款书外，按照农产品收购发票或者销售发票上注明的农产品买价和13％的扣除率计算的进项税额。计算公式为：

进项税额＝买价×扣除率

买价，是指纳税人购进农产品在农产品收购发票或者销售发票上注明的价款和按照规定缴纳的烟叶税。

购进农产品，按照《农产品增值税进项税额核定扣除试点实施办法》抵扣进项税额的除外。

（四）从境外单位或者个人购进服务、无形资产或者不动产，自税务机关或者扣缴义务人取得的解缴税款的完税凭证上注明的增值税额。

第二十六条 纳税人取得的增值税扣税凭证不符合法律、行政法规或者国家税务总局有关规定的，其进项税额不得从销项税额中抵扣。

增值税扣税凭证，是指增值税专用发票、海关进口增值税专用缴款书、农产品收购发票、农产品销售发票和完税凭证。

纳税人凭完税凭证抵扣进项税额的，应当具备书面合同、付款证明和境外单位的对账单或者发票。资料不全的，其进项税额不得从销项税额中抵扣。

第二十七条 下列项目的进项税额不得从销项税额中抵扣：

（一）用于简易计税方法计税项目、免征增值税项目、集体福利或者个人消费的购进货物、加工修理修配劳务、服务、无形资产和不动产。其中涉及的固定资产、无形资产、不动产，仅指专用于上述项目的固定资产、无形资产（不包括其他权益性无形资产）、不动产。

纳税人的交际应酬消费属于个人消费。

（二）非正常损失的购进货物，以及相关的加工修理修配劳务和交通运输服务。

（三）非正常损失的在产品、产成品所耗用的购进货物（不包括固定资产）、加工修理修配劳务和交通运输服务。

（四）非正常损失的不动产，以及该不动产所耗用的购进货物、设计服务和建筑服务。

（五）非正常损失的不动产在建工程所耗用的购进货物、设计服务和建筑服务。

纳税人新建、改建、扩建、修缮、装饰不动产，均属于不动产在建工程。

（六）购进的旅客运输服务、贷款服务、餐饮服务、居民日常服务和娱乐服务。

（七）财政部和国家税务总局规定的其他情形。

本条第（四）项、第（五）项所称货物，是指构成不动产实体的材料和设备，包括建筑装饰材料和给排水、采暖、卫生、通风、照明、通讯、煤气、消防、中央空调、电梯、电气、智能化楼宇设备及配套设施。

第二十八条 不动产、无形资产的具体范围，按照本办法所附的《销售服务、无形资产或者不动产注释》执行。

固定资产，是指使用期限超过 12 个月的机器、机械、运输工具以及其他与生产经营有关的设备、工具、器具等有形动产。

非正常损失，是指因管理不善造成货物被盗、丢失、霉烂变质，以及因违反法律法规造成货物或者不动产被依法没收、销毁、拆除的情形。

第二十九条 适用一般计税方法的纳税人，兼营简易计税方法计税项目、免征增值税项目而无法划分不得抵扣的进项税额，按照下列公式计算不得抵扣的进项税额：

$$\text{不得抵扣的进项税额}=\text{当期无法划分的全部进项税额}\times(\text{当期简易计税方法计税项目销售额}+\text{免征增值税项目销售额})\div\text{当期全部销售额}$$

主管税务机关可以按照上述公式依据年度数据对不得抵扣的进项税额进行清算。

第三十条 已抵扣进项税额的购进货物（不含固定资产）、劳务、服务，发生本办法第二十七条规定情形（简易计税方法计税项目、免征增值税项目除外）的，应当将该进项税额从当期进项税额中扣减；无法确定该进项税额的，按照当期实际成本计算应扣减的进项税额。

第三十一条 已抵扣进项税额的固定资产、无形资产或者不动产，发生本办法第二十七条规定情形的，按照下列公式计算不得抵扣的进项税额：

$$\text{不得抵扣的进项税额}=\text{固定资产、无形资产或者不动产净值}\times\text{适用税率}$$

固定资产、无形资产或者不动产净值，是指纳税人根据财务会计制度计提折旧或摊销后的余额。

第三十二条 纳税人适用一般计税方法计税的，因销售折让、中止或者退回而退还给购买方的增值税额，应当从当期的销项税额中扣减；因销售折让、中止或者退回而收回的增值税额，应当从当期的进项税额中扣减。

第三十三条 有下列情形之一者，应当按照销售额和增值税税率计算应纳税额，不得抵扣进项税额，也不得使用增值税专用发票：

（一）一般纳税人会计核算不健全，或者不能够提供准确税务资料的。

（二）应当办理一般纳税人资格登记而未办理的。

第三节　简易计税方法

第三十四条 简易计税方法的应纳税额，是指按照销售额和增值税征收率计算的增值税额，不得抵扣进项税额。应纳税额计算公式：

$$\text{应纳税额}=\text{销售额}\times\text{征收率}$$

第三十五条 简易计税方法的销售额不包括其应纳税额，纳税人采用销售额和应纳税额合并定价方法的，按照下列公式计算销售额：

销售额＝含税销售额÷(1＋征收率)

第三十六条 纳税人适用简易计税方法计税的，因销售折让、中止或者退回而退还给购买方的销售额，应当从当期销售额中扣减。扣减当期销售额后仍有余额造成多缴的税款，可以从以后的应纳税额中扣减。

第四节 销售额的确定

第三十七条 销售额，是指纳税人发生应税行为取得的全部价款和价外费用，财政部和国家税务总局另有规定的除外。

价外费用，是指价外收取的各种性质的收费，但不包括以下项目：

（一）代为收取并符合本办法第十条规定的政府性基金或者行政事业性收费。

（二）以委托方名义开具发票代委托方收取的款项。

第三十八条 销售额以人民币计算。

纳税人按照人民币以外的货币结算销售额的，应当折合成人民币计算，折合率可以选择销售额发生的当天或者当月 1 日的人民币汇率中间价。纳税人应当在事先确定采用何种折合率，确定后 12 个月内不得变更。

第三十九条 纳税人兼营销售货物、劳务、服务、无形资产或者不动产，适用不同税率或者征收率的，应当分别核算适用不同税率或者征收率的销售额；未分别核算的，从高适用税率。

第四十条 一项销售行为如果既涉及服务又涉及货物，为混合销售。从事货物的生产、批发或者零售的单位和个体工商户的混合销售行为，按照销售货物缴纳增值税；其他单位和个体工商户的混合销售行为，按照销售服务缴纳增值税。

本条所称从事货物的生产、批发或者零售的单位和个体工商户，包括以从事货物的生产、批发或者零售为主，并兼营销售服务的单位和个体工商户在内。

第四十一条 纳税人兼营免税、减税项目的，应当分别核算免税、减税项目的销售额；未分别核算的，不得免税、减税。

第四十二条 纳税人发生应税行为，开具增值税专用发票后，发生开票有误或者销售折让、中止、退回等情形的，应当按照国家税务总局的规定开具红字增值税专用发票；未按照规定开具红字增值税专用发票的，不得按照本办法第三十二条和第三十六条的规定扣减销项税额或者销售额。

第四十三条 纳税人发生应税行为，将价款和折扣额在同一张发票上分别注明的，以折扣后的价款为销售额；未在同一张发票上分别注明的，以价款为销售额，不得扣减折扣额。

第四十四条 纳税人发生应税行为价格明显偏低或者偏高且不具有合理商业目的的，或者发生本办法第十四条所列行为而无销售额的，主管税务机关有权按照下列顺序确定销售额：

（一）按照纳税人最近时期销售同类服务、无形资产或者不动产的平均价格确定。

（二）按照其他纳税人最近时期销售同类服务、无形资产或者不动产的平均价格确定。

（三）按照组成计税价格确定。组成计税价格的公式为：

组成计税价格＝成本×（1＋成本利润率）

成本利润率由国家税务总局确定。

不具有合理商业目的的，是指以谋取税收利益为主要目的，通过人为安排，减少、免除、推迟缴纳增值税税款，或者增加退还增值税税款。

第五章 纳税义务、扣缴义务发生时间和纳税地点

第四十五条 增值税纳税义务、扣缴义务发生时间为：

（一）纳税人发生应税行为并收讫销售款项或者取得索取销售款项凭据的当天；先开具发票的，为开具发票的当天。

收讫销售款项，是指纳税人销售服务、无形资产、不动产过程中或者完成后收到款项。

取得索取销售款项凭据的当天，是指书面合同确定的付款日期；未签订书面合同或者书面合同未确定付款日期的，为服务、无形资产转让完成的当天或者不动产权属变更的当天。

（二）纳税人提供建筑服务、租赁服务采取预收款方式的，其纳税义务发生时间为收到预收款的当天。

（三）纳税人从事金融商品转让的，为金融商品所有权转移的当天。

（四）纳税人发生本办法第十四条规定情形的，其纳税义务发生时间为服务、无形资产转让完成的当天或者不动产权属变更的当天。

（五）增值税扣缴义务发生时间为纳税人增值税纳税义务发生的当天。

第四十六条 增值税纳税地点为：

（一）固定业户应当向其机构所在地或者居住地主管税务机关申报纳税。总机构

和分支机构不在同一县（市）的，应当分别向各自所在地的主管税务机关申报纳税；经财政部和国家税务总局或者其授权的财政和税务机关批准，可以由总机构汇总向总机构所在地的主管税务机关申报纳税。

（二）非固定业户应当向应税行为发生地主管税务机关申报纳税；未申报纳税的，由其机构所在地或者居住地主管税务机关补征税款。

（三）其他个人提供建筑服务，销售或者租赁不动产，转让自然资源使用权，应向建筑服务发生地、不动产所在地、自然资源所在地主管税务机关申报纳税。

（四）扣缴义务人应当向其机构所在地或者居住地主管税务机关申报缴纳扣缴的税款。

第四十七条 增值税的纳税期限分别为1日、3日、5日、10日、15日、1个月或者1个季度。纳税人的具体纳税期限，由主管税务机关根据纳税人应纳税额的大小分别核定。以1个季度为纳税期限的规定适用于小规模纳税人、银行、财务公司、信托投资公司、信用社，以及财政部和国家税务总局规定的其他纳税人。不能按照固定期限纳税的，可以按次纳税。

纳税人以1个月或者1个季度为1个纳税期的，自期满之日起15日内申报纳税；以1日、3日、5日、10日或者15日为1个纳税期的，自期满之日起5日内预缴税款，于次月1日起15日内申报纳税并结清上月应纳税款。

扣缴义务人解缴税款的期限，按照前两款规定执行。

第六章 税收减免的处理

第四十八条 纳税人发生应税行为适用免税、减税规定的，可以放弃免税、减税，依照本办法的规定缴纳增值税。放弃免税、减税后，36个月内不得再申请免税、减税。

纳税人发生应税行为同时适用免税和零税率规定的，纳税人可以选择适用免税或者零税率。

第四十九条 个人发生应税行为的销售额未达到增值税起征点的，免征增值税；达到起征点的，全额计算缴纳增值税。

增值税起征点不适用于登记为一般纳税人的个体工商户。

第五十条 增值税起征点幅度如下：

（一）按期纳税的，为月销售额5 000～20 000元（含本数）。

（二）按次纳税的，为每次（日）销售额300～500元（含本数）。

起征点的调整由财政部和国家税务总局规定。省、自治区、直辖市财政厅（局）和国家税务局应当在规定的幅度内，根据实际情况确定本地区适用的起征点，并报财政部和国家税务总局备案。

对增值税小规模纳税人中月销售额未达到 2 万元的企业或非企业性单位，免征增值税。2017 年 12 月 31 日前，对月销售额 2 万元（含本数）至 3 万元的增值税小规模纳税人，免征增值税。

第七章　征收管理

第五十一条　营业税改征的增值税，由国家税务局负责征收。纳税人销售取得的不动产和其他个人出租不动产的增值税，国家税务局暂委托地方税务局代为征收。

第五十二条　纳税人发生适用零税率的应税行为，应当按期向主管税务机关申报办理退（免）税，具体办法由财政部和国家税务总局制定。

第五十三条　纳税人发生应税行为，应当向索取增值税专用发票的购买方开具增值税专用发票，并在增值税专用发票上分别注明销售额和销项税额。

属于下列情形之一的，不得开具增值税专用发票：

（一）向消费者个人销售服务、无形资产或者不动产。

（二）适用免征增值税规定的应税行为。

第五十四条　小规模纳税人发生应税行为，购买方索取增值税专用发票的，可以向主管税务机关申请代开。

第五十五条　纳税人增值税的征收管理，按照本办法和《中华人民共和国税收征收管理法》及现行增值税征收管理有关规定执行。

附：

销售服务、无形资产、不动产注释

一、销售服务

销售服务，是指提供交通运输服务、邮政服务、电信服务、建筑服务、金融服务、现代服务、生活服务。

（一）交通运输服务。

交通运输服务，是指利用运输工具将货物或者旅客送达目的地，使其空间位置得到转移的业务活动。包括陆路运输服务、水路运输服务、航空运输服务和管道运输服务。

1. 陆路运输服务。

陆路运输服务，是指通过陆路（地上或者地下）运送货物或者旅客的运输业务活动，包括铁路运输服务和其他陆路运输服务。

（1）铁路运输服务，是指通过铁路运送货物或者旅客的运输业务活动。

（2）其他陆路运输服务，是指铁路运输以外的陆路运输业务活动。包括公路运输、缆车运输、索道运输、地铁运输、城市轻轨运输等。

出租车公司向使用本公司自有出租车的出租车司机收取的管理费用，按照陆路运输服务缴纳增值税。

2. 水路运输服务。

水路运输服务，是指通过江、河、湖、川等天然、人工水道或者海洋航道运送货物或者旅客的运输业务活动。

水路运输的程租、期租业务，属于水路运输服务。

程租业务，是指运输企业为租船人完成某一特定航次的运输任务并收取租赁费的业务。

期租业务，是指运输企业将配备有操作人员的船舶承租给他人使用一定期限，承租期内听候承租方调遣，不论是否经营，均按天向承租方收取租赁费，发生的固定费用均由船东负担的业务。

3. 航空运输服务。

航空运输服务，是指通过空中航线运送货物或者旅客的运输业务活动。

航空运输的湿租业务，属于航空运输服务。

湿租业务，是指航空运输企业将配备有机组人员的飞机承租给他人使用一定期限，承租期内听候承租方调遣，不论是否经营，均按一定标准向承租方收取租赁费，发生的固定费用均由承租方承担的业务。

航天运输服务，按照航空运输服务缴纳增值税。

航天运输服务，是指利用火箭等载体将卫星、空间探测器等空间飞行器发射到空间轨道的业务活动。

4. 管道运输服务。

管道运输服务，是指通过管道设施输送气体、液体、固体物质的运输业务活动。

无运输工具承运业务，按照交通运输服务缴纳增值税。

无运输工具承运业务，是指经营者以承运人身份与托运人签订运输服务合同，收取运费并承担承运人责任，然后委托实际承运人完成运输服务的经营活动。

（二）邮政服务。

邮政服务，是指中国邮政集团公司及其所属邮政企业提供邮件寄递、邮政汇兑和机要通信等邮政基本服务的业务活动。包括邮政普遍服务、邮政特殊服务和其他邮政服务。

1. 邮政普遍服务。

邮政普遍服务，是指函件、包裹等邮件寄递，以及邮票发行、报刊发行和邮政汇兑等业务活动。

函件，是指信函、印刷品、邮资封片卡、无名址函件和邮政小包等。

包裹，是指按照封装上的名址递送给特定个人或者单位的独立封装的物品，其重量不超过五十千克，任何一边的尺寸不超过一百五十厘米，长、宽、高合计不超过三百厘米。

2. 邮政特殊服务。

邮政特殊服务，是指义务兵平常信函、机要通信、盲人读物和革命烈士遗物的寄递等业务活动。

3. 其他邮政服务。

其他邮政服务，是指邮册等邮品销售、邮政代理等业务活动。

（三）电信服务。

电信服务，是指利用有线、无线的电磁系统或者光电系统等各种通信网络资源，提供语音通话服务，传送、发射、接收或者应用图像、短信等电子数据和信息的业务活动。包括基础电信服务和增值电信服务。

1. 基础电信服务。

基础电信服务，是指利用固网、移动网、卫星、互联网，提供语音通话服务的业务活动，以及出租或者出售带宽、波长等网络元素的业务活动。

2. 增值电信服务。

增值电信服务，是指利用固网、移动网、卫星、互联网、有线电视网络，提供短信和彩信服务、电子数据和信息的传输及应用服务、互联网接入服务等业务活动。

卫星电视信号落地转接服务，按照增值电信服务缴纳增值税。

（四）建筑服务。

建筑服务，是指各类建筑物、构筑物及其附属设施的建造、修缮、装饰，线路、管道、设备、设施等的安装以及其他工程作业的业务活动。包括工程服务、安装服务、修缮服务、装饰服务和其他建筑服务。

1. 工程服务。

工程服务，是指新建、改建各种建筑物、构筑物的工程作业，包括与建筑物相连的各种设备或者支柱、操作平台的安装或者装设工程作业，以及各种窑炉和金属结构工程作业。

2. 安装服务。

安装服务，是指生产设备、动力设备、起重设备、运输设备、传动设备、医疗实验设备以及其他各种设备、设施的装配、安置工程作业，包括与被安装设备相连的工作台、梯子、栏杆的装设工程作业，以及被安装设备的绝缘、防腐、保温、油漆等工程作业。

固定电话、有线电视、宽带、水、电、燃气、暖气等经营者向用户收取的安装费、初装费、开户费、扩容费以及类似收费，按照安装服务缴纳增值税。

3. 修缮服务。

修缮服务，是指对建筑物、构筑物进行修补、加固、养护、改善，使之恢复原来的使用价值或者延长其使用期限的工程作业。

4. 装饰服务。

装饰服务，是指对建筑物、构筑物进行修饰装修，使之美观或者具有特定用途的工程作业。

5. 其他建筑服务。

其他建筑服务，是指上列工程作业之外的各种工程作业服务，如钻井（打井）、拆除建筑物或者构筑物、平整土地、园林绿化、疏浚（不包括航道疏浚）、建筑物平移、搭脚手架、爆破、矿山穿孔、表面附着物（包括岩层、土层、沙层等）剥离和清理等工程作业。

（五）金融服务。

金融服务，是指经营金融保险的业务活动。包括贷款服务、直接收费金融服务、保险服务和金融商品转让。

1. 贷款服务。

贷款，是指将资金贷与他人使用而取得利息收入的业务活动。

各种占用、拆借资金取得的收入，包括金融商品持有期间（含到期）利息（保本收益、报酬、资金占用费、补偿金等）收入、信用卡透支利息收入、买入返售金融商品利息收入、融资融券收取的利息收入，以及融资性售后回租、押汇、罚息、票据贴现、转贷等业务取得的利息及利息性质的收入，按照贷款服务缴纳增值税。

融资性售后回租，是指承租方以融资为目的，将资产出售给从事融资性售后回租业务的企业后，从事融资性售后回租业务的企业将该资产出租给承租方的业务活动。

以货币资金投资收取的固定利润或者保底利润，按照贷款服务缴纳增值税。

2. 直接收费金融服务。

直接收费金融服务，是指为货币资金融通及其他金融业务提供相关服务并且收取费用的业务活动。包括提供货币兑换、账户管理、电子银行、信用卡、信用证、财务担保、资产管理、信托管理、基金管理、金融交易场所（平台）管理、资金结算、资金清算、金融支付等服务。

3. 保险服务。

保险服务，是指投保人根据合同约定，向保险人支付保险费，保险人对于合同约定的可能发生的事故因其发生所造成的财产损失承担赔偿保险金责任，或者当被保险人死亡、伤残、疾病或者达到合同约定的年龄、期限等条件时承担给付保险金责任的商业保险行为。包括人身保险服务和财产保险服务。

人身保险服务，是指以人的寿命和身体为保险标的的保险业务活动。

财产保险服务，是指以财产及其有关利益为保险标的的保险业务活动。

4. 金融商品转让。

金融商品转让，是指转让外汇、有价证券、非货物期货和其他金融商品所有权的业务活动。

其他金融商品转让包括基金、信托、理财产品等各类资产管理产品和各种金融衍生品的转让。

（六）现代服务。

现代服务，是指围绕制造业、文化产业、现代物流产业等提供技术性、知识性服务的业务活动。包括研发和技术服务、信息技术服务、文化创意服务、物流辅助服务、租赁服务、鉴证咨询服务、广播影视服务、商务辅助服务和其他现代服务。

1. 研发和技术服务。

研发和技术服务，包括研发服务、合同能源管理服务、工程勘察勘探服务、专业技术服务。

（1）研发服务，也称技术开发服务，是指就新技术、新产品、新工艺或者新材料及其系统进行研究与试验开发的业务活动。

（2）合同能源管理服务，是指节能服务公司与用能单位以契约形式约定节能目标，节能服务公司提供必要的服务，用能单位以节能效果支付节能服务公司投入及其合理报酬的业务活动。

（3）工程勘察勘探服务，是指在采矿、工程施工前后，对地形、地质构造、地下资源蕴藏情况进行实地调查的业务活动。

（4）专业技术服务，是指气象服务、地震服务、海洋服务、测绘服务、城市规划、环境与生态监测服务等专项技术服务。

2. 信息技术服务。

信息技术服务，是指利用计算机、通信网络等技术对信息进行生产、收集、处理、加工、存储、运输、检索和利用，并提供信息服务的业务活动。包括软件服务、电路设计及测试服务、信息系统服务、业务流程管理服务和信息系统增值服务。

（1）软件服务，是指提供软件开发服务、软件维护服务、软件测试服务的业务活动。

（2）电路设计及测试服务，是指提供集成电路和电子电路产品设计、测试及相关技术支持服务的业务活动。

（3）信息系统服务，是指提供信息系统集成、网络管理、网站内容维护、桌面管理与维护、信息系统应用、基础信息技术管理平台整合、信息技术基础设施管理、数据中心、托管中心、信息安全服务、在线杀毒、虚拟主机等业务活动。包括网站对非自有的网络游戏提供的网络运营服务。

（4）业务流程管理服务，是指依托信息技术提供的人力资源管理、财务经济管理、审计管理、税务管理、物流信息管理、经营信息管理和呼叫中心等服务的活动。

（5）信息系统增值服务，是指利用信息系统资源为用户附加提供的信息技术服务。包括数据处理、分析和整合、数据库管理、数据备份、数据存储、容灾服务、电子商务平台等。

3. 文化创意服务。

文化创意服务，包括设计服务、知识产权服务、广告服务和会议展览服务。

（1）设计服务，是指把计划、规划、设想通过文字、语言、图画、声音、视觉等形式传递出来的业务活动。包括工业设计、内部管理设计、业务运作设计、供应链设计、造型设计、服装设计、环境设计、平面设计、包装设计、动漫设计、网游设计、展示设计、网站设计、机械设计、工程设计、广告设计、创意策划、文印晒图等。

(2) 知识产权服务，是指处理知识产权事务的业务活动。包括对专利、商标、著作权、软件、集成电路布图设计的登记、鉴定、评估、认证、检索服务。

(3) 广告服务，是指利用图书、报纸、杂志、广播、电视、电影、幻灯、路牌、招贴、橱窗、霓虹灯、灯箱、互联网等各种形式为客户的商品、经营服务项目、文体节目或者通告、声明等委托事项进行宣传和提供相关服务的业务活动。包括广告代理和广告的发布、播映、宣传、展示等。

(4) 会议展览服务，是指为商品流通、促销、展示、经贸洽谈、民间交流、企业沟通、国际往来等举办或者组织安排的各类展览和会议的业务活动。

4. 物流辅助服务。

物流辅助服务，包括航空服务、港口码头服务、货运客运场站服务、打捞救助服务、装卸搬运服务、仓储服务和收派服务。

(1) 航空服务，包括航空地面服务和通用航空服务。

航空地面服务，是指航空公司、飞机场、民航管理局、航站等向在境内航行或者在境内机场停留的境内外飞机或者其他飞行器提供的导航等劳务性地面服务的业务活动。包括旅客安全检查服务、停机坪管理服务、机场候机厅管理服务、飞机清洗消毒服务、空中飞行管理服务、飞机起降服务、飞行通讯服务、地面信号服务、飞机安全服务、飞机跑道管理服务、空中交通管理服务等。

通用航空服务，是指为专业工作提供飞行服务的业务活动，包括航空摄影、航空培训、航空测量、航空勘探、航空护林、航空吊挂播洒、航空降雨、航空气象探测、航空海洋监测、航空科学实验等。

(2) 港口码头服务，是指港务船舶调度服务、船舶通讯服务、航道管理服务、航道疏浚服务、灯塔管理服务、航标管理服务、船舶引航服务、理货服务、系解缆服务、停泊和移泊服务、海上船舶溢油清除服务、水上交通管理服务、船只专业清洗消毒检测服务和防止船只漏油服务等为船只提供服务的业务活动。

港口设施经营人收取的港口设施保安费按照港口码头服务缴纳增值税。

(3) 货运客运场站服务，是指货运客运场站提供货物配载服务、运输组织服务、中转换乘服务、车辆调度服务、票务服务、货物打包整理、铁路线路使用服务、加挂铁路客车服务、铁路行包专列发送服务、铁路到达和中转服务、铁路车辆编解服务、车辆挂运服务、铁路接触网服务、铁路机车牵引服务等业务活动。

(4) 打捞救助服务，是指提供船舶人员救助、船舶财产救助、水上救助和沉船沉物打捞服务的业务活动。

（5）装卸搬运服务，是指使用装卸搬运工具或者人力、畜力将货物在运输工具之间、装卸现场之间或者运输工具与装卸现场之间进行装卸和搬运的业务活动。

（6）仓储服务，是指利用仓库、货场或者其他场所代客贮放、保管货物的业务活动。

（7）收派服务，是指接受寄件人委托，在承诺的时限内完成函件和包裹的收件、分拣、派送服务的业务活动。

收件服务，是指从寄件人收取函件和包裹，并运送到服务提供方同城的集散中心的业务活动。

分拣服务，是指服务提供方在其集散中心对函件和包裹进行归类、分发的业务活动。

派送服务，是指服务提供方从其集散中心将函件和包裹送达同城的收件人的业务活动。

5. 租赁服务。

租赁服务，包括融资租赁服务和经营租赁服务。

（1）融资租赁服务，是指具有融资性质和所有权转移特点的租赁活动。即出租人根据承租人所要求的规格、型号、性能等条件购入有形动产或者不动产租赁给承租人，合同期内租赁物所有权属于出租人，承租人只拥有使用权，合同期满付清租金后，承租人有权按照残值购入租赁物，以拥有其所有权。不论出租人是否将租赁物销售给承租人，均属于融资租赁。

按照标的物的不同，融资租赁服务可分为有形动产融资租赁服务和不动产融资租赁服务。

融资性售后回租不按照本税目缴纳增值税。

（2）经营租赁服务，是指在约定时间内将有形动产或者不动产转让他人使用且租赁物所有权不变更的业务活动。

按照标的物的不同，经营租赁服务可分为有形动产经营租赁服务和不动产经营租赁服务。

将建筑物、构筑物等不动产或者飞机、车辆等有形动产的广告位出租给其他单位或者个人用于发布广告，按照经营租赁服务缴纳增值税。

车辆停放服务、道路通行服务（包括过路费、过桥费、过闸费等）等按照不动产经营租赁服务缴纳增值税。

水路运输的光租业务、航空运输的干租业务，属于经营租赁。

光租业务，是指运输企业将船舶在约定的时间内出租给他人使用，不配备操作人员，不承担运输过程中发生的各项费用，只收取固定租赁费的业务活动。

干租业务，是指航空运输企业将飞机在约定的时间内出租给他人使用，不配备机组人员，不承担运输过程中发生的各项费用，只收取固定租赁费的业务活动。

6. 鉴证咨询服务。

鉴证咨询服务，包括认证服务、鉴证服务和咨询服务。

（1）认证服务，是指具有专业资质的单位利用检测、检验、计量等技术，证明产品、服务、管理体系符合相关技术规范、相关技术规范的强制性要求或者标准的业务活动。

（2）鉴证服务，是指具有专业资质的单位受托对相关事项进行鉴证，发表具有证明力的意见的业务活动。包括会计鉴证、税务鉴证、法律鉴证、职业技能鉴定、工程造价鉴证、工程监理、资产评估、环境评估、房地产土地评估、建筑图纸审核、医疗事故鉴定等。

（3）咨询服务，是指提供信息、建议、策划、顾问等服务的活动。包括金融、软件、技术、财务、税收、法律、内部管理、业务运作、流程管理、健康等方面的咨询。

翻译服务和市场调查服务按照咨询服务缴纳增值税。

7. 广播影视服务。

广播影视服务，包括广播影视节目（作品）的制作服务、发行服务和播映（含放映，下同）服务。

（1）广播影视节目（作品）制作服务，是指进行专题（特别节目）、专栏、综艺、体育、动画片、广播剧、电视剧、电影等广播影视节目和作品制作的服务。具体包括与广播影视节目和作品相关的策划、采编、拍摄、录音、音视频文字图片素材制作、场景布置、后期的剪辑、翻译（编译）、字幕制作、片头、片尾、片花制作、特效制作、影片修复、编目和确权等业务活动。

（2）广播影视节目（作品）发行服务，是指以分账、买断、委托等方式，向影院、电台、电视台、网站等单位和个人发行广播影视节目（作品）以及转让体育赛事等活动的报道及播映权的业务活动。

（3）广播影视节目（作品）播映服务，是指在影院、剧院、录像厅及其他场所播映广播影视节目（作品），以及通过电台、电视台、卫星通信、互联网、有线电视等无线或者有线装置播映广播影视节目（作品）的业务活动。

8. 商务辅助服务。

商务辅助服务，包括企业管理服务、经纪代理服务、人力资源服务、安全保护服务。

（1）企业管理服务，是指提供总部管理、投资与资产管理、市场管理、物业管理、日常综合管理等服务的业务活动。

（2）经纪代理服务，是指各类经纪、中介、代理服务。包括金融代理、知识产权代理、货物运输代理、代理报关、法律代理、房地产中介、职业中介、婚姻中介、代理记账、拍卖等。

货物运输代理服务，是指接受货物收货人、发货人、船舶所有人、船舶承租人或者船舶经营人的委托，以委托人的名义，为委托人办理货物运输、装卸、仓储和船舶进出港口、引航、靠泊等相关手续的业务活动。

代理报关服务，是指接受进出口货物的收、发货人委托，代为办理报关手续的业务活动。

（3）人力资源服务，是指提供公共就业、劳务派遣、人才委托招聘、劳动力外包等服务的业务活动。

（4）安全保护服务，是指提供保护人身安全和财产安全，维护社会治安等的业务活动。包括场所住宅保安、特种保安、安全系统监控以及其他安保服务。

9. 其他现代服务。

其他现代服务，是指除研发和技术服务、信息技术服务、文化创意服务、物流辅助服务、租赁服务、鉴证咨询服务、广播影视服务和商务辅助服务以外的现代服务。

（七）生活服务。

生活服务，是指为满足城乡居民日常生活需求提供的各类服务活动。包括文化体育服务、教育医疗服务、旅游娱乐服务、餐饮住宿服务、居民日常服务和其他生活服务。

1. 文化体育服务。

文化体育服务，包括文化服务和体育服务。

（1）文化服务，是指为满足社会公众文化生活需求提供的各种服务。包括：文艺创作、文艺表演、文化比赛，图书馆的图书和资料借阅，档案馆的档案管理，文物及非物质遗产保护，组织举办宗教活动、科技活动、文化活动，提供游览场所。

（2）体育服务，是指组织举办体育比赛、体育表演、体育活动，以及提供体育训练、体育指导、体育管理的业务活动。

2. 教育医疗服务。

教育医疗服务，包括教育服务和医疗服务。

（1）教育服务，是指提供学历教育服务、非学历教育服务、教育辅助服务的业务活动。

学历教育服务，是指根据教育行政管理部门确定或者认可的招生和教学计划组织教学，并颁发相应学历证书的业务活动。包括初等教育、初级中等教育、高级中等教育、高等教育等。

非学历教育服务，包括学前教育、各类培训、演讲、讲座、报告会等。

教育辅助服务，包括教育测评、考试、招生等服务。

（2）医疗服务，是指提供医学检查、诊断、治疗、康复、预防、保健、接生、计划生育、防疫服务等方面的服务，以及与这些服务有关的提供药品、医用材料器具、救护车、病房住宿和伙食的业务。

3. 旅游娱乐服务。

旅游娱乐服务，包括旅游服务和娱乐服务。

（1）旅游服务，是指根据旅游者的要求，组织安排交通、游览、住宿、餐饮、购物、文娱、商务等服务的业务活动。

（2）娱乐服务，是指为娱乐活动同时提供场所和服务的业务。

具体包括：歌厅、舞厅、夜总会、酒吧、台球、高尔夫球、保龄球、游艺（包括射击、狩猎、跑马、游戏机、蹦极、卡丁车、热气球、动力伞、射箭、飞镖）。

4. 餐饮住宿服务。

餐饮住宿服务，包括餐饮服务和住宿服务。

（1）餐饮服务，是指通过同时提供饮食和饮食场所的方式为消费者提供饮食消费服务的业务活动。

（2）住宿服务，是指提供住宿场所及配套服务等的活动。包括宾馆、旅馆、旅社、度假村和其他经营性住宿场所提供的住宿服务。

5. 居民日常服务。

居民日常服务，是指主要为满足居民个人及其家庭日常生活需求提供的服务，包括市容市政管理、家政、婚庆、养老、殡葬、照料和护理、救助救济、美容美发、按摩、桑拿、氧吧、足疗、沐浴、洗染、摄影扩印等服务。

6. 其他生活服务。

其他生活服务，是指除文化体育服务、教育医疗服务、旅游娱乐服务、餐饮住宿服务和居民日常服务之外的生活服务。

二、销售无形资产

销售无形资产，是指转让无形资产所有权或者使用权的业务活动。无形资产，是指不具实物形态，但能带来经济利益的资产，包括技术、商标、著作权、商誉、自然资源使用权和其他权益性无形资产。

技术，包括专利技术和非专利技术。

自然资源使用权，包括土地使用权、海域使用权、探矿权、采矿权、取水权和其他自然资源使用权。

其他权益性无形资产，包括基础设施资产经营权、公共事业特许权、配额、经营权（包括特许经营权、连锁经营权、其他经营权）、经销权、分销权、代理权、会员权、席位权、网络游戏虚拟道具、域名、名称权、肖像权、冠名权、转会费等。

三、销售不动产

销售不动产，是指转让不动产所有权的业务活动。不动产，是指不能移动或者移动后会引起性质、形状改变的财产，包括建筑物、构筑物等。

建筑物，包括住宅、商业营业用房、办公楼等可供居住、工作或者进行其他活动的建造物。

构筑物，包括道路、桥梁、隧道、水坝等建造物。

转让建筑物有限产权或者永久使用权的，转让在建的建筑物或者构筑物所有权的，以及在转让建筑物或者构筑物时一并转让其所占土地的使用权的，按照销售不动产缴纳增值税。

附件 2：

营业税改征增值税试点有关事项的规定

一、营改增试点期间，试点纳税人［指按照《营业税改征增值税试点实施办法》（以下称《试点实施办法》）缴纳增值税的纳税人］有关政策

（一）兼营。

试点纳税人销售货物、加工修理修配劳务、服务、无形资产或者不动产适用不

同税率或者征收率的，应当分别核算适用不同税率或者征收率的销售额，未分别核算销售额的，按照以下方法适用税率或者征收率：

1. 兼有不同税率的销售货物、加工修理修配劳务、服务、无形资产或者不动产，从高适用税率。

2. 兼有不同征收率的销售货物、加工修理修配劳务、服务、无形资产或者不动产，从高适用征收率。

3. 兼有不同税率和征收率的销售货物、加工修理修配劳务、服务、无形资产或者不动产，从高适用税率。

（二）不征收增值税项目。

1. 根据国家指令无偿提供的铁路运输服务、航空运输服务，属于《试点实施办法》第十四条规定的用于公益事业的服务。

2. 存款利息。

3. 被保险人获得的保险赔付。

4. 房地产主管部门或者其指定机构、公积金管理中心、开发企业以及物业管理单位代收的住宅专项维修资金。

5. 在资产重组过程中，通过合并、分立、出售、置换等方式，将全部或者部分实物资产以及与其相关联的债权、负债和劳动力一并转让给其他单位和个人，其中涉及的不动产、土地使用权转让行为。

（三）销售额。

1. 贷款服务，以提供贷款服务取得的全部利息及利息性质的收入为销售额。

2. 直接收费金融服务，以提供直接收费金融服务收取的手续费、佣金、酬金、管理费、服务费、经手费、开户费、过户费、结算费、转托管费等各类费用为销售额。

3. 金融商品转让，按照卖出价扣除买入价后的余额为销售额。

转让金融商品出现的正负差，按盈亏相抵后的余额为销售额。若相抵后出现负差，可结转下一纳税期与下期转让金融商品销售额相抵，但年末时仍出现负差的，不得转入下一个会计年度。

金融商品的买入价，可以选择按照加权平均法或者移动加权平均法进行核算，选择后36个月内不得变更。

金融商品转让，不得开具增值税专用发票。

4. 经纪代理服务，以取得的全部价款和价外费用，扣除向委托方收取并代为支付的政府性基金或者行政事业性收费后的余额为销售额。向委托方收取的政府性基金或者行政事业性收费，不得开具增值税专用发票。

5. 融资租赁和融资性售后回租业务。

（1）经人民银行、银监会或者商务部批准从事融资租赁业务的试点纳税人，提供融资租赁服务，以取得的全部价款和价外费用，扣除支付的借款利息（包括外汇借款和人民币借款利息）、发行债券利息和车辆购置税后的余额为销售额。

（2）经人民银行、银监会或者商务部批准从事融资租赁业务的试点纳税人，提供融资性售后回租服务，以取得的全部价款和价外费用（不含本金），扣除对外支付的借款利息（包括外汇借款和人民币借款利息）、发行债券利息后的余额作为销售额。

（3）试点纳税人根据 2016 年 4 月 30 日前签订的有形动产融资性售后回租合同，在合同到期前提供的有形动产融资性售后回租服务，可继续按照有形动产融资租赁服务缴纳增值税。

继续按照有形动产融资租赁服务缴纳增值税的试点纳税人，经人民银行、银监会或者商务部批准从事融资租赁业务的，根据 2016 年 4 月 30 日前签订的有形动产融资性售后回租合同，在合同到期前提供的有形动产融资性售后回租服务，可以选择以下方法之一计算销售额：

①以向承租方收取的全部价款和价外费用，扣除向承租方收取的价款本金，以及对外支付的借款利息（包括外汇借款和人民币借款利息）、发行债券利息后的余额为销售额。

纳税人提供有形动产融资性售后回租服务，计算当期销售额时可以扣除的价款本金，为书面合同约定的当期应当收取的本金。无书面合同或者书面合同没有约定的，为当期实际收取的本金。

试点纳税人提供有形动产融资性售后回租服务，向承租方收取的有形动产价款本金，不得开具增值税专用发票，可以开具普通发票。

②以向承租方收取的全部价款和价外费用，扣除支付的借款利息（包括外汇借款和人民币借款利息）、发行债券利息后的余额为销售额。

（4）经商务部授权的省级商务主管部门和国家经济技术开发区批准的从事融资租赁业务的试点纳税人，2016 年 5 月 1 日后实收资本达到 1.7 亿元的，从达到标准的当月起按照上述第（1）、（2）、（3）点规定执行；2016 年 5 月 1 日后实收资本未达到 1.7 亿元但注册资本达到 1.7 亿元的，在 2016 年 7 月 31 日前仍可按照上述第

(1)、(2)、(3)点规定执行，2016年8月1日后开展的融资租赁业务和融资性售后回租业务不得按照上述第(1)、(2)、(3)点规定执行。

6. 航空运输企业的销售额，不包括代收的机场建设费和代售其他航空运输企业客票而代收转付的价款。

7. 试点纳税人中的一般纳税人(以下称一般纳税人)提供客运场站服务，以其取得的全部价款和价外费用，扣除支付给承运方运费后的余额为销售额。

8. 试点纳税人提供旅游服务，可以选择以取得的全部价款和价外费用，扣除向旅游服务购买方收取并支付给其他单位或者个人的住宿费、餐饮费、交通费、签证费、门票费和支付给其他接团旅游企业的旅游费用后的余额为销售额。

选择上述办法计算销售额的试点纳税人，向旅游服务购买方收取并支付的上述费用，不得开具增值税专用发票，可以开具普通发票。

9. 试点纳税人提供建筑服务适用简易计税方法的，以取得的全部价款和价外费用扣除支付的分包款后的余额为销售额。

10. 房地产开发企业中的一般纳税人销售其开发的房地产项目(选择简易计税方法的房地产老项目除外)，以取得的全部价款和价外费用，扣除受让土地时向政府部门支付的土地价款后的余额为销售额。

房地产老项目，是指《建筑工程施工许可证》注明的合同开工日期在2016年4月30日前的房地产项目。

11. 试点纳税人按照上述4—10款的规定从全部价款和价外费用中扣除的价款，应当取得符合法律、行政法规和国家税务总局规定的有效凭证。否则，不得扣除。

上述凭证是指：

(1)支付给境内单位或者个人的款项，以发票为合法有效凭证。

(2)支付给境外单位或者个人的款项，以该单位或者个人的签收单据为合法有效凭证，税务机关对签收单据有疑义的，可以要求其提供境外公证机构的确认证明。

(3)缴纳的税款，以完税凭证为合法有效凭证。

(4)扣除的政府性基金、行政事业性收费或者向政府支付的土地价款，以省级以上(含省级)财政部门监(印)制的财政票据为合法有效凭证。

(5)国家税务总局规定的其他凭证。

纳税人取得的上述凭证属于增值税扣税凭证的，其进项税额不得从销项税额中抵扣。

（四）进项税额。

1. 适用一般计税方法的试点纳税人，2016年5月1日后取得并在会计制度上按固定资产核算的不动产或者2016年5月1日后取得的不动产在建工程，其进项税额应自取得之日起分2年从销项税额中抵扣，第一年抵扣比例为60%，第二年抵扣比例为40%。

取得不动产，包括以直接购买、接受捐赠、接受投资入股、自建以及抵债等各种形式取得不动产，不包括房地产开发企业自行开发的房地产项目。

融资租入的不动产以及在施工现场修建的临时建筑物、构筑物，其进项税额不适用上述分2年抵扣的规定。

2. 按照《试点实施办法》第二十七条第（一）项规定不得抵扣且未抵扣进项税额的固定资产、无形资产、不动产，发生用途改变，用于允许抵扣进项税额的应税项目，可在用途改变的次月按照下列公式计算可以抵扣的进项税额：

$$\text{可以抵扣的进项税额}=\text{固定资产、无形资产、不动产净值}/(1+\text{适用税率})\times\text{适用税率}$$

上述可以抵扣的进项税额应取得合法有效的增值税扣税凭证。

3. 纳税人接受贷款服务向贷款方支付的与该笔贷款直接相关的投融资顾问费、手续费、咨询费等费用，其进项税额不得从销项税额中抵扣。

（五）一般纳税人资格登记。

《试点实施办法》第三条规定的年应税销售额标准为500万元（含本数）。财政部和国家税务总局可以对年应税销售额标准进行调整。

（六）计税方法。

一般纳税人发生下列应税行为可以选择适用简易计税方法计税：

1. 公共交通运输服务。

公共交通运输服务，包括轮客渡、公交客运、地铁、城市轻轨、出租车、长途客运、班车。

班车，是指按固定路线、固定时间运营并在固定站点停靠的运送旅客的陆路运输服务。

2. 经认定的动漫企业为开发动漫产品提供的动漫脚本编撰、形象设计、背景设计、动画设计、分镜、动画制作、摄制、描线、上色、画面合成、配音、配乐、音效合成、剪辑、字幕制作、压缩转码（面向网络动漫、手机动漫格式适配）服务，以及在境内转让动漫版权（包括动漫品牌、形象或者内容的授权及再授权）。

动漫企业和自主开发、生产动漫产品的认定标准和认定程序，按照《文化部 财政部 国家税务总局关于印发〈动漫企业认定管理办法（试行）〉的通知》（文市发〔2008〕51号）的规定执行。

3. 电影放映服务、仓储服务、装卸搬运服务、收派服务和文化体育服务。

4. 以纳入营改增试点之日前取得的有形动产为标的物提供的经营租赁服务。

5. 在纳入营改增试点之日前签订的尚未执行完毕的有形动产租赁合同。

（七）建筑服务。

1. 一般纳税人以清包工方式提供的建筑服务，可以选择适用简易计税方法计税。

以清包工方式提供建筑服务，是指施工方不采购建筑工程所需的材料或只采购辅助材料，并收取人工费、管理费或者其他费用的建筑服务。

2. 一般纳税人为甲供工程提供的建筑服务，可以选择适用简易计税方法计税。

甲供工程，是指全部或部分设备、材料、动力由工程发包方自行采购的建筑工程。

3. 一般纳税人为建筑工程老项目提供的建筑服务，可以选择适用简易计税方法计税。

建筑工程老项目，是指：

（1）《建筑工程施工许可证》注明的合同开工日期在2016年4月30日前的建筑工程项目；

（2）未取得《建筑工程施工许可证》的，建筑工程承包合同注明的开工日期在2016年4月30日前的建筑工程项目。

4. 一般纳税人跨县（市）提供建筑服务，适用一般计税方法计税的，应以取得的全部价款和价外费用为销售额计算应纳税额。纳税人应以取得的全部价款和价外费用扣除支付的分包款后的余额，按照2%的预征率在建筑服务发生地预缴税款后，向机构所在地主管税务机关进行纳税申报。

5. 一般纳税人跨县（市）提供建筑服务，选择适用简易计税方法计税的，应以取得的全部价款和价外费用扣除支付的分包款后的余额为销售额，按照3%的征收率计算应纳税额。纳税人应按照上述计税方法在建筑服务发生地预缴税款后，向机构所在地主管税务机关进行纳税申报。

6. 试点纳税人中的小规模纳税人（以下称小规模纳税人）跨县（市）提供建筑服务，应以取得的全部价款和价外费用扣除支付的分包款后的余额为销售额，按照

3%的征收率计算应纳税额。纳税人应按照上述计税方法在建筑服务发生地预缴税款后，向机构所在地主管税务机关进行纳税申报。

（八）销售不动产。

1. 一般纳税人销售其2016年4月30日前取得（不含自建）的不动产，可以选择适用简易计税方法，以取得的全部价款和价外费用减去该项不动产购置原价或者取得不动产时的作价后的余额为销售额，按照5%的征收率计算应纳税额。纳税人应按照上述计税方法在不动产所在地预缴税款后，向机构所在地主管税务机关进行纳税申报。

2. 一般纳税人销售其2016年4月30日前自建的不动产，可以选择适用简易计税方法，以取得的全部价款和价外费用为销售额，按照5%的征收率计算应纳税额。纳税人应按照上述计税方法在不动产所在地预缴税款后，向机构所在地主管税务机关进行纳税申报。

3. 一般纳税人销售其2016年5月1日后取得（不含自建）的不动产，应适用一般计税方法，以取得的全部价款和价外费用为销售额计算应纳税额。纳税人应以取得的全部价款和价外费用减去该项不动产购置原价或者取得不动产时的作价后的余额，按照5%的预征率在不动产所在地预缴税款后，向机构所在地主管税务机关进行纳税申报。

4. 一般纳税人销售其2016年5月1日后自建的不动产，应适用一般计税方法，以取得的全部价款和价外费用为销售额计算应纳税额。纳税人应以取得的全部价款和价外费用，按照5%的预征率在不动产所在地预缴税款后，向机构所在地主管税务机关进行纳税申报。

5. 小规模纳税人销售其取得（不含自建）的不动产（不含个体工商户销售购买的住房和其他个人销售不动产），应以取得的全部价款和价外费用减去该项不动产购置原价或者取得不动产时的作价后的余额为销售额，按照5%的征收率计算应纳税额。纳税人应按照上述计税方法在不动产所在地预缴税款后，向机构所在地主管税务机关进行纳税申报。

6. 小规模纳税人销售其自建的不动产，应以取得的全部价款和价外费用为销售额，按照5%的征收率计算应纳税额。纳税人应按照上述计税方法在不动产所在地预缴税款后，向机构所在地主管税务机关进行纳税申报。

7. 房地产开发企业中的一般纳税人，销售自行开发的房地产老项目，可以选择适用简易计税方法按照5%的征收率计税。

8. 房地产开发企业中的小规模纳税人，销售自行开发的房地产项目，按照5%的征收率计税。

9. 房地产开发企业采取预收款方式销售所开发的房地产项目，在收到预收款时按照3%的预征率预缴增值税。

10. 个体工商户销售购买的住房，应按照附件3《营业税改征增值税试点过渡政策的规定》第五条的规定征免增值税。纳税人应按照上述计税方法在不动产所在地预缴税款后，向机构所在地主管税务机关进行纳税申报。

11. 其他个人销售其取得（不含自建）的不动产（不含其购买的住房），应以取得的全部价款和价外费用减去该项不动产购置原价或者取得不动产时的作价后的余额为销售额，按照5%的征收率计算应纳税额。

（九）不动产经营租赁服务。

1. 一般纳税人出租其2016年4月30日前取得的不动产，可以选择适用简易计税方法，按照5%的征收率计算应纳税额。纳税人出租其2016年4月30日前取得的与机构所在地不在同一县（市）的不动产，应按照上述计税方法在不动产所在地预缴税款后，向机构所在地主管税务机关进行纳税申报。

2. 公路经营企业中的一般纳税人收取试点前开工的高速公路的车辆通行费，可以选择适用简易计税方法，减按3%的征收率计算应纳税额。

试点前开工的高速公路，是指相关施工许可证明上注明的合同开工日期在2016年4月30日前的高速公路。

3. 一般纳税人出租其2016年5月1日后取得的、与机构所在地不在同一县（市）的不动产，应按照3%的预征率在不动产所在地预缴税款后，向机构所在地主管税务机关进行纳税申报。

4. 小规模纳税人出租其取得的不动产（不含个人出租住房），应按照5%的征收率计算应纳税额。纳税人出租与机构所在地不在同一县（市）的不动产，应按照上述计税方法在不动产所在地预缴税款后，向机构所在地主管税务机关进行纳税申报。

5. 其他个人出租其取得的不动产（不含住房），应按照5%的征收率计算应纳税额。

6. 个人出租住房，应按照5%的征收率减按1．5%计算应纳税额。

（十）一般纳税人销售其2016年4月30日前取得的不动产（不含自建），适用一般计税方法计税的，以取得的全部价款和价外费用为销售额计算应纳税额。上述纳税人应以取得的全部价款和价外费用减去该项不动产购置原价或者取得不动产时的作价后的余额，按照5%的预征率在不动产所在地预缴税款后，向机构所在地主管税务机关进行纳税申报。

房地产开发企业中的一般纳税人销售房地产老项目，以及一般纳税人出租其2016年4月30日前取得的不动产，适用一般计税方法计税的，应以取得的全部价款和价外费用，按照3%的预征率在不动产所在地预缴税款后，向机构所在地主管税务机关进行纳税申报。

一般纳税人销售其2016年4月30日前自建的不动产，适用一般计税方法计税的，应以取得的全部价款和价外费用为销售额计算应纳税额。纳税人应以取得的全部价款和价外费用，按照5%的预征率在不动产所在地预缴税款后，向机构所在地主管税务机关进行纳税申报。

（十一）一般纳税人跨省（自治区、直辖市或者计划单列市）提供建筑服务或者销售、出租取得的与机构所在地不在同一省（自治区、直辖市或者计划单列市）的不动产，在机构所在地申报纳税时，计算的应纳税额小于已预缴税额，且差额较大的，由国家税务总局通知建筑服务发生地或者不动产所在地省级税务机关，在一定时期内暂停预缴增值税。

（十二）纳税地点。

属于固定业户的试点纳税人，总分支机构不在同一县（市），但在同一省（自治区、直辖市、计划单列市）范围内的，经省（自治区、直辖市、计划单列市）财政厅（局）和国家税务局批准，可以由总机构汇总向总机构所在地的主管税务机关申报缴纳增值税。

（十三）试点前发生的业务。

1. 试点纳税人发生应税行为，按照国家有关营业税政策规定差额征收营业税的，因取得的全部价款和价外费用不足以抵减允许扣除项目金额，截至纳入营改增试点之日前尚未扣除的部分，不得在计算试点纳税人增值税应税销售额时抵减，应当向原主管地税机关申请退还营业税。

2. 试点纳税人发生应税行为，在纳入营改增试点之日前已缴纳营业税，营改增试点后因发生退款减除营业额的，应当向原主管地税机关申请退还已缴纳的营业税。

3. 试点纳税人纳入营改增试点之日前发生的应税行为，因税收检查等原因需要补缴税款的，应按照营业税政策规定补缴营业税。

（十四）销售使用过的固定资产。

一般纳税人销售自己使用过的、纳入营改增试点之日前取得的固定资产，按照现行旧货相关增值税政策执行。

使用过的固定资产，是指纳税人符合《试点实施办法》第二十八条规定并根据财务会计制度已经计提折旧的固定资产。

（十五）扣缴增值税适用税率。

境内的购买方为境外单位和个人扣缴增值税的，按照适用税率扣缴增值税。

（十六）其他规定。

1. 试点纳税人销售电信服务时，附带赠送用户识别卡、电信终端等货物或者电信服务的，应将其取得的全部价款和价外费用进行分别核算，按各自适用的税率计算缴纳增值税。

2. 油气田企业发生应税行为，适用《试点实施办法》规定的增值税税率，不再适用《财政部 国家税务总局关于印发〈油气田企业增值税管理办法〉的通知》（财税〔2009〕8 号）规定的增值税税率。

二、原增值税纳税人［指按照《中华人民共和国增值税暂行条例》（国务院令第 538 号）（以下称《增值税暂行条例》）缴纳增值税的纳税人］有关政策

（一）进项税额。

1. 原增值税一般纳税人购进服务、无形资产或者不动产，取得的增值税专用发票上注明的增值税额为进项税额，准予从销项税额中抵扣。

2016 年 5 月 1 日后取得并在会计制度上按固定资产核算的不动产或者 2016 年 5 月 1 日后取得的不动产在建工程，其进项税额应自取得之日起分 2 年从销项税额中抵扣，第一年抵扣比例为 60%，第二年抵扣比例为 40%。

融资租入的不动产以及在施工现场修建的临时建筑物、构筑物，其进项税额不适用上述分 2 年抵扣的规定。

2. 原增值税一般纳税人自用的应征消费税的摩托车、汽车、游艇，其进项税额准予从销项税额中抵扣。

3. 原增值税一般纳税人从境外单位或者个人购进服务、无形资产或者不动产，按照规定应当扣缴增值税的，准予从销项税额中抵扣的进项税额为自税务机关或者扣缴义务人取得的解缴税款的完税凭证上注明的增值税额。

纳税人凭完税凭证抵扣进项税额的，应当具备书面合同、付款证明和境外单位的对账单或者发票。资料不全的，其进项税额不得从销项税额中抵扣。

4. 原增值税一般纳税人购进货物或者接受加工修理修配劳务，用于《销售服务、无形资产或者不动产注释》所列项目的，不属于《增值税暂行条例》第十条所

称的用于非增值税应税项目，其进项税额准予从销项税额中抵扣。

5. 原增值税一般纳税人购进服务、无形资产或者不动产，下列项目的进项税额不得从销项税额中抵扣：

（1）用于简易计税方法计税项目、免征增值税项目、集体福利或者个人消费。其中涉及的无形资产、不动产，仅指专用于上述项目的无形资产（不包括其他权益性无形资产）、不动产。

纳税人的交际应酬消费属于个人消费。

（2）非正常损失的购进货物，以及相关的加工修理修配劳务和交通运输服务。

（3）非正常损失的在产品、产成品所耗用的购进货物（不包括固定资产）、加工修理修配劳务和交通运输服务。

（4）非正常损失的不动产，以及该不动产所耗用的购进货物、设计服务和建筑服务。

（5）非正常损失的不动产在建工程所耗用的购进货物、设计服务和建筑服务。

纳税人新建、改建、扩建、修缮、装饰不动产，均属于不动产在建工程。

（6）购进的旅客运输服务、贷款服务、餐饮服务、居民日常服务和娱乐服务。

（7）财政部和国家税务总局规定的其他情形。

上述第（4）点、第（5）点所称货物，是指构成不动产实体的材料和设备，包括建筑装饰材料和给排水、采暖、卫生、通风、照明、通讯、煤气、消防、中央空调、电梯、电气、智能化楼宇设备及配套设施。

纳税人接受贷款服务向贷款方支付的与该笔贷款直接相关的投融资顾问费、手续费、咨询费等费用，其进项税额不得从销项税额中抵扣。

6. 已抵扣进项税额的购进服务，发生上述第5点规定情形（简易计税方法计税项目、免征增值税项目除外）的，应当将该进项税额从当期进项税额中扣减；无法确定该进项税额的，按照当期实际成本计算应扣减的进项税额。

7. 已抵扣进项税额的无形资产或者不动产，发生上述第5点规定情形的，按照下列公式计算不得抵扣的进项税额：

不得抵扣的进项税额＝无形资产或者不动产净值×适用税率

8. 按照《增值税暂行条例》第十条和上述第5点不得抵扣且未抵扣进项税额的固定资产、无形资产、不动产，发生用途改变，用于允许抵扣进项税额的应税项目，可在用途改变的次月按照下列公式，依据合法有效的增值税扣税凭证，计算可以抵扣的进项税额：

可以抵扣的进项税额＝固定资产、无形资产、不动产净值/(1＋适用税率)×适用税率

上述可以抵扣的进项税额应取得合法有效的增值税扣税凭证。

（二）增值税期末留抵税额。

原增值税一般纳税人兼有销售服务、无形资产或者不动产的，截止到纳入营改增试点之日前的增值税期末留抵税额，不得从销售服务、无形资产或者不动产的销项税额中抵扣。

（三）混合销售。

一项销售行为如果既涉及货物又涉及服务，为混合销售。从事货物的生产、批发或者零售的单位和个体工商户的混合销售行为，按照销售货物缴纳增值税；其他单位和个体工商户的混合销售行为，按照销售服务缴纳增值税。

上述从事货物的生产、批发或者零售的单位和个体工商户，包括以从事货物的生产、批发或者零售为主，并兼营销售服务的单位和个体工商户在内。

附件3：

营业税改征增值税试点过渡政策的规定

一、下列项目免征增值税

（一）托儿所、幼儿园提供的保育和教育服务。

托儿所、幼儿园，是指经县级以上教育部门审批成立、取得办园许可证的实施0—6岁学前教育的机构，包括公办和民办的托儿所、幼儿园、学前班、幼儿班、保育院、幼儿院。

公办托儿所、幼儿园免征增值税的收入是指，在省级财政部门和价格主管部门审核报省级人民政府批准的收费标准以内收取的教育费、保育费。

民办托儿所、幼儿园免征增值税的收入是指，在报经当地有关部门备案并公示的收费标准范围内收取的教育费、保育费。

超过规定收费标准的收费，以开办实验班、特色班和兴趣班等为由另外收取的费用以及与幼儿入园挂钩的赞助费、支教费等超过规定范围的收入，不属于免征增值税的收入。

（二）养老机构提供的养老服务。

养老机构，是指依照民政部《养老机构设立许可办法》（民政部令第48号）设立并依法办理登记的为老年人提供集中居住和照料服务的各类养老机构；养老服务，是指上述养老机构按照民政部《养老机构管理办法》（民政部令第49号）的规定，为收住的老年人提供的生活照料、康复护理、精神慰藉、文化娱乐等服务。

（三）残疾人福利机构提供的育养服务。

（四）婚姻介绍服务。

（五）殡葬服务。

殡葬服务，是指收费标准由各地价格主管部门会同有关部门核定，或者实行政府指导价管理的遗体接运（含抬尸、消毒）、遗体整容、遗体防腐、存放（含冷藏）、火化、骨灰寄存、吊唁设施设备租赁、墓穴租赁及管理等服务。

（六）残疾人员本人为社会提供的服务。

（七）医疗机构提供的医疗服务。

医疗机构，是指依据国务院《医疗机构管理条例》（国务院令第149号）及卫生部《医疗机构管理条例实施细则》（卫生部令第35号）的规定，经登记取得《医疗机构执业许可证》的机构，以及军队、武警部队各级各类医疗机构。具体包括：各级各类医院、门诊部（所）、社区卫生服务中心（站）、急救中心（站）、城乡卫生院、护理院（所）、疗养院、临床检验中心，各级政府及有关部门举办的卫生防疫站（疾病控制中心）、各种专科疾病防治站（所），各级政府举办的妇幼保健所（站）、母婴保健机构、儿童保健机构，各级政府举办的血站（血液中心）等医疗机构。

本项所称的医疗服务，是指医疗机构按照不高于地（市）级以上价格主管部门会同同级卫生主管部门及其他相关部门制定的医疗服务指导价格（包括政府指导价和按照规定由供需双方协商确定的价格等）为就医者提供《全国医疗服务价格项目规范》所列的各项服务，以及医疗机构向社会提供卫生防疫、卫生检疫的服务。

（八）从事学历教育的学校提供的教育服务。

1. 学历教育，是指受教育者经过国家教育考试或者国家规定的其他入学方式，进入国家有关部门批准的学校或者其他教育机构学习，获得国家承认的学历证书的教育形式。具体包括：

（1）初等教育：普通小学、成人小学。

（2）初级中等教育：普通初中、职业初中、成人初中。

（3）高级中等教育：普通高中、成人高中和中等职业学校（包括普通中专、成人中专、职业高中、技工学校)。

(4)高等教育:普通本专科、成人本专科、网络本专科、研究生(博士、硕士)、高等教育自学考试、高等教育学历文凭考试。

2. 从事学历教育的学校,是指:

(1)普通学校。

(2)经地(市)级以上人民政府或者同级政府的教育行政部门批准成立、国家承认其学员学历的各类学校。

(3)经省级及以上人力资源社会保障行政部门批准成立的技工学校、高级技工学校。

(4)经省级人民政府批准成立的技师学院。

上述学校均包括符合规定的从事学历教育的民办学校,但不包括职业培训机构等国家不承认学历的教育机构。

3. 提供教育服务免征增值税的收入,是指对列入规定招生计划的在籍学生提供学历教育服务取得的收入,具体包括:经有关部门审核批准并按规定标准收取的学费、住宿费、课本费、作业本费、考试报名费收入,以及学校食堂提供餐饮服务取得的伙食费收入。除此之外的收入,包括学校以各种名义收取的赞助费、择校费等,不属于免征增值税的范围。

学校食堂是指依照《学校食堂与学生集体用餐卫生管理规定》(教育部令第 14 号)管理的学校食堂。

(九)学生勤工俭学提供的服务。

(十)农业机耕、排灌、病虫害防治、植物保护、农牧保险以及相关技术培训业务,家禽、牲畜、水生动物的配种和疾病防治。

农业机耕,是指在农业、林业、牧业中使用农业机械进行耕作(包括耕耘、种植、收割、脱粒、植物保护等)的业务;排灌,是指对农田进行灌溉或者排涝的业务;病虫害防治,是指从事农业、林业、牧业、渔业的病虫害测报和防治的业务;农牧保险,是指为种植业、养殖业、牧业种植和饲养的动植物提供保险的业务;相关技术培训,是指与农业机耕、排灌、病虫害防治、植物保护业务相关以及为使农民获得农牧保险知识的技术培训业务;家禽、牲畜、水生动物的配种和疾病防治业务的免税范围,包括与该项服务有关的提供药品和医疗用具的业务。

(十一)纪念馆、博物馆、文化馆、文物保护单位管理机构、美术馆、展览馆、书画院、图书馆在自己的场所提供文化体育服务取得的第一道门票收入。

（十二）寺院、宫观、清真寺和教堂举办文化、宗教活动的门票收入。

（十三）行政单位之外的其他单位收取的符合《试点实施办法》第十条规定条件的政府性基金和行政事业性收费。

（十四）个人转让著作权。

（十五）个人销售自建自用住房。

（十六）2018 年 12 月 31 日前，公共租赁住房经营管理单位出租公共租赁住房。

公共租赁住房，是指纳入省、自治区、直辖市、计划单列市人民政府及新疆生产建设兵团批准的公共租赁住房发展规划和年度计划，并按照《关于加快发展公共租赁住房的指导意见》（建保〔2010〕87 号）和市、县人民政府制定的具体管理办法进行管理的公共租赁住房。

（十七）台湾航运公司、航空公司从事海峡两岸海上直航、空中直航业务在大陆取得的运输收入。

台湾航运公司，是指取得交通运输部颁发的“台湾海峡两岸间水路运输许可证”且该许可证上注明的公司登记地址在台湾的航运公司。

台湾航空公司，是指取得中国民用航空局颁发的“经营许可”或者依据《海峡两岸空运协议》和《海峡两岸空运补充协议》规定，批准经营两岸旅客、货物和邮件不定期（包机）运输业务，且公司登记地址在台湾的航空公司。

（十八）纳税人提供的直接或者间接国际货物运输代理服务。

1. 纳税人提供直接或者间接国际货物运输代理服务，向委托方收取的全部国际货物运输代理服务收入，以及向国际运输承运人支付的国际运输费用，必须通过金融机构进行结算。

2. 纳税人为大陆与香港、澳门、台湾地区之间的货物运输提供的货物运输代理服务参照国际货物运输代理服务有关规定执行。

3. 委托方索取发票的，纳税人应当就国际货物运输代理服务收入向委托方全额开具增值税普通发票。

（十九）以下利息收入。

1. 2016 年 12 月 31 日前，金融机构农户小额贷款。

小额贷款，是指单笔且该农户贷款余额总额在 10 万元（含本数）以下的贷款。

所称农户，是指长期（一年以上）居住在乡镇（不包括城关镇）行政管理区域内的住户，还包括长期居住在城关镇所辖行政村范围内的住户和户口不在本地而在本地居住一年以上的住户，国有农场的职工和农村个体工商户。位于乡镇（不包括城关镇）行政管理区域内和在城关镇所辖行政村范围内的国有经济的机关、团体、学校、企事业单位的集体户；有本地户口，但举家外出谋生一年以上的住户，无论是否保留承包耕地均不属于农户。农户以户为统计单位，既可以从事农业生产经营，也可以从事非农业生产经营。农户贷款的判定应以贷款发放时的承贷主体是否属于农户为准。

2. 国家助学贷款。

3. 国债、地方政府债。

4. 人民银行对金融机构的贷款。

5. 住房公积金管理中心用住房公积金在指定的委托银行发放的个人住房贷款。

6. 外汇管理部门在从事国家外汇储备经营过程中，委托金融机构发放的外汇贷款。

7. 统借统还业务中，企业集团或企业集团中的核心企业以及集团所属财务公司按不高于支付给金融机构的借款利率水平或者支付的债券票面利率水平，向企业集团或者集团内下属单位收取的利息。

统借方向资金使用单位收取的利息，高于支付给金融机构借款利率水平或者支付的债券票面利率水平的，应全额缴纳增值税。

统借统还业务，是指：

（1）企业集团或者企业集团中的核心企业向金融机构借款或对外发行债券取得资金后，将所借资金分拨给下属单位（包括独立核算单位和非独立核算单位，下同），并向下属单位收取用于归还金融机构或债券购买方本息的业务。

（2）企业集团向金融机构借款或对外发行债券取得资金后，由集团所属财务公司与企业集团或者集团内下属单位签订统借统还贷款合同并分拨资金，并向企业集团或者集团内下属单位收取本息，再转付企业集团，由企业集团统一归还金融机构或债券购买方的业务。

（二十）被撤销金融机构以货物、不动产、无形资产、有价证券、票据等财产清偿债务。

被撤销金融机构，是指经人民银行、银监会依法决定撤销的金融机构及其分设于各地的分支机构，包括被依法撤销的商业银行、信托投资公司、财务公司、金融租赁公司、城市信用社和农村信用社。除另有规定外，被撤销金融机构所属、附属企业，不享受被撤销金融机构增值税免税政策。

（二十一）保险公司开办的一年期以上人身保险产品取得的保费收入。

一年期以上人身保险，是指保险期间为一年期及以上返还本利的人寿保险、养老年金保险，以及保险期间为一年期及以上的健康保险。

人寿保险，是指以人的寿命为保险标的的人身保险。

养老年金保险，是指以养老保障为目的，以被保险人生存为给付保险金条件，并按约定的时间间隔分期给付生存保险金的人身保险。养老年金保险应当同时符合下列条件：

1. 保险合同约定给付被保险人生存保险金的年龄不得小于国家规定的退休年龄。

2. 相邻两次给付的时间间隔不得超过一年。

健康保险，是指以因健康原因导致损失为给付保险金条件的人身保险。

上述免税政策实行备案管理，具体备案管理办法按照《国家税务总局关于一年期以上返还性人身保险产品免征营业税审批事项取消后有关管理问题的公告》（国家税务总局公告 2015 年第 65 号）规定执行。

（二十二）下列金融商品转让收入。

1. 合格境外投资者（QFII）委托境内公司在我国从事证券买卖业务。

2. 香港市场投资者（包括单位和个人）通过沪港通买卖上海证券交易所上市 A 股。

3. 对香港市场投资者（包括单位和个人）通过基金互认买卖内地基金份额。

4. 证券投资基金（封闭式证券投资基金，开放式证券投资基金）管理人运用基金买卖股票、债券。

5. 个人从事金融商品转让业务。

（二十三）金融同业往来利息收入。

1. 金融机构与人民银行所发生的资金往来业务。包括人民银行对一般金融机构贷款，以及人民银行对商业银行的再贴现等。

2. 银行联行往来业务。同一银行系统内部不同行、处之间所发生的资金账务往来业务。

3. 金融机构间的资金往来业务。是指经人民银行批准，进入全国银行间同业拆借市场的金融机构之间通过全国统一的同业拆借网络进行的短期（一年以下含一年）无担保资金融通行为。

4. 金融机构之间开展的转贴现业务。

金融机构是指：

（1）银行：包括人民银行、商业银行、政策性银行。

（2）信用合作社。

（3）证券公司。

（4）金融租赁公司、证券基金管理公司、财务公司、信托投资公司、证券投资基金。

（5）保险公司。

（6）其他经人民银行、银监会、证监会、保监会批准成立且经营金融保险业务的机构等。

（二十四）同时符合下列条件的担保机构从事中小企业信用担保或者再担保业务取得的收入（不含信用评级、咨询、培训等收入）3年内免征增值税：

1. 已取得监管部门颁发的融资性担保机构经营许可证，依法登记注册为企（事）业法人，实收资本超过2 000万元。

2. 平均年担保费率不超过银行同期贷款基准利率的50%。平均年担保费率＝本期担保费收入/（期初担保余额＋本期增加担保金额）×100%。

3. 连续合规经营2年以上，资金主要用于担保业务，具备健全的内部管理制度和为中小企业提供担保的能力，经营业绩突出，对受保项目具有完善的事前评估、事中监控、事后追偿与处置机制。

4. 为中小企业提供的累计担保贷款额占其两年累计担保业务总额的80%以上，单笔800万元以下的累计担保贷款额占其累计担保业务总额的50%以上。

5. 对单个受保企业提供的担保余额不超过担保机构实收资本总额的10%，且平均单笔担保责任金额最多不超过3 000万元人民币。

6. 担保责任余额不低于其净资产的3倍，且代偿率不超过2%。

担保机构免征增值税政策采取备案管理方式。符合条件的担保机构应到所在地县（市）主管税务机关和同级中小企业管理部门履行规定的备案手续，自完成备案手续之日起，享受3年免征增值税政策。3年免税期满后，符合条件的担保机构可按规定程序办理备案手续后继续享受该项政策。

具体备案管理办法按照《国家税务总局关于中小企业信用担保机构免征营业税审批事项取消后有关管理问题的公告》（国家税务总局公告2015年第69号）规定执行，其中税务机关的备案管理部门统一调整为县（市）级国家税务局。

（二十五）国家商品储备管理单位及其直属企业承担商品储备任务，从中央或者地方财政取得的利息补贴收入和价差补贴收入。

国家商品储备管理单位及其直属企业，是指接受中央、省、市、县四级政府有关部门（或者政府指定管理单位）委托，承担粮（含大豆）、食用油、棉、糖、肉、盐（限于中央储备）等6种商品储备任务，并按有关政策收储、销售上述6种储备商品，取得财政储备经费或者补贴的商品储备企业。利息补贴收入，是指国家商品储备管理单位及其直属企业因承担上述商品储备任务从金融机构贷款，并从中央或者地方财政取得的用于偿还贷款利息的贴息收入。价差补贴收入包括销售价差补贴收入和轮换价差补贴收入。销售价差补贴收入，是指按照中央或者地方政府指令销售上述储备商品时，由于销售收入小于库存成本而从中央或者地方财政获得的全额价差补贴收入。轮换价差补贴收入，是指根据要求定期组织政策性储备商品轮换而从中央或者地方财政取得的商品新陈品质价差补贴收入。

（二十六）纳税人提供技术转让、技术开发和与之相关的技术咨询、技术服务。

1. 技术转让、技术开发，是指《销售服务、无形资产、不动产注释》中“转让技术”、“研发服务”范围内的业务活动。技术咨询，是指就特定技术项目提供可行性论证、技术预测、专题技术调查、分析评价报告等业务活动。

与技术转让、技术开发相关的技术咨询、技术服务，是指转让方（或者受托方）根据技术转让或者开发合同的规定，为帮助受让方（或者委托方）掌握所转让（或者委托开发）的技术，而提供的技术咨询、技术服务业务，且这部分技术咨询、技术服务的价款与技术转让或者技术开发的价款应当在同一张发票上开具。

2. 备案程序。试点纳税人申请免征增值税时，须持技术转让、开发的书面合同，到纳税人所在地省级科技主管部门进行认定，并持有关的书面合同和科技主管部门审核意见证明文件报主管税务机关备查。

（二十七）同时符合下列条件的合同能源管理服务：

1. 节能服务公司实施合同能源管理项目相关技术，应当符合国家质量监督检验检疫总局和国家标准化管理委员会发布的《合同能源管理技术通则》（GB/T24915-2010）规定的技术要求。

2. 节能服务公司与用能企业签订节能效益分享型合同，其合同格式和内容，符合《中华人民共和国合同法》和《合同能源管理技术通则》（GB/T24915-2010）等规定。

（二十八）2017年12月31日前，科普单位的门票收入，以及县级及以上党政部门和科协开展科普活动的门票收入。

科普单位，是指科技馆、自然博物馆，对公众开放的天文馆（站、台）、气象台（站）、地震台（站），以及高等院校、科研机构对公众开放的科普基地。

科普活动，是指利用各种传媒以浅显的、让公众易于理解、接受和参与的方式，向普通大众介绍自然科学和社会科学知识，推广科学技术的应用，倡导科学方法，传播科学思想，弘扬科学精神的活动。

（二十九）政府举办的从事学历教育的高等、中等和初等学校（不含下属单位），举办进修班、培训班取得的全部归该学校所有的收入。

全部归该学校所有，是指举办进修班、培训班取得的全部收入进入该学校统一账户，并纳入预算全额上缴财政专户管理，同时由该学校对有关票据进行统一管理和开具。

举办进修班、培训班取得的收入进入该学校下属部门自行开设账户的，不予免征增值税。

（三十）政府举办的职业学校设立的主要为在校学生提供实习场所、并由学校出资自办、由学校负责经营管理、经营收入归学校所有的企业，从事《销售服务、无形资产或者不动产注释》中“现代服务”（不含融资租赁服务、广告服务和其他现代服务)、“生活服务”（不含文化体育服务、其他生活服务和桑拿、氧吧）业务活动取得的收入。

（三十一）家政服务企业由员工制家政服务员提供家政服务取得的收入。

家政服务企业，是指在企业营业执照的规定经营范围中包括家政服务内容的企业。

员工制家政服务员，是指同时符合下列3个条件的家政服务员：

1. 依法与家政服务企业签订半年及半年以上的劳动合同或者服务协议，且在该企业实际上岗工作。

2. 家政服务企业为其按月足额缴纳了企业所在地人民政府根据国家政策规定的基本养老保险、基本医疗保险、工伤保险、失业保险等社会保险。对已享受新型农村养老保险和新型农村合作医疗等社会保险或者下岗职工原单位继续为其缴纳社会保险的家政服务员，如果本人书面提出不再缴纳企业所在地人民政府根据国家政策规定的相应的社会保险，并出具其所在乡镇或者原单位开具的已缴纳相关保险的证明，可视同家政服务企业已为其按月足额缴纳了相应的社会保险。

3. 家政服务企业通过金融机构向其实际支付不低于企业所在地适用的经省级人民政府批准的最低工资标准的工资。

（三十二）福利彩票、体育彩票的发行收入。

（三十三）军队空余房产租赁收入。

（三十四）为了配合国家住房制度改革，企业、行政事业单位按房改成本价、标准价出售住房取得的收入。

（三十五）将土地使用权转让给农业生产者用于农业生产。

（三十六）涉及家庭财产分割的个人无偿转让不动产、土地使用权。

家庭财产分割，包括下列情形：离婚财产分割；无偿赠与配偶、父母、子女、祖父母、外祖父母、孙子女、外孙子女、兄弟姐妹；无偿赠与对其承担直接抚养或者赡养义务的抚养人或者赡养人；房屋产权所有人死亡，法定继承人、遗嘱继承人或者受遗赠人依法取得房屋产权。

（三十七）土地所有者出让土地使用权和土地使用者将土地使用权归还给土地所有者。

（三十八）县级以上地方人民政府或自然资源行政主管部门出让、转让或收回自然资源使用权（不含土地使用权）。

（三十九）随军家属就业。

1. 为安置随军家属就业而新开办的企业，自领取税务登记证之日起，其提供的应税服务 3 年内免征增值税。

享受税收优惠政策的企业，随军家属必须占企业总人数的 60%（含）以上，并有军（含）以上政治和后勤机关出具的证明。

2. 从事个体经营的随军家属，自办理税务登记事项之日起，其提供的应税服务 3 年内免征增值税。

随军家属必须有师以上政治机关出具的可以表明其身份的证明。

按照上述规定，每一名随军家属可以享受一次免税政策。

（四十）军队转业干部就业。

1. 从事个体经营的军队转业干部，自领取税务登记证之日起，其提供的应税服务 3 年内免征增值税。

2. 为安置自主择业的军队转业干部就业而新开办的企业，凡安置自主择业的军队转业干部占企业总人数 60%（含）以上的，自领取税务登记证之日起，其提供的应税服务 3 年内免征增值税。

享受上述优惠政策的自主择业的军队转业干部必须持有师以上部队颁发的转业证件。

二、增值税即征即退

（一）一般纳税人提供管道运输服务，对其增值税实际税负超过3%的部分实行增值税即征即退政策。

（二）经人民银行、银监会或者商务部批准从事融资租赁业务的试点纳税人中的一般纳税人，提供有形动产融资租赁服务和有形动产融资性售后回租服务，对其增值税实际税负超过3%的部分实行增值税即征即退政策。商务部授权的省级商务主管部门和国家经济技术开发区批准的从事融资租赁业务和融资性售后回租业务的试点纳税人中的一般纳税人，2016年5月1日后实收资本达到1.7亿元的，从达到标准的当月起按照上述规定执行；2016年5月1日后实收资本未达到1.7亿元但注册资本达到1.7亿元的，在2016年7月31日前仍可按照上述规定执行，2016年8月1日后开展的有形动产融资租赁业务和有形动产融资性售后回租业务不得按照上述规定执行。

（三）本规定所称增值税实际税负，是指纳税人当期提供应税服务实际缴纳的增值税额占纳税人当期提供应税服务取得的全部价款和价外费用的比例。

三、扣减增值税规定

（一）退役士兵创业就业。

1. 对自主就业退役士兵从事个体经营的，在3年内按每户每年8 000元为限额依次扣减其当年实际应缴纳的增值税、城市维护建设税、教育费附加、地方教育附加和个人所得税。限额标准最高可上浮20%，各省、自治区、直辖市人民政府可根据本地区实际情况在此幅度内确定具体限额标准，并报财政部和国家税务总局备案。

纳税人年度应缴纳税款小于上述扣减限额的，以其实际缴纳的税款为限；大于上述扣减限额的，应以上述扣减限额为限。纳税人的实际经营期不足一年的，应当以实际月份换算其减免税限额。换算公式为：减免税限额＝年度减免税限额÷12×实际经营月数。

纳税人在享受税收优惠政策的当月，持《中国人民解放军义务兵退出现役证》或《中国人民解放军士官退出现役证》以及税务机关要求的相关材料向主管税务机关备案。

2. 对商贸企业、服务型企业、劳动就业服务企业中的加工型企业和街道社区具有加工性质的小型企业实体，在新增加的岗位中，当年新招用自主就业退役士兵，与其签订1年以上期限劳动合同并依法缴纳社会保险费的，在3年内按实际招用人数予以定额依次扣减增值税、城市维护建设税、教育费附加、地方教育附加和企业所得税优惠。定额标准为每人每年 4 000 元，最高可上浮 50%，各省、自治区、直辖市人民政府可根据本地区实际情况在此幅度内确定具体定额标准，并报财政部和国家税务总局备案。

本条所称服务型企业是指从事《销售服务、无形资产、不动产注释》中“不动产租赁服务”、“商务辅助服务”（不含货物运输代理和代理报关服务）、“生活服务”（不含文化体育服务）范围内业务活动的企业以及按照《民办非企业单位登记管理暂行条例》（国务院令第 251 号）登记成立的民办非企业单位。

纳税人按企业招用人数和签订的劳动合同时间核定企业减免税总额，在核定减免税总额内每月依次扣减增值税、城市维护建设税、教育费附加和地方教育附加。纳税人实际应缴纳的增值税、城市维护建设税、教育费附加和地方教育附加小于核定减免税总额的，以实际应缴纳的增值税、城市维护建设税、教育费附加和地方教育附加为限；实际应缴纳的增值税、城市维护建设税、教育费附加和地方教育附加大于核定减免税总额的，以核定减免税总额为限。

纳税年度终了，如果企业实际减免的增值税、城市维护建设税、教育费附加和地方教育附加小于核定的减免税总额，企业在企业所得税汇算清缴时扣减企业所得税。当年扣减不足的，不再结转以后年度扣减。

计算公式为：企业减免税总额＝∑每名自主就业退役士兵本年度在本企业工作月份÷12×定额标准。

企业自招用自主就业退役士兵的次月起享受税收优惠政策，并于享受税收优惠政策的当月，持下列材料向主管税务机关备案：

（1）新招用自主就业退役士兵的《中国人民解放军义务兵退出现役证》或《中国人民解放军士官退出现役证》。

（2）企业与新招用自主就业退役士兵签订的劳动合同（副本），企业为职工缴纳的社会保险费记录。

（3）自主就业退役士兵本年度在企业工作时间表。

（4）主管税务机关要求的其他相关材料。

3. 上述所称自主就业退役士兵是指依照《退役士兵安置条例》（国务院、中央军委令第 608 号）的规定退出现役并按自主就业方式安置的退役士兵。

4. 上述税收优惠政策的执行期限为 2016 年 5 月 1 日至 2016 年 12 月 31 日，纳税人在 2016 年 12 月 31 日未享受满 3 年的，可继续享受至 3 年期满为止。

按照《财政部 国家税务总局 民政部关于调整完善扶持自主就业退役士兵创业

就业有关税收政策的通知》(财税〔2014〕42号)规定享受营业税优惠政策的纳税人,自2016年5月1日起按照上述规定享受增值税优惠政策,在2016年12月31日未享受满3年的,可继续享受至3年期满为止。

《财政部 国家税务总局关于将铁路运输和邮政业纳入营业税改征增值税试点的通知》(财税〔2013〕106号)附件3第一条第(十二)项城镇退役士兵就业免征增值税政策,自2014年7月1日起停止执行。在2014年6月30日未享受满3年的,可继续享受至3年期满为止。

(二)重点群体创业就业。

1. 对持《就业创业证》(注明"自主创业税收政策"或"毕业年度内自主创业税收政策")或2015年1月27日前取得的《就业失业登记证》(注明"自主创业税收政策"或附着《高校毕业生自主创业证》)的人员从事个体经营的,在3年内按每户每年8 000元为限额依次扣减其当年实际应缴纳的增值税、城市维护建设税、教育费附加、地方教育附加和个人所得税。限额标准最高可上浮20%,各省、自治区、直辖市人民政府可根据本地区实际情况在此幅度内确定具体限额标准,并报财政部和国家税务总局备案。

纳税人年度应缴纳税款小于上述扣减限额的,以其实际缴纳的税款为限;大于上述扣减限额的,应以上述扣减限额为限。

上述人员是指:

(1)在人力资源社会保障部门公共就业服务机构登记失业半年以上的人员。

(2)零就业家庭、享受城市居民最低生活保障家庭劳动年龄内的登记失业人员。

(3)毕业年度内高校毕业生。高校毕业生是指实施高等学历教育的普通高等学校、成人高等学校毕业的学生;毕业年度是指毕业所在自然年,即1月1日至12月31日。

2. 对商贸企业、服务型企业、劳动就业服务企业中的加工型企业和街道社区具有加工性质的小型企业实体,在新增加的岗位中,当年新招用在人力资源社会保障部门公共就业服务机构登记失业半年以上且持《就业创业证》或2015年1月27日前取得的《就业失业登记证》(注明"企业吸纳税收政策")人员,与其签订1年以上期限劳动合同并依法缴纳社会保险费的,在3年内按实际招用人数予以定额依次扣减增值税、城市维护建设税、教育费附加、地方教育附加和企业所得税优惠。定额标准为每人每年4 000元,最高可上浮30%,各省、自治区、直辖市人民政府可根据本地区实际情况在此幅度内确定具体定额标准,并报财政部和国家税务总局备案。

按上述标准计算的税收扣减额应在企业当年实际应缴纳的增值税、城市维护建设税、教育费附加、地方教育附加和企业所得税税额中扣减，当年扣减不足的，不得结转下年使用。

本条所称服务型企业是指从事《销售服务、无形资产、不动产注释》中“不动产租赁服务”、“商务辅助服务”（不含货物运输代理和代理报关服务）、“生活服务”（不含文化体育服务）范围内业务活动的企业以及按照《民办非企业单位登记管理暂行条例》（国务院令第 251 号）登记成立的民办非企业单位。

3. 享受上述优惠政策的人员按以下规定申领《就业创业证》：

（1）按照《就业服务与就业管理规定》（劳动和社会保障部令第 28 号）第六十三条的规定，在法定劳动年龄内，有劳动能力，有就业要求，处于无业状态的城镇常住人员，在公共就业服务机构进行失业登记，申领《就业创业证》。其中，农村进城务工人员和其他非本地户籍人员在常住地稳定就业满 6 个月的，失业后可以在常住地登记。

（2）零就业家庭凭社区出具的证明，城镇低保家庭凭低保证明，在公共就业服务机构登记失业，申领《就业创业证》。

（3）毕业年度内高校毕业生在校期间凭学生证向公共就业服务机构按规定申领《就业创业证》，或委托所在高校就业指导中心向公共就业服务机构按规定代为其申领《就业创业证》；毕业年度内高校毕业生离校后直接向公共就业服务机构按规定申领《就业创业证》。

（4）上述人员申领相关凭证后，由就业和创业地人力资源社会保障部门对人员范围、就业失业状态、已享受政策情况进行核实，在《就业创业证》上注明“自主创业税收政策”、“毕业年度内自主创业税收政策”或“企业吸纳税收政策”字样，同时符合自主创业和企业吸纳税收政策条件的，可同时加注；主管税务机关在《就业创业证》上加盖戳记，注明减免税所属时间。

4. 上述税收优惠政策的执行期限为 2016 年 5 月 1 日至 2016 年 12 月 31 日，纳税人在 2016 年 12 月 31 日未享受满 3 年的，可继续享受至 3 年期满为止。

按照《财政部 国家税务总局 人力资源社会保障部关于继续实施支持和促进重点群体创业就业有关税收政策的通知》（财税〔2014〕39 号）规定享受营业税优惠政策的纳税人，自 2016 年 5 月 1 日起按照上述规定享受增值税优惠政策，在 2016 年 12 月 31 日未享受满 3 年的，可继续享受至 3 年期满为止。

《财政部 国家税务总局关于将铁路运输和邮政业纳入营业税改征增值税试点的通知》(财税〔2013〕106号)附件3第一条第(十三)项失业人员就业增值税优惠政策,自2014年1月1日起停止执行。在2013年12月31日未享受满3年的,可继续享受至3年期满为止。

四、金融企业发放贷款后,自结息日起90天内发生的应收未收利息按现行规定缴纳增值税,自结息日起90天后发生的应收未收利息暂不缴纳增值税,待实际收到利息时按规定缴纳增值税。

上述所称金融企业,是指银行(包括国有、集体、股份制、合资、外资银行以及其他所有制形式的银行)、城市信用社、农村信用社、信托投资公司、财务公司。

五、个人将购买不足2年的住房对外销售的,按照5%的征收率全额缴纳增值税;个人将购买2年以上(含2年)的住房对外销售的,免征增值税。上述政策适用于北京市、上海市、广州市和深圳市之外的地区。

个人将购买不足2年的住房对外销售的,按照5%的征收率全额缴纳增值税;个人将购买2年以上(含2年)的非普通住房对外销售的,以销售收入减去购买住房价款后的差额按照5%的征收率缴纳增值税;个人将购买2年以上(含2年)的普通住房对外销售的,免征增值税。上述政策仅适用于北京市、上海市、广州市和深圳市。

办理免税的具体程序、购买房屋的时间、开具发票、非购买形式取得住房行为及其他相关税收管理规定,按照《国务院办公厅转发建设部等部门关于做好稳定住房价格工作意见的通知》(国办发〔2005〕26号)、《国家税务总局 财政部 建设部关于加强房地产税收管理的通知》(国税发〔2005〕89号)和《国家税务总局关于房地产税收政策执行中几个具体问题的通知》(国税发〔2005〕172号)的有关规定执行。

六、上述增值税优惠政策除已规定期限的项目和第五条政策外,其他均在营改增试点期间执行。如果试点纳税人在纳入营改增试点之日前已经按照有关政策规定享受了营业税税收优惠,在剩余税收优惠政策期限内,按照本规定享受有关增值税优惠。

附件4:

跨境应税行为适用增值税零税率和免税政策的规定

一、中华人民共和国境内(以下称境内)的单位和个人销售的下列服务和无形资产，适用增值税零税率：

（一）国际运输服务。

国际运输服务，是指：

1. 在境内载运旅客或者货物出境。

2. 在境外载运旅客或者货物入境。

3. 在境外载运旅客或者货物。

（二）航天运输服务。

（三）向境外单位提供的完全在境外消费的下列服务：

1. 研发服务。

2. 合同能源管理服务。

3. 设计服务。

4. 广播影视节目（作品）的制作和发行服务。

5. 软件服务。

6. 电路设计及测试服务。

7. 信息系统服务。

8. 业务流程管理服务。

9. 离岸服务外包业务。

离岸服务外包业务，包括信息技术外包服务（ITO）、技术性业务流程外包服务（BPO）、技术性知识流程外包服务（KPO），其所涉及的具体业务活动，按照《销售服务、无形资产、不动产注释》相对应的业务活动执行。

10. 转让技术。

（四）财政部和国家税务总局规定的其他服务。

二、境内的单位和个人销售的下列服务和无形资产免征增值税，但财政部和国家税务总局规定适用增值税零税率的除外：

（一）下列服务：

1. 工程项目在境外的建筑服务。

2. 工程项目在境外的工程监理服务。

3. 工程、矿产资源在境外的工程勘察勘探服务。

4. 会议展览地点在境外的会议展览服务。

5. 存储地点在境外的仓储服务。

6. 标的物在境外使用的有形动产租赁服务。

7. 在境外提供的广播影视节目（作品）的播映服务。

8. 在境外提供的文化体育服务、教育医疗服务、旅游服务。

（二）为出口货物提供的邮政服务、收派服务、保险服务。

为出口货物提供的保险服务，包括出口货物保险和出口信用保险。

（三）向境外单位提供的完全在境外消费的下列服务和无形资产：

1. 电信服务。

2. 知识产权服务。

3. 物流辅助服务（仓储服务、收派服务除外）。

4. 鉴证咨询服务。

5. 专业技术服务。

6. 商务辅助服务。

7. 广告投放地在境外的广告服务。

8. 无形资产。

（四）以无运输工具承运方式提供的国际运输服务。

（五）为境外单位之间的货币资金融通及其他金融业务提供的直接收费金融服务，且该服务与境内的货物、无形资产和不动产无关。

（六）财政部和国家税务总局规定的其他服务。

三、按照国家有关规定应取得相关资质的国际运输服务项目，纳税人取得相关资质的，适用增值税零税率政策，未取得的，适用增值税免税政策。

境内的单位或个人提供程租服务，如果租赁的交通工具用于国际运输服务和港澳台运输服务，由出租方按规定申请适用增值税零税率。

境内的单位和个人向境内单位或个人提供期租、湿租服务，如果承租方利用租赁的交通工具向其他单位或个人提供国际运输服务和港澳台运输服务，由承租方适用增值税零税率。境内的单位或个人向境外单位或个人提供期租、湿租服务，由出租方适用增值税零税率。

境内单位和个人以无运输工具承运方式提供的国际运输服务，由境内实际承运人适用增值税零税率；无运输工具承运业务的经营者适用增值税免税政策。

四、境内的单位和个人提供适用增值税零税率的服务或者无形资产，如果属于适用简易计税方法的，实行免征增值税办法。如果属于适用增值税一般计税方法的，生产企业实行免抵退税办法，外贸企业外购服务或者无形资产出口实行免退税办法，外贸企业直接将服务或自行研发的无形资产出口，视同生产企业连同其出口货物统一实行免抵退税办法。

服务和无形资产的退税率为其按照《试点实施办法》第十五条第（一）至（三）项规定适用的增值税税率。实行退（免）税办法的服务和无形资产，如果主管税务机关认定出口价格偏高的，有权按照核定的出口价格计算退（免）税，核定的出口价格低于外贸企业购进价格的，低于部分对应的进项税额不予退税，转入成本。

五、境内的单位和个人销售适用增值税零税率的服务或无形资产的，可以放弃适用增值税零税率，选择免税或按规定缴纳增值税。放弃适用增值税零税率后，36个月内不得再申请适用增值税零税率。

六、境内的单位和个人销售适用增值税零税率的服务或无形资产，按月向主管退税的税务机关申报办理增值税退（免）税手续。具体管理办法由国家税务总局商财政部另行制定。

七、本规定所称完全在境外消费，是指：

（一）服务的实际接受方在境外，且与境内的货物和不动产无关。

（二）无形资产完全在境外使用，且与境内的货物和不动产无关。

（三）财政部和国家税务总局规定的其他情形。

八、境内单位和个人发生的与香港、澳门、台湾有关的应税行为，除本文另有规定外，参照上述规定执行。

九、2016年4月30日前签订的合同，符合《财政部 国家税务总局关于将铁路运输和邮政业纳入营业税改征增值税试点的通知》（财税〔2013〕106号）附件4和《财政部 国家税务总局关于影视等出口服务适用增值税零税率政策的通知》（财税〔2015〕118号）规定的零税率或者免税政策条件的，在合同到期前可以继续享受零税率或者免税政策。

国家税务总局关于营业税改征增值税试点期间有关增值税问题的公告

（国家税务总局公告 2015 年第 90 号）

为统一政策执行口径，现将营业税改征增值税试点期间有关增值税问题公告如下：

一、蜂窝数字移动通信用塔（杆），属于《固定资产分类与代码》（GB/T 14885-1994）中的“其他通讯设备”（代码 699），其增值税进项税额可以按照现行规定从销项税额中抵扣。

二、纳税人销售自己使用过的固定资产，适用简易办法依照 3%征收率减按 2%征收增值税政策的，可以放弃减税，按照简易办法依照 3%征收率缴纳增值税，并可以开具增值税专用发票。

三、纳税人提供有形动产融资性售后回租服务，计算当期销售额时可以扣除的有形动产价款本金，为书面合同约定的当期应当收取的本金。无书面合同或者书面合同没有约定的，为当期实际收取的本金。

四、提供有形动产融资租赁服务的纳税人，以保理方式将融资租赁合同项下未到期应收租金的债权转让给银行等金融机构，不改变其与承租方之间的融资租赁关系，应继续按照现行规定缴纳增值税，并向承租方开具发票。

五、纳税人通过蜂窝数字移动通信用塔（杆）及配套设施，为电信企业提供的基站天线、馈线及设备环境控制、动环监控、防雷消防、运行维护等塔类站址管理业务，按照“信息技术基础设施管理服务”缴纳增值税。

纳税人通过楼宇、隧道等室内通信分布系统，为电信企业提供的语音通话和移动互联网等无线信号室分系统传输服务，分别按照基础电信服务和增值电信服务缴纳增值税。

本公告自 2016 年 2 月 1 日起施行，此前未处理的事项，按本公告规定执行。

特此公告。

国家税务总局关于融资租赁业务征收流转税问题的通知

（国税函〔2000〕514号）

据了解，目前一些地区在对融资租赁业务征收流转税时，政策执行不一，有的征收增值税，有的征收营业税，为统一增值税政策，严肃执法，现就有关问题明确如下：

对经中国人民银行批准经营融资租赁业务的单位所从事的融资租赁业务，无论租赁的货物的所有权是否转让给承租方，均按《中华人民共和国营业税暂行条例》的有关法规征收营业税，不征收增值税。其他单位从事的融资租赁业务，租赁的货物的所有权转让给承租方，征收增值税，不征收营业税；租赁的货物的所有权未转让给承租方，征收营业税，不征收增值税。

融资租赁是指具有融资性质和所有权转移特点的设备租赁业务。即：出租人根据承租人所要求的规格、型号、性能等条件购入设备租赁给承租人，合同期内设备所有权属于出租人，承租人只拥有使用权，合同期满付清租金后，承租人有权按残值购入设备，以拥有设备的所有权。

本通知自公布之日起执行，此前法规与本通知相抵触的，一律以本通知为准。

财政部 海关总署 国家税务总局关于租赁企业进口飞机有关税收政策的通知

（财关税〔2014〕16号）

各省、自治区、直辖市、计划单列市财政厅（局）、国家税务局，新疆生产建设兵团财务局，海关总署广东分署、各直属海关，财政部驻各省、自治区、直辖市、计划单列市财政监察专员办事处：

经国务院批准，自2014年1月1日起，租赁企业一般贸易项下进口飞机并租给国内航空公司使用的，享受与国内航空公司进口飞机同等税收优惠政策，即进口空载重量在25吨以上的飞机减按5%征收进口环节增值税。自2014年1月1日以来，对已按17%税率征收进口环节增值税的上述飞机，超出5%税率的已征税款，尚未申报增值税进项税额抵扣的，可以退还。租赁企业申请退税时，应附送主管税务机关出具的进口飞机所缴纳增值税未抵扣证明（格式见附件）。

海关特殊监管区域内租赁企业从境外购买并租给国内航空公司使用的、空载重量在25吨以上、不能实际入区的飞机，不实施进口保税政策，减按5%征收进口环节增值税。

附件：

租赁企业进口飞机增值税进项税额未抵扣证明

编号：主管税务机关代码＋三位流水号

<table>
<tr><td rowspan="2">纳税人名称</td><td rowspan="2" colspan="2"></td><td colspan="2">纳税人识别号</td><td></td></tr>
<tr><td colspan="2">海关企业代码</td><td></td></tr>
<tr><td>飞机进口时间</td><td colspan="5">年　　月　　日</td></tr>
<tr><td>海关进口增值税专用缴款书</td><td colspan="5">该纳税人一般贸易项下进口飞机，取得海关报关单（报关单号：____________________）、进口环节增值税专用缴款书（凭证号：____________________），进口环节增值税税额为（大写）__________，￥__________元。</td></tr>
<tr><td>进项税额抵扣情况</td><td colspan="5">经审核，该纳税人上述海关进口环节增值税专用缴款书税额尚未申报抵扣。</td></tr>
<tr><td>其他需要说明的事项</td><td colspan="5"></td></tr>
<tr><td colspan="2">审核意见：

审核人：
年　月　日</td><td colspan="2">复核意见：

复核人：
年　月　日</td><td colspan="2">局长意见：

局领导：　　（局章）
年　月　日</td></tr>
</table>

注：本表由进口飞机的租赁企业所在地主管税务机关填写并盖章确认。

财政部 海关总署 国家税务总局关于在全国开展融资租赁货物出口退税政策试点的通知

（财税〔2014〕62号）

各省、自治区、直辖市、计划单列市财政厅（局）、国家税务局，海关总署广东分署、各直属海关，新疆生产建设兵团财务局：

为落实《国务院办公厅关于支持外贸稳定增长的若干意见》（国办发〔2014〕19号）的有关要求，决定将现行在天津东疆保税港区试点的融资租赁货物出口退税政策扩大到全国统一实施。现将有关政策通知如下：

一、政策内容及适用范围

（一）对融资租赁出口货物试行退税政策。对融资租赁企业、金融租赁公司及其设立的项目子公司（以下统称融资租赁出租方），以融资租赁方式租赁给境外承租人且租赁期限在5年（含）以上，并向海关报关后实际离境的货物，试行增值税、消费税出口退税政策。

融资租赁出口货物的范围，包括飞机、飞机发动机、铁道机车、铁道客车车厢、船舶及其他货物，具体应符合《中华人民共和国增值税暂行条例实施细则》（财政部、国家税务总局令第50号）第二十一条“固定资产”的相关规定。

（二）对融资租赁海洋工程结构物试行退税政策。对融资租赁出租方购买的，并以融资租赁方式租赁给境内列名海上石油天然气开采企业且租赁期限在5年（含）以上的国内生产企业生产的海洋工程结构物，视同出口，试行增值税、消费税出口退税政策。

海洋工程结构物范围、退税率以及海上石油天然气开采企业的具体范围按照《财政部、国家税务总局关于出口货物劳务增值税和消费税政策的通知》（财税〔2012〕39号）有关规定执行。

（三）上述融资租赁出口货物和融资租赁海洋工程结构物不包括在海关监管年限内的进口减免税货物。

二、退税的计算和办理

（一）融资租赁出租方将融资租赁出口货物租赁给境外承租方、将融资租赁海洋工程结构物租赁给海上石油天然气开采企业，向融资租赁出租方退还其购进租赁货物所含增值税。融资租赁出口货物、融资租赁海洋工程结构物（以下统称融资租赁货物）属于消费税应税消费品的，向融资租赁出租方退还前一环节已征的消费税。

（二）计算公式为：

$$\text{增值税应退税额}=\text{购进融资租赁货物的增值税专用发票注明的金额或海关(进口增值税)专用缴款书注明的完税价格}\times\text{融资租赁货物适用的增值税退税率}$$

融资租赁出口货物适用的增值税退税率，按照统一的出口货物适用退税率执行。从增值税一般纳税人购进的按简易办法征税的融资租赁货物和从小规模纳税人购进的融资租赁货物，其适用的增值税退税率，按照购进货物适用的征收率和退税率孰低的原则确定。

$$\text{消费税应退税额}=\text{购进融资租赁货物税收（出口货物专用）缴款书上或海关进口消费税专用缴款书上注明的消费税税额}$$

（三）融资租赁出租方应当按照主管税务机关的要求办理退税认定和申报增值税、消费税退税。

（四）融资租赁出租方在进行融资租赁出口货物报关时，应在海关出口报关单上填写“租赁货物（1523）”方式。海关依融资租赁出租方申请，对符合条件的融资租赁出口货物办理放行手续后签发出口货物报关单（出口退税专用，以下称退税证明联），并按规定向国家税务总局传递退税证明联相关电子信息。对海关特殊监管区域内已退增值税、消费税的货物，以融资租赁方式离境时，海关不再签发退税证明联。

（五）融资租赁出租方凭购进融资租赁货物的增值税专用发票或海关进口增值税专用缴款书、与承租人签订的融资租赁合同、退税证明联或向海洋工程结构物承租人开具的发票以及主管税务机关要求出具的其他要件，向主管税务机关申请办理退税手续。上述用于融资租赁货物退税的增值税专用发票或海关进口增值税专用缴款书，不得用于抵扣内销货物应纳税额。

融资租赁货物属于消费税应税货物的，若申请退税，还应提供有关消费税专用缴款书。

（六）对承租期未满而发生退租的融资租赁货物，融资租赁出租方应及时主动向税务机关报告，并按照规定补缴已退税款，对融资租赁出口货物，再复进口时融资租赁出租方应按照规定向海关办理复运进境手续并提供主管税务机关出具的货物已补税或未退税证明，海关不征收进口关税和进口环节税。

三、有关定义

本通知所述融资租赁企业，仅包括金融租赁公司、经商务部批准设立的外商投资融资租赁公司、经商务部和国家税务总局共同批准开展融资业务试点的内资融资租赁企业、经商务部授权的省级商务主管部门和国家经济技术开发区批准的融资租赁公司。

本通知所述金融租赁公司，仅包括经中国银行业监督管理委员会批准设立的金融租赁公司。

本通知所称融资租赁，是指具有融资性质和所有权转移特点的有形动产租赁活动。即出租人根据承租人所要求的规格、型号、性能等条件购入有形动产租赁给承租人，合同期内有形动产所有权属于出租人，承租人只拥有使用权，合同期满付清租金后，承租人有权按照残值购入有形动产，以拥有其所有权。不论出租人是否将有形动产残值销售给承租人，均属于融资租赁。

四、融资租赁货物退税的具体管理办法由国家税务总局另行制定。

五、本通知自 2014 年 10 月 1 日起执行。融资租赁出口货物的，以退税证明联上注明的出口日期为准；融资租赁海洋工程结构物的，以融资租赁出租方收取首笔租金时开具的发票日期为准。

国家税务总局关于融资性售后回租业务中承租方出售资产行为有关税收问题的公告

（国家税务总局公告2010年第13号）

现就融资性售后回租业务中承租方出售资产行为有关税收问题公告如下：

融资性售后回租业务是指承租方以融资为目的将资产出售给经批准从事融资租赁业务的企业后，又将该项资产从该融资租赁企业租回的行为。融资性售后回租业务中承租方出售资产时，资产所有权以及与资产所有权有关的全部报酬和风险并未完全转移。

一、增值税和营业税

根据现行增值税和营业税有关规定，融资性售后回租业务中承租方出售资产的行为，不属于增值税和营业税征收范围，不征收增值税和营业税。

二、企业所得税

根据现行企业所得税法及有关收入确定规定，融资性售后回租业务中，承租人出售资产的行为，不确认为销售收入，对融资性租赁的资产，仍按承租人出售前原账面价值作为计税基础计提折旧。租赁期间，承租人支付的属于融资利息的部分，作为企业财务费用在税前扣除。

本公告自2010年10月1日起施行。此前因与本公告规定不一致而已征的税款予以退税。

特此公告。

国家税务局关于对借款合同贴花问题的具体规定

（国税地字〔1988〕30号）

各省、自治区、直辖市及各计划单列市税务局，加发南京、成都市税务局、海洋石油税务局各分局：

根据《中华人民共和国印花税暂行条例》及其实行细则的法规，现将借款合同贴花的有关问题法规如下：

一、关于以填开借据方式取得银行借款的借据贴花问题。目前，各地银行办理信贷业务的手续不够统一，有的只签订合同，有的只填开借据，也有的既签订合同又填开借据。为此规定：凡一项信贷业务既签订借款合同又一次或分次填开借据的，只就借款合同按所载借款金额计税贴花；凡只填开借据并作为合同使用的，应按照借据所载借款金额计税，在借据上贴花。

二、关于对流动资金周转性借款合同的贴花问题。借贷双方签订的流动资金周转性借款合同，一般按年（期）签订，法规最高限额，借款人在法规的期限和最高限额内随借随还。为此，在签订流动资金周转借款合同时，应按合同法规的最高借款限额计税贴花。以后，只要在限额内随借随还，不在签新合同的，就不另贴印花。

三、关于对抵押贷款合同的贴花问题。借款方以财产作抵押，与贷款方签订的抵押借款合同，属于资金信贷业务，信贷双方应按“借款合同”计税贴花。因借款方无力偿还借款而将抵押财产转移给贷款方，应就双方书立的产权转移书据，按

“产权转移书据”计税贴花。

四、关于对融资租赁合同的贴花问题。银行及其金融机构经营的融资租赁业务，是一种以融物方式达到融资目的的业务，实际上是分期偿还的固定资金借贷。因此，对融资租赁合同，可据合同所载的租金总额暂按“借款合同”计税贴花。

五、关于借款合同中既有应税金额又有免税金额的计税贴花问题。有些借款合同，借款总额中既有应免税的金额，也有应纳税的金额。对这类“混合”借款合同，凡合同中能划分免税金额与应税金额的，只就应税金额计税贴花；不能划分清楚的，应按借款总金额计税贴花。

六、关于对借款方与银团“多头”签订借款合同的贴花问题。在有的信贷业务中，贷方是由若干银行组成的银团，银团各方均承担一定的贷款数额，借款合同由借款方与银团各方共同书立，各执一份合同正本。对这类借款合同，借款方与贷款银团各方应分别在所执合同正本上按各自的借贷金额计税贴花。

七、关于对基建借款中，先签订分合同，后签订总合同的贴花问题。有些基本建设贷款，先按年度用款计划分年签订借款分合同，在最后一年按总概算签订借款总合同，总合同的借款金额中，包括各分合同的借款金额。对这类基建借款合同，应按分合同分别贴花，最后签订的总合同只就借款总额扣除分合同借款金额后的余额计税贴花。

财政部 国家税务总局关于融资租赁合同有关印花税政策的通知

（财税〔2015〕144 号）

各省、自治区、直辖市、计划单列市财政厅（局）、地方税务局，西藏、宁夏回族自治区国家税务局，新疆生产建设兵团财务局：

根据《国务院办公厅关于加快融资租赁业发展的指导意见》（国办发〔2015〕68 号）有关规定，为促进融资租赁业健康发展，公平税负，现就融资租赁合同有关印花税政策通知如下：

一、对开展融资租赁业务签订的融资租赁合同（含融资性售后回租），统一按照其所载明的租金总额依照“借款合同”税目，按万分之零点五的税率计税贴花。

二、在融资性售后回租业务中，对承租人、出租人因出售租赁资产及购回租赁资产所签订的合同，不征收印花税。

三、本通知自印发之日起执行。此前未处理的事项，按照本通知规定执行。

请遵照执行。

财政部 国家税务总局关于飞机租赁企业有关印花税政策的通知

（财税〔2014〕18 号）

各省、自治区、直辖市、计划单列市财政厅（局）、地方税务局，西藏、宁夏、青海省（自治区）国家税务局，新疆生产建设兵团财务局：

为落实《国务院办公厅关于加快飞机租赁业发展的意见》（国办发〔2013〕108 号）的有关精神，促进飞机租赁业健康发展，现将有关印花税政策通知如下：

自 2014 年 1 月 1 日起至 2018 年 12 月 31 日止，暂免征收飞机租赁企业购机环节购销合同印花税。

财政部 国家税务总局关于房产税城镇土地使用税有关问题的通知

（财税〔2009〕128号）

各省、自治区、直辖市、计划单列市财政厅（局）、地方税务局，西藏、宁夏、青海省（自治区）国家税务局，新疆生产建设兵团财务局：

为完善房产税、城镇土地使用税政策，堵塞税收征管漏洞，现将房产税、城镇土地使用税有关问题明确如下：

一、关于无租使用其他单位房产的房产税问题

无租使用其他单位房产的应税单位和个人，依照房产余值代缴纳房产税。

二、关于出典房产的房产税问题

产权出典的房产，由承典人依照房产余值缴纳房产税。

三、关于融资租赁房产的房产税问题

融资租赁的房产，由承租人自融资租赁合同约定开始日的次月起依照房产余值缴纳房产税。合同未约定开始日的，由承租人自合同签订的次月起依照房产余值缴纳房产税。

四、关于地下建筑用地的城镇土地使用税问题

对在城镇土地使用税征税范围内单独建造的地下建筑用地，按规定征收城镇土地使用税。其中，已取得地下土地使用权证的，按土地使用权证确认的土地面积计算应征税款；未取得地下土地使用权证或地下土地使用权证上未标明土地面积的，

按地下建筑垂直投影面积计算应征税款。

对上述地下建筑用地暂按应征税款的50%征收城镇土地使用税。

五、本通知自2009年12月1日起执行。《财政部　税务总局关于房产税若干具体问题的解释和暂行规定》[(86)财税地字第008号]第七条、《国家税务总局关于安徽省若干房产税业务问题的批复》(国税函发〔1993〕368号)第二条同时废止。

财政部 国家税务总局关于企业以售后回租方式进行融资等有关契税政策的通知

（财税〔2012〕82号）

各省、自治区、直辖市、计划单列市财政厅（局）、地方税务局，西藏、宁夏、青海省（自治区）国家税务局，新疆生产建设兵团财务局：

经研究，现就近期各地反映的契税政策执行中若干问题通知如下：

一、对金融租赁公司开展售后回租业务，承受承租人房屋、土地权属的，照章征税。对售后回租合同期满，承租人回购原房屋、土地权属的，免征契税。

二、以招拍挂方式出让国有土地使用权的，纳税人为最终与土地管理部门签订出让合同的土地使用权承受人。

三、市、县级人民政府根据《国有土地上房屋征收与补偿条例》有关规定征收居民房屋，居民因个人房屋被征收而选择货币补偿用以重新购置房屋，并且购房成交价格不超过货币补偿的，对新购房屋免征契税；购房成交价格超过货币补偿的，对差价部分按规定征收契税。居民因个人房屋被征收而选择房屋产权调换，并且不缴纳房屋产权调换差价的，对新换房屋免征契税；缴纳房屋产权调换差价的，对差价部分按规定征收契税。

四、企业承受土地使用权用于房地产开发，并在该土地上代政府建设保障性住房的，计税价格为取得全部土地使用权的成交价格。

五、单位、个人以房屋、土地以外的资产增资，相应扩大其在被投资公司的股权持有比例，无论被投资公司是否变更工商登记，其房屋、土地权属不发生转移，不征收契税。

六、个体工商户的经营者将其个人名下的房屋、土地权属转移至个体工商户名下，或个体工商户将其名下的房屋、土地权属转回原经营者个人名下，免征契税。

合伙企业的合伙人将其名下的房屋、土地权属转移至合伙企业名下，或合伙企业将其名下的房屋、土地权属转回原合伙人名下，免征契税。

本通知自发文之日起执行。《财政部　国家税务总局关于城镇房屋拆迁有关税收政策的通知》（财税〔2005〕45号）第二条同时废止。

财政部 国家税务总局关于减征 1.6 升及以下排量乘用车车辆购置税的通知

（财税〔2016〕136 号）

各省、自治区、直辖市、计划单列市财政厅（局）、国家税务局，新疆生产建设兵团财务局：

经国务院批准，现就减征 1.6 升及以下排量乘用车车辆购置税有关事项通知如下：

一、自 2017 年 1 月 1 日起至 12 月 31 日止，对购置 1.6 升及以下排量的乘用车减按 7．5%的税率征收车辆购置税。自 2018 年 1 月 1 日起，恢复按 10%的法定税率征收车辆购置税。

二、本通知所称乘用车，是指在设计和技术特性上主要用于载运乘客及其随身行李和（或）临时物品、含驾驶员座位在内最多不超过 9 个座位的汽车。具体包括：

（一）国产轿车："中华人民共和国机动车整车出厂合格证"（以下简称合格证）中"车辆型号"项的车辆类型代号（车辆型号的第一位数字，下同）为"7"，"排量和功率（ml/kw）"项中排量不超过 1 600ml，"额定载客（人）"项不超过 9 人。

（二）国产专用乘用车：合格证中"车辆型号"项的车辆类型代号为"5"，"排量和功率（ml/kw）"项中排量不超过 1 600ml，"额定载客（人）"项不超过 9 人，"额定载质量（kg）"项小于额定载客人数和 65kg 的乘积。

（三）其他国产乘用车：合格证中"车辆型号"项的车辆类型代号为"6"，"排量和功率（ml/kw）”项中排量不超过 1 600ml，“额定载客（人）”项不超过 9 人。

（四）进口乘用车。参照国产同类车型技术参数认定。

三、乘用车购置日期按照《机动车销售统一发票》或《海关关税专用缴款书》等有效凭证的开具日期确定。

四、新能源汽车车辆购置税政策按照《财政部 国家税务总局 工业和信息化部关于免征新能源汽车车辆购置税的公告》（财政部国家税务总局 工业和信息化部公告 2014 年第 53 号）执行。

财政部 国家税务总局关于营改增后契税 房产税 土地增值税 个人所得税计税依据问题的通知

（财税〔2016〕43号）

各省、自治区、直辖市、计划单列市财政厅（局）、地方税务局，西藏、宁夏、青海省（自治区）国家税务局，新疆生产建设兵团财务局：

经研究，现将营业税改征增值税后契税、房产税、土地增值税、个人所得税计税依据有关问题明确如下：

一、计征契税的成交价格不含增值税。

二、房产出租的，计征房产税的租金收入不含增值税。

三、土地增值税纳税人转让房地产取得的收入为不含增值税收入。

《中华人民共和国土地增值税暂行条例》等规定的土地增值税扣除项目涉及的增值税进项税额，允许在销项税额中计算抵扣的，不计入扣除项目，不允许在销项税额中计算抵扣的，可以计入扣除项目。

四、个人转让房屋的个人所得税应税收入不含增值税，其取得房屋时所支付价款中包含的增值税计入财产原值，计算转让所得时可扣除的税费不包括本次转让缴纳的增值税。

个人出租房屋的个人所得税应税收入不含增值税，计算房屋出租所得可扣除的税费不包括本次出租缴纳的增值税。个人转租房屋的，其向房屋出租方支付的租金及增值税额，在计算转租所得时予以扣除。

五、免征增值税的，确定计税依据时，成交价格、租金收入、转让房地产取得的收入不扣减增值税额。

六、在计征上述税种时，税务机关核定的计税价格或收入不含增值税。

本通知自 2016 年 5 月 1 日起执行。

财政部 关于印发《增值税会计处理规定》的通知

（财会〔2016〕22号）

国务院有关部委，有关中央管理企业，各省、自治区、直辖市、计划单列市财政厅（局），新疆生产建设兵团财务局，财政部驻各省、自治区、直辖市、计划单列市财政监察专员办事处：

为进一步规范增值税会计处理，促进《关于全面推开营业税改征增值税试点的通知》（财税〔2016〕36号）的贯彻落实，我们制定了《增值税会计处理规定》，现印发给你们，请遵照执行。

附件：增值税会计处理规定

根据《中华人民共和国增值税暂行条例》和《关于全面推开营业税改征增值税试点的通知》（财税〔2016〕36号）等有关规定，现对增值税有关会计处理规定如下：

一、会计科目及专栏设置

增值税一般纳税人应当在“应交税费”科目下设置“应交增值税”、“未交增值税”、“预交增值税”、“待抵扣进项税额”、“待认证进项税额”、“待转销项税额”、“增值税留抵税额”、“简易计税”、“转让金融商品应交增值税”、“代扣代交增值税”等明细科目。

（一）增值税一般纳税人应在“应交增值税”明细账内设置“进项税额”、“销项税额抵减”、“已交税金”、“转出未交增值税”、“减免税款”、“出口抵减内销产品应纳税额”、“销项税额”、“出口退税”、“进项税额转出”、“转出多交增值税”等专栏。其中：

1. “进项税额”专栏，记录一般纳税人购进货物、加工修理修配劳务、服务、无形资产或不动产而支付或负担的、准予从当期销项税额中抵扣的增值税额；

2. “销项税额抵减”专栏，记录一般纳税人按照现行增值税制度规定因扣减销售额而减少的销项税额；

3. “已交税金”专栏，记录一般纳税人当月已交纳的应交增值税额；

4. “转出未交增值税”和“转出多交增值税”专栏，分别记录一般纳税人月度终了转出当月应交未交或多交的增值税额；

5. “减免税款”专栏，记录一般纳税人按现行增值税制度规定准予减免的增值税额；

6. “出口抵减内销产品应纳税额”专栏，记录实行“免、抵、退”办法的一般纳税人按规定计算的出口货物的进项税抵减内销产品的应纳税额；

7. “销项税额”专栏，记录一般纳税人销售货物、加工修理修配劳务、服务、无形资产或不动产应收取的增值税额；

8. “出口退税”专栏，记录一般纳税人出口货物、加工修理修配劳务、服务、无形资产按规定退回的增值税额；

9. “进项税额转出”专栏，记录一般纳税人购进货物、加工修理修配劳务、服务、无形资产或不动产等发生非正常损失以及其他原因而不应从销项税额中抵扣、按规定转出的进项税额。

（二）“未交增值税”明细科目，核算一般纳税人月度终了从“应交增值税”或“预交增值税”明细科目转入当月应交未交、多交或预缴的增值税额，以及当月交纳以前期间未交的增值税额。

（三）“预交增值税”明细科目，核算一般纳税人转让不动产、提供不动产经营租赁服务、提供建筑服务、采用预收款方式销售自行开发的房地产项目等，以及其他按现行增值税制度规定应预缴的增值税额。

（四）“待抵扣进项税额”明细科目，核算一般纳税人已取得增值税扣税凭证并经税务机关认证，按照现行增值税制度规定准予以后期间从销项税额中抵扣的进项税额。包括：一般纳税人自 2016 年 5 月 1 日后取得并按固定资产核算的不动产或者 2016 年 5 月 1 日后取得的不动产在建工程，按现行增值税制度规定准予以后期间从销项税额中抵扣的进项税额；实行纳税辅导期管理的一般纳税人取得的尚未交叉稽核比对的增值税扣税凭证上注明或计算的进项税额。

（五）“待认证进项税额”明细科目，核算一般纳税人由于未经税务机关认证而不得从当期销项税额中抵扣的进项税额。包括：一般纳税人已取得增值税扣税凭证、按照现行增值税制度规定准予从销项税额中抵扣，但尚未经税务机关认证的进项税额；一般纳税人已申请稽核但尚未取得稽核相符结果的海关缴款书进项税额。

（六）“待转销项税额”明细科目，核算一般纳税人销售货物、加工修理修配劳务、服务、无形资产或不动产，已确认相关收入（或利得）但尚未发生增值税纳税义务而需于以后期间确认为销项税额的增值税额。

（七）“增值税留抵税额”明细科目，核算兼有销售服务、无形资产或者不动产的原增值税一般纳税人，截止到纳入营改增试点之日前的增值税期末留抵税额按照现行增值税制度规定不得从销售服务、无形资产或不动产的销项税额中抵扣的增值税留抵税额。

（八）“简易计税”明细科目，核算一般纳税人采用简易计税方法发生的增值税计提、扣减、预缴、缴纳等业务。

（九）“转让金融商品应交增值税”明细科目，核算增值税纳税人转让金融商品发生的增值税额。

（十）“代扣代交增值税”明细科目，核算纳税人购进在境内未设经营机构的境外单位或个人在境内的应税行为代扣代缴的增值税。

小规模纳税人只需在“应交税费”科目下设置“应交增值税”明细科目，不需要设置上述专栏及除“转让金融商品应交增值税”、“代扣代交增值税”外的明细科目。

二、账务处理

（一）取得资产或接受劳务等业务的账务处理。

1. 采购等业务进项税额允许抵扣的账务处理。一般纳税人购进货物、加工修理修配劳务、服务、无形资产或不动产，按应计入相关成本费用或资产的金额，借记“在途物资”或“原材料”、“库存商品”、“生产成本”、“无形资产”、“固定资产”、“管理费用”等科目，按当月已认证的可抵扣增值税额，借记“应交税费——应交增值税（进项税额）”科目，按当月未认证的可抵扣增值税额，借记“应交税费——待认证进项税额”科目，按应付或实际支付的金额，贷记“应付账款”、“应付票据”、“银行存款”等科目。发生退货的，如原增值税专用发票已做认证，应根据税务机关开具的红字增值税专用发票做相反的会计分录；如原增值税专用发票未做认证，应将发票退回并做相反的会计分录。

2. 采购等业务进项税额不得抵扣的账务处理。一般纳税人购进货物、加工修理修配劳务、服务、无形资产或不动产，用于简易计税方法计税项目、免征增值税项目、集体福利或个人消费等，其进项税额按照现行增值税制度规定不得从销项税额中抵扣的，取得增值税专用发票时，应借记相关成本费用或资产科目，借记“应交税费——待认证进项税额”科目，贷记“银行存款”、“应付账款”等科目，经税务机关认证后，应借记相关成本费用或资产科目，贷记“应交税费——应交增值税（进项税额转出）”科目。

3. 购进不动产或不动产在建工程按规定进项税额分年抵扣的账务处理。一般纳税人自2016年5月1日后取得并按固定资产核算的不动产或者2016年5月1日后取得的不动产在建工程，其进项税额按现行增值税制度规定自取得之日起分2年从销项税额中抵扣的，应当按取得成本，借记“固定资产”、“在建工程”等科目，按当期可抵扣的增值税额，借记“应交税费——应交增值税（进项税额）”科目，按以后期间可抵扣的增值税额，借记“应交税费——待抵扣进项税额”科目，按应付或实际支付的金额，贷记“应付账款”、“应付票据”、“银行存款”等科目。尚未抵扣的进项税额待以后期间允许抵扣时，按允许抵扣的金额，借记“应交税费——应交增值税（进项税额）”科目，贷记“应交税费——待抵扣进项税额”科目。

4. 货物等已验收入库但尚未取得增值税扣税凭证的账务处理。一般纳税人购进的货物等已到达并验收入库，但尚未收到增值税扣税凭证并未付款的，应在月末按货物清单或相关合同协议上的价格暂估入账，不需要将增值税的进项税额暂估入账。下月初，用红字冲销原暂估入账金额，待取得相关增值税扣税凭证并经认证后，按应计入相关成本费用或资产的金额，借记“原材料”、“库存商品”、“固定资产”、“无形资产”等科目，按可抵扣的增值税额，借记“应交税费——应交增值税（进项税额）”科目，按应付金额，贷记“应付账款”等科目。

5. 小规模纳税人采购等业务的账务处理。小规模纳税人购买物资、服务、无形资产或不动产，取得增值税专用发票上注明的增值税应计入相关成本费用或资产，不通过“应交税费——应交增值税”科目核算。

6. 购买方作为扣缴义务人的账务处理。按照现行增值税制度规定，境外单位或个人在境内发生应税行为，在境内未设有经营机构的，以购买方为增值税扣缴义务人。境内一般纳税人购进服务、无形资产或不动产，按应计入相关成本费用或资产的金额，借记“生产成本”、“无形资产”、“固定资产”、“管理费用”等科目，按可抵扣的增值税额，借记“应交税费——进项税额”科目（小规模纳税人应借记相关成本费用或资产科目），按应付或实际支付的金额，贷记“应付账款”等科目，按应代扣代缴的增值税额，贷记“应交税费——代扣代交增值税”科目。实际缴纳代扣代缴增值税时，按代扣代缴的增值税额，借记“应交税费——代扣代交增值税”科目，贷记“银行存款”科目。

（二）销售等业务的账务处理。

1. 销售业务的账务处理。企业销售货物、加工修理修配劳务、服务、无形资产或不动产，应当按应收或已收的金额，借记“应收账款”、“应收票据”、“银行存款”等科目，按取得的收入金额，贷记“主营业务收入”、“其他业务收入”、“固定资产清理”、“工程结算”等科目，按现行增值税制度规定计算的销项税额（或采用简易计税方法计算的应纳增值税额），贷记“应交税费——应交增值税（销项税额）”或“应交税费——简易计税”科目（小规模纳税人应贷记“应交税费——应交增值税”科目）。发生销售退回的，应根据按规定开具的红字增值税专用发票做相反的会计分录。

按照国家统一的会计制度确认收入或利得的时点早于按照增值税制度确认增值税纳税义务发生时点的，应将相关销项税额计入“应交税费——待转销项税额”科目，待实际发生纳税义务时再转入“应交税费——应交增值税（销项税额）”或“应交税费——简易计税”科目。

按照增值税制度确认增值税纳税义务发生时点早于按照国家统一的会计制度确认收入或利得的时点的，应将应纳增值税额，借记“应收账款”科目，贷记“应交税费——应交增值税（销项税额）”或“应交税费——简易计税”科目，按照国家统一的会计制度确认收入或利得时，应按扣除增值税销项税额后的金额确认收入。

2. 视同销售的账务处理。企业发生税法上视同销售的行为，应当按照企业会计准则制度相关规定进行相应的会计处理，并按照现行增值税制度规定计算的销项税额（或采用简易计税方法计算的应纳增值税额），借记“应付职工薪酬”、“利润分配”等科目，贷记“应交税费——应交增值税（销项税额）”或“应交税费——简易计税”科目（小规模纳税人应计入“应交税费——应交增值税”科目）。

3. 全面试行营业税改征增值税前已确认收入，此后产生增值税纳税义务的账务处理。企业营业税改征增值税前已确认收入，但因未产生营业税纳税义务而未计提营业税的，在达到增值税纳税义务时点时，企业应在确认应交增值税销项税额的同时冲减当期收入；已经计提营业税且未缴纳的，在达到增值税纳税义务时点时，应借记“应交税费——应交营业税”、“应交税费——应交城市维护建设税”、“应交税费——应交教育费附加”等科目，贷记“主营业务收入”科目，并根据调整后的收入计算确定计入“应交税费——待转销项税额”科目的金额，同时冲减收入。

全面试行营业税改征增值税后，“营业税金及附加”科目名称调整为“税金及附加”科目，该科目核算企业经营活动发生的消费税、城市维护建设税、资源税、教育费附加及房产税、土地使用税、车船使用税、印花税等相关税费；利润表中的“营业税金及附加”项目调整为“税金及附加”项目。

（三）差额征税的账务处理。

1. 企业发生相关成本费用允许扣减销售额的账务处理。按现行增值税制度规定企业发生相关成本费用允许扣减销售额的，发生成本费用时，按应付或实际支付的金额，借记“主营业务成本”、“存货”、“工程施工”等科目，贷记“应付账款”、“应付票据”、“银行存款”等科目。待取得合规增值税扣税凭证且纳税义务发生时，按照允许抵扣的税额，借记“应交税费——应交增值税（销项税额抵减）”或“应交税费——简易计税”科目（小规模纳税人应借记“应交税费——应交增值税”科目），贷记“主营业务成本”、“存货”、“工程施工”等科目。

2. 金融商品转让按规定以盈亏相抵后的余额作为销售额的账务处理。金融商品实际转让月末，如产生转让收益，则按应纳税额借记“投资收益”等科目，贷记“应交税费——转让金融商品应交增值税”科目；如产生转让损失，则按可结转下月抵扣税额，借记“应交税费——转让金融商品应交增值税”科目，贷记“投资收益”等科目。交纳增值税时，应借记“应交税费——转让金融商品应交增值税”科目，贷记“银行存款”科目。年末，本科目如有借方余额，则借记“投资收益”等科目，贷记“应交税费——转让金融商品应交增值税”科目。

（四）出口退税的账务处理。

为核算纳税人出口货物应收取的出口退税款，设置“应收出口退税款”科目，该科目借方反映销售出口货物按规定向税务机关申报应退回的增值税、消费税等，贷方反映实际收到的出口货物应退回的增值税、消费税等。期末借方余额，反映尚未收到的应退税额。

1. 未实行“免、抵、退”办法的一般纳税人出口货物按规定退税的，按规定计算的应收出口退税额，借记“应收出口退税款”科目，贷记“应交税费——应交增值税（出口退税）”科目，收到出口退税时，借记“银行存款”科目，贷记“应收出口退税款”科目；退税额低于购进时取得的增值税专用发票上的增值税额的差额，借记“主营业务成本”科目，贷记“应交税费——应交增值税（进项税额转出）”科目。

2. 实行“免、抵、退”办法的一般纳税人出口货物，在货物出口销售后结转产品销售成本时，按规定计算的退税额低于购进时取得的增值税专用发票上的增值税额的差额，借记“主营业务成本”科目，贷记“应交税费——应交增值税（进项税额转出）”科目；按规定计算的当期出口货物的进项税抵减内销产品的应纳税额，借记“应交税费——应交增值税（出口抵减内销产品应纳税额）”科目，贷记“应交税费——应交增值税（出口退税）”科目。在规定期限内，内销产品的应纳税额不足以抵减出口货物的进项税额，不足部分按有关税法规定给予退税的，应在实际收到退税款时，借记“银行存款”科目，贷记“应交税费——应交增值税（出口退税）”科目。

（五）进项税额抵扣情况发生改变的账务处理。

因发生非正常损失或改变用途等，原已计入进项税额、待抵扣进项税额或待认证进项税额，但按现行增值税制度规定不得从销项税额中抵扣的，借记“待处理财产损溢”、“应付职工薪酬”、“固定资产”、“无形资产”等科目，贷记“应交税费——应交增值税（进项税额转出）”、“应交税费——待抵扣进项税额”或“应交税费——待认证进项税额”科目；原不得抵扣且未抵扣进项税额的固定资产、无形资产等，因改变用途等用于允许抵扣进项税额的应税项目的，应按允许抵扣的进项税额，借记“应交税费——应交增值税（进项税额）”科目，贷记“固定资产”、“无形资产”等科目。固定资产、无形资产等经上述调整后，应按调整后的账面价值在剩余尚可使用寿命内计提折旧或摊销。

一般纳税人购进时已全额计提进项税额的货物或服务等转用于不动产在建工程的，对于结转以后期间的进项税额，应借记“应交税费——待抵扣进项税额”科目，贷记“应交税费——应交增值税（进项税额转出）”科目。

（六）月末转出多交增值税和未交增值税的账务处理。

月度终了，企业应当将当月应交未交或多交的增值税自“应交增值税”明细科目转入“未交增值税”明细科目。对于当月应交未交的增值税，借记“应交税费——应交增值税（转出未交增值税）”科目，贷记“应交税费——未交增值税”科目；对于当月多交的增值税，借记“应交税费——未交增值税”科目，贷记“应交税费——应交增值税（转出多交增值税）”科目。

（七）交纳增值税的账务处理。

1. 交纳当月应交增值税的账务处理。企业交纳当月应交的增值税，借记“应交税费——应交增值税（已交税金）”科目（小规模纳税人应借记“应交税费——应交增值税”科目），贷记“银行存款”科目。

2. 交纳以前期间未交增值税的账务处理。企业交纳以前期间未交的增值税，借记“应交税费——未交增值税”科目，贷记“银行存款”科目。

3. 预缴增值税的账务处理。企业预缴增值税时，借记“应交税费——预交增值税”科目，贷记“银行存款”科目。月末，企业应将“预交增值税”明细科目余额转入“未交增值税”明细科目，借记“应交税费——未交增值税”科目，贷记“应交税费——预交增值税”科目。房地产开发企业等在预缴增值税后，应直至纳税义务发生时方可从“应交税费——预交增值税”科目结转至“应交税费——未交增值税”科目。

4. 减免增值税的账务处理。对于当期直接减免的增值税，借记“应交税金——应交增值税（减免税款）”科目，贷记损益类相关科目。

（八）增值税期末留抵税额的账务处理。

纳入营改增试点当月月初，原增值税一般纳税人应按不得从销售服务、无形资产或不动产的销项税额中抵扣的增值税留抵税额，借记“应交税费——增值税留抵税额”科目，贷记“应交税费——应交增值税（进项税额转出）”科目。待以后期间允许抵扣时，按允许抵扣的金额，借记“应交税费——应交增值税（进项税额）”科目，贷记“应交税费——增值税留抵税额”科目。

（九）增值税税控系统专用设备和技术维护费用抵减增值税额的账务处理。

按现行增值税制度规定，企业初次购买增值税税控系统专用设备支付的费用以及缴纳的技术维护费允许在增值税应纳税额中全额抵减的，按规定抵减的增值税应纳税额，借记“应交税费——应交增值税（减免税款）”科目（小规模纳税人应借记“应交税费——应交增值税”科目），贷记“管理费用”等科目。

（十）关于小微企业免征增值税的会计处理规定。

小微企业在取得销售收入时，应当按照税法的规定计算应交增值税，并确认为应交税费，在达到增值税制度规定的免征增值税条件时，将有关应交增值税转入当期损益。

三、财务报表相关项目列示

“应交税费”科目下的“应交增值税”、“未交增值税”、“待抵扣进项税额”、“待认证进项税额”、“增值税留抵税额”等明细科目期末借方余额应根据情况，在资产负债表中的“其他流动资产”或“其他非流动资产”项目列示；“应交税费——待转销项税额”等科目期末贷方余额应根据情况，在资产负债表中的“其他流动负债”或“其他非流动负债”项目列示；“应交税费”科目下的“未交增值税”、“简易计税”、“转让金融商品应交增值税”、“代扣代交增值税”等科目期末贷方余额应在资产负债表中的“应交税费”项目列示。

四、附则

本规定自发布之日起施行，国家统一的会计制度中相关规定与本规定不一致的，应按本规定执行。2016 年 5 月 1 日至本规定施行之间发生的交易由于本规定而影响资产、负债等金额的，应按本规定调整。《营业税改征增值税试点有关企业会计处理规定》（财会〔2012〕13 号）及《关于小微企业免征增值税和营业税的会计处理规定》（财会〔2013〕24 号）等原有关增值税会计处理的规定同时废止。

财政部 国家税务总局关于明确金融、房地产开发、教育辅助服务等增值税政策的通知

（财税〔2016〕140 号）

各省、自治区、直辖市、计划单列市财政厅（局）、国家税务局，地方税务局，新疆生产建设兵团财务局：

现将营改增试点期间有关金融、房地产开发、教育辅助服务等政策补充通知如下：

一、《销售服务、无形资产、不动产注释》（财税〔2016〕36 号）第一条第（五）项第 1 点所称“保本收益、报酬、资金占用费、补偿金”，是指合同中明确承诺到期本金可全部收回的投资收益。金融商品持有期间（含到期）取得的非保本的上述收益，不属于利息或利息性质的收入，不征收增值税。

二、纳税人购入基金、信托、理财产品等各类资产管理产品持有至到期，不属于《销售服务、无形资产、不动产注释》（财税〔2016〕36 号）第一条第（五）项第 4 点所称的金融商品转让。

三、证券公司、保险公司、金融租赁公司、证券基金管理公司、证券投资基金以及其他经人民银行、银监会、证监会、保监会批准成立且经营金融保险业务的机构发放贷款后，自结息日起 90 天内发生的应收未收利息按现行规定缴纳增值税，自结息日起 90 天后发生的应收未收利息暂不缴纳增值税，待实际收到利息时按规定缴纳增值税。

四、资管产品运营过程中发生的增值税应税行为，以资管产品管理人为增值税纳税人。

五、纳税人2016年1—4月份转让金融商品出现的负差，可结转下一纳税期，与2016年5—12月份转让金融商品销售额相抵。

六、《财政部 国家税务总局关于全面推开营业税改征增值税试点的通知》（财税〔2016〕36号）所称"人民银行、银监会或者商务部批准"、"商务部授权的省级商务主管部门和国家经济技术开发区批准"从事融资租赁业务（含融资性售后回租业务）的试点纳税人（含试点纳税人中的一般纳税人），包括经上述部门备案从事融资租赁业务的试点纳税人。

七、《营业税改征增值税试点有关事项的规定》（财税〔2016〕36号）第一条第（三）项第10点中"向政府部门支付的土地价款"，包括土地受让人向政府部门支付的征地和拆迁补偿费用、土地前期开发费用和土地出让收益等。

房地产开发企业中的一般纳税人销售其开发的房地产项目（选择简易计税方法的房地产老项目除外），在取得土地时向其他单位或个人支付的拆迁补偿费用也允许在计算销售额时扣除。纳税人按上述规定扣除拆迁补偿费用时，应提供拆迁协议、拆迁双方支付和取得拆迁补偿费用凭证等能够证明拆迁补偿费用真实性的材料。

八、房地产开发企业（包括多个房地产开发企业组成的联合体）受让土地向政府部门支付土地价款后，设立项目公司对该受让土地进行开发，同时符合下列条件的，可由项目公司按规定扣除房地产开发企业向政府部门支付的土地价款。

（一）房地产开发企业、项目公司、政府部门三方签订变更协议或补充合同，将土地受让人变更为项目公司；

（二）政府部门出让土地的用途、规划等条件不变的情况下，签署变更协议或补充合同时，土地价款总额不变；

（三）项目公司的全部股权由受让土地的房地产开发企业持有。

九、提供餐饮服务的纳税人销售的外卖食品，按照"餐饮服务"缴纳增值税。

十、宾馆、旅馆、旅社、度假村和其他经营性住宿场所提供会议场地及配套服务的活动，按照"会议展览服务"缴纳增值税。

十一、纳税人在游览场所经营索道、摆渡车、电瓶车、游船等取得的收入，按照"文化体育服务"缴纳增值税。

十二、非企业性单位中的一般纳税人提供的研发和技术服务、信息技术服务、鉴证咨询服务，以及销售技术、著作权等无形资产，可以选择简易计税方法按照3%

征收率计算缴纳增值税。

非企业性单位中的一般纳税人提供《营业税改征增值税试点过渡政策的规定》（财税〔2016〕36号）第一条第（二十六）项中的“技术转让、技术开发和与之相关的技术咨询、技术服务”，可以参照上述规定，选择简易计税方法按照3%征收率计算缴纳增值税。

十三、一般纳税人提供教育辅助服务，可以选择简易计税方法按照3%征收率计算缴纳增值税。

十四、纳税人提供武装守护押运服务，按照“安全保护服务”缴纳增值税。

十五、物业服务企业为业主提供的装修服务，按照“建筑服务”缴纳增值税。

十六、纳税人将建筑施工设备出租给他人使用并配备操作人员的，按照“建筑服务”缴纳增值税。

十七、自2017年1月1日起，生产企业销售自产的海洋工程结构物，或者融资租赁企业及其设立的项目子公司、金融租赁公司及其设立的项目子公司购买并以融资租赁方式出租的国内生产企业生产的海洋工程结构物，应按规定缴纳增值税，不再适用《财政部国家税务总局关于出口货物劳务增值税和消费税政策的通知》（财税〔2012〕39号）或者《财政部国家税务总局关于在全国开展融资租赁货物出口退税政策试点的通知》（财税〔2014〕62号）规定的增值税出口退税政策，但购买方或者承租方为按实物征收增值税的中外合作油（气）田开采企业的除外。

2017年1月1日前签订的海洋工程结构物销售合同或者融资租赁合同，在合同到期前，可继续按现行相关出口退税政策执行。

十八、本通知除第十七条规定的政策外，其他均自2016年5月1日起执行。此前已征的应予免征或不征的增值税，可抵减纳税人以后月份应缴纳的增值税。

财政部 税务总局 科技部关于提高科技型中小企业研究开发费用税前加计扣除比例的通知

（财税〔2017〕34号）

各省、自治区、直辖市、计划单列市财政厅（局）、国家税务局、地方税务局、科技厅（局），新疆生产建设兵团财务局、科技局：

为进一步激励中小企业加大研发投入，支持科技创新，现就提高科技型中小企业研究开发费用（以下简称研发费用）税前加计扣除比例有关问题通知如下：

一、科技型中小企业开展研发活动中实际发生的研发费用，未形成无形资产计入当期损益的，在按规定据实扣除的基础上，在2017年1月1日至2019年12月31日期间，再按照实际发生额的75％在税前加计扣除；形成无形资产的，在上述期间按照无形资产成本的175％在税前摊销。

二、科技型中小企业享受研发费用税前加计扣除政策的其他政策口径按照《财政部 国家税务总局 科技部关于完善研究开发费用税前加计扣除政策的通知》（财税〔2015〕119号）规定执行。

三、科技型中小企业条件和管理办法由科技部、财政部和国家税务总局另行发布。科技、财政和税务部门应建立信息共享机制，及时共享科技型中小企业的相关信息，加强协调配合，保障优惠政策落实到位。

财政部 税务总局 工业和信息化部 科技部关于免征新能源汽车车辆购置税的公告

（财政部、税务总局、工业和信息化部、科技部公告2017年第172号）

为贯彻落实党的十九大精神，进一步支持新能源汽车创新发展，经国务院同意，现将免征新能源汽车车辆购置税有关事项公告如下：

一、自2018年1月1日至2020年12月31日，对购置的新能源汽车免征车辆购置税。

二、对免征车辆购置税的新能源汽车，通过发布《免征车辆购置税的新能源汽车车型目录》（以下简称《目录》）实施管理。2017年12月31日之前已列入《目录》的新能源汽车，对其免征车辆购置税政策继续有效。

三、2018年1月1日起列入《目录》的新能源汽车须同时符合以下条件：

（一）获得许可在中国境内销售的纯电动汽车、插电式（含增程式）混合动力汽车、燃料电池汽车。

（二）符合新能源汽车产品技术要求（附件1）。

（三）通过新能源汽车专项检测，达到新能源汽车产品专项检验标准（附件2）。

（四）新能源汽车生产企业或进口新能源汽车经销商（以下简称企业）在产品质量保证、产品一致性、售后服务、安全监测、动力电池回收利用等方面符合相关要求（附件3）。

财政部、税务总局、工业和信息化部、科技部根据新能源汽车标准体系发展、技术进步和车型变化等情况，适时调整列入《目录》的新能源汽车条件。

四、企业应当向工业和信息化部提交《目录》申请报告（附件 4），并对申报材料的真实性和产品质量负责。工业和信息化部会同税务总局组织技术专家进行审查，通过审查的车型列入《目录》，并由工业和信息化部、税务总局发布。

五、对列入《目录》的新能源汽车，企业上传机动车整车出厂合格证信息时，在"是否列入《免征车辆购置税的新能源汽车车型目录》"字段标注"是"（即免税标识）。工业和信息化部对企业上传的机动车整车出厂合格证信息中的免税标识进行审核，并将通过审核的信息传送税务总局。税务机关依据工业和信息化部审核后的免税标识和机动车统一销售发票（或有效凭证）办理免税手续。

六、对产品与申报材料不符、产品性能指标未达到要求、提供其他虚假信息等手段骗取列入《目录》车型资格的企业，取消免征车辆购置税申请资格，并依照相关法律法规规定予以处理处罚。对已销售产品在使用中存在安全隐患、发生安全事故的，视事故性质、严重程度等依法采取停止生产、责令立即改正、暂停或者取消免征车辆购置税申请资格等处理处罚措施。

七、从事《目录》申请报告审查、审核，办理免税审核的工作人员履行职责时，存在滥用职权、玩忽职守、徇私舞弊等违法违纪行为的，按照《公务员法》《行政监察法》等国家有关规定追究相应责任；涉嫌犯罪的，移送司法机关处理。

附件：1. 新能源汽车产品技术要求

2. 新能源汽车产品专项检验标准目录

3. 新能源汽车企业要求

4.《免征车辆购置税的新能源汽车车型目录》申请报告

附件 1：

新能源汽车产品技术要求

一、新能源汽车纯电动续驶里程要求　　单位：km

<table>
<tr><th>类别</th><th>乘用车</th><th>客车</th><th>货车</th><th>专用车</th><th>测试方法</th></tr>
<tr><td>纯电动</td><td>≥100</td><td>≥200</td><td>≥80</td><td>≥80</td><td>M1、N1 类采用工况法，其他暂采用 40km/h 等速法。</td></tr>
<tr><td rowspan="2">插电式（含增程式）混合动力</td><td>≥50（工况法）</td><td rowspan="2">≥50</td><td rowspan="2">≥50</td><td rowspan="2">≥50</td><td rowspan="2">M1、N1 类采用工况法或 60km/h 等速法，其他暂采用 40km/h 等速法。</td></tr>
<tr><td>≥70（等速法）</td></tr>
</table>

续表

类别	乘用车	客车	货车	专用车	测试方法
燃料电池	≥300	≥300	≥300	≥300	M1、N1类采用工况法，其他暂采用40km/h等速法。

注：1. 超级电容、钛酸锂快充纯电动客车无纯电动续驶里程要求。
2. M1类是指包括驾驶员座位在内，座位数不超过九座的载客车辆。N1类是指最大设计总质量不超过3500kg的载货车辆。

二、新能源乘用车技术要求

1. 纯电动乘用车30分钟最高车速不低于100km/h。

2. 纯电动乘用车动力电池系统的质量能量密度不低于95Wh/kg。

3. 纯电动乘用车产品，按整车整备质量（m）不同，工况条件下百公里耗电量（Y）应满足以下要求：m≤1000kg时，Y≤0.014×m+0.5；1000<m≤1600kg时，Y≤0.012×m+2.5；m>1600kg时，Y≤0.005×m+13.7。

4. 工况纯电续驶里程低于80km的插电式混合动力乘用车B状态燃料消耗量（不含电能转化的燃料消耗量）与现行的常规燃料消耗量国家标准中对应限值相比小于70%。工况纯电续驶里程大于等于80km的插电式混合动力乘用车，其A状态百公里耗电量满足与纯电动乘用车相同的要求。

三、新能源客车技术要求

1. 单位载质量能量消耗量（Ekg）不高于0.24Wh/km·kg。

2. 非快充类纯电动客车电池系统能量密度要高于95Wh/kg，快充类纯电动客车快充倍率要高于3C，插电式混合动力（含增程式）客车节油率水平要高于40%。

四、新能源货车和专用车技术要求

1. 装载动力电池系统质量能量密度不低于95Wh/kg。

2. 纯电动货车、运输类专用车单位载质量能量消耗量（Ekg）不高于0.49Wh/km·kg，其他类纯电动专用车吨百公里电耗（按试验质量）不超过10kWh。

五、燃料电池汽车技术要求

燃料电池系统的额定功率不低于驱动电机额定功率的30%，且乘用车燃料电池系统额定功率不小于10kW，商用车不小于30kW。

附件2：

新能源汽车产品专项检验标准目录

序号	检验项目	标准名称	标准号	备注
1	储能装置（单体、模块）	电动汽车用锌空气电池	GB/T 18333.2-2015	6.2.4、6.3.4 90°倾倒试验对水系电解液蓄电池暂不执行。
		车用超级电容器	QC/T 741-2014	
		电动汽车用动力蓄电池循环寿命要求及试验方法	GB/T 31484-2015	6.5 工况循环寿命结合整车可靠性标准进行考核。
		电动汽车用动力蓄电池安全要求及试验方法	GB/T 31485-2015	6.2.8、6.3.8 针刺试验暂不执行。
		电动汽车用动力蓄电池电性能要求及试验方法	GB/T 31486-2015	
	储能装置（电池包）	电动汽车用锂离子动力蓄电池包和系统 第3部分：安全性要求与测试方法	GB/T 31467.3-2015	对于由车体包覆并构成电池包箱体的，要带箱体/车体测试；电池包或系统尺寸较大，无法进行台架安装测试时，可进行子系统测试。
	储能装置（单体、模块、电池包）	汽车动力蓄电池编码规则	GB/T 34014-2017	实施时间以工业和信息化部《车辆生产企业及产品公告》要求时间为准。
2	电机及控制器	电动汽车用驱动电机系统 第1部分：技术条件	GB/T 18488.1-2015	5.6.7 电磁兼容性结合GB/T 18387-2008电磁兼容考核；5.7 可靠性试验结合整车可靠性进行考核；附录A不执行。
		电动汽车用驱动电机系统 第2部分：试验方法	GB/T 18488.2-2015	10 可靠性试验、9.7 电磁兼容性暂不执行。

续表

序号	检验项目	标准名称	标准号	备注
3	电动汽车安全	电动汽车　安全要求　第 1 部分：车载可充电储能系统（REESS）	GB/T 18384.1-2015	5.1.2　（除乘用车和 N1 类车辆外的其他汽车）绝缘电阻测试条件，可在室温条件下进行； 5.2　污染度暂不执行； 5.3　有害气体和其他有害物质排放暂不执行。
		电动汽车　安全要求　第 2 部分：操作安全和故障防护	GB/T 18384.2-2015	6　用户手册涉及项目暂不执行； 8　紧急响应涉及项目暂不执行。
		电动汽车　安全要求　第 3 部分：人员触电防护	GB/T 18384.3-2015	6.3.3　电容耦合　暂不执行； 7.2B　（除乘用车和 N1 类车辆外的其他汽车）绝缘电阻测试条件，可在室温条件下进行； 9　用户手册涉及项目暂不执行。
		燃料电池电动汽车　安全要求	GB/T 24549-2009	
4	电磁场辐射	电动车辆的电磁场发射强度的限值和测量方法，宽带，9kHz～30MHz	GB/T 18387-2008	
5	电动汽车操纵件	电动汽车操纵件、指示器及信号装置的标志	GB/T 4094.2-2005	
6	电动汽车仪表	电动汽车用仪表	GB/T 19836-2005	4.2　电磁兼容试验结合 GB/T 18387-2008 标准的方法和要求进行。
7	能耗	电动汽车能量消耗率和续驶里程试验方法	GB/T 18386-2005	
		轻型混合动力电动汽车能量消耗量试验方法	GB/T 19753-2013	
		重型混合动力电动汽车能量消耗量试验方法	GB/T 19754-2015	
8	排放	轻型混合动力电动汽车污染物排放控制要求及测量方法	GB 19755-2016	
9	电动汽车除霜除雾	电动汽车风窗玻璃除霜除雾系统的性能要求及试验方法	GB/T 24552-2009	5.1.1　除霜试验环境温度对于燃料电池电动汽车为−10℃。

续表

序号	检验项目	标准名称	标准号	备注
10	纯电动乘用车技术条件	纯电动乘用车　技术条件	GB/T 28382-2012	
11	燃料电池发动机	燃料电池发动机性能试验方法	GB/T 24554-2009	
12	燃料电池电动汽车　加氢口	燃料电池电动汽车　加氢口	GB/T 26779-2011	
13	燃料电池电动汽车　车载氢系统　技术要求	燃料电池电动汽车　车载氢系统技术要求	GB/T 26990-2011	
		燃料电池电动汽车　车载氢系统试验方法	GB/T 29126-2012	
14	电动汽车传导充电用连接装置	电动汽车传导充电用连接装置第1部分：通用要求	GB/T 20234.1-2015	
		电动汽车传导充电用连接装置第2部分：交流充电接口	GB/T 20234.2-2015	
		电动汽车传导充电用连接装置第3部分：直流充电接口	GB/T 20234.3-2015	
15	通信协议	电动汽车非车载传导式充电机与电池管理系统之间的通信协议	GB/T 27930-2015	
16	碰撞后安全要求	电动汽车碰撞后安全要求	GB/T 31498-2015	采用B级电压的燃料电池电动汽车应符合本标准规定。
17	超级电容电动城市客车	超级电容电动城市客车	QC/T 838-2010	5.1.3.1　绝缘、5.2.1　高压电器设备及布线、5.3　低压电器设备及电路设施暂不执行。
18	插电式混合动力电动乘用车	技术条件插电式混合动力电动乘用车　技术条件	GB/T 32694-2016	
19	电动汽车远程服务与管理系统　技术规范	电动汽车远程服务与管理系统技术规范　第2部分：车载终端	GB/T 32960.2-2016	
		电动汽车远程服务与管理系统技术规范　第3部分：通讯协议及数据格式	GB/T 32960.3-2016	

续表

序号	检验项目	标准名称	标准号	备注
20	定型试验	电动汽车 定型试验规程	GB/T 18388-2005	4.1.2、4.1.3 电动车除霜除雾结合 GB/T 24552-2009 标准的方法和要求考核； 4.3 可靠性行驶对于纯电动乘用车按照 GB/T 28382-2012 标准 4.9 可靠性要求考核。
		混合动力电动汽车 定型试验规程	GB/T 19750-2005	
		超级电容电动城市客车 定型试验规程	QC/T 925-2013	
		电动汽车 动力性能 试验方法	GB/T 18385-2005	
		混合动力电动汽车 动力性能 试验方法	GB/T 19752-2005	9.7 混合动力模式下的 30 分钟最高车速暂不执行。
		燃料电池电动汽车 最高车速试验方法	GB/T 26991-2011	

注：本目录将根据新能源汽车标准变化情况进行调整

附件 3：

新能源汽车企业要求

提出申请的汽车生产企业或进口汽车经销商（以下简称企业）须符合以下条件：

1. 企业应对消费者提供动力电池等储能装置、驱动电机、电机控制器质量保证，其中乘用车企业应提供不低于 8 年或 12 万公里（以先到者为准，下同）的质保期限，商用车企业（含客车、专用车、货车等）应提供不低于 5 年或 20 万公里的质保期限。

2. 企业应当持续满足生产一致性相关规定，确保新能源汽车产品安全保障体系正常运行。

3. 企业应当建立新能源汽车产品售后服务承诺制度。售后服务承诺应当包括新能源汽车产品质量保证承诺、售后服务项目及内容、备件提供及质量保证期限、售后服务过程中发现问题的反馈、零部件（如电池）回收，出现产品质量、安全、环保等严重问题时的应对措施以及索赔处理等内容，并在本企业网站上向社会发布。

4. 企业应当建立新能源汽车产品运行安全状态监测平台，按照与新能源汽车产品用户的协议，对已销售的全部新能源汽车产品的运行安全状态进行监测。企业监测平台应当与地方和国家的新能源汽车推广应用监测平台对接。

企业及其工作人员应当妥善保管新能源汽车产品运行安全状态信息，不得泄露、篡改、毁损、出售或者非法向他人提供，不得监测与产品运行安全状态无关的信息。

5. 企业应当在产品全生命周期内，为每一辆新能源汽车产品建立档案，跟踪记录汽车使用、维护、维修情况，实施新能源汽车动力电池溯源信息管理，跟踪记录动力电池回收利用情况。

6. 对企业已销售的新能源汽车产品，在使用中存在安全隐患、发生安全事故的，企业应提交产品事故检测报告、后续改进措施等材料，完善新能源汽车安全运行保障体系。

附件 4：

《免征车辆购置税的新能源汽车车型目录》

申请报告

企业名称：____________________________（盖公章）

企业所在地：________省（自治区、直辖市）________市（县、区）

编制日期　　　　年　　月　　日

填报指南

一、本申请报告包括企业基本情况、企业承诺书、已销售产品安全事故情况说明、新能源汽车售后服务网点和《免征车辆购置税的新能源汽车车型目录》（以下简称《目录》）申请车型基本情况五份材料，其中企业基本情况、企业承诺书、已销售产品安全事故情况说明、新能源汽车售后服务网点须于首次申请前提交正式书面材料（一式三份），获得审核通过后，如上述情况没有变更，则不需重新提交。《目录》

申请车型基本情况通过工业和信息化部（装备工业司）“新能源汽车税收优惠目录申报系统”提交。

二、首次申报须同时提交企业工商登记文件、营业执照、企业相关人员从事《目录》申报工作的委托书、相关人员身份证复印件、进口经销企业产品代理委托书复印件或进口许可证明复印件。

三、提交资料审核通过后，企业将获得“新能源汽车税收优惠目录申报系统”申报账户。

四、企业获得申报账户后，可登录工业和信息化部（装备工业司）“新能源汽车税收优惠目录申报系统”，在线填报车型信息。

五、进口新能源汽车车型申请列入《目录》的，须提交获得国家相关部门认可的检测机构出具的新能源汽车产品专项检验报告。

一、企业基本情况

企业名称（全称）		合格证企业代码	
企业注册地址			
企业法定代表人		注册商标名称	
统一社会信用代码			
注册资金（万元）		固定资产净值（万元）	
通信地址			
邮政编码		联系人	
职务		联系电话	
传真		手机	
E—mail			

二、企业承诺书

承诺内容
包括产品质量保证、产品一致性、售后服务、安全监测、动力电池回收利用等五方面内容。 售后服务承诺：需包括产品质量保证承诺、售后服务网络建设、对售后服务人员和产品使用人员的培训、售后服务项目及内容、备件提供及质量保证期限、售后服务过程中发现问题的反馈、零部件（如电池）回收，以及索赔处理、在产品质量、安全、环保等方面出现严重问题时的应对措施等内容。 产品安全保障机制说明：至少包括监测平台介绍、所监测的数据、数据发送频次、企业监测平台与地方和国家监测平台对接情况、安全事故应急处理制度建设情况，包括应急预案、抢险救援方案、事故调查及汇报方案等。 （可另附页） 法人签章：________________ 承诺时间：________年____月____日

三、已销售产品安全事故情况说明

说明内容
对已销售的新能源汽车产品，在使用中存在安全隐患、发生安全事故的，应提供事故情况详细说明、原因分析、后续改进措施、产品事故检测报告等材料，并完善企业新能源汽车安全运行保障体系。 （可另附页） 法人签章：________________ 承诺时间：________年____月____日

四、新能源汽车售后服务网点

售后服务网点情况							
序号	省（自治区、直辖市）	市（县、区）	网点名称	地址	联系人	联系电话	E—mail

五、《目录》申请车型的基本情况

1. 车辆基本信息			
汽车生产企业名称			
进口汽车经销商名称			
车辆型号		技术类型	
通用名称		车辆分类	乘用车/商用车
车型细分类	轿车/SUV/MPV/交叉型乘用车/客车/货车/专用车/其他	长（mm）	
宽（mm）		高（mm）	
公告批次		车辆一致性证书编号	
整车整备质量（kg）		最大设计总质量（kg）	
额定载客（人）		市场指导价（人民币，万元）	
变速器型式	MT/AT/AMT/CVT/DCT/其他	车型种类	M1/M2/M3/N1/N2/N3/其他
驱动型式	前轮驱动/后轮驱动/分时全轮驱动/全时全轮驱动/智能（适时）全轮驱动/其他	N1类车特殊结构（仅N1类填）	全封闭厢式车辆 罐式车辆 无
燃料种类		重型商用车分类	货车/半挂牵引车/客车/自卸汽车/城市客车/其他
座位排数（排）		其他信息	（非必填）
2. 纯电动汽车产品信息			
2.1 整车性能			
最高车速（km/h）		加速时间（s，备注车速）	
电能消耗量（Wh/km）		吨百公里电耗（kWh）	（其他类专用车填写）
充电时间		30分钟最高车速（km/h）	
整车质保期		续驶里程（km）	
是否支持快充		单位载质量能量消耗量（Wh/km·kg）	（商用车填写）
2.2 电池系统			
动力蓄电池种类		动力蓄电池单体型号	

续表

动力蓄电池系统总能量（kWh）		动力蓄电池系统型号	
动力蓄电池单体比能量（Wh/kg）		动力蓄电池系统标称电压（V）	
动力蓄电池系统质量能量密度（Wh/kg）		动力蓄电池单体质量（kg）	
动力蓄电池单体个数（个）		动力蓄电池单体生产企业	
动力蓄电池系统总质量（kg）		动力蓄电池系统生产企业	
动力蓄电池正极材料		动力蓄电池负极材料	
动力蓄电池正极材料生产企业		动力蓄电池负极材料生产企业	
动力蓄电池箱是否具有快换装置		动力蓄电池质保期	
动力蓄电池循环寿命		动力蓄电池布置位置	
动力蓄电池回收方式	（非必填）	快充倍率（C）	（快充类客车填写）
2.3 电机系统			
驱动电机类型		驱动电机型号	
驱动电机额定功率/转速/转矩（kW/r/min/N·m）		驱动电机峰值功率/转速/转矩（kW/r/min/N·m）	
驱动电机数量		驱动电机生产企业	
驱动电机质保期			
2.4 控制器系统			
驱动电机控制器型号			
驱动电机控制器生产企业			
驱动电机控制方式			
动力蓄电池管理系统型号			
动力蓄电池管理系统生产企业			
整车控制器型号			
整车控制器生产企业			
电控系统质保期			
2.5 充电器			
电动汽车充电插头/插座型号			

续表

电动汽车充电插头/插座生产企业			
充电标准	GB/T 27930		
	GB/T 20234.1		
	GB/T 20234.2		
	GB/T 20234.3		
	其他		
3. 插电式混合动力汽车产品信息			
3.1 整车性能			
混合动力结构型式		是否具有行驶模式手动选择功能	
混合动力汽车最大电功率比（%）		纯电动模式下续驶里程（km）	
纯电动模式下爬坡车速（km/h）		混合动力模式下爬坡车速（km/h）	
0—100km/h 加速性能（s）		纯电动模式下 1km 最高车速（km/h）	
混合动力模式下最高车速（km/h）		混合动力模式下 30 分钟最高车速（km/h）	
条件 A 试验电能消耗量（kW·h/100km）	（乘用车填写）	条件 B 试验燃料消耗量（L/100km）	（乘用车填写）
电能消耗量（kW·h/100km）	（商用车填写）	燃料消耗量（L/100km）	（商用车填写）
充电时间		整车质保期	
3.2 电池系统			
动力蓄电池种类		动力蓄电池单体型号	
动力蓄电池系统总能量（kWh）		动力蓄电池系统型号	
动力蓄电池单体比能量（Wh/kg）		动力蓄电池系统标称电压（V）	
动力蓄电池系统质量能量密度（Wh/kg）		动力蓄电池单体质量（kg）	
动力蓄电池单体个数（个）		动力蓄电池单体生产企业	
动力蓄电池系统总质量（kg）		动力蓄电池系统生产企业	
动力蓄电池正极材料		动力蓄电池负极材料	

续表

动力蓄电池正极材料生产企业		动力蓄电池负极材料生产企业	
动力蓄电池箱是否具有快换装置		动力蓄电池质保期	
动力蓄电池循环寿命		动力蓄电池布置位置	
动力蓄电池回收方式	（非必填）		
3.3　电机系统			
驱动电机数量		驱动电机类型	
驱动电机型号		驱动电机额定功率/转速/转矩（kW/r/min/N·m）	
驱动电机峰值功率/转速/转矩（kW/r/min/N·m）		驱动电机生产企业	
驱动电机质保期			
3.4　控制器系统			
驱动电机控制器型号			
驱动电机控制器生产企业			
驱动电机控制方式			
动力蓄电池管理系统型号			
动力蓄电池管理系统生产企业			
整车控制器型号			
整车控制器生产企业			
电控系统质保期			
3.5　充电器			
电动汽车充电插头/插座型号			
电动汽车充电插头/插座生产企业			
充电标准	GB/T 27930		
	GB/T 20234.1		
	GB/T 20234.2		
	GB/T 20234.3		
	其他		

续表

3.6 发动机系统			
发动机型号		汽缸数（个）	
排量（mL）		额定功率（kW）	
最大净功率（kW）	（非必填）		
4. 燃料电池汽车产品信息			
4.1 整车性能			
最高车速（km/h）		续驶里程（km）	
能量消耗率（kg/100km）		整车质保期	
4.2 电池系统			
燃料电池燃料种类		燃料电池系统额定功率（kW）	
燃料电池电催化剂材料		燃料电池工作温度范围（℃）	
燃料电池堆功率密度（kW/L）		电电混合技术条件下动力蓄电池系统比能量（Wh/kg）	
电池系统质保期			
4.3 电机系统			
驱动电机类型		驱动电机型号	
驱动电机额定功率/转速/转矩（kW/r/min/N·m）		驱动电机峰值功率/转速/转矩（kW/r/min/N·m）	
驱动电机数量		驱动电机生产企业	
驱动电机质保期			
4.4 控制器系统			
驱动电机控制器型号			
驱动电机控制器生产企业			
驱动电机控制方式			
燃料电池管理系统型号			
燃料电池管理系统生产企业			
整车控制器型号			
整车控制器生产企业			
电控系统质保期			

续表

4.5　燃料存储			
气瓶类型		气瓶数量（个）	
气瓶公称工作压力（KPa）		气瓶容积（NL）	
气瓶生产企业		气瓶质保期	

国家税务总局关于调整增值税纳税申报有关事项的公告

（国家税务总局公告 2017 年第 53 号）

为贯彻落实《国家税务总局关于进一步深化税务系统“放管服”改革优化税收环境的若干意见》（税总发〔2017〕101 号）精神，进一步优化纳税服务，减轻纳税人负担，国家税务总局对增值税纳税申报有关事项进行了调整，现公告如下：

一、废止《国家税务总局关于全面推开营业税改征增值税试点后增值税纳税申报有关事项的公告》（国家税务总局公告 2016 年第 13 号）附件 1《固定资产（不含不动产）进项税额抵扣情况表》。

二、废止《国家税务总局关于调整增值税纳税申报有关事项的公告》（国家税务总局公告 2016 年第 27 号）附件 1《本期抵扣进项税额结构明细表》。

三、本公告自 2018 年 2 月 1 日起施行。

特此公告。

财政部 税务总局关于租入固定资产进项税额抵扣等增值税政策的通知

（财税〔2017〕90号）

各省、自治区、直辖市、计划单列市财政厅（局）、国家税务局、地方税务局，新疆生产建设兵团财务局：

现将租入固定资产进项税额抵扣等增值税政策通知如下：

一、自2018年1月1日起，纳税人租入固定资产、不动产，既用于一般计税方法计税项目，又用于简易计税方法计税项目、免征增值税项目、集体福利或者个人消费的，其进项税额准予从销项税额中全额抵扣。

二、自2018年1月1日起，纳税人已售票但客户逾期未消费取得的运输逾期票证收入，按照“交通运输服务”缴纳增值税。纳税人为客户办理退票而向客户收取的退票费、手续费等收入，按照“其他现代服务”缴纳增值税。

三、自2018年1月1日起，航空运输销售代理企业提供境外航段机票代理服务，以取得的全部价款和价外费用，扣除向客户收取并支付给其他单位或者个人的境外航段机票结算款和相关费用后的余额为销售额。其中，支付给境内单位或者个人的款项，以发票或行程单为合法有效凭证；支付给境外单位或者个人的款项，以签收单据为合法有效凭证，税务机关对签收单据有疑义的，可以要求其提供境外公证机构的确认证明。

航空运输销售代理企业，是指根据《航空运输销售代理资质认可办法》取得中国航空运输协会颁发的“航空运输销售代理业务资质认可证书”，接受中国航空运输企业或通航中国的外国航空运输企业委托，依照双方签订的委托销售代理合同提供代理服务的企业。

四、自2016年5月1日至2017年6月30日，纳税人采取转包、出租、互换、转让、入股等方式将承包地流转给农业生产者用于农业生产，免征增值税。本通知下发前已征的增值税，可抵减以后月份应缴纳的增值税，或办理退税。

五、根据《财政部 税务总局关于资管产品增值税有关问题的通知》（财税〔2017〕56号）有关规定，自2018年1月1日起，资管产品管理人运营资管产品提供的贷款服务、发生的部分金融商品转让业务，按照以下规定确定销售额：

（一）提供贷款服务，以2018年1月1日起产生的利息及利息性质的收入为销售额；

（二）转让2017年12月31日前取得的股票（不包括限售股）、债券、基金、非货物期货，可以选择按照实际买入价计算销售额，或者以2017年最后一个交易日的股票收盘价（2017年最后一个交易日处于停牌期间的股票，为停牌前最后一个交易日收盘价）、债券估值（中债金融估值中心有限公司或中证指数有限公司提供的债券估值）、基金份额净值、非货物期货结算价格作为买入价计算销售额。

六、自2018年1月1日至2019年12月31日，纳税人为农户、小型企业、微型企业及个体工商户借款、发行债券提供融资担保取得的担保费收入，以及为上述融资担保（以下称“原担保”）提供再担保取得的再担保费收入，免征增值税。再担保合同对应多个原担保合同的，原担保合同应全部适用免征增值税政策。否则，再担保合同应按规定缴纳增值税。

纳税人应将相关免税证明材料留存备查，单独核算符合免税条件的融资担保费和再担保费收入，按现行规定向主管税务机关办理纳税申报；未单独核算的，不得免征增值税。

农户，是指长期（一年以上）居住在乡镇（不包括城关镇）行政管理区域内的住户，还包括长期居住在城关镇所辖行政村范围内的住户和户口不在本地而在本地居住一年以上的住户，国有农场的职工。位于乡镇（不包括城关镇）行政管理区域内和在城关镇所辖行政村范围内的国有经济的机关、团体、学校、企事业单位的集体户；有本地户口，但举家外出谋生一年以上的住户，无论是否保留承包耕地均不属于农户。农户以户为统计单位，既可以从事农业生产经营，也可以从事非农业生产经营。农户担保、再担保的判定应以原担保生效时的被担保人是否属于农户为准。

小型企业、微型企业，是指符合《中小企业划型标准规定》（工信部联企业〔2011〕300号）的小型企业和微型企业。其中，资产总额和从业人员指标均以原担保生效时的实际状态确定；营业收入指标以原担保生效前12个自然月的累计数确定，不满12个自然月的，按照以下公式计算：

营业收入（年）＝企业实际存续期间营业收入/企业实际存续月数×12

《财政部 税务总局关于全面推开营业税改征增值税试点的通知》（财税〔2016〕36号）附件3《营业税改征增值税试点过渡政策的规定》第一条第（二十四）款规定的中小企业信用担保增值税免税政策自2018年1月1日起停止执行。纳税人享受中小企业信用担保增值税免税政策在2017年12月31日前未满3年的，可以继续享受至3年期满为止。

七、自2018年1月1日起，纳税人支付的道路、桥、闸通行费，按照以下规定抵扣进项税额：

（一）纳税人支付的道路通行费，按照收费公路通行费增值税电子普通发票上注明的增值税额抵扣进项税额。

2018年1月1日至6月30日，纳税人支付的高速公路通行费，如暂未能取得收费公路通行费增值税电子普通发票，可凭取得的通行费发票（不含财政票据，下同）上注明的收费金额按照下列公式计算可抵扣的进项税额：

高速公路通行费可抵扣进项税额＝高速公路通行费发票上注明的金额÷（1＋3%）×3%

2018年1月1日至12月31日，纳税人支付的一级、二级公路通行费，如暂未能取得收费公路通行费增值税电子普通发票，可凭取得的通行费发票上注明的收费金额按照下列公式计算可抵扣进项税额：

一级、二级公路通行费可抵扣进项税额＝一级、二级公路通行费发票上注明的金额÷（1＋5%）×5%

（二）纳税人支付的桥、闸通行费，暂凭取得的通行费发票上注明的收费金额按照下列公式计算可抵扣的进项税额：

桥、闸通行费可抵扣进项税额＝桥、闸通行费发票上注明的金额÷（1＋5%）×5%

（三）本通知所称通行费，是指有关单位依法或者依规设立并收取的过路、过桥和过闸费用。

《财政部 国家税务总局关于收费公路通行费增值税抵扣有关问题的通知》（财税

〔2016〕86号）自2018年1月1日起停止执行。

八、自2016年5月1日起，社会团体收取的会费，免征增值税。本通知下发前已征的增值税，可抵减以后月份应缴纳的增值税，或办理退税。

社会团体，是指依照国家有关法律法规设立或登记并取得《社会团体法人登记证书》的非营利法人。会费，是指社会团体在国家法律法规、政策许可的范围内，依照社团章程的规定，收取的个人会员、单位会员和团体会员的会费。

社会团体开展经营服务性活动取得的其他收入，一律照章缴纳增值税。

APPENDIX

附录 海上石油天然气开采企业的具体范围清单

（一）中国海洋石油总公司及其下属企业

1. 渤海石油实业公司
2. 海洋石油工程股份有限公司
3. 南海西部石油油田服务（深圳）有限公司
4. 上海石油天然气有限公司
5. 天津中海油能源发展油田设施管理有限公司
6. 湛江南海西部石油合众近海建设有限公司
7. 中海油田服务股份有限公司
8. 中海油能源发展股份有限公司
9. 中海油能源发展股份有限公司采油服务分公司
10. 中海油能源发展股份有限公司采油技术服务分公司
11. 中海油能源发展股份有限公司监督监理技术分公司
12. 中海油能源发展股份有限公司油田建设渤海工程分公司
13. 中海油能源发展股份有限公司油田建设渤海装备技术服务分公司
14. 中海油能源发展股份有限公司油田建设工程分公司
15. 中海石油环保服务（天津）有限公司
16. 中海石油深海开发有限公司

17. 中海石油研究中心
18. 中海石油（中国）有限公司
19. 中海石油（中国）有限公司天津分公司
20. 中海石油（中国）有限公司渤中作业公司
21. 中海石油（中国）有限公司上海分公司
22. 中海石油（中国）有限公司深圳分公司
23. 中海石油（中国）有限公司湛江分公司
24. 中海石油（中国）有限公司番禺作业公司
25. 中海石油（中国）有限公司文昌 13-1/2 油田作业公司
26. 中海石油（中国）有限公司北部湾涠洲作业公司
27. 中海石油（中国）有限公司丽水作业公司
28. 中海石油（中国）有限公司荔湾作业公司
29. 中国海洋石油有限公司
30. 中国海洋石油总公司

（二）中国海洋石油对外合作公司

1. BP 勘探（阿尔法）有限公司
2. BP 中国勘探及生产公司
3. CACT 作业者集团
4. 埃尼中国公司
5. 埃尼中国公司深圳分公司
6. 澳大利亚布莱石油有限公司
7. 澳大利亚石油公司
8. 阿吉普中国有限公司
9. 柏灵顿资源中国有限公司
10. 超准石油公司
11. 超准能源服务国际有限公司
12. 超准能源中国有限公司
13. 哈维斯特海洋中国公司
14. 哈斯基石油中国有限公司
15. 海外石油及投资股份有限公司
16. 豪信石油（北部）有限公司
17. 康菲石油渤海有限公司
18. 康菲石油中国有限公司

19. 康菲石油中国有限公司塘沽分公司
20. 康菲石油中国有限公司蛇口分公司
21. 科麦奇中国石油有限公司
22. 科威特石油勘探（中国）有限公司
23. 能源开发公司（中国）有限公司
24. 洛克石油（中国）公司
25. 帕特赛克石油公司
26. 派克顿东方有限责任公司
27. 壳牌中国勘探与生产有限公司
28. 台南一潮汕石油作业有限公司
29. 新加坡石油勘探和生产（中国）有限公司
30. 新田石油中国有限公司
31. 雪佛龙中国能源公司
32. 英国天然气国际有限公司
33. 中海石油（中国）东海西湖石油天然气作业公司
34. 中海石油（中国）有限公司秦皇岛 32-6 作业公司
35. 中海石油（中国）有限公司崖城作业公司

（三）中国石油天然气集团公司下属企业

1. 中国石油海洋工程（青岛）有限公司
2. 中国石油天然气股份有限公司辽河油田分公司
3. 中国石油天然气股份有限公司大港油田分公司
4. 中国石油天然气集团公司辽河石油勘探局
5. 中国石油天然气集团公司大港油田集团有限责任公司
6. 中国石油集团海洋工程有限公司

（四）中国石油化工集团公司下属企业

1. 胜利石油管理局海洋钻井公司
2. 中国石化集团上海海洋石油局
3. 中国石化股份有限公司上海海洋油气分公司
4. 中国石化股份有限公司胜利油田分公司海洋采油厂
5. 中国石化股份有限公司胜利油田分公司海洋石油船舶中心
6. 上海海洋石油勘探开发总公司

[1]《2011 年中国融资租赁业发展报告》.

[2]《2016 上半年中国融资租赁业发展报告》.

[3]《2013 年融资租赁发展报告》.

[4]《2014 年第三季度中国融资租赁业发展报告》.

[5] 陈建中. 融资租赁理论与业务创新研究 [D]. 长沙：中南大学，2009.

[6] 杜娟. 融资租赁税务和风险问题研究 [D]. 苏州：苏州大学，2014.

[7] 杨博钦. 中国融资租赁创新业务模式与实务操作案例 [EB/OL]. http://www.doc88.com/p-4089059579018.html,2013.

[8] 杨媛. 租赁公司经营方式的选择与实施 [D]. 北京：北京交通大学，2006.

[9] 吴晓求. 证券投资学 [M]. 北京：中国人民大学出版社，2000：23-27.

[10] 邓利伟. 资产证券化：国际经验与中国实践 [M]. 上海：上海人民出版社，2003.

[11] 燕平. 融资租赁及其宏观经济效应 [M]. 北京：对外经济贸易大学出版社，2004.

[12] 邹晓辉. 金融租赁业的国际比较及其对我国的启示 [D]. 长沙：湖南大学，2007.

[13] 孔永新，孙路，密书广. 美国融资租赁公司盈利模式分析及对中国的启示 [J]. 投资研究，2012 (12).

[14] 甘爱平. 国外融资租赁成熟模式 [J]. 中国船检，2013 (11)：61-65.

［15］蒋振声，周英章．发展融资租赁业的国际经验探析［J］．经济纵横，2001（2）：41－44．

［16］何虹，王胜武．国外金融租赁业发展经验对我国的启示［J］．中国信用卡，2016（3）：61－63．

图书在版编目（CIP）数据

融资租赁税务与会计实务及案例 / 杨津琪，廉欢，童志胜著. —2 版. —北京 ：中国市场出版社，2018.7

ISBN 978-7-5092-1616-3

Ⅰ. ①融… Ⅱ. ①杨… ②廉… ③童… Ⅲ. ①融资租赁—税务会计 Ⅳ. ①F830.8 ②F810.62

中国版本图书馆 CIP 数据核字（2017）第 257650 号

融资租赁税务与会计实务及案例（第二版）

RONGZIZULIN SHUIWU YU KUAIJI SHIWU JI ANLI

作　　者　杨津琪　廉　欢　童志胜

责任编辑　白　琼（qiongbaiace@126.com）

出版发行　中国市场出版社

社　　址　北京月坛北小街 2 号院 3 号楼　　　邮政编码　100837

电　　话　编辑部（010）68032104　读者服务部（010）68022950

发行部（010）68021338　68020340　68053489

68024335　68033577　68033539

总编室（盗版举报）（010）68020336

经　　销　新华书店

印　　刷　河北鑫兆源印刷有限公司

规　　格　185 mm×260 mm　16 开　　**版　　次**　2018 年 7 月第 2 版

印　　张　30.5　　**版　　次**　2018 年 7 月第 1 次印刷

字　　数　560 千字　　**定　　价**　128.00 元